R을 활용한 베이지언 데이터 분석: brms 패키지를 중심으로

백영민

R을 활용한 베이지언 데이터 분석:
brms 패키지를 중심으로

2026년 3월 10일 1판 1쇄 박음
2026년 3월 15일 1판 1쇄 펴냄

지은이 | 백영민
펴낸이 | 조광재

펴낸곳 | (주) 한나래아카데미
등록 | 1991. 2. 25. 제2011-000139호
주소 | 서울시 마포구 토정로 222, 한국출판콘텐츠센터 418호
전화 | 02) 738-5637·팩스 | 02) 363-5637·e-mail | hannarae91@naver.com
www.hannarae.net

ISBN 978-89-5566-319-8

* 이 논문은 2020년 대한민국 교육부와 한국연구재단의 지원을 받아 수행된 연구입니다(NRF-2020S1A5C2A03093177).

본서에서는 R을 활용하여 어떻게 베이지언 데이터 분석을 수행할 수 있는지 소개하였습니다. 저는 2000년에 '베이지언 추론(Bayesian inference)'이라는 용어를 처음 들었고, 그때만 하더라도 '베이지언'이라는 용어와 배경 철학에 대한 아주 간략한 설명을 들어보았을 뿐이었습니다. 무엇보다 제가 '통계학' 전공자도 아니다 보니, 베이지언 데이터 분석을 주류 통계분석 기법의 철학과 다른 철학을 추구하는 소수 학파가 제안한 '좀 독특한 데이터 분석'이라고 가볍게 생각했습니다. 이후 베이지언 데이터 분석을 조금 더 진지하게 다시 돌아보게 된 것은 2005년이었습니다. 2000년대 초반부터 의료과학 분야의 몇몇 연구들을 읽어보다가, '윈벅스(WinBUGS)'라는 소프트웨어가 존재한다는 것을 알게 되었고, WinBGUS를 통해 실제 베이지언 데이터 분석을 실시할 수 있게 되면서 보다 큰 관심을 갖게 되었습니다. 이제 WinBGUS는 역사의 뒤안길로 사라졌지만, 당시 WinBGUS의 분석 코드를 통해 베이지언 데이터 분석을 실제로 수행해 보면서 느꼈던 보람과 즐거움은 아직도 기억납니다. 본서는 WinBGUS의 후예라고 할 수 있는 Stan을 기반으로 한 R의 brms 패키지를 통해 베이지언 데이터 분석을 어떻게 진행할 수 있는지를 소개하였습니다. 본서를 통해 제가 WinBGUS를 처음 접했을 때 느꼈던 즐거움과 비슷한 즐거움을 느끼실 수 있으면 좋겠습니다.

베이지언 데이터 분석을 소개하는 서적들은 해외와 국내에 상당수 출간되어 있습니다. 그러나 국내외의 기출간 서적들의 경우, 관련 전공자가 아니라면, 실제로 베이지언 데이터 분석을 어떻게 진행할 수 있는지 쉽게 따라가기 어렵지 않나 싶은 생각이 들었습니다. 주류 데이터 분석 기법, 즉 빈도주의(Frequentism)에 기반한 데이터 분석에 비해 초심자를 위한 서적들은 많지 않은 것 같고, 베이지언 데이터 분석을 실습할 수 있는 서적들의 경우 JAGS나 Stan 등과 같이 일반 연구자들에게 낯선 소프트웨어를 소개하고 있습니다. JAGS나 Stan 등의 경우 C++ 언어를 기반으로 구성되어 있어, C++ 언어의 구성방식에 익숙하지 않은 분들은 소프트웨어에 익숙해지기까지 상당한 시간이 소요됩니다.

이런 상황에서 2017년 *Journal of Statistical Software*라는 학술지에 소개된 R의 brms 패키지(Bürkner, 2017, 2018)는 상당히 놀라웠습니다. R을 통해 일반최소제곱(OLS, ordinary least squares) 회귀모형을 비롯하여 일반선형모형(GLM, generalized linear model)을 추정해 본 경험이 있다면, 그리고 베이지언 데이터 분석의 철학과 관련 개념들을 이해하고 있다면 매우 쉽게 베이지언 데이터 분석을 실시할 수 있기 때문입니다. R프로그래밍에 익숙하지만, 실습을 통해 베이지언 데이터 분석을 보다 구체적으로 이해하고 싶다면, 그리고 연구상황에 따라 베이지언 데이터 분석을 실시해야만 하는 상황이라면, 본서가 큰 도움이 될 것입니다.

본서 내용은 다음과 같습니다. 먼저 1부 1장에서는 베이지언 데이터 분석의 개념적 기초를 간략히 설명하였습니다. 베이지언 추론(Bayesian inference)이 전통적인 빈도주의 추론과 어떻게 다른지, 그리고 베이지언 데이터 분석에서 자주 등장하는 용어와 개념은 어떤 의미를 갖는지 설명하였습니다. 베이지언 데이터 분석 관련 이론과 개념을 충분히 숙지하시고 계신 분이라면 읽지 않아도 큰 문제는 없습니다. 그러나 베이지언 데이터 분석이 무엇인지 잘 알지 못하는 분이라면 찬찬히 잘 읽어보시기 바랍니다. 다음으로 1부 2장에서는 본서에 등장하는 R 패키지들이 무엇이며, 어떤 작업을 수행하는 데 필요한지 간략하게 서술하였습니다. 특히 2장의 3절 내용은 꼭 읽어보시길 부탁드립니다.

2부는 데이터 분석을 활용한 학술연구에서 흔히 등장하는 기법들을 베이지언 데이터 분석으로 어떻게 진행할 수 있으며, R을 기반으로 전통적 데이터 분석 방식과 어떤 점에서 비슷하고 어떤 점이 다른지 비교하는 방식으로 소개하였습니다. R기반 전통적 데이터 분석에 익숙하신 분이라면, 어렵지 않게 베이지언 데이터 분석을 실습해 보실 수 있을 것입니다. 2부는 총 10개의 장으로 구성되어 있으며, 각 장별로 소개된 분석기법들은 아래와 같습니다. 3장은 반드시 꼭 한 번 이상 살펴보시길 부탁드리고, 4장부터 6장까지의 내용은 최소한 가볍게라도 훑어보시길 권장합니다. 이후 7장부터 12장까지의 분석기법의 경우, 독자의 관심영역에 따라 불필요하다고 생각하시는 장은 그냥 뛰어넘어도 될 듯합니다.

· 3장: 티테스트(단일표본, 대응표본, 독립표본 티테스트)
· 4장: 상관관계 분석
· 5장: 분산분석
· 6장: 일반최소제곱(OLS) 회귀모형
· 7장: 범주형 결과변수(categorical outcome) 대상 로지스틱 회귀모형(이분형, 순위형, 다항 로지스틱 회귀모형들)

· 8장: 횟수형 결과변수(count outcome) 대상 회귀모형(포아송 및 음이항 회귀모형, 영포화 및 허들 모형)
· 9장: 혼합모형(mixed model)
· 10장: 결측데이터 분석
· 11장: 측정오차 통제 모형
· 12장: 구조방정식 모형(structural equation model)

마지막으로 3부 13장에서는 베이지언 데이터 분석의 진행과정 전반을 요약·정리한 후, 아직은 주류 연구기법으로 정착되지는 않은 듯한 베이지언 데이터 분석의 미래에 대해서 개인적 전망을 밝혔습니다.

본서에서 다루는 R기반 베이지언 데이터 분석에 관심있는 독자께 다음과 같은 부탁의 말씀 드리고자 합니다. 무엇보다 기초적 R 활용법을 숙지하신 후에 본서를 보시기 바랍니다. 베이지언 데이터 분석의 경우 데이터를 관리하고 정리하는 데이터 사전처리 능력이 적지 않게 요구됩니다. 물론 본서에서도 소개하고 있는 `tidybayes` 패키지와 같은 유용한 패키지들이 속속 개발되고 있지만, 효과적인 활용을 위해 데이터를 효율적으로 관리하고 처리할 수 있는 능력이 여전히 필요하기 때문입니다. 만약 R의 기초적 활용법에 대해 모르고 계시다면, 본서에 앞서 R 입문서들을 먼저 학습해 주시기 바랍니다. 이와 관련 제가 서술한 R관련 입문서(백영민, 2023) 혹은 다른 R관련 입문서적들을 참고하시기 바랍니다.

둘째, 베이지언 데이터 분석과 관련된 소개서들을 다각도로 살펴보시기 권합니다. 베이지언 학파(Bayesian School)라고 부르지만, 사실 베이지언 학파 내부에서도 다양한 분파들이 존재하기 때문입니다. 독자께서 활동하시는 분야에서 어떤 방식으로 베이지언 데이터 분석을 활용하는지, 그리고 '확률(probability)', '모수(parameter)' 등과 같은 용어를 어떤 식으로 개념화하고 이해하고 있는지 살펴보신 후에, 실습을 병행하신다면 베이지언 데이터 분석의 참맛과 강점이 무엇인지 더 잘 느끼실 수 있을 것으로 확신합니다. 물론 1부 1장에서 베이지언 데이터 분석의 기본적인 이론과 개념들을 간략하게 소개하였으나, 본서의 목적상 베이지언 데이터 분석의 다양한 면모를 소개할 수는 없었습니다. 베이지언 데이터 분석의 특징을 이해하고 이론적 관점에서 베이지언 데이터 분석을 효과적으로 활용하기 위해서라도 베이지언 분석 관련 소개서들을 광범위하게 살펴보실 것을 권장합니다.

저자 머리말을 마무리하기 전, 본서 출간에 큰 도움을 주신 조광재 대표님께 감사 말씀 드립니다. 어려운 출판시장 상황에서도 소량 판매에 그칠 수밖에 없는 전문도서 출간에 애써주셔서 진심으로 감사합니다. 아울러 스탠포드 대학에서 박사과정을 밟고 있기에 같이 작업하지 못하여 아쉽지만, 해외에서의 학술동향을 지속적으로 업데이트하고 알려준 박인서 선생에게 감사 전달합니다. 본서에 소개된 R코드들과 예시용 데이터는 모두 저자 홈페이지(https://sites.google.com/site/ymbaek/)에서 다운로드 가능합니다. 베이지언 데이터 분석을 체감하고, 실제 연구에서 베이지언 분석을 적용해 보시려는 독자에게 본서가 도움이 되길 기원하며 이만 줄입니다.

2025년 10월 1일
연세대학교 아펜젤러관에서
저자 백 영 민

PART 1 베이지언 데이터 분석: 개요와 준비

CHAPTER 1 베이지언 추론 15

1. 개념적 기초 16
2. 베이지언 데이터 분석 예시 21
3. 베이지언 데이터 분석: 장점과 현황 24

CHAPTER 2 베이지언 데이터 분석을 위한 R 패키지 33

1. 통상적 데이터 관리 목적 R 패키지 34
2. 전통적 데이터 분석 목적 R 패키지 34
3. 베이지언 데이터 분석 목적 R 패키지 37

PART 2 베이지언 데이터 분석 실습

CHAPTER 3 티테스트: 단일표본, 대응표본, 독립표본 티테스트 43

1. 단일표본 티테스트 45
2. 대응표본 티테스트 61
3. 독립표본 티테스트 73
4. 베이지언 모형 비교 88

CHAPTER 4 상관관계 99

1. 피어슨 상관계수 계산 100
2. 크론바흐 알파 계산 116

CHAPTER 5 **분산분석** ········· 121

1. 분산분석 모형추정 ········· 123
2. 집단간 평균비교 및 계획비교 ········· 141
3. 강한 사전분포 활용 ········· 147

CHAPTER 6 **일반최소제곱(OLS) 회귀모형** ········· 151

1. 일반최소제곱(OLS) 모형 구성 ········· 153
2. 다항회귀모형(polynomial regression): 1차항과 2차항 포함 OLS 회귀모형 ··· 156
3. 상호작용효과 테스트: 2원 및 3원 상호작용효과 테스트 ········· 162
4. 모형추정결과 시각화 및 기울기 분석 ········· 170
   1) 다항회귀모형 추정결과 시각화 170
   2) 상호작용효과 모형 추정결과 시각화와 기울기 분석 172
5. 강한 사전분포 기반 베이지언 일반최소제곱(OLS) 회귀모형 추정 ······ 195

CHAPTER 7 **범주형 결과변수 대상 로지스틱 회귀모형** ········· 203

1. 이분형 로지스틱 회귀모형 ········· 205
   1) 카이제곱 테스트와 이분형 로지스틱 회귀모형 205
   2) 이분형 다중 로지스틱 회귀모형 216
   3) 강한 사전분포 기반 베이지언 이분형 로지스틱 회귀모형 224
2. 순위형 로지스틱 회귀모형 ········· 232
   1) 이분형 로지스틱 회귀모형과 순위형 로지스틱 회귀모형 232
   2) 기울기 분석과 상호작용효과 시각화 237
   3) 강한 사전분포 기반 베이지언 순위형 로지스틱 회귀모형 242
3. 다항 로지스틱 회귀모형 ········· 246
   1) 카이제곱 테스트와 다항 로지스틱 회귀모형 246
   2) 다항 다중 로지스틱 회귀모형 253
   3) 강한 사전분포 기반 베이지언 다항 로지스틱 회귀모형 259

CHAPTER 8 **횟수형 결과변수 대상 회귀모형** ········· 265

1. 포아송 회귀모형과 음이항 회귀모형 ········· 267
   1) 횟수형 결과변수의 분포와 특징 267
   2) 모형추정과 모형비교 270

3) 모형추정결과 시각화 279

4) 강한 사전분포 설정 283

2. 0포화 회귀모형과 허들 회귀모형 ········ 286

1) 횟수형 변수와 '0'의 의미 286

2) 모형추정과 모형비교 287

3) 모형추정결과 시각화 304

4) 강한 사전분포 반영 310

CHAPTER 9 혼합모형 ········ 315

1. 반복측정 시계열 데이터를 위한 혼합모형 ········ 317

1) 데이터의 특성과 사전처리 317

2) 혼합모형 추정과 혼합모형 비교 319

3) 모형추정결과 시각화 331

4) 강한 사전분포 설정 334

2. 집단내 군집화된 개인 데이터를 위한 혼합모형 ········ 337

1) 데이터의 특성과 사전처리 337

2) 혼합모형 추정과 혼합모형 비교 338

3) 모형추정결과 시각화 350

4) 강한 사전분포 설정 356

3. 횟수형 결과변수 상황 군집 데이터를 위한 혼합모형 ········ 357

1) 데이터의 특성과 사전처리 357

2) 혼합모형 추정과 혼합모형 비교 360

3) 모형추정결과 시각화 368

CHAPTER 10 결측데이터 분석 ········ 375

1. 전통적 결측데이터 분석기법 ········ 379

1) 다중투입(MI, multiple imputation) 기법 379

2) 최대우도(ML, maximum likelihood) 기법 380

2. 베이지언 결측데이터 분석기법 ········ 383

1) `mi()` 함수 활용 383

2) `mice` 패키지의 대체투입 데이터를 활용한 `brm_multiple()` 함수 활용 391

3) 결측데이터 상황의 모형비교 397

4) 강한 사전분포 설정 399

CHAPTER 11 측정오차 통제 모형 ········ 401

1. 측정오차 반영 전통적 분석방법 ········ 403

2. 측정오차 반영 베이지언 분석방법 ········ 405

1) 베이지언 모형추정 405

2) 측정오차 반영한 베이지언 모형비교 시 주의사항 410

3) 모형추정결과 시각화 411

4) 강한 사전분포 설정 412

CHAPTER 12 구조방정식 모형 ········ 417

1. 베이지언 경로모형(Bayesian PM, path-modeling) ········ 419

2. 베이지언 확증적 인자분석(Bayesian CFA, confirmatory factor analysis) ·· 432

3. 베이지언 구조방정식 모형(Bayesian SEM, structural equation model) ·· 449

4. 강한 사전분포 설정 ········ 458

PART 3 마무리

CHAPTER 13 정리 ········ 465

1. 베이지언 데이터 분석 진행과정 ········ 466

1) 모형확정 466

2) 모형추정 467

3) 수렴진단 468

4) 모형비교 468

5) 결과 해석 469

6) 베이지언 민감도 분석(Bayesian sensitivity analysis) 470

2. 행동주의 실증연구 분야에서의 베이지언 데이터 분석의 미래 ········ 471

별첨

별첨 1 **사전분포 구분과 설정방법** ········· 473

1. 사전분포 구분 ········· 476

2. 사전분포 설정 가이드라인 ········· 477

별첨 2 **제프리스의 증거척도 가이드라인** ········· 481

별첨 3 **모형의 예측타당도 평가 지표: WAIC, LOO, k-fold 지수** ········· 485

1. WAIC 지수 ········· 486

2. LOO 지수 ········· 487

3. k-fold 지수 ········· 488

참고문헌 / 490

R 함수 찾아보기 / 493

PART

1

베이지언 데이터 분석: 개요와 준비

chapter 1 베이지언 추론
chapter 2 베이지언 데이터 분석을 위한 R 패키지

CHAPTER 1

베이지언 추론

1. 개념적 기초
2. 베이지언 데이터 분석 예시
3. 베이지언 데이터 분석: 장점과 현황

1 개념적 기초

본서를 포함해 데이터 분석을 소개한 책을 보는 가장 큰 이유는 '지식'을 얻기 위한 것입니다. 세상에는 여러 유형의 지식이 존재합니다. 예를 들어 "인간은 죽는다"와 같은 지식은 절대적 참의 형태를 띱니다. 그러나 대부분의 지식은 '개연적 참'의 형태를 띠며, 확률의 형태로 표현되곤 합니다. 예를 들어 "이 치료를 받은 환자들 중 약 95%는 상태가 호전된다", 혹은 "사람들은 나이가 들수록 보수적 성향으로 변하는 경향을 보인다"는 등의 표현들이 개연적 참에 속합니다. 응용연구자가 데이터 분석을 학습하는 주요 목적은 바로 데이터를 통해 개연적 참에 속하는 지식을 얻는 것입니다.

대부분의 응용연구자가 학습하는 데이터 분석은 소위 빈도주의 학파(Frequentist School)에 속합니다. 흔히 데이터 분석 입문과목에서 소개되는 '귀무가설(null hypothesis)' 테스트, 통계적 유의도(statistical significance) 등과 같은 내용들은 바로 빈도주의 학파의 유산입니다. 본서에서 소개될 베이지언 데이터 분석은 빈도주의 학파가 아닌 베이지언 학파(Bayesian School)[1]를 기반으로 하고 있습니다. 베이지언 학파와 빈도주의 학파는 데이터와 모수를 바라보는 철학적 관점이 매우 다르며, 상황에 따라서는 격렬하게 대립하는 모습을 보이기도 합니다. 그러나 본서에서는 두 학파가 어떤 면에서 서로 대립되는지에 집중하지 않습니다. 반대로 저는 저처럼 통계적 유의도를 기반으로 한 귀무가설 테스트를 통해 데이터 분석을 접한 후, 베이지언 데이터 분석을 나중에 접한 후 관심이 생겼거나 혹은 연구목적상 활용해야만 하는 독자에게 실질적인 도움을 주려는 목적으로 본서를 기획하게 되었습니다. 베이지언 학파와 빈도주의 학파가 차이점이 무엇이며, 빈도주의 데이터 분석과 비교해 베이지언 데이터 분석에는 어떤 장점이 있는지 궁금하신 분들은 별도의 참고문헌들을 살펴보시기 바랍니다.

아무튼 베이지언 데이터 분석에서 말하는 '베이지언 추론(Bayesian inference)'은 과연 무엇이며, 전통적 데이터 분석에서의 통계적 추론과는 어떻게 다를까요? 베이지언 데이터 분석에 대한 권위있는 교재(Gelman et al., 2013, p. 1)에서는 베이지언 추론을 아래와 같이 정의하고 있습니다.

> 베이지언 추론은 주어진 데이터에 확률 모형을 적합시키고, 그 결과를 모형의 모수나 새로운 관측값에 대한 예측과 같은 관측되지 않은 양들에 대한 확률분포의 형태로 요약

1) 베이지언 학파라는 이름은 토마스 베이즈(Thomas Bayes, 1701−1761)의 사후 출판 저작(Bayes, 1763)에서 비롯하였습니다. 베이스의 1763년 저술은 https://doi.org/10.1098/rstl.1763.0053에서 확인할 수 있습니다.

하는 과정이다(Bayesian inference is the process of fitting a probability model to a set of data and summarizing the result by a probability distribution on the parameters of the model and on unobserved quantities such as predictions for new observations).

쉽게 와 닿는 표현은 아닐 것으로 생각합니다. 다른 베이지언 데이터 분석 교재(Kruschke, 2015, p. 15)에서는 베이지언 추론을 다음과 같이 서술하고 있습니다.

베이지언 데이터 분석에는 두 가지 핵심 아이디어가 존재한다. 첫째, 베이지언 추론은 가능성에 대한 주관적 신용도를 재부여하는 것이다. 둘째, 주관적 신용도가 부여된 가능성들은 수학 모형의 모수값을 나타낸다(Bayesian data analysis has two foundational ideas. The first idea is that Bayesian inference is reallocation of credibility across possibilities. The second foundational idea is that the possibilities, over which we allocate credibility, are parameter values in meaningful mathematical models).

겔만 등(Gelman et al., 2013)의 정의보다는 쉬워 보이지만, 크루쉬케(Kruschke, 2015)의 정의 역시 여전히 쉽게 이해되는 표현은 아니지 않나 싶습니다. 제가 알고 있는 범위에서 베이지언 추론에 대한 가장 쉬운 설명은 아래와 같은 리와 와겐메이커스(Lee & Wagenmakers, 2014, p. 3)의 설명입니다.

베이지언 분석을 아우르는 원칙은 이해하기 쉽다. 첫째, 불확실성 혹은 "믿음의 수준"은 정량화된 확률로 나타난다. 둘째, 관측 데이터는 사전정보나 믿음을 업데이트한 후, 사후 정보나 신념으로 생성된다(The general principles of Bayesian analysis are easy to understand. First, uncertainty or "degree of belief" is quantified by probability. Second, the observed data are used to update the prior information or beliefs to become posterior information or beliefs).

리와 와겐메이커스의 설명은 추상적이기는 하지만 가장 쉬운 용어로 베이지언 추론이 무엇인지를 잘 정리하고 있습니다. 곰곰이 잘 읽어보면, 겔만 등(Gelman et al., 2013)의 정의나 크루쉬케(Kruschke, 2015)의 설명과 상통한다는 것을 느끼실 수 있을 것입니다.

이제 추상적인 개념어 대신 간단하지만 구체적 사례를 통해 베이지언 추론과정과 특색을 살펴봅시다. 어떤 방에 2세 된 아기가 있고, 이 방에는 아기 외에 4명의 사람들(A, B, C, D)이 존재합니다. 방 안에는 2세 된 아기의 생모가 존재합니다. 여러분은 이 아기의 생모가 누구인지 맞추어야 합니다. 여기서 여러분이 4명의 사람들 중 누가 아기의 생모인지 맞추라고 요청받는다면, 어떤 대답을 하시겠습니까? A, B, C, D에 대한 어떠한 정보도 주어지지 않았다는 점을 고려할 때, 가장 적절한 답변은 "A, B, C, D가 생모일 확률은 차례대로 각각 1/4이다"일 것입니다.

만약 여기서 여러분이 A의 성별이 남성이라는 정보를 알고 있다고 가정해 봅시다. "남성은 생물학적으로 생모가 될 수 없다"는 지식을 활용하면, 누구라도 A가 생모일 확률이 0이라고 판단할 것입니다. 즉 방 안에 있는 사람들 중 A가 생모가 될 수 없다는 지식을 활용한다면, 가장 적절한 답변은 "남성인 A가 생모일 확률은 0이며, B, C, D가 생모일 확률은 차례대로 각각 1/3이다"가 될 것입니다.

이제 여기서 추가로 여러분이 B는 15세 여성이고, C는 31세 여성, D는 70세 여성이라는 정보를 알고 있다고 가정해 봅시다. B, C, D의 성별과 연령에 대한 지식을 기반으로, 상식적 판단을 한다면 아마도 여러분은 "남성인 A가 생모일 확률은 0이며, 현대 한국사회에서 15세 여성이나 70세 여성이 2년 전에 출산했을 확률은 0.00에 매우 근접할 것입니다. 따라서 C가 생모일 확률은 1.00에 매우 근접할 것이며, 따라서 2세 아기의 생모는 C라고 추론할 수 있다"고 답할 것입니다.

지금 말씀드린 사례를 살펴보신 후, 리와 와겐메이커스(Lee & Wagenmakers, 2014) 그리고 크루쉬케(Kruschke, 2015)가 설명한 베이지언 추론을 다시 읽어봅시다. 사례에서 언급된 A, B, C, D는 바로 '가능성(possibilities)'에 해당됩니다. 만약 우리가 A, B, C, D에 대해 어떠한 지식도 갖고 있지 않을 경우, 각 가능성에 대해 우리는 아래와 같은 확률(크루쉬케의 표현으로는 credibility)을 부여하였습니다.

$$p(\text{생모} = A) = \frac{1}{4},\ p(\text{생모} = B) = \frac{1}{4},\ p(\text{생모} = C) = \frac{1}{4},\ p(\text{생모} = D) = \frac{1}{4}$$

그러나 A의 성별이 남성이라는 것을 확인한 후, 네 가지 가능성에 대해 우리는 다음과 같이 확률을 재부여하였습니다.

$$p(\text{생모} = A) = 0,\ p(\text{생모} = B) = \frac{1}{3},\ p(\text{생모} = C) = \frac{1}{3},\ p(\text{생모} = D) = \frac{1}{3}$$

이후 B, C, D의 성별과 연령 정보를 확인한 후, 네 가지 가능성에 대해 부여된 확률은 다음과 같이 재부여되었습니다.

$$p(\text{생모} = A) = 0,\ p(\text{생모} = B) \approx 0.00,\ p(\text{생모} = C) \approx 1.00,\ p(\text{생모} = D) \approx 0.00$$

이제 크루쉬케(Kruschke, 2015)의 표현을 다시 읽어보시면 그 의미가 무엇인지 쉽게 와 닿을 것으로 생각합니다. A, B, C, D가 생모일 확률은 우리가 어떤 지식을 어떻게 적용했는가에 따라, 각 가능성에 대한 주관적 신용도(credibility across possibilities)가 달라진다는 것을 확인하실 수 있습니다(첫 번째 핵심 아이디어). 또한 주목할 것은 현재 우리가 갖고 있는 데이터는 변한 것이 없지만, 상황에 대한 지식을 어떻게 적용하는가에 따라 A, B, C, D가 생모일 모수값(parameter value)은 계속 변한다는 사실입니다(두 번째 핵심 아이디어).

이제 겔만 등(Gelman et al., 2021/2025)이 정의한 베이지언 추론을 다시 읽어보시기 바랍니다. "새로운 관측값에 대한 예측(predictions for new observations)"이라는 부분이 들어있기는 하지만, 앞서 소개한 사례의 과정이나 크루쉬케(Kruschke, 2015)의 설명과 본질적으로 동일한 의미를 전달한다는 것을 이해하실 수 있습니다(물론 추상적인 통계학적 용어들로 서술된 표현이라 피부에 와 닿는 설명이라고 보기는 어려울 듯합니다).

그렇다면 베이지언 추론은 빈도주의 학파의 전통적인 통계적 추론과는 어떤 점이 다른 것일까요? 2가지 차이에 주목할 수 있습니다.

첫째, 베이지언 추론에서는 사전지식을 활용합니다. 예를 들어 A의 성별이 남성이라는 지식은 누가 아기의 생모인지 추론하는 과정에서 매우 중요한 정보입니다. 사전지식을 추론과정에 적용하면(물론 적용된 사전지식이 타당하다면), 보다 더 타당한 결과를 얻을 수 있습니다. 물론 예시 사례의 첫 번째 단계에서처럼 특별한 사전지식을 적용하지 않을 수도 있고, 상황에 따라 부적절한 사전지식은 추론 결과를 왜곡할 가능성도 배제하기 어렵습니다. 앞에서 소개한 사례는 사실 상식적으로 전혀 논란의 여지가 없습니다(적어도 저는 확신합니다). 그러나 인간이 축적한 대부분의 지식이 '개연적 참'이라는 점을 감안할 때, 앞서 소개한 사례는 예외적인 극단적 사례입니다. 실제 데이터를 분석하는 대부분의 상황에서, 사전지식을 추론과정에 투입하는 것이 과연 타당한 것인지, 만약 사전지식 투입이 타당하다고 하더라도 사전지식의 불확실성을 어떻게 그리고 얼마나 추론과정에 반영하는 것이 적절한지에 대한 논란은 피할 수 없을 것입니다.

둘째, 베이지언 추론에서는 모수를 고정된 것으로 간주하지 않으며(확률적(random)인 것으로 간주), 분석 대상 현상에 대한 주관적 신용도로 간주합니다. 반면 전통적인 통계적 추론에서는 모수를 고정된(fixed) 객관적 실체로 간주합니다. 예를 들어 단일표본 티테스트 기법을 활용해 $H_0: \mu = 3$ 이라는 귀무가설을 테스트하는 상황을 떠올려 봅시다. 이 귀무가설 테스트에서는 모수(μ)를 어떤 고정된 상수로 가정한 후, 표집을 반복하는 방식으로 귀무가설의 기각 여부를 살펴봅시다. 그러나 베이지언 추론에서는 사전지식과 데이터를 활용하여 모형을 추정한 후, 모형의 모수의 확률분포를 추정합니다. 즉 전통적인 통계적 추론에서는 수집된 데이터를 활용해 고정된 모수에 대한 귀무가설을 테스트하는 반면, 베이지언 추론에서는 수집된 데이터와 사전지식의 정보를 통합하여 모수를 업데이트한 후, 사후적으로 모수의 확률분포가 어떠한지를 살펴봅니다.

이제 베이지언 데이터 분석을 소개하는 모든 교재에서 소개되는 공식을 살펴보겠습니다. 아래는 '베이즈 규칙(Bayes' rule)'으로 불리는 베이지언 데이터 분석의 핵심 공식입니다. 여기서 θ (theta, 쎄타)는 모수를, y는 데이터를 의미합니다.

$$p(\theta, y) = p(\theta)\, p(y \mid \theta)$$

먼저 우변은 $p(\theta)$와 $p(y \mid \theta)$의 곱(product)으로 정의되어 있습니다. $p(\theta)$는 알려진 모수의 확률을 의미하며, 흔히 사전분포(prior distribution)라고 불립니다. $p(y \mid \theta)$는 모수 조건에서 데이터 y의 확률을 의미하며, 흔히 데이터 분포(data distribution)라고 불립니다. 즉 앞에서 이야기했던 사전지식이 바로 사전분포에 해당되며, 관측데이터는 바로 데이터 분포에 해당됩니다. 두 가지 확률을 결합하면, 사후분포(posterior distribution)인 좌변의 $p(\theta, y)$를 얻을 수 있습니다.

위의 공식을 조금 더 응용해 봅시다. 왜냐하면 데이터 분석의 목적은 모수(θ) 조건에서 데이터(y)를 얻을 확률이 아니라, 주어진 데이터(y)에서 모수(θ)를 얻을 확률을 구하는 것이기 때문입니다. 즉 위의 공식은 다음과 같은 공식으로 표현할 수 있습니다.

$$p(\theta, y) = p(y)\, p(\theta \mid y)$$

이제 위의 공식을 변환하면, 데이터 분석의 최종 목적인 $p(\theta \mid y)$를 다음과 같이 바꾸어 쓸 수 있습니다.

$$p(\theta \mid y) = \frac{p(\theta, y)}{p(y)}$$

여기에 맨 처음 소개한 베이즈 규칙, $p(\theta, y) = p(\theta)\,p(y \mid \theta)$을 대입하면 다음과 같이 표현할 수 있습니다.

$$p(\theta \mid y) = \frac{p(\theta, y)}{p(y)} = \frac{p(\theta)\,p(y \mid \theta)}{p(y)}$$

위의 공식 우변에서의 분모 $p(y)$는 데이터의 확률이며, 이는 θ와 무관합니다. 다시 말해 θ가 어떠하든 $p(y)$는 변하지 않는다는 점에서 일종의 상수(constant)로 취급할 수 있습니다. 여기서 매우 흥미로운 함의를 담는 공식을 아래와 같이 도출할 수 있습니다.

$$p(\theta \mid y) \propto p(\theta)\,p(y \mid \theta)$$

위의 공식은 매우 흥미롭습니다. 왜냐하면, $p(\theta \mid y)$는 데이터 y의 함수가 아니라 모수 θ의 함수가 되기 때문입니다. 다시 말해 $p(\theta, y)$에 대해 타당하게 가정할 수만 있다면, 데이터(y)를 분석하여 $p(\theta \mid y)$를 얻을 수 있기 때문입니다.

베이지언 데이터 분석에서는 $p(\theta, y)$를 모형, $p(\theta)$를 사전분포, $p(y \mid \theta)$를 데이터의 가능도(우도, likelihood), 그리고 $p(\theta \mid y)$를 사후분포라고 부릅니다.

2 베이지언 데이터 분석 예시

베이지언 추론과정을 대략적으로 살펴보았습니다. 이번에는 R을 기반으로 매우 간단한 베이지언 데이터 분석을 실습해 보겠습니다. 실습상황은 〈표 1-1〉에 제시된 총 4가지로, 통계학 서적에서 흔히 등장하는 동전 던지기입니다. 계산의 편의를 위하여 베타분포(Beta distribution)[2]를 설정하였습니다. 왜냐하면 베타분포의 경우, 사전확률의 분포와 사후확률의 분포가

2) 이항분포(binomial distribution)과 비슷합니다. 차이점이 있다면, 이항분포의 경우, 전체 시도(trial) 중 성공 횟수의 분포를 나타내는 반면, 베타분포는 성공확률 그 자체의 분포를 나타냅니다. 즉 이항분포는 n번의 시도에서 성공사례가 k번 나타날 확률 p를 통해 분포를 생성하며, 베타분포는 성공사례(α)와 실패(성공이 아닌)사례(β)를 기반으로 확률 p의 분포를 생성합니다.

동일한 형태를 갖는 '켤레분포(conjugate distribution)'이기 때문에 수계산이 쉽습니다(사전과 사후 확률의 분포가 달라지는 경우도 얼마든지 계산할 수 있지만, 아쉽게도 수계산은 어렵습니다).

표 1-1. 베이지언 데이터 분석의 실습과 이해를 위한 4가지 상황 구분

사전지식의 확신수준 수집 데이터	약함(예전에 10번 동전을 던져보았는데, 3번은 앞면이 7번은 뒷면이 나왔음)	강함(예전에 100번 동전을 던져보았는데, 30번은 앞면이 70번은 뒷면이 나왔음)
10번 동전을 던져 5번 앞면, 5번 뒷면이 나왔음	상황1	상황3
100번 동전을 던져 50번 앞면, 50번 뒷면이 나왔음	상황2	상황4

〈표 1-1〉에서 확인하실 수 있듯, 제시된 상황은 '사전지식의 확신수준'과 '데이터의 정보' 두 가지를 교차한 것입니다. '상황 1'은 사전지식의 확신도가 낮으며, 수집된 데이터가 적은 경우이며, '상황 2'는 사전지식의 확신도는 낮지만, 수집된 데이터가 많은 경우입니다. 반면 '상황 3'은 사전지식의 확신도가 높으며 수집된 데이터가 적은 경우, '상황 4'는 사전지식의 확신도가 높고 동시에 수집된 데이터가 많은 경우입니다. 각 상황에서 동전을 던질 때 앞면이 나올 확률 ($p(H)$) 모수 θ의 사전분포와 사후분포가 달라지는지 살펴본 결과는 〈그림 1-1〉과 같습니다. 베이지언 추론을 이해하기 위한 목적인 만큼 R 코드 작성에 대한 별도의 설명은 제시하지 않았습니다. 직접 실습해 보고 싶은 분을 위해 사전분포와 사후분포 시각화를 위한 R코드는 이번 장 끝에 별도 제시하였으니 참고하시기 바랍니다.

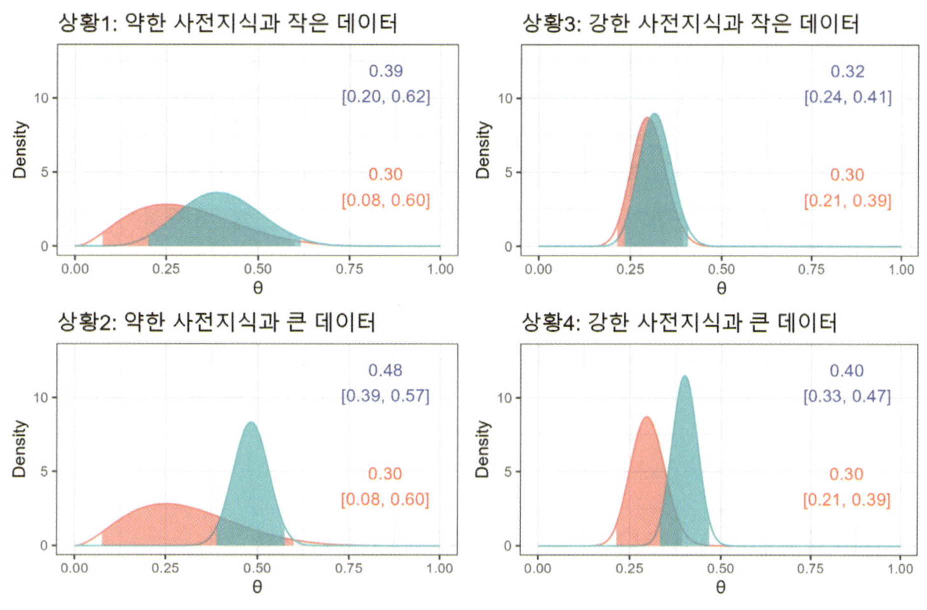

그림 1-1-1. 상황별 사전분포와 사후분포 비교

먼저 사전지식이 약했던 '상황1'과 '상황2'를 봅시다. '상황1'을 보면, 데이터를 수집하기 전에는 "동전을 던질 때 앞면이 나올 확률이 0.08부터 0.60 사이일 가능성은 95%다"라고 생각했고, 데이터를 수집한 후에는 "동전을 던질 때 앞면이 나올 확률이 0.20부터 0.62 사이일 가능성은 95%다"라고 생각하게 됩니다. '상황2'를 보면, 데이터를 수집하기 전에는 "동전을 던질 때 앞면이 나올 확률이 0.08부터 0.60 사이일 가능성은 95%다"라고 생각했고, 데이터를 수집한 후에는 "동전을 던질 때 앞면이 나올 확률이 0.39부터 0.57 사이일 가능성은 95%다"라고 생각하게 됩니다.

두 상황 모두 사전지식이 약했다는 점에서는 동일하지만, 데이터의 규모가 달랐습니다. 데이터의 규모가 작을 경우, 사전분포와 사후분포는 크게 달라지지 않습니다(즉, 동전을 던질 때 앞면이 나올 확률보다 뒷면이 나올 확률이 여전히 크다고 생각하고 있습니다). 반면 데이터의 규모가 클 경우, 사전분포와 사후분포가 사뭇 다르게 나타납니다. 데이터의 규모가 클 경우, 사전지식의 영향력이 상대적으로 약화되어 나타났습니다(즉, 동전을 던질 때 앞면이 나올 확률과 뒷면이 나올 확률이 거의 엇비슷하다고 생각하고 있습니다).

다음으로 사전지식이 강했던 '상황3'과 '상황4'를 비교해 보아도 비슷한 패턴을 발견할 수 있습니다. 즉 데이터가 작을 경우 사전분포와 사후분포는 큰 차이가 없지만, 데이터가 클 경우 사전분포의 영향력은 상대적으로 약화되어 나타납니다.

이제 데이터의 규모가 같은 상황에서, 사전지식의 확신도에 따라 사후분포가 어떻게 달라지는지 살펴봅시다. 먼저 작은 데이터 상황인 '상황1'과 '상황3'을 비교해 봅시다. 육안으로 쉽게 구별할 수 있듯, 사전지식의 확신도가 강할 경우, 사전분포와 사후분포는 큰 변화가 없는 것을 알 수 있습니다. 이는 큰 데이터 상황인 '상황2'와 '상황4'에서도 마찬가지입니다.

〈그림 1-1-1〉에서 배울 수 있는 내용을 정리하면 다음과 같습니다. 첫째, 베이지언 추론은 사전분포와 데이터분포를 결합하여 사후분포를 얻는 과정이다. 둘째, 사전지식을 기반으로 한 사전분포가 일정하다면, 사후분포는 데이터 분포에 더 큰 영향을 받는다. 셋째, 데이터분포가 일정하다면, 사후분포는 사전분포에 더 큰 영향을 받는다(즉 강하게 확신하는 사전지식을 가질수록 사전분포와 사후분포는 더 유사한 모습을 보인다).

3 베이지언 데이터 분석: 장점과 현황

지금까지 간단한 사례를 통해 베이지언 추론과정을 살펴보았습니다. 사실 베이지언 데이터 분석결과의 확률은 주관적 신용도로 표현된다는 점에서 사람들의 일상적 확률 이해방식과 매우 유사합니다. 또한 연구자 입장에서도 베이지언 추론은 사실 합리적입니다. 왜냐하면 거의 모든 분과학문에서 연구는 '선행연구 검토 → 데이터 수집 → 연구결과 해석 및 논의'의 과정을 밟는데, 이는 사전지식을 기반으로 한 사전분포와 새로 수집된 자료의 데이터 분포를 결합한 후 사후분포를 얻는 베이지언 추론과정과도 매우 유사하기 때문입니다.

이러한 장점들 외에도 베이지언 데이터 분석은 매우 유연성(flexibility)이 높다는 장점도 갖고 있습니다. 특히 위계적 데이터(structural data), 이를테면 군집화된 데이터(clustered data), 반복측정 시계열 데이터(longitudinal data with repeated measures), 여러 연구들을 통합 분석하는 메타분석(meta-analysis) 데이터의 경우 베이지언 데이터 분석이 필수적으로 활용되고 있습니다. 아울러 자연어처리(NLP, natural language processing)나 기계학습의 경우에도, 베이지언 데이터 분석이 반드시 활용됩니다. 또한 결측데이터(missing data)나 불완전데이터(incomplete data)를 분석할 경우에도 베이지언 데이터 분석은 매우 유용하게 활용되고 있습니다.

행동주의 사회과학 연구에서도 최근 베이지언 데이터 분석에 대한 관심이 조금씩 높아지고 있는 듯합니다. 제 경우, 해외 학술지에서 심사를 의뢰받은 논문들 중 베이지언 데이터 분석기법을 채택한 논문들이 증가하고 있는 것을 뚜렷하게 느끼고 있습니다. 그러나 행동주의 사회과학 분야에서 출간되는 거의 절대 다수의 연구들은 통계적 유의도와 귀무가설 테스트에 초점을 맞춘 전통적 빈도주의 관점에서 데이터 분석을 진행하고 있는 것 또한 엄연한 현실입니다.

본서에서 소개하는 내용을 고려할 때 좀 이상하게 들릴 수도 있지만, 저는 여기서 베이지언 데이터 분석이 전통적 데이터 분석보다 더 우월하다거나 혹은 앞으로 베이지언 데이터 분석이 주류 데이터 분석 접근이 되어야 한다고 주장하고 싶지 않습니다. 본서는 통계학을 전공하거나 혹은 분석기법을 개발하고자 하는 분을 위한 책이 아닙니다. 본서에서는 자신의 활동분과에서 데이터 분석을 응용하여 실증적 연구를 진행하고 있는 연구자를 독자로 상정하고 있기 때문입니다. 베이지언 데이터 분석을 활용하지 않는 연구자라도 베이지언 데이터 분석을 활용한 다른 연구자의 논문이나 보고서를 봐야 하고, 또한 논문을 작성·수정하는 과정에서 연구의 필요에 의해 혹은 논문심사자의 요청으로 베이지언 데이터 분석을 실시할 수밖에 없는 상황에 놓이는 경우도 종종 발생합니다. 전통적 데이터 분석에는 상당히 익숙하지만, 베이지언 데이터 분석에 익숙하지 않은 연구자를 위해 본서를 기획하였습니다. 본서를 통해 독자가 베이지언 데이터 분석을 보다 더 쉽고 친근하게 이해하고, 연구목적상 베이지언 데이터 분석이 필요한 상황에서 자신의 목적에 맞도록 베이지언 데이터 분석을 실시하는 도움을 받을 수 있길 바랄 뿐입니다.

베이지언 데이터 분석의 장점들에 대한 보다 자세한 내용은 베이지언 데이터 분석을 소개하는 문헌들[3]을 참조하시면 됩니다. 그렇다면 현재 시점에서 왜 사회과학 분과에서는 베이지언 데이터 분석이 활발하게 활용되지 않는 것일까요? 저는 이 이유로 여섯 가지를 꼽을 수 있다고 생각합니다. 참고로 첫 번째부터 네 번째는 통상적 베이지언 데이터 분석 교재들에서도 언급되는 이유이고, 다섯 번째와 여섯 번째는 제가 생각하는 이유입니다.

첫째, 전통적 빈도주의 접근이 주류 패러다임이기 때문입니다. 이는 베이지언 데이터 분석을 소개하는 대부분의 교재들이 공통적으로 지적하는 이유이기도 합니다. 데이터 분석 관련 대부분의 커리큘럼이 빈도주의 접근, 특히 통계적 유의도와 귀무가설 테스트를 중심으로 이루어지고 있습니다. 이러한 커리큘럼이 누적되면서 빈도주의 접근이 주류 패러다임으로 확립되었으며, 교육은 물론 논문의 작성·심사 과정에서 빈도주의 접근에 기반한 평가기준이 유지 혹은

3) 전통적 빈도주의 데이터 분석과 구분되는 베이지언 데이터 분석의 철학적 특성과 확률과 모수 등의 핵심개념을 둘러싼 베이지언 학파 내부의 해석 차이와 상호 비판에 대한 소개문헌으로는 이영의(2020)를 추천합니다. 또한 이프론(Efron, 1986)과 린들레이(Lindley, 1986, 2000)의 경우도 베이지언 추론의 철학적 배경을 이해하는 데 큰 도움이 됩니다. 베이즈 학파의 등장과 발전과정에 대한 소개와 역사적 사례들에 대해서는 맥그레인(McGrayne, 2011)을 추천합니다.
베이지언 데이터 분석을 소개하는 문헌들로는 1장에서 언급하였던 문헌들(Gelman et al., 2013; Kruschke, 2015; Lee & Wagenmakers, 2014)을 추천하며, 개인적으로는 크루쉬케(Kruschke, 2015)를 가장 추천합니다. 그리고 베이지언 데이터 분석을 활용하여 연구보고서나 논문을 작성하시는 분이라면, 크루쉬케(Kruschke, 2021)의 가이드라인을 참고하시면 매우 유익할 것으로 생각합니다.

강화되고 있습니다. 제도주의 연구자들의 개념을 빌리자면 '경로의존성(path dependency)'으로 인해 베이지언 데이터 분석은 활발하게 활용되지 않는 상황입니다.

둘째, 컴퓨팅 자원과 시간이 많이 소요되기 때문입니다. 앞에서 살펴본 동전 던지기 사례의 경우, 베타분포(Beta distribution)를 활용하였기 때문에 계산이 빠르고 쉬운 편입니다. 그러나 사전분포와 사후분포가 같은 형태가 아닌 경우는 현실에서 매우 빈번하게 발생합니다. 베이지언 데이터 분석 관련 교재에서 거의 언제나 소개되는 깁스 샘플링(Gibbs sampling), 메트로폴리스–헤이스팅스 알고리즘(Metropolis–Hastings algorithm), 다이나믹 해밀토니언 몬테카를로 알고리즘(Dynamic Hamiltonian Monte Carlo algorithm) 등이 개발되어 소프트웨어에 탑재되기 전까지 베이지언 데이터 분석의 현실적 효용성은 그다지 높지 않았습니다. 베이지언 데이터 분석이 일반 연구자에게도 활용되기 시작된 것은 2005년 이후 OpenBUGS (BUGS: Bayesian inference Using Gibbs Sampling)가 등장한 이후이며, 제 경우 Win-BUGS(윈도즈용 BUGS)를 통해 베이지언 데이터 분석을 실습해 보았던 경험이 있습니다. 본서에서 집중적으로 소개될 R 패키지인 `brms` 패키지(version 2.22.0)의 경우, Stan(Carpenter et al., 2017)이라는 컴퓨터 랭귀지를 기반으로 베이지언 데이터 분석을 실시합니다. `brms` 패키지의 등장으로 일반 연구자가 베이지언 데이터 분석을 실시하는 것이 상당히 용이해진 것이 사실입니다. 그러나 여전히 베이지언 데이터 분석은 전통적 데이터 분석에 비해 컴퓨팅 자원과 시간이 더 많이 소요됩니다.

셋째, 베이지언 추론의 특성인 사전지식에 따른 사전분포 설정은 베이지언 데이터 분석의 장점이기도 하지만, 동시에 결정적 약점이기도 합니다. 사전지식을 분석과정에 반영하는 것이 과연 타당할까요? 일반적으로 베이지언 통계학을 옹호하는 분들은 사전지식을 명확하게 설정하는 것이 데이터 분석의 투명성(transparency)을 높이기 때문에 아무런 문제가 없으며, 도리어 사전지식을 명확하게 밝히고 이를 토대로 모수의 불확실성을 확률 형태로 정량화시킨 사전분포를 반영하는 것이 더 바람직하다고 주장합니다. 저도 이러한 주장에 동의합니다. 그러나 상당히 많은 연구자들은 데이터를 분석할 때 사전지식을 반영하는 것에 대해서 주저하거나 혹은 적대적인 태도를 취하기도 합니다. 즉 데이터 분석은 데이터를 분석하는 것에 한정지어야 한다는 입장이며, 현상에 대한 모수추정이 연구자의 주관(즉 사전지식)에 따라 달라지지 않아야 한다고 주장합니다. 실제로 베이지언 데이터 분석 교재에서는 종종 사전지식을 가정하지 않는, 즉 무지한 상황을 가정한 사전분포(uninformative prior distribution; uniform distribution)를 기반으로 설명을 시작합니다. 또한 대부분의 베이지언 데이터 분석 소프트웨어들은 사전지식을 거의 반영하지 않는 약한 사전분포(weakly informative prior distribution)를 디폴트 옵션으로 제공하고 있으며, 이 상황에서 얻은 베이지언 분석결과는 전통적 빈도주의 데이터 분석결과와 동일하다고 볼 수 있을 정도로 유사합니다. 사전지식을 반영하는 것이 과연 타당한 것일까요? 베이지언 데이터 분석을 실시한다면 꼭 한번 진지하게 생각해 보아야 할 문제일 것입니다.

넷째, 사전지식을 데이터 분석과정에 반영하는 것이 타당하며 합리적이라고 하더라도, 사전지식을 어떤 형태의 사전분포로 넣는 것이 적절한지에 대한 합의된 혹은 표준화된 가이드라인이 없습니다. 사실 동전 던지기와 같은 사례는 직관적이고 큰 논란의 여지가 없습니다. 그러나 실제 연구환경에서 질적인(qualitative) 사전지식을 양적인(quantitative) 사전분포로 변환하는 것은 만만한 일이 아닙니다. 예를 들어, "연령이 증가할수록 정치적으로 보수주의적 성향이 강해진다"는 사전지식을 사전분포로 어떻게 변화시킬 수 있을까요? 예를 들어 연령변수와 정치적 보수성향 변수의 상관계수에 대한 메타분석 결과가 존재한다고 가정해 봅시다. 그러나 이 사전지식에 대한 주관적 확신도를 어떻게 사전분포로 변경해야 할까요? 또 만약 선행연구에서의 측정단위가 수집된 데이터의 측정단위와 다르다면 어떻게 해야 할까요? 제가 알고 있는 범위에서 사전지식을 어떻게 사전분포로 전환해야 하는가에 대한 가이드라인은 없는 듯합니다. 베이지언 데이터 분석에서는 경쟁하는 사전지식들을 명시한 후, 각 사전지식에 따른 사전분포를 상정한 후, 각 사전분포에 따라 사후분포가 어떻게 달라지는지 비교해 볼 것을 권합니다.[4] 그러나 사전지식을 어떻게 사전분포로 변환해야 하는 것이 적절한지에 대해서는 뚜렷한 기준이 없는 듯합니다.

다섯째, 베이지언 데이터 분석 관련 문헌들에서는 그다지 주목하지는 않는 듯합니다만, 데이터 분석결과를 어떻게 제시하고 해석해야 하는지 모호할 때가 많습니다. 전통적 데이터 분석의 경우, 점추정치(point estimate)와 이에 대한 귀무가설 테스트 결과를 통해 연구자의 연구가설에 대한 테스트를 진행합니다(물론 최근 들어 점추정치와 함께 95% 신뢰구간(confidence interval)을 같이 보고하는 경향이 뚜렷하게 늘고 있기는 합니다). 그러나 베이지언 데이터 분석의 경우, 점추정치가 아닌 신용구간(CI, credible interval), 사후구간(PI, posterior interval), 최대밀도구간(HDI, highest density interval)[5] 등과 같이 주로 사후분포의 구간범위를 활용합니다. 통계학적 관점에서 신용구간과 같은 정보를 제공하는 것이 더 낫지만, 점추

4) 이와 관련한 베이지언 데이터 분석 예시 사례로는 크루쉬케(Kruschke, 2021) 보충자료(Supplementary Information; Kruschke, 2023)를 꼭 참조하시길 권합니다.

5) 본서에서는 신용구간(CI), 사후구간(PI), 최대밀도구간(HDI)을 동등한 용어라고 간주하였습니다. 학자에 따라, 분과에 따라 해당 용어들을 구별하기도 합니다.

정치에 비해 구간정보는 해석이 다소 번거롭지 않나 생각합니다. 이러한 이유로 베이지언 데이터 분석에서는 분석결과를 시각화하여 제시하는 것을 선호하는데, 시각화 작업을 위한 프로그래밍에 익숙하지 않은 연구자에게는 사실 번거로운 일일 수 있습니다. 그리고 무엇보다 연구가설 테스트에 익숙한 연구자(그리고 심사자)는 사후분포를 기반으로 계산된 모수의 '신용구간(credible interval)'을 결국 전통적 데이터 분석에서의 '신뢰구간(confidence interval)'으로 오해하기 쉽습니다. 분과학문에서 연구가설 테스트에 대한 집착(?)을 버리지 않는다면, 대부분의 현실 연구자라면 베이지언 데이터 분석은 통상적 데이터 분석과 크게 다를 바가 없을 뿐만 아니라 컴퓨팅 자원과 시간을 더 많이 소모하는 복잡할 뿐인 데이터 분석 기법이라고 생각하게 되지 않을까라고 저는 생각합니다. 나중에 살펴보겠지만, 베이지언 학파와 빈도주의 학파가 '모수'를 바라보는 통계학적 관점이 극단적으로 다르지만, 빈도주의 데이터 분석으로 얻은 '95% 신뢰구간'과 특별한 사전지식이 없다고 가정한 균일분포나 약한 사전분포를 기반으로 베이지언 데이터 분석으로 얻은 '95% 신용구간'은 매우 유사한 숫자로 나타납니다. 물론 결과가 비슷하다고 해서, 제가 두 가지 데이터 분석이 동일하다고 주장하는 것은 결코 아닙니다. 다만 '통계학'이라는 관점에서 벗어나 '데이터 분석을 기반으로 한 지식 추구'라는 분과학문의 관점을 택한다면, "왜 굳이 베이지언 데이터 분석을 해야 할까?"라는 궁금증을 떨치기가 어렵지 않나 싶습니다.

여섯째, 베이지언 데이터 분석의 기본 아이디어는 상식적으로 이해할 수 있지만, 실제 데이터 분석과정에서 많은 지식이 필요하고, 무엇보다 모형추정이 타당한지 판단하기 위한 평가지표들이 적지 않습니다. 물론 전통적 데이터 분석의 경우에도 다양한 모형진단치들이 존재합니다. 그러나 베이지언 데이터 분석의 경우, 살펴보아야 할 지표들이 상당히 많고, 각 지표의 의미가 무엇이고 역할은 무엇인지 이해하는 것도 분과학문 연구자 입장에서는 부담스러운 일이지 않을까 생각합니다.

베이지언 데이터 분석이 일반 연구자들에게 활발하게 활용되지 못하는 상황인지 몇 가지 이유를 말씀드렸습니다. 앞에서 말씀드렸듯, (저 개인적으로 확신하건대) 베이지언 추론과정과 연구모형의 모수에 대한 해석은 매우 상식적이고 합리적입니다. 그러나 여러 가지 이유로 베이지언 데이터 분석 방법은 제가 활동하는 영역에서 널리 활용되지 못하고 있습니다. 그러나 컴퓨팅 기술의 발전과 함께 본서에서 집중적으로 소개하는 brms 패키지 덕분에 베이지언 데이터 분석을 실시하는 것이 상당히 간편해졌습니다. 본서를 통해 베이지언 데이터 분석과 전통적 빈도주의 데이터 분석이 어떻게 다른지, 그리고 베이지언 데이터 분석결과를 어떻게 해석하고 제시할 수 있는지 맛보시기 바랍니다.

본서의 목차나 제2부의 내용은 분과학문에서 많이 활용되는 분석기법을 활용한 베이지언 데이터 분석과정을 제시하였습니다. 각 장별로 동일한 데이터를 대상으로 전통적 데이터 분석 결과와 베이지언 데이터 분석결과를 같이 제시하였습니다. 전통적 데이터 분석결과에 익숙하신 분이라면 어렵지 않게 베이지언 데이터 분석과정을 이해하고 분석결과가 어떻게 미묘하게 혹은 확연하게 다른지 느끼실 수 있을 것입니다. 3장부터 6장까지의 내용은 다 살펴보시고, 다른 장들의 경우 필요에 따라 살펴보시면 되지 않을까 생각합니다.

1장 부록: <그림1-1-1> 생성을 위한 R코드

```
> library(tidyverse) # 데이터 관리
> library(patchwork) # 그래프 관리
> # 사전분포(앞면, 뒷면)
> # 데이터 분포(앞면, 뒷면)
> simple_example_Bayes <- function(priorH,priorT,obsH,obsT){
+  # 앞면이 나올 확률의 범위(0-1 사이)
+  mytheta <- seq(0, 1, length.out = 1000)
+  # 앞면에 대한 사전분포 기대
+  myprior_shape1 <- priorH
+  myprior_shape2 <- priorT
+  myprior <- dbeta(mytheta, myprior_shape1, myprior_shape2)
+  # 사후분포 계산
+  mypost_shape1 <- myprior_shape1+obsH
+  mypost_shape2 <- myprior_shape2+obsT
+  mypost <- dbeta(mytheta, mypost_shape1, mypost_shape2)
+  myfig <- tibble(theta=mytheta,
+                  priorH=priorH,priorT=priorT,
+                  obsH=obsH,obsT=obsT,
+                  prior=myprior,post=mypost,
+                  cond_prior=priorH,cond_obs=obsH) |>
+   mutate(
+     highest=theta,
+     highest=ifelse(post==max(post),highest,NA)
+   ) |>
+   pivot_longer(cols=prior:post) |>
```

```
+   mutate(
+    name=ifelse(name=="prior",'사전(Prior)','사후(Posterior)'),
+    name=fct_relevel(name,'사전(Prior)','사후(Posterior)')
+   ) |>
+   group_by(name) |>
+   mutate(
+    cumprob=cumsum(value)/sum(value),
+    regionprob=cut(cumprob,c(-Inf,0.025,0.975,Inf),
+              labels=c('outside','area95','outside'))
+   ) |> ungroup()
+  return(myfig)
+ }
> result1 <- simple_example_Bayes( 3, 7, 5, 5)
> result2 <- simple_example_Bayes( 3, 7,50,50)
> result3 <- simple_example_Bayes(30,70, 5, 5)
> result4 <- simple_example_Bayes(30,70,50,50)
> wrap_compare_prior_post <- function(input, ttl){
+  postprob <- max(input$highest,na.rm=T) |> round(2) |> format(nsmall=2)
+  rangeprob <- input |> filter(regionprob=='area95') |> group_by(name) |>
+   summarise(MIN=min(theta),MAX=max(theta)) |>
+   mutate(across(
+    .cols=MIN:MAX,
+    .fns=function(x){format(round(x,2),nsmall=2)}
+   )) |>
+   mutate(probrange=paste0('[',MIN,', ',MAX,']'))
+  pre_label <- paste0('0.30\n',
+               rangeprob$probrange[rangeprob$name=='사전(Prior)'])
+  post_label <- paste0(postprob,'\n',
+               rangeprob$probrange[rangeprob$name=='사후(Posterior)'])
+  ggplot()+
+   geom_line(data=input,aes(x=theta, y=value, color=name))+
+   geom_area(data=input |>
+           filter(regionprob=='area95'&name=='사전(Prior)'),
+          aes(x=theta,y=value,fill=name),alpha=0.7) +
+   geom_area(data=input |>
+           filter(regionprob=='area95'&name=='사후(Posterior)'),
+          aes(x=theta,y=value,fill=name),alpha=0.7) +
```

```
+   annotate('text',x=0.85,y=11,label=post_label,color='blue')+
+   annotate('text',x=0.85,y= 4,label=pre_label,color='red')+
+   labs(x=expression(theta),y='Density',
+      color='Distribution',fill='Distribution',label='Distribution')+
+   coord_cartesian(ylim=c(0,13))+
+   theme_bw()+
+   theme(legend.position='none')+
+   ggtitle(ttl)
+ }
> # 그림1-1-1
> (wrap_compare_prior_post(result1, "상황1: 약한 사전지식과 작은 데이터")+
+   wrap_compare_prior_post(result3, "상황3: 강한 사전지식과 작은 데이터"))/
+  (wrap_compare_prior_post(result2, "상황2: 약한 사전지식과 큰 데이터")+
+    wrap_compare_prior_post(result4, "상황4: 강한 사전지식과 큰 데이터"))
```

CHAPTER 2

베이지언 데이터 분석을 위한 R 패키지

1. 통상적 데이터 관리 목적 R 패키지
2. 전통적 데이터 분석 목적 R 패키지
3. 베이지언 데이터 분석 목적 R 패키지

본서에서 활용할 R 패키지들은 목적에 따라 '통상적 데이터 관리', '전통적 데이터 분석', '베이지언 데이터 분석'의 세 집단으로 나눌 수 있습니다. 2장에서 소개한 모든 R 패키지들은 CRAN에 등재되어 있으며(2025년 8월 1일 기준), `install.packages()` 함수를 이용하여 쉽게 설치할 수 있습니다.

1 통상적 데이터 관리 목적 R 패키지

통상적 데이터 관리 목적의 패키지는 데이터를 불러오고, 사전처리를 진행하며, 데이터 분석 결과를 시각화하기에 유용한 필요한 함수들을 담고 있는 패키지입니다. 여기에 해당되는 패키지들은 2부의 장들 모두에서 활용되고 있습니다. 본서에서는 타이디버스 방식으로 데이터를 처리하기 위해 `tidyverse` 패키지(version 2.0.0)를 활용하였습니다. 특히 `tidyverse` 패키지를 구성하는 부속 패키지들 중 데이터 사전처리를 위한 `dplyr` 패키지(version 1.1.4)와 분석 결과 시각화를 위한 `ggplot2` 패키지(version 3.5.1)를 주로 활용하였습니다. 타이디버스 접근 방식에 익숙하지 않은 분이라면 관련 교재(백영민, 2023; Wickham et al., 2023)를 먼저 살펴 보시기 바랍니다. 아울러 `ggplot2` 패키지로 얻은 시각화 결과물을 관리하기 위해 `patchwork` 패키지(version 1.2.0)를 활용하였습니다.

2 전통적 데이터 분석 목적 R 패키지

전통적 데이터 분석 목적의 패키지는 연구에서 많이 활용되는 전통적 데이터 분석 모형들을 추정할 수 있는 함수들을 담고 있는 패키지입니다. 본서는 전통적 데이터 분석을 매개로 베이지언 데이터 분석 기법을 소개하는 방식으로 빈도주의와 베이지언 데이터 분석이 어떻게 다른지 설명하였습니다. 아마도 독자들도 예상하듯, 본서의 목적은 전통적 데이터 분석 목적 R 패키지를 활용한 분석방법을 소개하는 것이 아닙니다. **만약 익숙하지 않은 부분이 있다면 각 장에서 집중하는 분석기법에 대한 전통적 분석방법을 먼저 살펴보시고 2부의 각 장을 살펴 보시길 부탁드립니다.** `t.test()`, `cor.test()`, `lm()`, `glm()` 등과 같은 기본적 함수들은 R을 설치할 때 같이 설치되는 패키지인 `stats` 패키지(version 4.4.3)에서 사용 가능합니다. 여기서 소개하는 전통적 데이터 분석 목적의 R 패키지들은 `stats` 패키지에서 제공되지 않는 함수들을 제공하는 패키지입니다.

2부의 장별로 사용한 전통적 데이터 분석 목적의 패키지들은 아래와 같습니다.

3장에서는 티테스트 기법을 소개하였습니다. 독립표본 티테스트를 실시할 때, 종종 등장하는 분산동질성(variance homogeneity; equal variance) 테스트 기법인 르빈의 F테스트(Levene's F-test)를 실시하기 위해 `car` 패키지(version 3.1-2)를 활용하였고, 설명분산(R^2)과 AIC, BIC와 같은 정보지수를 계산하기 위해 `broom` 패키지(version 1.0.6)를 활용하였습니다. R을 활용한 티테스트는 대부분의 R 관련 교재(예: 백영민, 2023)에서 확인하실 수 있습니다.

4장에서는 피어슨 상관계수와 문항간 신뢰도(inter-item reliability)를 가늠할 때 자주 활용되는 크론바흐 알파(Cronbach's α)를 소개하였습니다. 피어슨 상관계수 행렬을 계산하기 위한 목적으로 `Hmisc` 패키지(version 5.1-3)를 활용하였고, 크론바흐 알파 계산을 위해 `psych` 패키지(version 2.4.3)를 활용하였습니다. 피어슨 상관계수 분석은 매우 광범위하게 수행된다는 점에서 대부분의 R 관련 교재(예: 백영민, 2023)에서 쉽게 확인하실 수 있습니다.

5장에서는 분산분석 기법을 소개하였습니다. 사후 다중비교(posthoc multiple comparison)와 계획비교(planned contrast)를 위해 `emmeans` 패키지(version 1.10.2)를 활용하였습니다. 아울러 3장에서도 사용했던 `car` 패키지(version 3.1-2)와 `broom` 패키지(version 1.0.6)도 활용하였습니다. `car` 패키지는 ANOVA 분석결과를 제3유형 제곱합 추정방식으로 제시하기 위해, `broom` 패키지는 설명분산(R^2)과 AIC, BIC와 같은 정보지수를 계산하기 위해 활용하였습니다. R을 활용한 분산분석의 경우, R을 활용한 기초적 데이터 분석기법을 소개하는 서적들(예: 백영민, 2023)은 물론 실험데이터 분석을 집중적으로 소개한 서적들(예: 백영민, 2024)을 참조하시기 바랍니다.

6장에서는 OLS 회귀모형을 소개하였습니다. 여기서는 OLS 회귀모형으로 상호작용 효과(interaction effect)를 분석할 때 흔히 병행되는 기울기 분석(slope analysis) 실시를 위해 `interactions` 패키지(version 1.1.5)를 활용하였고, 설명분산(R^2)과 AIC, BIC와 같은 정보지수를 계산하기 위해 `broom` 패키지(version 1.0.6)를 활용하였습니다. R을 활용한 OLS의 경우, R을 활용한 기초적 데이터 분석기법을 소개하는 관련 교재(예: 백영민, 2023)는 물론 일반선형모형(GLM, generalized linear model)을 소개한 관련 교재(예: 백영민, 2024)를 참조하시기 바랍니다.

7장에서는 범주형 결과변수에 대한 다양한 회귀모형을 소개하고 있습니다. 임의 R^2 계산을 위해 `DescTools` 패키지(version 0.99.55)를 활용하였습니다. 또한 결과변수가 순위 범주형 변수(ordered categorical variable)일 경우 활용할 수 있는 순위 로지스틱 회귀모형(ordinal logistic regression) 추정을 위하여 `ordinal` 패키지(version 2023.12-4)를, 결과변수가 무순위 범주형 변수(unordered categorical variable)일 경우 활용할 수 있는 다항 로지스틱 회귀모형(multinominal logistic regression) 추정을 위하여 `nnet` 패키지(version 7.3-20)를 활용하였습니다. 또한 모형추정결과의 효과적 제시를 위해 `modelsummary` 패키지(version 2.1.0)를 활용하였습니다. 범주형 결과변수에 대한 다양한 회귀모형에 대한 보다 포괄적이고 다양한 설명이 필요할 경우 관련문헌(예: 백영민, 2019)을 참조하시기 바랍니다.

8장에서는 횟수형 변수(count variable)가 결과변수일 경우 활용할 수 있는 다양한 회귀모형을 소개하였습니다. 횟수형 결과변수에 대한 회귀모형으로 자주 활용되는 음이항 회귀모형(negative binomial regression) 추정을 위해 `MASS` 패키지(version 7.3-64)를, 0의 빈도가 매우 높을 경우 자주 활용되는 영포화 모형(zero-inflated model)이나 허들 모형(hurdle model) 추정을 위해 `pscl` 패키지(version 1.5.9)를 활용하였습니다. 또한 설명분산(R^2)과 AIC, BIC와 같은 정보지수를 계산하기 위해 `broom` 패키지(version 1.0.6)를, 로그우도비 카이제곱 테스트(log-likelihood ratio χ^2 test)를 위해 `lmtest` 패키지(version 0.9-40)를 활용하였습니다. 횟수형 결과변수에 대한 다양한 회귀모형에 대한 보다 포괄적이고 다양한 사례를 살펴보고자 하시는 분은 관련문헌(예: 백영민, 2019)을 참조하시기 바랍니다.

9장에서는 두 개 이상의 측정수준이 위계적으로 결합된 데이터인 위계적 데이터(hierarchical data)를 분석할 때 자주 활용되는 다층모형(multi-level model) 혹은 혼합모형(mixed model)을 소개하였습니다. 여기서는 다층모형 추정에 최적화된 `lme4` 패키지(version 1.1-35.3)와 `lmerTest` 패키지(version 3.1-3)를 소개하였으며, 0의 빈도가 매우 높은 횟수형 결과변수에 대해 적용할 수 있는 0포화(zero-inflated) 혹은 허들(hurdle) 혼합모형을 추정할 수 있는 `glmmTMB` 패키지(version 1.1.9)를 소개하였습니다. R을 활용한 다층모형에 대한 보다 포괄적이고 다양한 사례를 살펴보고자 하시는 분은 관련문헌(예: 백영민, 2018)을 참조하시기 바랍니다.

10장에서는 결측데이터 분석을 소개하였습니다. 확률적 결측발생 가정(MAR, missing at random, assumption)을 가정할 수 있을 경우, 현재 가장 널리 활용되고 있는 두 가지 결측데이터 분석기법인 다중투입(MI, multiple imputation) 기법과 최대우도(ML, maximum likelihood) 기법을 소개하였습니다. MI 기법 적용을 위해 `mice` 패키지(version 3.17.0)를, ML 기법 적용을 위해 `lavaan` 패키지(version 0.6-19)를 활용하였습니다. R을 활용한 결측데이터 분석에 대한 보다 자세하고 포괄적 설명을 원하시는 분은 관련문헌(예: 백영민·박인서,

2021b)을 참조하시기 바랍니다.

11장에서는 모형추정 과정에서 측정오차를 반영한 베이지언 모형을 추정하는 방법을 소개하였습니다. 전통적 데이터 분석에서 측정오차를 반영하여 모형을 추정할 수 있는 방법으로는 구조방정식 모형 맥락에서 모수제약(parameter constraint)을 이용하는 방법이 있습니다. 이를 위해 위해 `lavaan` 패키지(version 0.6-19)를 활용하였습니다. 모수제약을 활용하여 측정오차를 반영한 모형추정 방법에 대한 보다 자세한 설명을 원하시는 분은 관련문헌(예: 백영민, 2017)을 참조하시기 바랍니다.

끝으로 12장에서는 구조방정식 모형을 살펴보았습니다. 경로모형(path-modeling), 확증적 인자분석(CFA, confirmatory factor analysis), 구조방정식 모형(SEM, structural equation model)을 추정하기 위해 `lavaan` 패키지(version 0.6-19)를 활용하였습니다. 아울러 분석대상 구조방정식 모형의 시각화를 위해 `semPlot` 패키지(version 1.1.6)를 활용하였습니다. 구조방정식 모형추정에 대한 보다 자세하고 포괄적 설명을 원하시는 분은 관련문헌(예, 백영민, 2017)을 참조하시기 바랍니다.

3 베이지언 데이터 분석 목적 R 패키지

본서의 제목에서도 쉽게 짐작하시듯, 본서에서는 `brms` 패키지(version 2.22.0)를 기반으로 베이지언 데이터 분석을 어떻게 진행할 수 있는지 소개하였습니다. `brms` 패키지의 이름은 '<u>B</u>ayesian <u>R</u>egression <u>M</u>odels using <u>S</u>tan'의 첫글자를 딴 것입니다.

R을 활용하여 베이지언 데이터 분석을 실시하기 위해 꼭 `brms` 패키지를 활용해야 할까요? 그렇지는 않습니다. 베이지언 데이터 분석이 가능한 R과 Python 패키지는 매우 다양합니다. 최근 리뷰논문(Štrumbelj et al., 2024)에 따르면, 다운로드 기록을 기준으로 10,000회 이상 다운로드된 Python 패키지만 해도 20개가 넘으며, R 패키지도 20개가 넘는 상황입니다. 제가 모든 패키지를 다 시도해 보지는 않았습니다만, R을 어느 정도 활용해 분이라면 다른 패키지에 비해 `brms` 패키지가 가장 낫다는 제 판단에 동의하실 것입니다. 이유는 다음과 같습니다.

첫째, `brms` 패키지는 베이지언 데이터 분석 목적에 특화된 Stan 프로그램을 기반으로 작성되었으며, Stan은 현재까지 개발된 베이지언 데이터 분석 프로그램 중 가장 우수합니다(Carpenter et al., 2017; Gelman et al., 2013; Kruschke, 2015). Stan은 C++을 기반으로 작성된 프로그램으로 속도가 빠릅니다. 그러나 아쉽게도 Stan 프로그램을 직접 활용해서 베이지언 데이터 분석을 위한 코드를 짜는 것은 쉽지 않습니다. 예를 들어 정규분포를 가정한 결과변수가 1개, 설명변수가 1개인 OLS 회귀모형을 베이지언 데이터 분석으로 추정한다고 가정할 때, Stan 프로그램 코드와 brms 패키지 코드를 비교하면 아래와 같습니다. 과거에 brms 패키지 코드를 접해 보지 않은 R 이용자라도 Stan 프로그램 코드에 비해 brms 패키지 코드가 훨씬 더 친숙하고 이해하기 쉬울 것으로 확신합니다.

Stan 프로그램 코드	

```
data {
  int<lower=1> N;
  vector[N] Y;
  int<lower=1> K;
  matrix[N, K] X;
  int<lower=1> Kc;
  int prior_only;
}
transformed data {
  matrix[N, Kc] Xc;
  vector[Kc] means_X;
  for (i in 2:K) {
    means_X[i - 1] = mean(X[, i]);
    Xc[, i - 1] = X[, i] - means_X[i - 1];
  }
}
parameters {
  vector[Kc] b;
  real Intercept;
  real<lower=0> sigma;
}
transformed parameters {
  real lprior = 0;
  lprior += student_t_lpdf(Intercept | 3, 3.6, 2.5);
  lprior += student_t_lpdf(sigma | 3, 0, 2.5)
    - 1 * student_t_lccdf(0 | 3, 0, 2.5);
}
model {
  if (!prior_only) {
    target += normal_id_glm_lpdf(Y | Xc, Intercept, b, sigma);
  }
  target += lprior;
}
generated quantities {
  real b_Intercept = Intercept - dot_product(means_X, b);
  real prior_Intercept = student_t_rng(3,3.6,2.5);
  real prior_sigma = student_t_rng(3,0,2.5);
  while (prior_sigma < 0) {
    prior_sigma = student_t_rng(3,0,2.5);
  }
}
```

brms 패키지 R 코드	```brm(bf(y~x1+x2), df, family=gaussian(), sample_prior = "yes", control = list(adapt_delta = 0.99), save_pars = save_pars(all = TRUE), chains = 4, iter = 11000, warmup = 1000, cores = 4, seed = 1234)```

둘째, R을 이용하여 회귀모형을 추정해 보신 분들이라면, brms 패키지 코드구성방식을 매우 쉽게 이해하실 수 있습니다. 즉 R을 통해 전통적 데이터 분석을 진행해 보신 분들이라면, brms 패키지를 통해 베이지언 데이터 분석을 낯설지 않게 이해하실 수 있습니다. 물론 brms 패키지는 베이지언 데이터 분석 목적 패키지이기 때문에, 전통적 데이터 분석에서 등장하지 않는 개념들과 진단통계치들을 추가로 학습하고 이해해야 하지만, Stan 프로그래밍을 별도로 학습하지 않아도 된다는 점에서 프로그래밍 부담이 적은 것은 분명한 사실입니다.

셋째, 베이지언 데이터 분석을 진행하면서 살펴보아야 할 다양한 진단통계치들을 일목요연하게 제공해 줍니다. 2부에서 보다 자세히 소개드리겠지만, 베이지언 데이터 분석의 타당성을 점검하기 위해서는 다양한 지수들과 시각화 도구들이 필요한데, brms 패키지에는 이러한 지수들과 그래프들을 쉽게 확인할 수 있는 유용한 함수들이 내장되어 있습니다.

넷째, brms 패키지는 일반선형모형(GLM)에 속하는 통상적인 데이터 분석방법들(OLS 회귀모형, 로지스틱 회귀모형 등)은 물론 다층모형(혼합모형)과 결측데이터 분석 기법 등 매우 다양한 모형을 추정할 수 있는 기능들을 제공합니다. 보다 구체적으로 2부 3장부터 11장까지 소개되는 모든 데이터 분석기법들은 brms 패키지 하나로 모두 추정이 가능합니다. 분석기법의 포괄성이라는 측면에서 볼 때, brms 패키지는 매우 다양한 기능을 제공합니다.

다섯째, brms 패키지는 베이지언 데이터 분석결과 시각화를 지원하는 유용한 함수들을 제공하고 있습니다. 최근 데이터 분석에서는 분석결과의 시각화를 강조하며, 특히 베이지언 데이터 분석의 경우 단순히 점추정치를 제시하기보다는 모수 추정결과의 범위를 제시하는 것을 강조합니다. brms 패키지의 내장함수들을 적절히 활용하면, 분석결과를 쉽게 시각화할 수 있습니다. 특히 베이지언 데이터 분석으로 얻은 사후분포를 효과적으로 시각화할 때 유용한 tidybayes 패키지(version 3.0.7)는 brms 패키지의 오브젝트와 바로 연동이 가능합니다. 이름에서 짐작하실 수 있듯, tidybayes 패키지는 ggplot2 패키지와 연동되는 유용한 시각화

함수들을 제공하고 있습니다.

베이지언 데이터 분석은 최근들어 적용범위가 확장되고 있습니다. 자신의 연구에 베이지언 데이터 분석을 활용하지 않는다고 하더라도, 다른 연구자의 연구결과를 이해하기 위해서는 베이지언 데이터 분석에 대한 학습은 피할 수 없을 것입니다. 이런 점에서 전통적 데이터 분석에 어느 정도 익숙하신 R 이용자라면 `brms` 패키지를 통해 베이지언 데이터 분석을 보다 편하고 친숙하게 접하고 이해하실 수 있을 것으로 생각합니다.

끝으로 2부 12장에서 베이지언 구조방정식 모형을 소개할 때 `blavaan` 패키지(version 0.5-8)를 활용하였습니다. `lavaan` 패키지와 `brms` 패키지를 활용해 보시면 `blavaan` 패키지를 활용하시는 데 큰 어려움은 없으실 것입니다.

PART

2 베이지언 데이터 분석 실습

chapter 3 티테스트: 단일표본, 대응표본, 독립표본 티테스트

chapter 4 상관관계

chapter 5 분산분석

chapter 6 일반최소제곱(OLS) 회귀모형

chapter 7 범주형 결과변수 대상 로지스틱 회귀모형

chapter 8 횟수형 결과변수 대상 회귀모형

chapter 9 혼합모형

chapter 10 결측데이터 분석

chapter 11 측정오차 통제 모형

chapter 12 구조방정식 모형

2부에서는 응용연구에서 많이 등장하는 데이터 분석기법별로 베이지언 데이터 분석이 전통적 데이터 분석과 어떤 면에서 유사하며 어떤 면에서 다른지를 비교하여 제시하였습니다. 예전에 OpenBUGS나 JAGS 등으로 베이지언 데이터 분석을 접해본 분들이라도, 3장(티테스트), 4장(상관계수), 5장(분산분석), 6장(OLS 회귀모형)의 내용은 꼭 살펴보시길 부탁드립니다. 7장 이후의 내용은 독자의 연구 상황과 필요에 따라 취사선택하여 살펴보셔도 무방합니다.

CHAPTER 3

티테스트: 단일표본, 대응표본, 독립표본 티테스트

1. 단일표본 티테스트
2. 대응표본 티테스트
3. 독립표본 티테스트
4. 베이지언 모형 비교

티테스트는 두 개의 평균을 비교하는 데이터 분석기법이며, 데이터 분석 소개문헌들에서 가장 먼저 소개하는 기법이기도 합니다. 티테스트 기법은 통상적으로 '단일표본(one sample) 티테스트', '대응표본(paired sample) 티테스트', '독립표본(independent sample) 티테스트'로 구분합니다. 본서의 독자라면 모두 익숙하게 알고 계시겠지만, 각 티테스트 기법이 무엇을 의미하는지 간략하게 살펴봅시다.

첫째, 단일표본 티테스트는 알려진 모집단 평균(μ)과 연구자가 확보한 표본평균(M)을 비교합니다. 예를 들어 어떤 국가의 임금근로자 월평균소득과 비교해, 특정 기업근로자 평균소득이 비슷한지 아니면 다른지를 살펴보는 상황이 여기에 속합니다.

둘째, 대응표본 티테스트는 동일한 사례에게서 반복하여 측정한 두 변수의 평균을 비교합니다. 예를 들어 특정시점 t_1에서 얻은 평균(M_1)과 t_2에서 얻은 평균(M_2)을 비교하는 상황이 여기에 속합니다.

셋째, 독립표본 티테스트는 독립된 두 집단의 평균을 비교합니다. 이를테면 실험데이터에서 통제집단의 평균($M_{control}$)과 처치집단의 평균(M_{treat})을 비교하는 상황이 여기에 속합니다.

이번 장에서는 평균비교 기법인 티테스트를 전통적 접근방식과 베이지언 접근방식으로 실습해 보겠습니다. 이를 통해 베이지언 접근방식의 특성이 무엇인지 살펴보도록 하겠습니다. 이번 장에서 살펴볼 예시데이터는 `DF_ttest.csv`이며, 베이지언 분석을 위한 `brms` 패키지와 함께, 데이터 관리 및 사전처리 목적으로 `tidyverse` 패키지를, 효과적 시각화를 위해 `patchwork` 패키지와 `tidybayes` 패키지를 활용하였습니다. 또한 보조적으로 분산동질성을 테스트할 때 `car::leveneTest()` 함수를, 추정모형의 R^2과 정보지수(AIC, BIC) 확인을 위해 `broom::glance()` 함수를 활용하였습니다. 예시데이터에는 `y1`, `y2`, `grp`의 세 변수들이 들어 있으며, `y1`, `y2`는 연속형 변수, `grp`는 범주형 변수입니다. 이번 장에서 활용할 패키지들과 예시데이터는 다음과 같은 과정을 통해 불러들였습니다.

```
> # 패키지 구동
> library(tidyverse)
> library(brms)
> library(patchwork)
> library(tidybayes)
> # 데이터 불러오기
> df <- read_csv("DF_ttest.csv") |>
+   mutate(grp=factor(grp))
```

1 단일표본 티테스트

예시데이터의 y1 변수의 모집단 평균(μ)은 3.00이라고 가정해 봅시다. 단일표본 티테스트를 통해 예시데이터의 y1 변수의 평균(M_1)을 모집단 평균인 3.00과 비교해 봅시다. 전통적 접근 방법으로는 `t.test()` 함수를 이용해 단일표본 티테스트를 진행할 수 있습니다.

```
> # 전통적 방식: H0, mean(y1) = 3
> # 단일표본 t-test
> t.test(df$y1, mu=3)

	One Sample t-test

data:  df$y1
t = 0.65116, df = 19, p-value = 0.5227
alternative hypothesis: true mean is not equal to 3
95 percent confidence interval:
 2.686402 3.596845
sample estimates:
mean of x
 3.141624
```

일반적이지는 않습니다만, 다음과 같이 OLS 회귀모형 관점에서 단일표본 티테스트를 진행할 수도 있습니다. 즉 변수 y1에서 모집단 평균인 3.00을 빼 준 y1_3이라는 변수를 새로 생성한 후, y1_3 변수를 결과변수로 투입하되 어떠한 예측변수도 투입하지 않은 OLS 회귀모형을 실시하는 것입니다. 이렇게 추정한 OLS 회귀모형의 절편을 '0.00'과 비교하면 위에서 `t.test()` 함수를 이용해 얻은 결과와 정확하게 동일한 모형추정결과를 얻을 수 있습니다.

```
> # OLS 회귀모형 기반 단일표본 티테스트
> df$y1_3 <- df$y1-3
> # 테스트 통계치 및 통계적 유의도 확인
> lm(y1_3~1,df) |>
+   summary()
```

```
Call:
lm(formula = y1_3 ~ 1, data = df)

Residuals:
    Min       1Q   Median       3Q      Max
-2.10824 -0.63518 -0.02164  0.40710  1.64529

Coefficients:
            Estimate Std. Error t value Pr(>|t|)
(Intercept)   0.1416     0.2175   0.651    0.523

Residual standard error: 0.9727 on 19 degrees of freedom

> # 95% 신뢰구간
> lm(y1_3~1,df) |>
+   confint() |>
+   as.data.frame() |>
+   mutate(across(
+     .cols=everything(),
+     .fns=function(x){x+3}  # 원점수로 전환
+   ))
               2.5 %   97.5 %
(Intercept) 2.686402 3.596845
```

이제 brms 패키지를 활용하여 베이지언 분석방법 기반 단일표본 티테스트를 진행해 봅시다. 앞에서도 설명드렸듯, brms 패키지의 brm() 함수는 R 베이스의 lm() 및 glm() 함수, 그리고 lme4 패키지의 lmer() 및 glmer() 함수의 모형추정 방식과 유사한 방식을 따릅니다. 즉 앞서 lm() 함수를 활용하여 추정한 전통적 방식의 단일표본 티테스트와 유사한 방식으로 모형을 구성하고 테스트할 수 있습니다. brm() 함수의 경우, glm() 함수를 활용할 때와 마찬가지로 '공식', '데이터', '결과변수 분포 및 링크함수' 등을 반드시 지정해야 하며, 필요시 추가적으로 옵션 지정을 할 수 있습니다.

우선 brm() 함수를 이용해 단일표본 티테스트를 진행할 때, brms 패키지에서는 어떠한 디폴트(default) 사전분포를 설정하는지 먼저 살펴봅시다. brms 패키지의 default_prior() 함수를 이용하시면 쉽게 확인할 수 있습니다. 제시된 bf() 함수는 brms 패키지에 투입된 공

식(formula)을 의미합니다.

```
> # 베이지언 접근
> # brms 패키지에서 사용하는 디폴트 확인
> default_prior(bf(y1_3~1),  # formula
+               data=df,   # data
+               family=gaussian())  # distribution & link
              prior    class coef group resp dpar nlpar lb ub  source
 student_t(3, 0.1, 2.5) Intercept                                default
  student_t(3, 0, 2.5)    sigma                            0      default
```

위와 같은 방식으로 설정된 단일표본 티테스트에서 추정하는 모수는 '절편(Intercept)'과 '표준편차(sigma)' 2가지입니다. 출력결과의 prior에 나와 있듯, 절편의 경우는 'student_t(3, 0.1, 2.5)'으로, 표준편차의 경우 'student_t(3, 0, 2.5)'으로 설정되어 있습니다. 또한 제1부에서 설명드렸듯, brms 패키지에서 설정한 사전분포는 **'약한 사전분포(weak prior distribution)'**입니다. 아무튼 'student_t(3, 0.1, 2.5)'라고 설정된 절편의 사전분포를 보다 구체적으로 설명드리면 다음과 같습니다: "절편에 대한 사전분포는 t분포를 따른다고 가정하며, 이 t분포는 자유도(df)가 3, 평균은 0.1, 표준편차는 2.5를 따른다고 가정한다."

만약 이와 같은 t분포를 가정한 후, 10,000번씩 4차례(총 40,000)에 걸쳐 데이터를 생성한다면, 다음과 같은 사전분포를 얻을 수 있습니다.

```
> # student_t(3, 0.1, 2.5)인 경우 40000회 표본에서 생성된 사전분포
> set.seed(1)
> temp_prior <- 0.1 + 2.5 * rt(4*10000, df=3)
> tibble(x=temp_prior) |>
+   ggplot(aes(x=x))+
+   geom_density(fill='lightblue')+
+   labs(x="40,000 samples based on student_t(3, 0.1, 2.5)",
+        y="Density",
+        title="Prior distribution for 'Intercept' in the default prior")+
+   theme_classic()
```

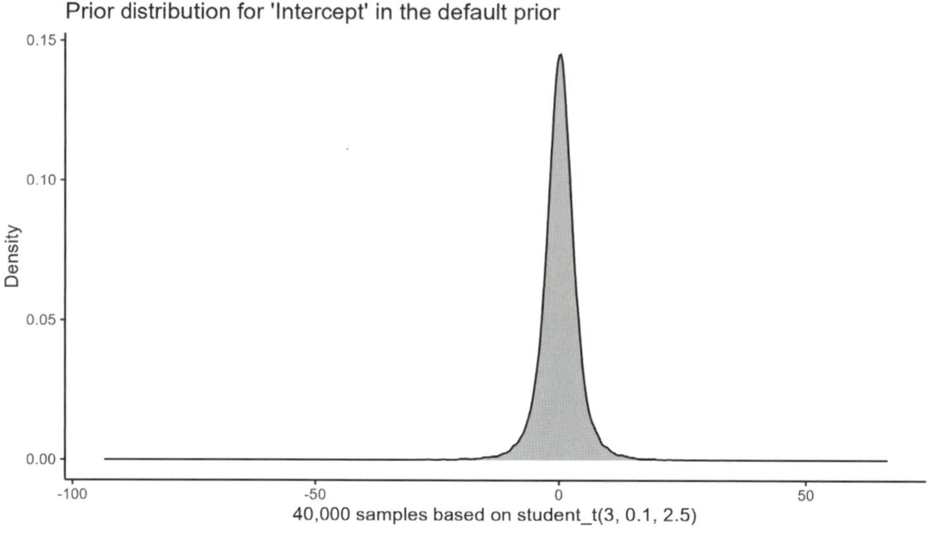

그림 2-3-1. 약한 사전분포 student_t(3, 0.1, 2.5) 시각화

우선 먼저 위에서 설정한 약한 사전분포, 즉 brms 패키지의 디폴트 사전분포를 그대로 활용하여 베이지언 방식의 단일표본 티테스트를 실행해 봅시다. 공식, 데이터, 결과변수의 분포 및 링크함수와 함께, 다음의 〈표 2-3-1〉과 같이 추가적으로 옵션을 지정하였습니다. 번잡하더라도 숙지해 주시기 바랍니다. 왜냐하면 아래 제시한 설정은 다른 분석기법들을 설명할 때도 일관되게 적용하였기 때문입니다.

표 2-3-1. brm() 함수의 옵션 설명

옵션설정	설명
prior=prior(student_t(3, 0.1, 2.5), class=Intercept)+ prior(student_t(3, 0, 2.5), class=sigma)	사전분포 설정. 여기에서는 default_prior 함수에서 지정한 디폴트 사전분포(즉, 약한 사전분포)를 그대로 설정하였음.
sample_prior="yes"	사전분포에 따른 표본을 별도로 저장할 것인지. 디폴트는 "no"로 설정되어 있음. 사전분포와 사후분포를 비교할 목적으로 "yes"으로 변경하였음.
control=list(adapt_delta=0.99)	추정과정에서 종종 나타나는 분기(divergence) 문제를 막기 위해서 adapt_delta 옵션을 조정하였음. 디폴트는 0.80이며, 1에 가까울수록 분기 현상 발생을 막을 수 있지만, 분석시간에 더 많이 소요됨.
save_pars=save_pars(all=TRUE)	사후분포로 얻은 모든 모수 추정결과들을 저장함.

옵션설정	설명
chains=4	마르코프 체인의 숫자. 디폴트값은 4이며, 여기서는 디폴트를 그대로 재설정하였음.
iter=11000	반복계산 횟수. 아래에 설명된 warmup 부분을 반드시 참조.
warmup=1000	웜업(warmup) · 번인(burnin)으로 분석과정에서 고려하지 않는 최초 계산결과 개수. 디폴트는 앞서 설정한 iter 값의 절반이지만, 여기서는 무려 11,000번의 계산을 반복했다는 점에서 최초 1,000번을 웜업(번인)으로 버림. 다시 말해 사후분포로 포함된 표본수는 총 마르코프 체인당 10,000번.
cores=4	병렬처리를 위한 코어의 숫자. 여기서는 앞에서 설정한 chains 설정값인 4를 그대로 사용함. 즉 각 마르코프 체인을 하나의 코어로 계산하며, 4개의 마르코프 체인을 각각 병렬처리.
seed=1234	동일한 계산결과를 얻고자 한다면, 랜덤시드(random seed)를 특정하게 설정하는 것을 권장.

앞에서 소개했던 옵션들을 그대로 적용하여 베이지언 방식의 단일표본 티테스트를 실시한 결과는 아래와 같습니다. 독자께서 사용하는 PC 상태에 따라 추정시간이 다를 수 있습니다. 제 경우 약 30초 정도의 시간이 소요되었습니다.

```
> # 위의 사전분포 공식을 그대로 반영
> brm_ttest_one <- brm(
+  bf(y1_3 ~ 1),
+  data=df,
+  family=gaussian(),
+  prior=prior(student_t(3, 0.1, 2.5), class = Intercept) +
+    prior(student_t(3, 0, 2.5), class = sigma),
+  sample_prior = "yes", # 사전분포 표본 저장
+  control = list(adapt_delta = 0.99),  # 분기(divergence)문제를 막기 위해
+  save_pars = save_pars(all = TRUE),  #모든 모수들 저장
+  chains = 4,
+  iter = 11000,
+  warmup = 1000,
+  cores = 4,
+  seed = 1234
+ )
```

```
Compiling Stan program...
Start sampling
> # 추정결과 확인
> summary(brm_ttest_one)
 Family: gaussian
  Links: mu = identity; sigma = identity
Formula: y1_3 ~ 1
   Data: df (Number of observations: 20)
  Draws: 4 chains, each with iter = 11000; warmup = 1000; thin = 1;
         total post-warmup draws = 40000

Regression Coefficients:
          Estimate Est.Error l-95% CI u-95% CI Rhat Bulk_ESS Tail_ESS
Intercept     0.14      0.23    -0.32     0.61 1.00    18146    17663

Further Distributional Parameters:
      Estimate Est.Error l-95% CI u-95% CI Rhat Bulk_ESS Tail_ESS
sigma     1.04      0.18     0.75     1.46 1.00    20176    18308

Draws were sampled using sampling(NUTS). For each parameter, Bulk_ESS
and Tail_ESS are effective sample size measures, and Rhat is the potential
scale reduction factor on split chains (at convergence, Rhat = 1).
```

summary() 함수로 얻은 모형추정 결과는 glm() 함수로 얻은 모형추정결과와 비슷합니다. 즉 40,000개의 사후분포로 얻은 결과, 절편의 경우 0.14, 표준편차는 1.04로 나타났습니다. 단일표본 티테스트 관점에서 중요한 '절편' 모수의 경우 베이지언 통계학에서 말하는 95% 신용구간(CI, credible interval)이 [−0.32, 0.61]로 나타났습니다. 다시 말해 **표본평균과 모집단의 평균 차이값($M_1 - \mu$)이 −0.32에서 0.61 사이에 놓일 확률은 95%라고 해석할 수 있으며, 평균 차이값이 0을 포함할 가능성이 높습니다.**

앞서 lm() 함수를 이용하여 얻은 표본평균과 모집단의 평균 차이값($M_1 - \mu$)의 95% 신뢰구간(confidence interval)과 brm() 함수로 얻은 95% 신용구간을 비교해 봅시다. 95% 신뢰구간은 [−0.31, 0.60]로 나타났는데, 이를 해석하면 **표본평균과 모집단의 평균 차이($M_1 - \mu$)의 실제 값(true value)은 95% 신뢰구간에서 얻은 −0.31에서 0.60 사이에 놓여 있을 것으로 기대할 수 있습니다.**

해석의 차이는 존재하지만(이 점은 매우 중요함!), 95% 신뢰구간과 95% 신용구간은 거의 차이가 없다는 것을 발견할 수 있습니다. 일반인의 관점에서 95% 신용구간에 대한 해석이 보다 이해하기 쉬운 것이 사실이기는 합니다. 그러나 brms 패키지의 디폴트 사전분포(즉, 약한 사전분포)를 그대로 활용할 경우, 전통적 방식으로 얻은 결과는 베이지언 방식으로 얻은 결과와 비교하면 수치는 매우 유사하지만, 수치를 해석하는 방식이 상이합니다. 특히 베이지언 데이터 분석으로 얻은 사후분포의 경우, 95% 신용구간이 아닌 다른 방식으로도 얼마든지 활용이 가능합니다. 예를 들어 모수($M_1 - \mu$)가 (0, ∞)에 놓일 확률을 구할 수도 있고, [−0.10, 0.10]의 범위 속에 있을 확률을 구할 수도 있습니다. 이와 같이 유연한 방식의 결과분석에 대해서는 as_draws_df() 함수를 이용해 사후분포를 추출하는 방법을 소개하면서 다시 설명드리겠습니다.

아무튼 위에서 얻은 추정결과에서 주의깊게 보아야 할 결과는 Rhat과 Bulk_ESS, Tail_Ess입니다. 먼저 Rhat($\hat{R}$)은 MCMC 알고리즘으로 얻은 결과가 적절하게 수렴되었는지(converged)를 살펴보는 측정치입니다. $\hat{R}$은 마르코프 체인 내부의 변동성(within−chain variability)과 마르코프 체인 간 변동성(between−chain variability)의 비율로 정의됩니다. 현재 모형에서는 총 4개의 마르코프 체인을 설정하였습니다. 만약 $\hat{R}$이 1의 값을 갖는다면 각 체인 내부의 변동성과 4개 체인 사이의 변동성이 동일하다는 뜻이며, MCMC 알고리즘으로 얻은 결과에 큰 문제가 없다는 것을 의미합니다. 통상적으로 1.01을 넘지 않는 경우 마르코프 체인 간 차이가 없다고 간주할 수 있습니다(Vehtari et al., 2021, p. 671). 만약 1.01을 넘는 경우라면 iter 옵션의 설정값을 더 크게 늘리거나 모형을 수정하는 것이 좋습니다. 앞서 brm() 함수로 추정한 단일표본 티테스트 출력결과의 경우, 절편과 표준편차 모두 $\hat{R}$ 값이 1.00으로 나타나, MCMC 알고리즘으로 얻은 결과가 적절하게 수렴되었다고 판단할 수 있습니다.

다음으로 Bulk_ESS와 Tail_ESS 두 가지는 모두 유효표본수(ESS, effective sample size)를 의미하며, 사후분포로 얻은 결과가 얼마나 적절한지를 판단하는 지표입니다. 우선 Bulk_ESS는 사후분포에서의 평균 혹은 중간값과 같은 중심값 추정을 위한 유효표본수를 의미하며, Tail_ESS는 사후분포에서의 극단값 추정을 위한 유효표본수를 의미합니다. 즉 Bulk_ESS는 점추정치의 안정성을, Tail_ESS는 95% 신용구간 추정치의 안정성을 평가하는 지표로 사용됩니다. brm() 함수로 추정한 단일표본 티테스트 출력결과에서 절편의 경우 Bulk_ESS는 18,146개 Tail_ESS는 17,663개의 유효표본수를 보였습니다. 유효표본수가 많은 것은 물론이고, 사후분포를 구성하는 표본수가 40,000개임을 고려할 때, 대부분의 표본이 유효표본수에 포함된 것을 확인할 수 있습니다. 통상적으로 Bulk_ESS와 Tail_ESS가 400

을 넘을 경우 유효표본수를 충분히 확보하였다고 판단합니다(Vehtari et al., 2021, p. 672).

다음과 같이 plot() 함수를 이용하여, MCMC 알고리즘 추정결과에 대해서도 평가할 수 있습니다. <그림 2-3-2>의 왼쪽은 brm() 함수 추정결과로 얻은 두 모수, 절편과 표준편차의 사후분포를 시각화한 것입니다. <그림 2-3-2>의 오른쪽은 4개의 마르코프 체인별로 1,000번의 번인·웜업 이후 반복하여 얻은 표본의 변동을 시각화한 것입니다. 만약 마르코프 체인들의 변동결과가 시각적으로 보아 구분되는 모습을 보일 경우, 적절하게 수렴되지 않는다고 판단할 수 있습니다.

```
> plot(brm_ttest_one)
```

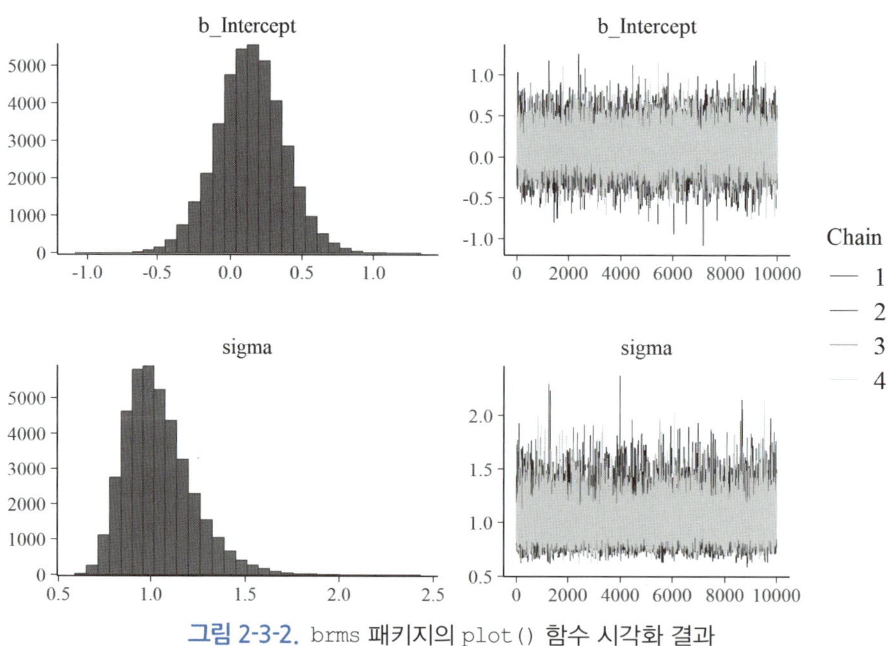

그림 2-3-2. brms 패키지의 plot() 함수 시각화 결과

만약 절편에 대해서만 시각화된 결과를 얻고자 할 경우는 아래와 같이 variable 옵션을 지정할 수 있습니다.

```
> plot(brm_ttest_one,variable='b_Intercept')
```

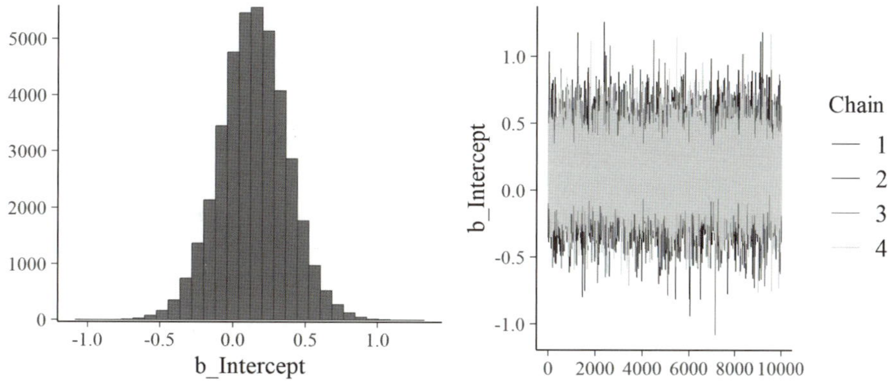

그림 2-3-3. brms 패키지의 plot() 함수의 variable 옵션 활용 예시

사후분포로 얻은 표본을 보다 더 자세하고 효과적으로 살펴보기 위해서는 아래와 같이 as_draws_df() 함수를 이용하는 것을 권장합니다. df_post 데이터에는, 총 40,000개의 사례(사후분포로 얻은 표본, 4개의 마르코프 체인과 각 체인별 10,000개의 웜업 이후 반복계산 결과)와 7개의 변수가 존재합니다.

```
> # 사후분포 결과 저장
> df_post <- as_draws_df(brm_ttest_one)
> df_post
# A draws_df: 10000 iterations, 4 chains, and 7 variables
   b_Intercept sigma Intercept prior_Intercept prior_sigma lprior lp__
1     0.353     1.04   0.353        -3.41          2.676     -3.3   -31
2     0.388     1.24   0.388        -2.71          3.949     -3.3   -32
3     0.324     0.94   0.324        -3.76          7.002     -3.2   -31
4     0.035     0.97   0.035         2.88          4.523     -3.2   -31
5     0.246     1.08   0.246        -0.86          0.284     -3.3   -31
6     0.104     0.79   0.104        -2.86          1.700     -3.2   -32
7     0.274     1.07   0.274       -33.98          0.077     -3.3   -31
8     0.043     0.87   0.043        -0.76          0.634     -3.2   -31
9     0.207     1.13   0.207         3.42          0.155     -3.3   -31
10    0.343     0.98   0.343        -0.27          1.129     -3.2   -31
# ... with 39990 more draws
# ... hidden reserved variables {'.chain', '.iteration', '.draw'}
```

앞서 plot() 함수를 통해서 얻은 시각화결과 중 히스토그램 부분을 시각화하고자 할 경우 b_Intercept와 sigma의 히스토그램을 시각화하면 됩니다. 먼저 두 모수의 점추정치(평균값)[1]와 95% 신용구간을 계산하면 아래와 같습니다.

```
> # 점추정치와 95% 신용구간(Credible interval)
> df_post |>
+  pivot_longer(cols=c(b_Intercept,sigma)) |>
+  group_by(name) |>
+  summarise(
+    PE=mean(value),
+    lb=quantile(value,prob=0.025),
+    ub=quantile(value,prob=0.975)
+  )
# A tibble: 2 × 4
  name            PE     lb    ub
  <chr>        <dbl>  <dbl> <dbl>
1 b_Intercept 0.142 -0.319 0.606
2 sigma        1.04   0.754 1.46
경고메시지(들):
Dropping 'draws_df' class as required metadata was removed.
```

우선 경고메시지의 경우 신경쓸 필요가 없습니다. 왜냐하면 $\hat{R}$이 1.00의 값을 가졌기 때문에, 4개의 마르코프 체인들로 얻은 값들을 통합해도 무방하기 때문입니다. 위에서 얻은 결과는 앞서 `summary()` 함수를 통해 얻었던 Estimate, 그리고 `l-95% CI`와 `u-95% CI`의 값과 동일한 것을 확인하실 수 있습니다.

이제 위에서 얻은 df_post 데이터를 이용하여 두 모수의 히스토그램과 95% 신용구간을 시각화해 봅시다. `tidybayes` 패키지의 `stat_histinterval()` 함수를 이용하면, 〈그림 2-3-4〉와 같이 히스토그램과 함께 사후분포의 66%를 차지하는 영역(두꺼운 선)과 95%를 차지하는 영역(얇은 선)을 추가적으로 보기 좋게 시각화할 수 있습니다. 만약 66% 신용구간을 제시하고 싶지 않다면, `stat_histinterval()` 함수의 `.width` 옵션을 0.95로 설정하시면 됩니다.

```
> df_post |>
+  pivot_longer(cols=c(b_Intercept,sigma)) |>
```

1) 평균값이 아닌 중간값을 쓰기도 합니다. 활동하시는 분과에서 추천되는 방법이 무엇인지 확인하시고 이에 맞게 응용하시기 바랍니다.

```
+ ggplot(aes(x=value))+
+ # 만약 95% 신용구간만 포함하고자 한다면: stat_histinterval(.width = 0.95)
+ stat_histinterval()+
+ theme_bw()+
+ facet_wrap(~name,scales='free')
경고메시지(들):
Dropping 'draws_df' class as required metadata was removed.
```

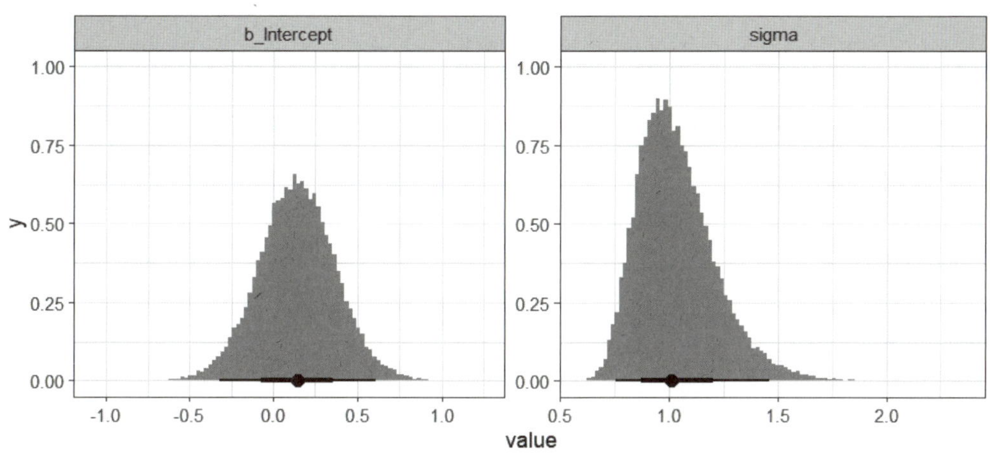

그림 2-3-4. 모수의 사후분포 시각화

꼭 95% 신용구간에 집착할 필요는 없습니다. 앞에서 잠시 말씀드렸던 것처럼 연구목적에 따라 범위를 설정한 후, 해당 모수가 설정된 범위에 놓일 확률을 계산할 수도 있습니다. 예를 들어 모수($M_1 - \mu$)가 $(0, \infty)$의 범위에 놓일 확률은 아래와 같이 계산할 수 있습니다. 아래의 계산결과에서 확인할 수 있듯, 모수($M_1 - \mu$)가 $(0, \infty)$의 범위에 놓일 확률은 약 0.735입니다.

```
> # (0, Inf)
> df_post |>
+ mutate(myrange=cut(b_Intercept,c(-Inf, 0, Inf),right=T,label=c('out','in'))) |>
+ count(myrange) |> mutate(prop=n/sum(n))
# A tibble: 2 × 3
  myrange     n prop
  <fct>   <int> <dbl>
1 out     10588 0.265
2 in      29412 0.735
```

비슷하게 모수($M_1 - \mu$)가 [−0.10, 0.10] 사이에 놓일 확률을 계산한다면, 다음과 같이 진행하시면 됩니다. 계산결과에서 확인할 수 있듯, 모수($M_1 - \mu$)가 [−0.10, 0.10] 사이의 값으로 나타날 확률은 약 29%입니다.

```
> # [-0.10, 0.10]
> df_post |>
+  mutate(
+    myrange=cut(b_Intercept,c(-Inf,-0.10,0.10,Inf),
+          right=TRUE,label=c('out','in','out')),
+    myrange=as.character(myrange),
+    myrange=ifelse(b_Intercept==-0.10,'in',myrange)
+  ) |>
+  count(myrange) |> mutate(prop=n/sum(n))
# A tibble: 2 × 3
  myrange     n prop
  <chr>   <int> <dbl>
1 in      11439 0.286
2 out     28561 0.714
```

끝으로 df_post 데이터의 prior_Intercept와 prior_sigma는 사전분포에서 생성된 표본입니다. 이를 이용하여 사전분포와 사후분포가 어떻게 다른지 한번 시각화해 봅시다. 다시 말해 예시데이터를 고려하기 전후로 사전분포와 사후분포가 어떻게 달라졌는지를 살펴봅시다. 〈그림 2-3-5〉는 '절편'에 대한 사전분포와 사후분포의 히스토그램을 비교한 것입니다(표준편차의 경우, 직접 해보시기 바랍니다). 왼쪽 그래프는 사전분포에서 나타난 모든 범위를 고려한 것으로 육안으로 분간이 거의 되지 않습니다. 오른쪽 그래프와 같이 X축의 범위를 줄인 결과에서 쉽게 확인할 수 있듯, 사전분포에 비해 사후분포에서 불확실성이 대폭 줄어든 것을 확인할 수 있습니다(신용구간이 축소됨).

```
> # 사전분포와 사후분포 비교
> fig1 <- df_post |>
+  mutate(
+    `Prior Distribution`=prior_Intercept,
+    `Posterior Distribution`=b_Intercept
+  ) |>
```

```
+  pivot_longer(cols=c(contains('Dist'))) |>
+  ggplot(aes(x=value, fill=name))+
+  stat_histinterval(alpha=0.4)+
+  theme_bw()+
+  theme(legend.position = 'none')+
+  facet_grid(name~.,scales='free')+
+  ggtitle("X range, all")
경고메시지(들):
Dropping 'draws_df' class as required metadata was removed.
> fig2 <- fig1+
+  coord_cartesian(xlim=c(-8,8))+
+  facet_grid(name~.,scales='free')+
+  ggtitle("X range, focused")
> fig1+fig2
```

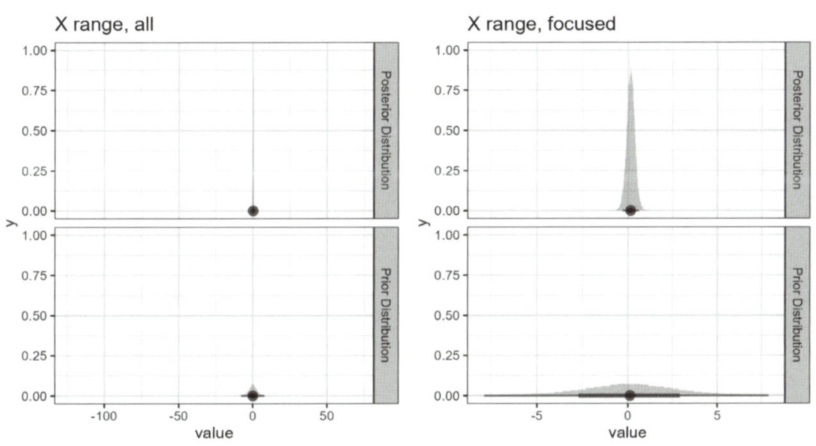

그림 2-3-5. 사전분포와 사후분포 비교

앞에서는 brms 패키지에서 디폴트 사전분포로 설정한 '약한 사전분포'를 활용하였습니다. 이번에는 '강한 사전분포'를 적용해 봅시다. **우선 지금 제가 설정한 강한 사전분포는 brm() 함수를 어떻게 활용하는지를 보여 주기 위한 예시에 불과하다는 점 반드시 기억해 주시기 바랍니다. 다시 말해 독자께서 만약 강한 사전분포를 설정하고자 한다면, 반드시 왜 특정한 사전분포를 설정하였는지에 대한 설명과 정당화 근거가 제시되어야만 합니다.**

이러한 상황을 가정해 봅시다. 현재 우리가 분석하고 있는 예시데이터를 수집한 방식과 동일한 방식으로 진행된 선행조사($df = 19$, $n = 20$)에 따르면 당시 표본평균값은 4였습니다. 앞에서 살펴본 방식으로 단일표본 티테스트를 진행한 결과, 당시의 표본평균과 알려진 모집단 평균 사이 차이값의 점추정치는 1.00, 95% 신용구간은 약 [0.40, 1.60]이었습니다. 이제 선행조사의 결과를 절편의 사전분포로 설정해 봅시다.

평균차이의 점추정치 1.00과 95% 신용구간을 토대로 절편의 사전분포를 설정해 보죠. 표본크기가 20인 것을 감안하여 티(t)분포를 아래와 같이 계산하면, 사전분포에 투입되는 절편의 표준편차는 약 0.30인 것을 확인할 수 있습니다.

```
> 1.20/(2 * qt(0.975, 19))
[1] 0.2866666
```

이제 사전분포를 'prior(student_t(19, 4-3, 1), class = Intercept)'와 같이 변경한 후, 베이지언 방식의 단일표본 티테스트를 진행하고, 추정결과를 확인해 봅시다.

```
> # 디폴트가 아닌 사전분포 설정 : 강한 사전분포 가정
> brm_ttest_one_Sprior <- brm(
+  bf(y1_3 ~ 1),
+  data=df,
+  family=gaussian(),
+  # sigma의 경우 디폴트 수용
+  prior=prior(student_t(19, 4-3, 1), class = Intercept),  # 선행연구 기반
+  sample_prior = "yes",
+  control = list(adapt_delta = 0.99), #
+  save_pars = save_pars(all = TRUE),
+  chains = 4,
+  iter = 11000,
+  warmup = 1000,
+  cores = 4,
+  seed = 1234
+ )
Compiling Stan program...
Start sampling
> # 추정결과 확인
> summary(brm_ttest_one_Sprior)
 Family: gaussian
  Links: mu = identity; sigma = identity
Formula: y1_3 ~ 1
```

```
 Data: df (Number of observations: 20)
 Draws: 4 chains, each with iter = 11000; warmup = 1000; thin = 1;
        total post-warmup draws = 40000

Regression Coefficients:
          Estimate Est.Error l-95% CI u-95% CI Rhat Bulk_ESS Tail_ESS
Intercept     0.44      0.22     0.03     0.88 1.00    16283    16656

Further Distributional Parameters:
      Estimate Est.Error l-95% CI u-95% CI Rhat Bulk_ESS Tail_ESS
sigma     1.08      0.20     0.77     1.55 1.00    15584    16650

Draws were sampled using sampling(NUTS). For each parameter, Bulk_ESS
and Tail_ESS are effective sample size measures, and Rhat is the potential
scale reduction factor on split chains (at convergence, Rhat = 1).
> # plot(brm_ttest_one_Sprior) # 분량문제로 제시하지 않았음. 직접 확인 요망
```

추정결과에서 확인할 수 있듯 Rhat은 1.00, Bulk_ESS와 Tail_ESS 두 가지 모두 통상적인 기준인 400을 훌쩍 뛰어넘었습니다. 다시 말해 MCMC 알고리즘 추정결과의 경우 큰 문제가 없습니다. plot() 함수를 이용하여 MCMC 알고리즘 추정결과의 타당성을 시각적으로 점검해 볼 수도 있습니다만, 여기서는 분량 문제로 제시하지 않았습니다. 독자께서는 꼭 plot() 함수로 얻은 시각화 결과를 확인해 보시기 바랍니다.

아무튼 모형추정 결과 절편값은 0.44, 95% 신용구간은 [0.03, 0.88]로 나타났습니다. 다시 말해 선행연구에서 얻은 사전지식과 데이터 분석결과를 같이 고려할 때, 표본의 평균과 알려진 모집단 평균의 차이값이 [0.03, 0.81]에 놓일 확률이 95%로 나타났으며, 이번에는 평균의 차이값이 0이라고 간주할 수 있게 되었습니다. 다시 말해 디폴트 사전분포(즉, 약한 사전분포)를 설정했을 때 얻었던 결과인 0.14, 95% 신용구간 [−0.32, 0.61]과 비교할 때, 강한 사전분포를 설정한 분석결과는 매우 큰 차이를 보여 주고 있습니다.

강한 사전분포를 설정하였을 경우에도 연구자가 원하는 범위에 모수가 놓일 확률을 계산할 수 있습니다. 예를 들어 모수가 (0, ∞) 범위에 들어 있을 확률은 약 98%로,[2] 약한 사전분포를

---

2) 아래와 같이 계산할 수 있습니다.

```
> # (0, Inf)
> as_draws_df(brm_ttest_one_Sprior) |>
```

가정했을 때의 확률(약 74%)과 비교할 때, 확률이 크게 증가한 것을 알 수 있습니다.

마찬가지로 as_draws_df() 함수를 이용하여 사전분포와 사후분포 표본들을 추출한 후, 두 가지의 분포를 〈그림 2-3-6〉과 같이 비교해 볼 수 있습니다.

```
> as_draws_df(brm_ttest_one_Sprior) |>
+ mutate(
+   `Prior Distribution`=prior_Intercept,
+   `Posterior Distribution`=b_Intercept
+ ) |>
+ pivot_longer(cols=c(contains('Dist'))) |>
+ ggplot(aes(x=value, fill=name))+
+ stat_histinterval(alpha=0.4)+
+ geom_vline(xintercept=0, color='red')+
+ theme_bw()+
+ theme(legend.position='none')+
+ facet_grid(name~.,scales='free')
```

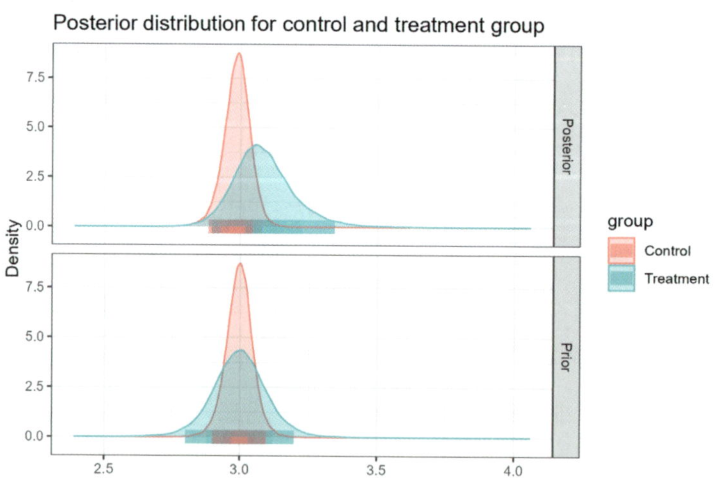

그림 2-3-6. 강한 사전분포 적용 시 사전분포와 사후분포 비교

```
+   mutate(myrange=cut(b_Intercept,c(-Inf, 0, Inf),
+                      right=TRUE,label=c('out','in'))) |>
+   count(myrange) |> mutate(prop=n/sum(n))
# A tibble: 2 × 3
  myrange     n   prop
  <fct>   <int>  <dbl>
1 out       645 0.0161
2 in      39355 0.984
```

위의 사례는 베이지언 분석방법의 경우 사전분포를 어떻게 설정하는가에 따라 분석결과가 어떻게 다르게 나타날 수 있는지를 잘 보여 줍니다. 독자들도 느꼈겠지만, 베이지언 분석방법에서는 강한 사전분포를 가정한다면 사후분포가 다르게 나타날 수 있으며, 연구자가 분석하는 데이터의 규모가 작으면 작을수록 강한 사전분포의 영향력은 더욱 크게 나타납니다. 따라서 강한 사전분포를 가정할 때는 반드시 이론적으로 타당한 근거와 정당화 논리가 뒷받침되어야만 합니다.

2 대응표본 티테스트

앞에서는 단일표본 티테스트를 살펴보았습니다. 이번에는 brm() 함수를 이용하여 대응표본 티테스트를 실습해 봅시다. 먼저 전통적 방법을 적용하여 대응표본 티테스트를 진행한 후, 베이지언 방법으로 대응표본 티테스트를 어떻게 진행할 수 있는지 살펴보겠습니다.

대응표본 티테스트를 진행하는 방법은 본질적으로 단일표본 티테스트와 동일합니다. 즉 두 변수의 차이값을 계산한 변수를 대상으로 단일표본 티테스트를 실시한 결과가 바로 대응표본 티테스트입니다. 전통적 방법으로 대응표본 티테스트를 실시할 경우 t.test() 함수를 이용하면 간단합니다.

예시데이터에서 y1, y2 두 변수를 대상으로 대응표본 티테스트를 실시해 봅시다. 먼저 t.test() 함수를 활용해 봅시다. 다음과 같이 Pair() 함수를 활용하면 손쉽게 대응표본 티테스트 결과를 얻을 수 있습니다.

```
> # 전통적 방식: H0, mean(y2) = mean(y1)
> # 대응표본 t-test : 단일표본 t-test 방식
> t.test(Pair(y2,y1)~1, data=df)

        Paired t-test

data:  Pair(y2, y1)
t = -0.2762, df = 19, p-value = 0.7854
alternative hypothesis: true mean difference is not equal to 0
95 percent confidence interval:
 -0.2198402  0.1685830
```

```
sample estimates:
mean difference
    -0.02562858
```

다음과 같이 두 변수의 차이값 변수 diff를 생성한 후, 모집단 평균(μ, mu)을 0으로 설정하는 방법으로도 동일한 결과를 얻을 수 있습니다.

```
> df$diff <- df$y2 - df$y1
> t.test(df$diff, data=df, mu=0)

        One Sample t-test

data:  df$diff
t = -0.2762, df = 19, p-value = 0.7854
alternative hypothesis: true mean is not equal to 0
95 percent confidence interval:
 -0.2198402  0.1685830
sample estimates:
  mean of x
-0.02562858
```

위의 결과를 해석하는 방법은 어렵지 않습니다. 즉 y1 변수의 평균과 y2 변수의 평균차이는 통계적으로 유의미한 차이라고 보기 어렵습니다($p = .79$). 두 변수의 평균차이의 95% 신뢰구간은 [−0.22, 0.17]로 나타났으며, 두 변수 평균 차이의 실제 값(true value)은 95% 신뢰구간에서 얻은 −0.22에서 0.17 사이에 놓여 있을 것으로 기대할 수 있습니다.

다음으로 brm() 함수를 이용하여 베이지언 분석을 실시해 봅시다. brms 패키지에서 디폴트로 제공하고 있는 약한 사전분포를 그대로 적용하겠습니다. 방금 살펴보았던 단일표본 티테스트와 동일한 방식으로 모형을 추정하면 됩니다. 먼저 약한 사전분포가 어떠한지 살펴보면 아래와 같습니다.

```
> # brms 디폴트 확인
> default_prior(bf(diff ~ 1),
+                 data=df,
+                 family=gaussian())
```

```
               prior     class coef group resp dpar nlpar lb ub  source
 student_t(3, -0.1, 2.5) Intercept                                default
   student_t(3, 0, 2.5)     sigma                        0          default
```

동일한 옵션을 지정한 후, brm() 함수를 활용해 대응표본 티테스트를 실시한 결과는 아래와 같습니다.

```
> brm_ttest_pair <- brm(
+   bf(diff ~ 1),
+   data=df,
+   family=gaussian(),
+   sample_prior = "yes",
+   control = list(adapt_delta = 0.99),
+   save_pars = save_pars(all = TRUE),
+   chains = 4,
+   iter = 11000,
+   warmup = 1000,
+   cores = 4,
+   seed = 1234
+ )
Compiling Stan program...
Start sampling
> # 추정결과 및 추정과정 점검
> summary(brm_ttest_pair)
 Family: gaussian
  Links: mu = identity; sigma = identity
Formula: diff ~ 1
   Data: df (Number of observations: 20)
  Draws: 4 chains, each with iter = 11000; warmup = 1000; thin = 1;
         total post-warmup draws = 40000

Regression Coefficients:
          Estimate Est.Error l-95% CI u-95% CI Rhat Bulk_ESS Tail_ESS
Intercept    -0.03      0.10    -0.23     0.17 1.00    18156    17102

Further Distributional Parameters:
```

```
       Estimate Est.Error l-95% CI u-95% CI Rhat Bulk_ESS Tail_ESS
sigma      0.44      0.08     0.32     0.63 1.00    18776    17626

Draws were sampled using sampling(NUTS). For each parameter, Bulk_ESS
and Tail_ESS are effective sample size measures, and Rhat is the potential
scale reduction factor on split chains (at convergence, Rhat = 1).
> # plot(brm_ttest_pair)  # 분량문제로 별도 제시하지 않음. 직접 확인 요망
```

추정결과에서 확인할 수 있듯, 두 변수의 평균차이의 점추정치는 −0.03이고, 95% 신용구간은 [−0.23, 0.17]입니다. 즉 두 변수의 평균차이의 실제값이 −0.23에서 0.17 사이에 놓일 확률이 95%입니다. 약한 사전분포를 적용한 후 베이지언 분석으로 얻은 95% 신용구간과 전통적 분석으로 얻은 95% 신뢰구간은 해석방식이 다르기는 하지만, 전반적으로 큰 차이가 없다는 점을 다시 확인할 수 있습니다.

그러나 아래와 같이 $M_2 > M_1$일 확률이 얼마일지와 같은 계산은 전통적 데이터 분석으로는 불가능하지만, 베이지언 분석에서는 얼마든지 가능합니다(약간의 프로그래밍을 해야 하기는 하지만). 아래의 계산결과에서 확인할 수 있듯, $M_2 > M_1$일 확률은 약 0.39입니다.

```
> # M2 > M1일 확률, 즉 diff의 범위가 (0, Inf) 확률
> as_draws_df(brm_ttest_pair) |>
+   mutate(myrange=cut(b_Intercept,c(-Inf, 0, Inf),
+                   right=TRUE,label=c('out','in'))) |>
+   count(myrange) |> mutate(prop=n/sum(n))
# A tibble: 2 × 3
  myrange     n  prop
  <fct>   <int> <dbl>
1 out     24349 0.609
2 in      15651 0.391
```

이제 조금 번잡하더라도 조금 다른 방식으로 베이지언 방식의 대응표본 티테스트를 진행해 봅시다. 우리가 비교하고자 하는 두 변수는 동일한 사례에서 나온 것이기 때문에 상관관계를 갖습니다. 이 때 두 변수의 상관관계를 가정한 상태에서 베이지언 방식으로 사후분포 표본을 얻을 수 있지 않을까요? 그리고 이렇게 얻은 각 변수의 사후분포 표본값의 차이가 어떠한지 살펴볼 수 있지 않을까요? 다시 말해 앞에서 우리는 diff라는 변수를 먼저 계산하고 이를 대상

으로 베이지언 분석을 실시했지만, 이번에는 각 변수의 사후분포를 베이지언 분석으로 추정하고 두 변수의 사후분포가 어떠한지 살펴보는 것입니다.

각 변수별 절편(평균)과 표준편차, 그리고 두 변수 사이의 상관계수를 추정하는 방법은 아래와 같습니다. bf() 함수를 각 변수에 대해 적용한 후, 변수 간 상관계수를 추정하기 위해 set_rescor() 함수의 rescor 옵션을 TRUE로 설정하였습니다. set_rescor() 함수는 앞서 설정한 bf() 함수의 잔차(residual)의 상관계수를 추정할지 여부를 설정하는 함수입니다. 공식을 지정한 후, brms 패키지에서 설정한 약한 사전분포가 어떠한지 먼저 확인해 보죠.

```
> # brms 디폴트 확인
> default_prior(bf(y1 ~ 1) + bf(y2 ~ 1) + set_rescor(rescor=TRUE),
+             data=df,
+             family=gaussian())
            prior     class coef group resp dpar nlpar lb ub  source
           (flat) Intercept                                  default
           lkj(1)    rescor                                  default
 student_t(3, 3.1, 2.5) Intercept          y1                default
   student_t(3, 0, 2.5)     sigma          y1          0     default
 student_t(3, 3.2, 2.5) Intercept          y2                default
   student_t(3, 0, 2.5)     sigma          y2          0     default
```

여기서 Intercept라는 이름을 갖는 세 가지 중 prior가 (flat)이라고 된 절편은 brm() 함수에서 추정되지 않습니다. 이는 디폴트로 설정된 절편[3]이며, 실제로 사후분포 표본으로 얻을 수 있는 절편은 사전분포가 'student_t(3, 3.1, 2.5)'로 설정된 세 번째 줄과 'student_t(3, 3.2, 2.5)'로 설정된 다섯 번째 줄입니다(즉 resp 세로줄이 지정된 절편). 여기서 주목해 볼 점은 sigma입니다. 앞에서 살펴보았던 대응표본 티테스트의 경우 두 변수의 차이값을 구하면서, 각 변수의 분산이 동질적일 것으로 가정하였습니다. 그러나 지금은 각 변수의 분산을 별개로 추정하고 있습니다. 끝으로 'lkj(1)'이라는 사전분포로 설정된 rescor는 각 변수의 잔차의 상관계수를 추정한다는 의미입니다. 여기서 'lkj'라는 표현은 '레반도프스키-쿠로비카-조 분포(Lewandowski-Kurowicka-Joe distribution)'의 약자를 의미합니다. 나중에 상관계수를 설명하는 부분에서 보다 자세하게 말씀드리겠지만, lkj(1)은 상관

3) 흔히 광역 절편(global intercept)이라고 불립니다.

계수가 −1.00부터 1.00까지의 범위에 균등하게 분포되어 있다는 사전분포 가정을 의미합니다. lkj() 함수에 투입되는 숫자는 양수이며, 그 값이 클수록 상관계수가 0에 몰려 있는 분포를 1일 경우는 균등분포를 의미합니다.

```
> brm_ttest_pair2 <- brm(
+  bf(y1 ~ 1) + bf(y2 ~ 1) + set_rescor(rescor=TRUE),
+  data=df,
+  family=gaussian(),
+  sample_prior = "yes",
+  control = list(adapt_delta = 0.99), #
+  save_pars = save_pars(all = TRUE),
+  chains = 4,
+  iter = 11000,
+  warmup = 1000,
+  cores = 4,
+  seed = 1234
+ )
Compiling Stan program...
Start sampling
> # 추정결과 및 추정과정 점검
> summary(brm_ttest_pair2)
 Family: MV(gaussian, gaussian)
  Links: mu = identity; sigma = identity
         mu = identity; sigma = identity
Formula: y1 ~ 1
         y2 ~ 1
   Data: df (Number of observations: 20)
  Draws: 4 chains, each with iter = 11000; warmup = 1000; thin = 1;
         total post-warmup draws = 40000

Regression Coefficients:
             Estimate  Est.Error  l-95%  CI u-95%  CI Rhat  Bulk_ESS  Tail_ESS
y1_Intercept     3.14       0.23   2.69      3.58     1.00     14703     16313
y2_Intercept     3.11       0.24   2.64      3.58     1.00     14748     16058
```

```
Further Distributional Parameters:
               Estimate  Est.Error  l-95%  CI u-95%  CI Rhat  Bulk_ESS  Tail_ESS
sigma_y1           1.01       0.17   0.74      1.42     1.00     13640     15593
sigma_y2           1.06       0.18   0.78      1.48     1.00     13867     15630

Residual Correlations:
               Estimate  Est.Error  l-95%  CI u-95%  CI Rhat  Bulk_ESS  Tail_ESS
rescor(y1,y2)      0.89       0.05   0.75      0.96     1.00     14465     17794

Draws were sampled using sampling(NUTS). For each parameter, Bulk_ESS
and Tail_ESS are effective sample size measures, and Rhat is the potential
scale reduction factor on split chains (at convergence, Rhat = 1).
> # plot(brm_ttest_pair2)  # 분량문제로 별도 제시하지 않음. 직접 확인 요망
```

추정결과에서 확인할 수 있듯, 두 개의 절편, 두 개의 표준편차, 그리고 1개의 상관계수가 추정되었습니다. 다섯 가지 모수 모두 Rhat은 1.00, Bulk_ESS와 Tail_ESS는 모두 통상적인 기준치 400을 월등하게 뛰어넘은 것을 확인할 수 있습니다. 즉 MCMC 알고리즘의 추정결과에는 큰 문제가 없다는 것을 확인할 수 있었습니다.

그렇다면 두 개의 평균, 즉 절편의 차이값이 어떤지 살펴봅시다. 여기서는 두 절편의 차이값을 '0'과 비교하겠습니다(통계적 유의도 테스트와 비슷한 의미에서). 위와 같이 as_draws_df() 함수를 이용하는 방법도 있지만, hypothesis() 함수를 이용하면, 빠르게 결과를 얻을 수 있습니다. 전통적 분석기법에서 car 패키지의 linearHypothesis() 함수, 혹은 marginaleffects 패키지의 hypotheses() 함수와 구성이 매우 비슷합니다. 즉 brm() 함수 추정결과 오브젝트에서 모수의 이름들 사이의 선형관계를 문자형으로 입력하면, 입력된 선형관계에 대한 테스트 결과를 얻을 수 있습니다.

```
> # 이후 hypothesis() 함수 이용 평균비교
> hypothesis(brm_ttest_pair2,
+         c('b_y2_Intercept - b_y1_Intercept = 0'),
+         class=NULL)  # 모수의 class를 특정짓지 않음
Hypothesis Tests for class :
            Hypothesis Estimate Est.Error CI.Lower CI.Upper Evid.Ratio Post.Prob Star
1 (b_y2_Intercept-b... = 0    -0.03      0.11    -0.24     0.19         NA        NA
---
```

```
'CI': 90%-CI for one-sided and 95%-CI for two-sided hypotheses.
'*': For one-sided hypotheses, the posterior probability exceeds 95%;
for two-sided hypotheses, the value tested against lies outside the 95%-CI.
Posterior probabilities of point hypotheses assume equal prior probabilities.
```

출력결과에서 확인할 수 있듯, 두 절편값의 차이값은 점추정치 기준 −0.03이며, 95% 신용구간은 [−0.24, 0.19]로 나타났습니다. 만약 95% 신용구간이 0을 포함하지 않을 경우 맨 마지막 세로줄의 `Star` 아래에 * 표시가 제시됩니다. 이건 제 개인적 생각입니다만, `hypothesis()` 함수는 베이지언 분석기법을 전통적 방법의 통계적 유의도 테스트 맥락에서 판단하도록 유도한다는 점에서 베이지언 분석기법의 철학과는 거리가 먼 것 같습니다. 그러나 이 부분만 유의한다면 `brms` 패키지의 `hypothesis()` 함수는 매우 유용하다고 생각합니다.

제가 권장하는 방법은 `as_draws_df()` 함수를 이용해서 사후분포 표본 데이터를 생성한 후, 〈그림 2-3-7〉과 같이 두 변수의 분포를 시각화하는 것입니다. `hypothesis()` 함수보다 유연성 측면에서 훨씬 더 낫다고 저는 생각합니다(물론 코딩을 더 많이 한다는 점에서 번거롭게 느껴질 수 있습니다).

```
> # 평균차이 점검(추가적으로 두 변수사이의 상관계수 또한)
> df_post <- as_draws_df(brm_ttest_pair2)
> df_post |>
+  pivot_longer(cols=b_y1_Intercept:b_y2_Intercept) |>
+  ggplot(aes(x=value, fill=name, color=name))+
+  stat_histinterval(alpha=0.4)+
+  labs(x=" ",y='Density',
+       color="Variable",fill="Variable",
+       title="Posterior distribution")+
+  theme_classic()
```

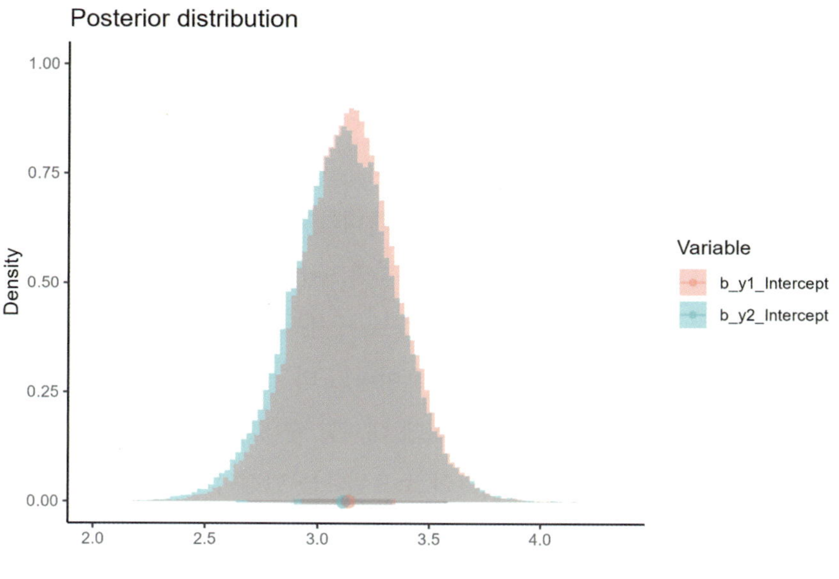

그림 2-3-7. 두 변수 평균의 사후분포 비교

시각화 결과에서 명확하게 나타나듯, 두 변수는 거의 구분되지 않습니다. 추가적으로 사후분포 표본을 이용하여 y2 변수와 y1 변수의 차이값을 계산한 후, 점추정치와 95% 신용구간을 계산하면 아래와 같습니다.

```
> df_post |>
+  mutate(
+    diff = b_y2_Intercept - b_y1_Intercept
+  ) |>
+  summarise(
+    PE=mean(diff),
+    lb=quantile(diff, prob=0.025),
+    ub=quantile(diff, prob=0.975)
+  )
# A tibble: 1 × 3
      PE     lb    ub
   <dbl>  <dbl> <dbl>
1 -0.0253 -0.243 0.193
```

이 결과는 앞에서 hypothesis() 함수를 적용하여 얻은 결과와 동일합니다. 위와 같은 베이지언 방식의 대응표본 티테스트는 두 변수의 차이값을 기반으로 단일표본 티테스트 방식으로 실시한 대응표본 티테스트와 엄밀하게 말해 다릅니다. 왜냐하면 여기서는 각 변수의 분산(표준편차)이 동일하다는 가정을 취하고 있지 않은 반면, 두 변수의 차이값을 기반으로 한 단일표본 티테스트 방식의 경우 변수의 분산(표준편차)이 동일하다는 가정을 취하기 때문입니다.

위의 사례는 베이지언 방식의 유연성을 잘 보여 줍니다. 만약 여러분이 대응표본 티테스트를 실시하는데, 각 변수의 분산이 매우 다른 상황에 맞닥뜨렸다고 가정해 봅시다. 과연 두 변수의 차이값 변수를 생성하는 방식의 대응표본 티테스트, 구체적으로 `t.test()` 함수를 활용하는 전통적 방식을 사용하는 것이 과연 타당할까요? 아마도 타당하다고 보기 어려울 듯합니다. 그러나 베이지언 방식을 채택하면 상당히 유연하게 대처할 수 있습니다. 물론 조금 까다롭게 코드를 짜야 하고, 무엇보다 더 많은 분석시간이 소요된다는 단점이 있지만, 이러한 비용을 상쇄할 수 있는 유연성이 있다는 사실 또한 부정할 수 없습니다.

대응표본 티테스트의 경우에도 연구자의 필요에 따라 강한 사전분포를 설정할 수 있습니다. 물론 적절한 이론적 근거와 정당화 논리가 필요합니다. 예를 들어, 메타분석에 따르면 여러 선행연구들에서 누적적으로 나타난 y2의 평균이 4이고 95% 신용구간이 [3.80, 4.20]였으며, y1의 평균은 3이고 95% 신용구간이 [2.45, 3.15]이었다고 한다면, 사전분포를 다음과 같이 설정할 수 있습니다. 메타분석을 통해 여러 선행연구들이 누적된 결과라는 점에서 t분포가 아닌 z분포를 상정하였습니다.

```
> # 디폴트가 아닌 강한 사전분포 설정
> # 95%신용구간을 활용하여 분산(표준편차) 추정
> (4.20-3.80)/(2*qnorm(0.975))
[1] 0.1020427
> (3.15-2.45)/(2*qnorm(0.975))
[1] 0.1785747
> brm_ttest_pair_prior <- brm(
+  bf(y1 ~ 1) + bf(y2 ~ 1) + set_rescor(TRUE),
+  data=df,
+  family=gaussian(),
+  # 선행연구상황에 따라 사전분포를 설정(나머지는 디폴트)
+  prior=prior(normal(4, 0.10),class=Intercept,resp='y2')+
+   prior(normal(3, 0.18),class=Intercept,resp='y1'),
+  sample_prior = "yes",
+  control = list(adapt_delta = 0.99), #
```

```
+ save_pars = save_pars(all = TRUE),
+ chains = 4,
+ iter = 11000,
+ warmup = 1000,
+ cores = 4,
+ seed = 1234
+ )
Compiling Stan program...
Start sampling
> # 추정결과 및 추정과정 점검
> # summary(brm_ttest_pair_prior)  # 분량문제로 별도 제시하지 않음. 직접 확인 요망
> # plot(brm_ttest_pair2)  # 분량문제로 별도 제시하지 않음. 직접 확인 요망
```

분량 문제로 분석결과에 대한 구체적인 해석을 제시하지 않았습니다. 직접 확인해 보시기 바랍니다. as_draws_df() 함수를 이용하여 사후분포 표본 데이터를 생성한 후, 두 변수 간 평균차이의 점추정치와 95% 신용구간을 계산하면 아래와 같은 결과를 얻으실 수 있습니다. 즉 y2 변수는 y1 변수에 비해 0.35 정도 더 큰 평균을 보였으며, 95% 신용구간은 [0.09, 0.68]로 나타났습니다. 즉 y2와 y1 변수 간 차이점수의 참값이 0.09부터 0.68 사이에 놓일 확률이 95%로 나타나, 참값은 0보다 큰 값을 보일 가능성이 높다고 볼 수 있습니다.

```
> # 평균차이 점검
> df_post <- as_draws_df(brm_ttest_pair_prior)
> df_post |>
+ mutate(diff=b_y2_Intercept-b_y1_Intercept) |>
+ summarise(
+   PE=mean(diff),
+   lb=quantile(diff, prob=0.025),
+   ub=quantile(diff, prob=0.975)
+ )
# A tibble: 1 × 3
    PE     lb     ub
  <dbl>  <dbl>  <dbl>
1 0.353 0.0914 0.684
```

또한 〈그림 2-3-8〉과 같이 그래프를 통해 강한 사전분포와 사후분포를 비교해 보실 수 있

습니다. 다시금 강조합니다. 강한 사전분포를 설정하는 경우에는 반드시 어떤 이론적 근거에서 어떤 논리로 연구자가 설정한 강한 사전분포가 타당한지 반드시 설명하셔야 합니다.

```
> # 사전분포와 사후분포 비교
> df_post |>
+  pivot_longer(cols=c(b_y1_Intercept,b_y2_Intercept,
+               prior_Intercept_y1,prior_Intercept_y2)) |>
+  mutate(
+   variable=ifelse(str_detect(name,'y1'),'y1','y2'),
+   prior=ifelse(str_detect(name,'prior'),'Prior','Posterior')
+  ) |>
+  ggplot(aes(x=value, fill=variable, color=variable))+
+  stat_histinterval(alpha=0.4)+
+  labs(x=" ",y='Density',
+     color="Variable",fill="Variable",
+     title="Prior vs. Posterior distribution")+
+  theme_tidybayes()+
+  facet_grid(prior~.)
```

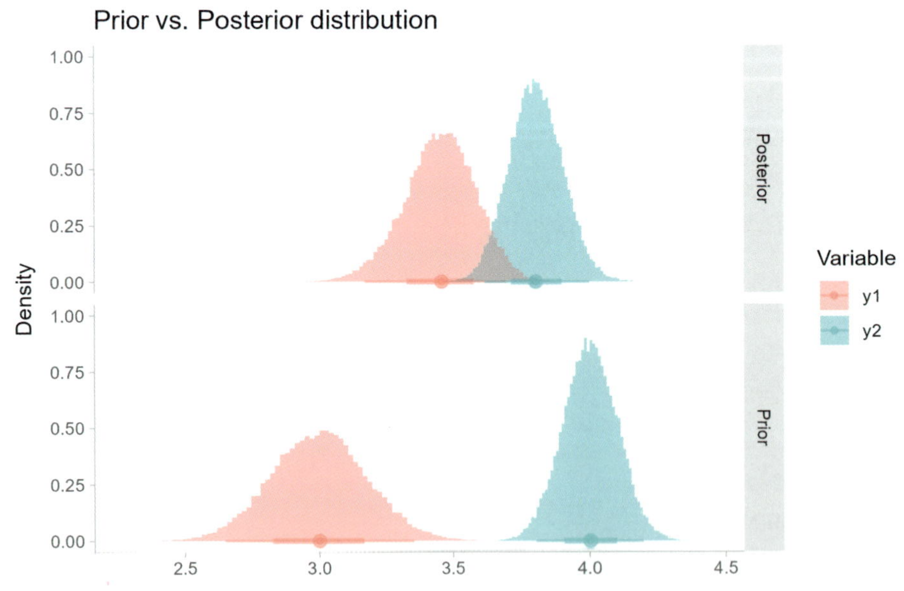

그림 2-3-8. 강한 사전분포 적용시 사전분포와 사후분포 비교

3 독립표본 티테스트

끝으로 독립표본 티테스트를 살펴봅시다. 전통적 방법으로 독립표본 티테스트를 진행할 때 집단 간 분산동질성에 대한 판단이 선행됩니다. 분과에 따라 다르지만, 전통적 방법에서는 통상적으로 르빈의 F테스트와 같은 분산동질성 테스트를 실시하고, 이를 토대로 집단 간 분산동질성을 가정할지 아니면 분산동질성을 가정하지 않을지 결정하여 독립표본 티테스트를 진행합니다.

예시데이터에서 `grp` 변수의 두 집단(통제집단, `ctl`; 처치집단, `trt`)의 `y1` 변수 평균을 비교해 봅시다. 먼저 르빈의 F테스트를 통해 분산동질성 테스트를 진행해 보겠습니다. 만약 활동하시는 분과에서 다른 방식의 분산동질성 테스트를 활용하신다면, 그에 맞는 테스트를 진행하시면 됩니다. 여기서 저는 `car` 패키지의 `leveneTest()` 함수를 활용하였습니다.

```
> # 독립표본 t-test : 집단간 분산 동질성 가정
> # 분산동질성 점검
> car::leveneTest(y1~grp, data=df, center=mean)
Levene's Test for Homogeneity of Variance (center = mean)
   Df F value Pr(>F)
group  1  0.4422 0.5145
   18
```

분석결과 $F(1, 18) = .44$, $p = .51$로 통제집단의 y1 변수 분산과 처치집단의 y1 변수 분산은 큰 차이가 없다고 가정할 수 있습니다. 통상적으로 `t.test()` 함수의 `var.equal` 옵션을 TRUE로 설정하여 분산동질성을 가정한 독립표본 티테스트를 진행합니다.

```
> t.test(y1~grp, data=df, var.equal=TRUE)

        Two Sample t-test

data:  y1 by grp
t = -3.9725, df = 18, p-value = 0.0008929
alternative hypothesis: true difference in means between group ctl and group trt
is not equal to 0
```

```
95 percent confidence interval:
 -1.9813143 -0.6105523
sample estimates:
mean in group ctl mean in group trt
        2.493657          3.789590
```

분산동질성을 가정한 독립표본 티테스트 결과에 따르면 처치집단의 평균은 통제집단의 평균과 비교해 통계적으로 유의미하게 더 큰 것을 확인할 수 있습니다[$t(18) = -3.97$, $p < .001$]. 분산동질성을 가정한 독립표본 티테스트 결과는, 아래와 같이 OLS 회귀모형 추정결과와 동일합니다.

```
> ols_2sample_ttest <- lm(y1~grp,data=df)
> summary(ols_2sample_ttest)

Call:
lm(formula = y1 ~ grp, data = df)

Residuals:
     Min       1Q   Median       3Q      Max 
-1.46027 -0.41623 -0.05182  0.66900  0.99732 

Coefficients:
            Estimate Std. Error t value Pr(>|t|)    
(Intercept)   2.4937     0.2307  10.810 2.66e-09 ***
grptrt        1.2959     0.3262   3.972 0.000893 ***
---
Signif. codes:  0 '***' 0.001 '**' 0.01 '*' 0.05 '.' 0.1 ' ' 1

Residual standard error: 0.7295 on 18 degrees of freedom
Multiple R-squared:  0.4671,	Adjusted R-squared:  0.4375 
F-statistic: 15.78 on 1 and 18 DF,  p-value: 0.0008929

> confint(ols_2sample_ttest)
                2.5 %   97.5 %
(Intercept) 2.0090196 2.978295
grptrt      0.6105523 1.981314
```

brm() 함수를 이용하여 베이지언 방식의 독립표본 티테스트를 추정하는 방식은 OLS 회귀모형을 추정하는 과정과 본질적으로 크게 다르지 않습니다. 먼저 brms 패키지의 디폴트 사전분포인 약한 사전분포가 어떻게 나타나는지 살펴보겠습니다.

```
> # 베이지언 방식
> # brms 디폴트 확인
> default_prior(bf(y1~grp),
+              data=df,
+              family=gaussian())
               prior     class  coef group resp dpar nlpar lb ub       source
              (flat)         b                                        default
              (flat)         b grptrt                            (vectorized)
 student_t(3, 3.1, 2.5) Intercept                                    default
   student_t(3, 0, 2.5)     sigma                          0         default
```

디폴트 사전분포에서 첫 번째 가로줄의 경우는 추정되지 않습니다. 왜냐하면 grp 변수는 더미변수이고, 통제집단과 처치집단의 효과는 본질적으로 동일하기 때문입니다(물론 부호는 다르지만). 즉 grptrt를 추정하기 때문에 grpctl는 추정되지 않습니다. 즉 위와 같은 방식으로 추정할 수 있는 모수는 'student_t(3, 3.1, 2.5)'으로 설정된 절편, coef 세로줄에 grptrt로 표시된 통제집단 대비 처치집단의 평균차이, 그리고 'student_t(3, 0, 2.5)'으로 설정된 잔차(sigma)입니다.

약한 사전분포를 기반으로 베이지언 방식의 독립표본 티테스트를 실시한 결과는 아래와 같습니다. brm() 함수의 옵션은 앞에서 설정한 방식과 동일합니다.

```
> brm_ttest_two <- brm(
+   bf(y1~grp),
+   data=df,
+   family=gaussian(),
+   sample_prior = "yes",
+   control = list(adapt_delta = 0.99), #
+   save_pars = save_pars(all = TRUE),
+   chains = 4,
+   iter = 11000,
+   warmup = 1000,
```

```
+   cores = 4,
+   seed = 1234
+ )
Compiling Stan program...
Start sampling
> # 추정결과 및 추정과정 점검
> summary(brm_ttest_two)
 Family: gaussian
  Links: mu = identity; sigma = identity
Formula: y1 ~ grp
   Data: df (Number of observations: 20)
  Draws: 4 chains, each with iter = 11000; warmup = 1000; thin = 1;
         total post-warmup draws = 40000

Regression Coefficients:
          Estimate Est.Error l-95% CI u-95% CI Rhat Bulk_ESS Tail_ESS
Intercept     2.49      0.25     1.99     2.99 1.00    26005    21291
grptrt        1.29      0.36     0.59     1.99 1.00    25675    20284

Further Distributional Parameters:
          Estimate Est.Error l-95% CI u-95% CI Rhat Bulk_ESS Tail_ESS
sigma         0.78      0.14     0.56     1.11 1.00    23986    22920

Draws were sampled using sampling(NUTS). For each parameter, Bulk_ESS
and Tail_ESS are effective sample size measures, and Rhat is the potential
scale reduction factor on split chains (at convergence, Rhat = 1).
> # plot(brm_ttest_two)  # 분량문제로 별도 제시하지 않음. 직접 확인 요망
```

추정결과는 OLS 추정결과와 유사합니다. 먼저 Rhat은 모두 1.00으로 나타났으며, Bulk_ESS과 Tail_ESS의 경우 모두 통상적 기준치인 400을 훌쩍 뛰어넘었습니다. 다시 말해 MCMC 알고리즘 추정결과에는 별 문제가 없다는 것을 확인할 수 있습니다.

무엇보다 통제집단과 비교해 처치집단의 경우 약 1.29 정도 더 큰 평균값을 보였으며, 95% 신용구간은 [0.59, 1.99]로 나타났습니다. 즉 통제집단 평균에 비해 처치집단의 평균이 0.59~1.99 만큼 높을 확률은 95%로 나타났고, 그 차이가 0이 아닐 가능성이 매우 높다는 것을 알 수 있습니다. 두 집단의 평균차이의 점추정치와 95% 신용구간은 〈그림 2-1-9〉와 같이

as_draws_df() 함수를 이용해 시각화할 수 있습니다.

```
> as_draws_df(brm_ttest_two) |>
+  ggplot(aes(x=b_grptrt))+
+  stat_histinterval(alpha=0.6)+
+  labs(x=" ",y='Density',
+     title="Posterior distribution for grptrt")+
+  theme_tidybayes()
```

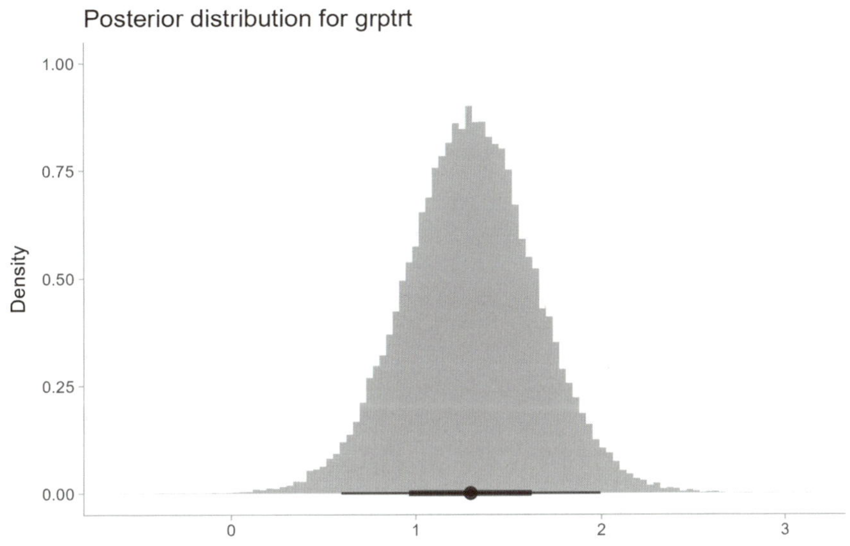

그림 2-3-9. 통제집단과 처치집단의 평균차이 사후분포

독립표본 티테스트를 조금 다르게 실행해 봅시다. 일반적으로 자주 활용되지는 않지만, lm() 함수를 활용할 때, 다음과 같이 공식을 지정하면 절편을 추정하지 않을 수 있습니다. 즉 통제집단과 처치집단의 평균값을 각각 추정할 수 있습니다.

```
> # 절편 설정 없이 두 집단의 평균값을 별도로 확인
> ols_2sample_ttest <- lm(y1~0+grp,data=df)
> summary(ols_2sample_ttest)

Call:
lm(formula = y1 ~ 0 + grp, data = df)
```

```
Residuals:
     Min       1Q   Median       3Q      Max
-1.46027 -0.41623 -0.05182  0.66900  0.99732

Coefficients:
        Estimate Std. Error t value Pr(>|t|)
grpctl    2.4937     0.2307   10.81 2.66e-09 ***
grptrt    3.7896     0.2307   16.43 2.79e-12 ***
---
Signif. codes:  0 '***' 0.001 '**' 0.01 '*' 0.05 '.' 0.1 ' ' 1

Residual standard error: 0.7295 on 18 degrees of freedom
Multiple R-squared:  0.9555,	Adjusted R-squared:  0.9506
F-statistic: 193.4 on 2 and 18 DF,  p-value: 6.806e-13

> confint(ols_2sample_ttest)
          2.5 %   97.5 %
grpctl 2.009020 2.978295
grptrt 3.304953 4.274228
```

위와 같은 방식은 brm() 함수에서도 적용 가능합니다. 이번에는 절편을 추정하지 않고, 각 집단의 평균을 추정한 후, 사후분포 표본을 활용하여 독립표본 티테스트를 진행해 보겠습니다. 먼저 디폴트 사전분포가 어떠한지 살펴보죠.

```
> # brms 디폴트 확인
> default_prior(bf(y1~0+grp),
+               data=df,
+               family=gaussian())
                prior class   coef group resp dpar nlpar lb ub       source
               (flat)     b                                         default
               (flat)     b grpctl                             (vectorized)
               (flat)     b grptrt                             (vectorized)
 student_t(3, 0, 2.5) sigma                             0           default
```

총 3개의 모수를 추정합니다. 여기서도 첫 번째 가로줄의 경우 모형에서 추정되지 않습니다.

왜냐하면 통제집단과 처치집단의 평균이 각각 추정되기 때문입니다. 이 디폴트 사전분포를 토대로 모형을 추정한 후, 그 결과를 살펴보면 아래와 같은 결과를 얻을 수 있습니다.

```
> brm_ttest_two2 <- brm(
+  bf(y1~0+grp),
+  data=df,
+  family=gaussian(),
+  sample_prior = "yes",
+  control = list(adapt_delta = 0.99),
+  save_pars = save_pars(all = TRUE),
+  chains = 4,
+  iter = 11000,
+  warmup = 1000,
+  cores = 4,
+  seed = 1234
+ )
Compiling Stan program...
Start sampling
> # 추정결과 및 추정과정 점검
> summary(brm_ttest_two2)
 Family: gaussian
  Links: mu = identity; sigma = identity
Formula: y1 ~ 0 + grp
   Data: df (Number of observations: 20)
  Draws: 4 chains, each with iter = 11000; warmup = 1000; thin = 1;
         total post-warmup draws = 40000

Regression Coefficients:
        Estimate Est.Error l-95% CI u-95% CI Rhat Bulk_ESS Tail_ESS
grpctl      2.49      0.25     1.99     2.99 1.00    24223    20954
grptrt      3.79      0.25     3.29     4.29 1.00    26953    21937

Further Distributional Parameters:
        Estimate Est.Error l-95% CI u-95% CI Rhat Bulk_ESS Tail_ESS
sigma       0.78      0.14     0.56     1.12 1.00    23527    22132
```

```
Draws were sampled using sampling(NUTS). For each parameter, Bulk_ESS
and Tail_ESS are effective sample size measures, and Rhat is the potential
scale reduction factor on split chains (at convergence, Rhat = 1).
> # plot(brm_ttest_two2)    # 분량문제로 별도 제시하지 않음. 직접 확인 요망
```

추정결과에서 확인할 수 있듯 Rhat은 모두 1.00으로 나타났으며, Bulk_ESS과 Tail_ESS의 경우 모두 통상적 기준치인 400을 훌쩍 뛰어넘었습니다. 다시 말해 MCMC 알고리즘 추정 결과에는 별 문제가 없다는 것을 확인할 수 있습니다. 아무튼 위의 결과를 통해 우리는 통제집단과 처치집단의 평균값 점추정치와 95% 신용구간을 확인할 수 있습니다.

이제 as_draws_df() 함수를 활용하여, 통제집단과 처치집단의 평균차이를 계산한 후, 점추정치와 95% 신용구간을 계산하면 아래와 같습니다. 또한 원하신다면, 연구자가 지정한 범위(이를테면, [-0.50, 0.50]과 같은)에 모수가 포함될 확률 또한 계산하실 수도 있습니다. 물론 hypothesis() 함수를 활용할 수도 있지만, 여기서는 구체적 결과를 제시하지 않았습니다. 관심 있는 독자께서 직접 확인해 보시기 바랍니다.

```
> # 평균차이 점검
> # hypothesis(brm_ttest_two2,
> #          c('b_grptrt - b_grpctl = 0'),
> #          class=NULL)  # 별도 제시하지 않음. 직접 확인 요망
> df_post <- as_draws_df(brm_ttest_two2)
> df_post |>
+  mutate(
+   diff = b_grptrt - b_grpctl
+  ) |>
+  summarise(
+   PE=mean(diff),
+   lb=quantile(diff, prob=0.025),
+   ub=quantile(diff, prob=0.975)
+  )
# A tibble: 1 × 3
     PE    lb    ub
  <dbl> <dbl> <dbl>
1  1.30  0.595  2.01
```

통제집단과 비교해 처치집단의 경우 약 1.30 정도 더 큰 평균값을 보였으며, 95% 신용구간은 [0.60, 2.01]로 나타났습니다. 즉 통제집단 평균에 비해 처치집단의 평균이 0.60~2.01 이상 높을 확률은 95%로 나타났고, 그 차이가 0이 아닐 가능성이 매우 높다는 것을 알 수 있습니다.

두 집단의 사후분포를 시각화하여 나타내면 〈그림 2-3-10〉과 같습니다. 약한 사전분포를 설정하였을 때, 두 집단의 평균이 상당히 다르다는 것을 시각적으로 쉽게 확인하실 수 있습니다.

```
> df_post |> pivot_longer(cols=c(b_grptrt,b_grpctl)) |>
+  mutate(name=ifelse(str_detect(name,'trt'),'Treatment','Control')) |>
+  ggplot(aes(x=value,fill=name))+
+  stat_histinterval(color='black',alpha=0.4)+
+  labs(x=" ",y='Density',fill='group',
+       title="Posterior distribution for control and treatment group")+
+  theme_tidybayes()
```

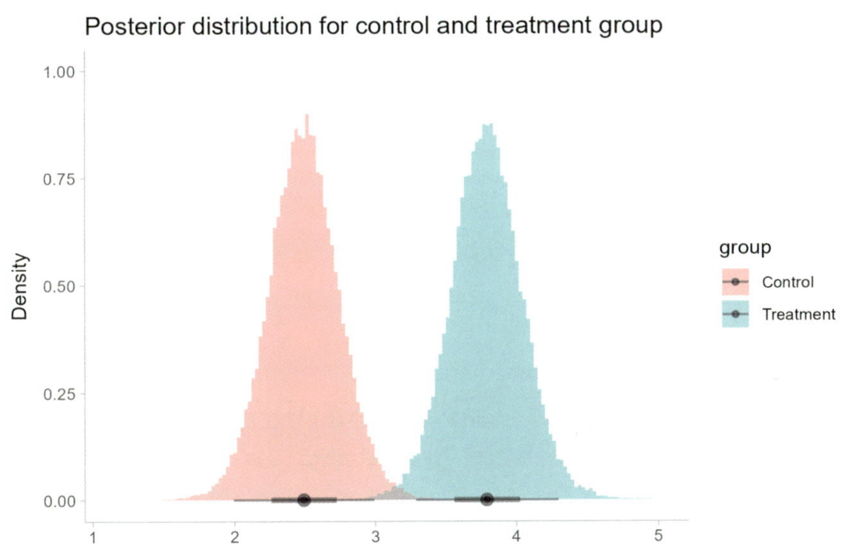

그림 2-3-10. 통제집단과 처치집단의 평균 사후분포

만약 분산동질성을 가정할 수 없는 상황이라면 어떻게 해야 할까요? 전통적 방법에서는 아래와 같이 `t.test()` 함수의 `var.equal` 옵션을 `FALSE`로 설정하면 간단하게 분산동질성을 가정하지 않은 독립표본 티테스트를 실행할 수 있습니다.

```
> # 집단간 분산동질성을 가정하지 않는 경우
> t.test(y1~grp, data=df, var.equal=FALSE)

Welch Two Sample t-test

data:  y1 by grp
t = -3.9725, df = 17.997, p-value = 0.0008932
alternative hypothesis: true difference in means between group ctl and group trt
is not equal to 0
95 percent confidence interval:
 -1.9813223 -0.6105443
sample estimates:
mean in group ctl mean in group trt
         2.493657          3.789590
```

brm() 함수를 활용한 베이지언 분석에서는 분산동질성을 가정하지 않는 위와 같은 상황을 아래의 공식과 같이 표현합니다. 집단별 분산(표준편차)을 나타내는 sigma를 집단별로 다르게 지정하는 것입니다.

```
> # brms 디폴트 확인
> default_prior(bf(y1 ~ 0+grp,
+                  sigma = ~ 0 + grp),
+                  data=df,
+                  family=gaussian())
  prior class    coef group resp  dpar nlpar lb ub       source
 (flat)     b                                           default
 (flat)     b  grpctl                                (vectorized)
 (flat)     b  grptrt                                (vectorized)
 (flat)     b                    sigma                  default
 (flat)     b  grpctl            sigma               (vectorized)
 (flat)     b  grptrt            sigma               (vectorized)
```

여기서 첫 번째 줄과 네 번째 줄의 경우 실제로 추정되지 않습니다. 왜냐하면 두 집단의 평균과 표준편차를 각각 추정하였기 때문입니다.

```
> brm_ttest_grp_welch <- brm(
+  bf(y1 ~ 0+grp,
+     sigma = ~ 0 + grp),
+  data=df,
+  family=gaussian(),
+  sample_prior = "yes",
+  control = list(adapt_delta = 0.99), #
+  save_pars = save_pars(all = TRUE),
+  chains = 4,
+  iter = 11000,
+  warmup = 1000,
+  cores = 4,
+  seed = 1234
+ )
Compiling Stan program...
Start sampling
> # 추정결과 및 추정과정 점검
> summary(brm_ttest_grp_welch)
 Family: gaussian
  Links: mu = identity; sigma = log
Formula: y1 ~ 0 + grp
         sigma ~ 0 + grp
   Data: df (Number of observations: 20)
  Draws: 4 chains, each with iter = 11000; warmup = 1000; thin = 1;
         total post-warmup draws = 40000

Regression Coefficients:
             Estimate Est.Error l-95% CI u-95% CI Rhat Bulk_ESS Tail_ESS
grpctl           2.50      0.27     1.98     3.03 1.00    19867    16551
grptrt           3.79      0.26     3.26     4.31 1.00    25877    19745
sigma_grpctl    -0.26      0.25    -0.70     0.29 1.00    19885    17969
sigma_grptrt    -0.25      0.25    -0.69     0.30 1.00    22485    18303

Draws were sampled using sampling(NUTS). For each parameter, Bulk_ESS
and Tail_ESS are effective sample size measures, and Rhat is the potential
scale reduction factor on split chains (at convergence, Rhat = 1).
# plot(brm_ttest_grp_welch)  # 분량문제로 별도 제시하지 않음. 직접 확인 요망
```

추정결과에서 확인할 수 있듯 Rhat은 모두 1.00으로 나타났으며, Bulk_ESS와 Tail_ESS의 경우 모두 통상적 기준치인 400을 초과하여, MCMC 알고리즘 추정결과에는 별 문제가 없다는 것을 확인할 수 있습니다. 또한 grpctl과 grptrt는 각 집단별 평균을 추정한 결과를 요약한 것입니다. 특별하게 해석이 어렵지는 않을 것입니다.

여기서 주목할 점은 sigma_grpctl와 sigma_grptrt입니다. 여기에 제시된 값은 앞에서 보았던 sigma와는 조금 다릅니다. 분산동질성을 가정하였던 상황의 sigma는 표준편차이지만, 여기에 제시된 sigma_grpctl와 sigma_grptrt은 각 집단별 표준편차의 로그변환값입니다. 즉 통제집단과 처치집단의 표준편차 평균이 얼마인지 확인하고자 한다면, −0.26, −0.25의 값에 지수값을 계산해 주어야 합니다. 수계산을 실시하면 아래와 같습니다.

```
> exp(c(-0.26, -0.25))
[1] 0.7710516 0.7788008
```

아무튼 두 집단의 분산은 상당히 유사한 것을 알 수 있습니다. 사후분포 표본을 통해 두 집단의 평균과 표준편차의 사후분포가 어떠한지 비교하면 〈그림 2-3-11〉과 같습니다. 그림에서 확인할 수 있듯, 표준편차의 사후분포를 보면 통제집단과 처치집단의 분포는 거의 구분되지 않는 것을 확인할 수 있습니다. 다시 말해 두 집단의 분산은 동질적이라고 보아도 큰 문제 없어 보입니다.

```
> # 두 집단의 평균 및 분산 비교
> as_draws_df(brm_ttest_grp_welch) |>
+ mutate(
+   sd_grptrt = exp(b_sigma_grptrt),
+   sd_grpctl = exp(b_sigma_grpctl)
+ ) |>
+ pivot_longer(cols=c(b_grptrt,b_grpctl,sd_grptrt,sd_grpctl)) |>
+ mutate(
+   grp=ifelse(str_detect(name,'trt'),'Treatment','Control'),
+   type=ifelse(str_detect(name,'sd_'),'SD','Mean')
+ ) |>
+ ggplot(aes(x=value,color=grp,fill=grp))+
+ stat_interval(alpha=0.7)+
+ geom_density(alpha=0.3)+
```

```
+ labs(x=" ",y='Density',color='group',fill='group',
+     title="Posterior distribution for control and treatment group")+
+ theme_bw()+
+ facet_grid(type~., scales='free')
```

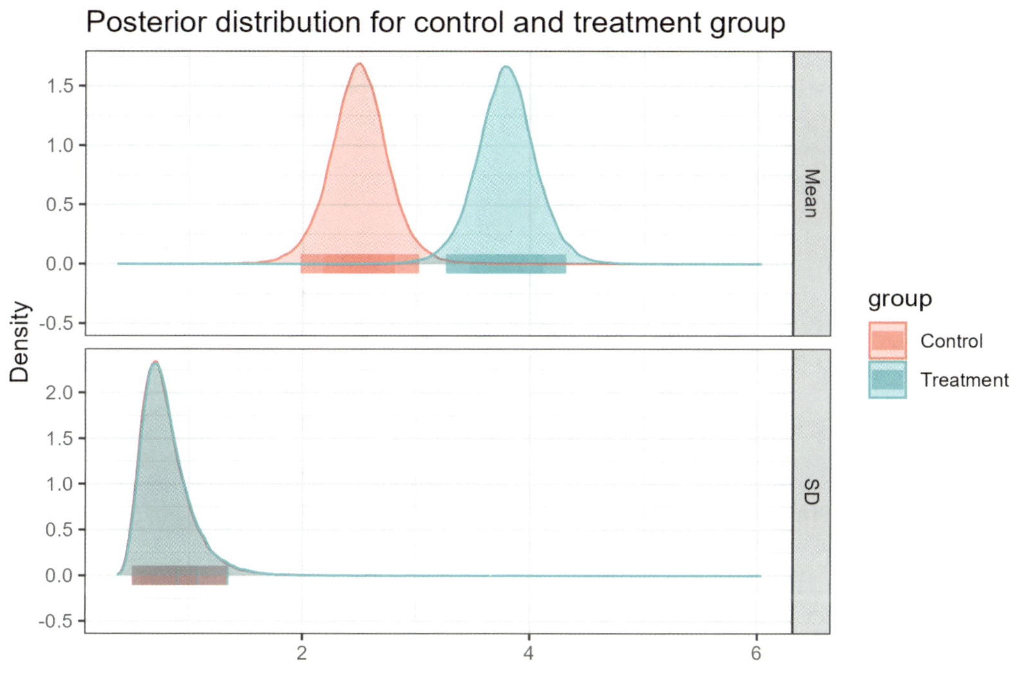

그림 2-3-11. 통제집단과 처치집단의 평균 및 분산 사후분포

만약 강한 사전분포를 설정하고 싶다면, 앞에서 소개한 방식과 유사한 방식으로 강한 사전분포를 설정하시면 됩니다. 예를 들어 동일한 방식으로 진행된 선행연구에서 통제집단과 처치집단의 평균이 모두 3.00으로 동일했고, 통제집단의 95% 신용구간은 [2.90, 3.10], 처치집단의 95% 신용구간은 [2.80, 3.20]이었다고 가정해 봅시다. 만약 이러한 선행연구결과를 사전지식으로 활용할 경우, 아래와 같은 방식으로 사전분포를 설정하시면 됩니다. 아래에서 저는 분산동질성을 가정하였습니다.

```
> # 강한 사전분포
> (3.10-2.90)/(2 * qt(0.975,9))  # 통제집단
[1] 0.04420559
> (3.20-2.80)/(2 * qt(0.975,9))  # 처치집단
```

```
[1] 0.08841119
> brm_ttest_grp_welch_Sprior <- brm(
+  bf(y1 ~ 0+grp),
+  data=df,
+  family=gaussian(),
+  sample_prior = "yes",
+  # 강한 사전분포 설정
+  prior=prior(student_t(9, 3, 0.044),class='b',coef='grpctl')+
+    prior(student_t(9, 3, 0.088),class='b',coef='grptrt'),
+  control = list(adapt_delta = 0.99), #
+  save_pars = save_pars(all = TRUE),
+  chains = 4,
+  iter = 11000,
+  warmup = 1000,
+  cores = 4,
+  seed = 1234
+ )
Compiling Stan program...
Start sampling
> # 추정결과 및 추정과정 점검
> # summary(brm_ttest_grp_welch_Sprior)   # 분량문제로 별도 제시하지 않음. 직접 확인 요망
> # plot(brm_ttest_grp_welch_Sprior)   # 분량문제로 별도 제시하지 않음. 직접 확인 요망
```

분량 조절을 위해 summary() 함수 추정결과를 제시하지는 않았습니다. 구체적 결과는 직접 확인해 보시기 바랍니다. MCMC 추정결과의 안정성에는 큰 문제가 없는 것을 확인하실 수 있습니다. 아래와 같이 사후분포 표본 데이터를 생성하여 강한 사전분포를 설정하였을 때, 두 집단의 평균차이의 점추정치와 95% 신용구간을 계산하면 아래와 같습니다.

```
> # 두 집단의 평균 및 분산 비교
> df_post <- as_draws_df(brm_ttest_grp_welch_Sprior)
> df_post |>
+  mutate(
+    diff = b_grptrt - b_grpctl
+  ) |>
+  summarise(
+    PE=mean(diff),
```

```
+    lb=quantile(diff, prob=0.025),
+    ub=quantile(diff, prob=0.975)
+  )
# A tibble: 1 × 3
      PE      lb     ub
   <dbl>  <dbl> <dbl>
1 0.0981 -0.118 0.375
```

강한 사전분포를 설정할 경우 두 집단의 평균차이의 참값이 −0.12부터 0.38 사이에 놓일 확률이 95%라는 것을 확인할 수 있습니다. 즉 강한 사전분포를 설정할 경우 두 집단의 평균차이의 참값은 0과 다를 확률은 매우 낮습니다. 즉 약한 사전분포를 설정하였을 때 얻은 결과와 강한 사전분포를 설정하였을 때 얻은 결과가 상당히 다르다는 것을 확인할 수 있습니다.

강한 사전분포를 설정하였을 때, 두 집단의 사전분포와 사후분포를 비교한 그래프는 〈그림 2-3-12〉와 같습니다.

```
> df_post |>
+   pivot_longer(cols=c(b_grptrt,b_grpctl,prior_b_grpctl,prior_b_grptrt)) |>
+   mutate(
+     grp=ifelse(str_detect(name,'trt'),'Treatment','Control'),
+     prior=ifelse(str_detect(name,'prior_'),'Prior','Posterior')
+   ) |>
+   ggplot(aes(x=value,color=grp,fill=grp))+
+   stat_interval(alpha=0.7)+
+   geom_density(alpha=0.3)+
+   labs(x=" ",y='Density',color='group',fill='group',
+        title="Posterior distribution for control and treatment group")+
+   theme_bw()+
+   facet_grid(prior~., scales='free')
```

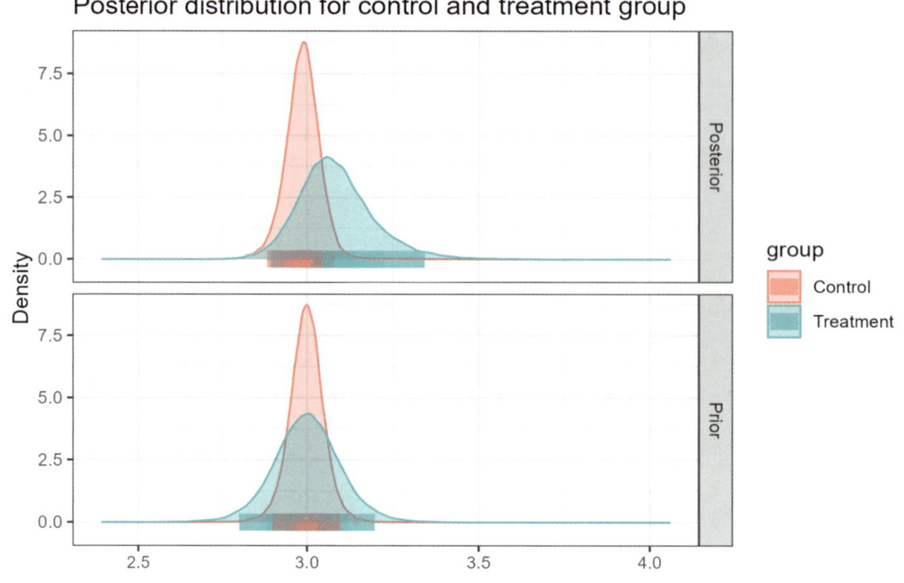

그림 2-3-12. 강한 사전분포 적용 시 사전분포와 사후분포 비교

4 베이지언 모형 비교

전통적 방법으로 분산동질성을 가정한 독립표본 티테스트를 OLS 회귀모형 맥락에서 추정하면 R^2값을 얻을 수 있습니다. 또한 OLS 회귀모형에서는 거의 사용되지 않지만, AIC, BIC와 같은 정보지수도 얻을 수 있습니다. 먼저 전통적인 OLS 회귀모형 맥락에서 독립표본 티테스트를 실시한 후, 모형의 설명력과 모형의 정보지수를 계산하면 다음과 같습니다.

```
> # 모형비교 및 모형선택
> ols_2sample_ttest <- lm(y1~grp,data=df)
> broom::glance(ols_2sample_ttest) |>
+   select(r.squared,p.value,AIC,BIC)
# A tibble: 1 × 4
  r.squared p.value  AIC  BIC
      <dbl>    <dbl> <dbl> <dbl>
1     0.467 0.000893  48.0  51.0
```

여기서 R^2값 0.467은 예측변수를 전혀 투입하지 않은 기저모형(null model)과 비교할 때, grp 변수를 예측변수로 투입한 모형이 결과변수의 분산이 약 46.7%가량 설명한다는 것을 의미하며, 기저모형과 비교할 때 설명모형은 통계적으로 유의미하게($p = .000893$) 결과변수의 분산을 설명하는 것을 확인할 수 있습니다.

아울러 AIC와 BIC의 값은 모형 비교 목적으로 많이 활용됩니다. 즉 AIC, BIC의 값이 작은 모형이 그렇지 않은 모형보다 더 간명하면서 동시에 더 나은 설명력을 갖는다고 해석됩니다. 앞에서 얻은 AIC와 BIC를 해석하기 위해 아래와 같이 기저모형을 추정한 후, 기저모형의 AIC와 BIC를 계산하면 다음과 같습니다.

```
> # 기저모형(null model) 추정
> ols_null <- lm(y1~1,data=df)
> broom::glance(ols_null) |>
+   select(r.squared,p.value,AIC,BIC)
# A tibble: 1 × 4
  r.squared p.value  AIC   BIC
      <dbl>   <dbl> <dbl> <dbl>
1         0      NA  58.6  60.6
```

분석결과에서 쉽게 확인할 수 있듯, grp 변수를 고려한 모형이 기저모형에 비해 데이터를 더 잘 설명하는 모형입니다. 왜냐하면 AIC와 BIC 모두 기저모형에 비해 설명모형에서 더 낮은 값을 보였기 때문입니다.

이제 베이지언 분석결과로 얻은 모형들을 비교하고 선택하는 방법을 살펴봅시다. 먼저 brm() 함수를 이용하여 기저모형을 추정하면 아래와 같습니다.

```
> brm_null <- brm(
+   bf(y1~1),
+   data=df,
+   family=gaussian(),
+   sample_prior = "yes",
+   control = list(adapt_delta = 0.99), #
+   save_pars = save_pars(all = TRUE),
+   chains = 4,
+   iter = 11000,
```

```
+   warmup = 1000,
+   cores = 4,
+   seed = 1234
+ )
Compiling Stan program...
Start sampling
> # 추정결과 및 추정과정 점검
> # summary(brm_null)   # 분량문제로 별도 제시하지 않음. 직접 확인 요망
> # plot(brm_null)   # 분량문제로 별도 제시하지 않음. 직접 확인 요망
```

베이지언 모형을 비교하고 선택하기 위한 통계치로는 베이스지수(Bayes factor, BF)와 WAIC, LOO, k-fold 지수 등과 같은 모형 예측타당도 지수 등을 생각해 볼 수 있습니다(여기에 대한 보다 구체적 설명은 '별첨-3. 모형의 예측타당도 평가 지표: WAIC, LOO, k-fold 지수'를 참조). 먼저 베이스지수는 주어진 데이터를 설명하는 두 경쟁모형의 한계 로그가능도의 비율값입니다. 만약 베이스지수가 1.00이면 두 모형의 설명력이 동일하며, 1.00보다 클 경우 분자에 해당되는 모형이 데이터를 더 잘 설명하며, 1.00보다 작을 경우 분모에 해당되는 모형이 데이터를 더 잘 설명한다고 해석합니다. BF 계산 방법은 아래와 같습니다. `bayes_factor()` 함수에서 첫 번째 모형이 두 번째 모형보다 데이터를 더 잘 설명할 경우 1.00보다 큰 값을 갖습니다. BF를 계산할 때는 가급적 랜덤시드넘버를 설정하시고, 아울러 상황에 따라 상당 시간이 소요될 수 있으니 가급적 BF 계산결과를 별도의 오브젝트로 저장해 둘 것을 권합니다.

```
> # 베이스지수
> BF_ttest_two <- bayes_factor(brm_ttest_two,brm_null)
                    [분량조절을 위해 Iteration 과정은 제시하지 않았음]
> BF_ttest_two
Estimated Bayes factor in favor of brm_ttest_two over brm_null: 1770.54264
```

출력결과에 따르면 $\mathrm{BF} \approx 1771$ 입니다. 이는 기저모형에 비해 설명모형이 데이터를 무려 1,771배 더 잘 설명한다는 의미입니다. 다시 말해 기저모형에 비해 설명모형이 훨씬 더 낫다는 것을 알 수 있으며, 소위 제프리스의 증거척도(Jeffreys' scale of evidence) 가이드라인에 따르면 기저모형에 비해 설명모형이 극단적으로 더 낫다는 것을 보여 주는 결과입니다. 제프리스의 증거척도에 대한 보다 자세한 설명 및 학술적 논란에 대해서는 '별첨-2. 제프리스의 증거척도 가이드라인'을 참조하시기 바랍니다.

전통적 방법의 AIC, BIC에 해당되는 베이지언 분석방법의 모형예측정확도 지수는 다음과 같은 방식으로 계산할 수 있습니다. 추정된 brms 오브젝트를 add_criterion() 함수에 설정한 후, 적용하고자 하는 모형 예측정확도 지수를 설정하시면 됩니다. 여기서는 베타리 등(Vehtari et al., 2017; Vehtari et al., 2024)의 조언에 따라 LOO 지수를 우선시하였고, LOO 지수 등장이전에 통상적으로 많이 활용되던 WAIC와 LOO 지수의 파레토 k값이 문제가 될 경우 활용할 수 있는 k-fold 지수 세 가지를 계산한 후, 각각의 오브젝트를 업데이트하였습니다. 세 가지 지수를 계산할 때 시간이 꽤 소요될 수 있습니다. 특히 k-fold 지수 계산에는 꽤나 긴 시간이 소요됩니다(바로 이 점 때문에 LOO가 더 효율적인 지수라고 볼 수 있습니다).

```
> # 모형 예측정확도 지수
> brm_null <- add_criterion(brm_null,c("loo","waic","kfold"))
Fitting model 1 out of 10
Start sampling
Fitting model 2 out of 10
Start sampling
Fitting model 3 out of 10
Start sampling
Fitting model 4 out of 10
Start sampling
Fitting model 5 out of 10
Start sampling
Fitting model 6 out of 10
Start sampling
Fitting model 7 out of 10
Start sampling
Fitting model 8 out of 10
Start sampling
Fitting model 9 out of 10
Start sampling
Fitting model 10 out of 10
Start sampling
경고메시지(들):
1 (5.0%) p_waic estimates greater than 0.4. We recommend trying loo instead.
> brm_ttest_two <- add_criterion(brm_ttest_two2,c("loo","waic","kfold"))
```

[분량조절을 위해 Iteration 과정은 제시하지 않았음]

```
경고메시지(들):
1 (5.0%) p_waic estimates greater than 0.4. We recommend trying loo instead.
```

우선 `Fitting model...`이라고 시작되는 부분은 k-fold 지수를 계산하는 과정을 보여줍니다. 여기서는 디폴트에 따라 $k=10$으로 설정하였다는 것을 확인할 수 있습니다. 이후 '경고메시지(들):'이라는 표현 다음에 제시된 "`1 (5.0%) p_waic estimates greater than 0.4. We recommend trying loo instead.`"은 WAIC 지수를 설명하면서 말씀드렸던 문제, 즉 이상치로 인한 계산 불능 문제가 발생했다는 뜻으로, WAIC 지수보다는 LOO 지수가 더 안정적이도 신뢰도가 높다는 것을 의미합니다. 그러나 문제가 되는 사례가 1개(5%)에 불과하다는 점에서 WAIC 지수를 고려하는 것에 큰 문제는 없을 듯합니다.

아무튼 베타리 등(Vehtari et al., 2017; Vehtari et al., 2024)의 조언을 받아들여 LOO 지수를 가장 먼저 살펴보겠습니다. 기저모형과 설명모형의 LOO 지수는 다음과 같이 확인할 수 있습니다. 먼저 기저모형의 출력결과를 차례대로 살펴보겠습니다.

```
> brm_null$criteria$loo

Computed from 40000 by 20 log-likelihood matrix.

         Estimate  SE
elpd_loo    -29.4 3.1
p_loo         1.8 0.6
looic        58.8 6.1
------
MCSE of elpd_loo is 0.0.
MCSE and ESS estimates assume MCMC draws (r_eff in [0.4, 0.5]).

All Pareto k estimates are good (k < 0.7).
See help('pareto-k-diagnostic') for details.
> brm_ttest_two$criteria$loo

Computed from 40000 by 20 log likelihood matrix.

         Estimate  SE
elpd_loo    -24.1 2.5
```

```
p_loo          2.4  0.6
looic         48.2  5.0
------
MCSE of elpd_loo is 0.0.
MCSE and ESS estimates assume MCMC draws (r_eff in [0.5, 0.8]).

All Pareto k estimates are good (k < 0.7).
See help('pareto-k-diagnostic') for details.
```

먼저 "Computed from 40000 by 20 log-likelihood matrix."은 웜업 이후 저장한 사후분포 사례가 40,000개라는 것을 의미합니다. 다음에 제시된 elpd_loo는 LOO 지수 계산방식으로 얻은 'expected log pointwise predictive density'를 의미하며 이 값은 통상적 분석과정에서 흔히 접하게 되는 로그우도와 유사합니다. elpd_loo에 −2를 곱한 값이 바로 looic입니다.[4] AIC, BIC와 유사하게 해석할 수 있는 지표가 바로 looic입니다. 또한 p_loo는 모형의 유효 모수 개수(effective number of parameters)를 의미하며, 모형의 복잡도를 정량화시킨 것으로 AIC와 BIC 계산과정에서 등장하는 '페널티(panelty)'에 해당됩니다. 즉 p_loo는 작으면 작을수록 좋습니다.

다음 섹션에 등장하는 "MCSE of elpd_loo is 0.0"는 MCMC 표준오차(standard error)를 의미하며 이 값이 0이라는 것을 말합니다. 그 다음에 제시된 "MCSE and ESS estimates assume MCMC draws (r_eff in [0.4, 0.5])" 부분은 PSIS−LOO 지수 추정치와 해당 추정치의 표준오차의 안정성을 가늠하는 지표입니다. 여기서 r_eff는 '상대적 효율성'(relative efficiency)을 의미하며, 베타리 등(Vehtari et al., 2017; Vehtari et al., 2024)에 따르면, r_eff의 값은 MCMC과정에서의 유효표본수를 추정할 때 사용합니다. 현재 기저모형을 추정할 때 웜업 이후 총 40,000개의 사후분포를 확보하였습니다. 즉 r_eff의 값이 0.5라는 값은 약 20,000개의 유효표본수를 확보했다는 것을 의미합니다. 그렇다면 r_eff의 값이 크면 좋은 것일까요? 그렇지 않습니다. 만약 r_eff의 값이 1.5라는 값이 나왔다면 추정값이 매우 불안정하다는 것을 의미합니다. 베타리 등(Vehtari et al., 2017; Vehtari et al., 2024)에 따르면 r_eff 값의 범위가 [0.4, 1.2]일 경우 LOO 지수 추정치를 신뢰할 수 있다고 합니다. 다시 말해 r_eff 값의 범위가 0.4보다 낮거나 1.2가 넘게 나타날 경우, LOO 지수 추

4) 베타리(Aki Vehtari)는 LOOIC는 베이지언 통계학의 철학적 배경에서 나온 것이 아니기 때문에 사용하지 않는 것이 낫다고 주장하기도 합니다.

정치는 신뢰할 수 없습니다. 즉 위에서 얻은 출력결과를 볼 때, 기저모형과 설명모형 모두 큰 문제가 없다는 것을 알 수 있습니다.

끝으로 "All Pareto k estimates are good (k < 0.7)"은 파레토 k 추정치에 별 문제가 없다는 것을 의미합니다. 만약 파레토 k 추정치에 문제가 발생할 경우, LOO 지수 대신 k-fold 지수를 계산하는 것이 낫습니다.

정리하자면 기저모형과 설명모형의 (PSIS-)LOO 지수 추정치에는 큰 문제가 없으며, 두 모형의 LOO 지수를 비교해 볼 때, 기저모형(58.8)보다 설명모형(48.2)이 더 작은 LOO 지수 추정치를 보였기 때문에 더 나은 모형이라고 판단할 수 있습니다.

다음으로 WAIC 지수 추정치를 살펴봅시다. 산출과정에서 나타났듯, 데이터의 20개 사례 중 1개 사례에서 WAIC 지수 계산과정에 문제가 발생하였습니다. 그러나 전체 표본 중 5%에 불과하다는 점을 감안할 때, 적어도 이번 상황에서는 WAIC 지수 추정치를 신뢰하는 것도 그리 나쁜 선택은 아니라고 생각합니다.

```
> brm_null$criteria$waic

Computed from 40000 by 20 log-likelihood matrix.

          Estimate  SE
elpd_waic    -29.4 3.1
p_waic         1.7 0.6
waic          58.7 6.1

1 (5.0%) p_waic estimates greater than 0.4. We recommend trying loo instead.
> brm_ttest_two$criteria$waic

Computed from 40000 by 20 log-likelihood matrix.

          Estimate  SE
elpd_waic    -24.1 2.5
p_waic         2.4 0.6
waic          48.1 4.9

1 (5.0%) p_waic estimates greater than 0.4. We recommend trying loo instead.
```

WAIC 지수를 해석하는 방식은 LOO 지수를 해석하는 것과 동일합니다. 다시 말해 두 모형의 WAIC 지수를 비교해 볼 때, 기저모형(58.7)보다 설명모형(48.1)이 더 작은 WAIC 지수 추정치를 보였기 때문에 더 나은 모형이라고 판단할 수 있습니다.

마지막으로 k-fold 지수를 살펴봅시다. LOO 지수 추정과정에서 별 문제가 없었다는 점에서 굳이 k-fold 지수까지 계산하지 않아도 큰 문제는 없습니다. 그러나 만약 (PSIS-)LOO 지수 계산과정에서 우려할 부분들이 발견된 경우라면 k-fold 지수를 계산해야 합니다. 계산결과는 아래와 같습니다.

```
> brm_null$criteria$kfold

Based on 10-fold cross-validation.

             Estimate  SE
elpd_kfold      -29.0  2.9
p_kfold           1.3  0.5
kfoldic          57.9  5.8
> brm_ttest_two$criteria$kfold

Based on 10-fold cross-validation.

             Estimate  SE
elpd_kfold      -23.3  2.4
p_kfold           1.6  0.6
kfoldic          46.5  4.7
```

k-fold 지수를 해석하는 방식은 LOO 지수나 WAIC 지수를 해석하는 것과 동일합니다. 즉 두 모형의 k-fold 지수를 비교해 볼 때, 기저모형(57.9)보다 설명모형(46.5)이 더 작았다는 점에서, 기저모형이 더 나은 모형이라고 판단할 수 있습니다.

만약 경쟁모형의 LOO, WAIC, k-fold 지수가 매우 비슷하다면, 그때는 두 모형의 지수를 비교한 후, 표준오차를 고려하여 모형 비교·모형 선택을 하는 것이 좋습니다. 경쟁모형의 예측정확도 지수 비교는 `loo_compare()` 함수를 활용하면 됩니다. 이때 `criterion` 옵션에 원하는 예측정확도 지수를 지정하면, 지정된 지수를 기반으로 경쟁모형을 비교한 결과를 보여줍니다. 각 지수별 모형비교 결과는 아래와 같습니다.

```
> loo_compare(brm_ttest_two,brm_null,criterion="loo") # PSIS-LOO
              elpd_diff se_diff
brm_ttest_two    0.0       0.0
brm_null        -5.3       2.1
> loo_compare(brm_ttest_two,brm_null,criterion="waic") # WAIC
              elpd_diff se_diff
brm_ttest_two    0.0       0.0
brm_null        -5.3       2.1
> loo_compare(brm_ttest_two,brm_null,criterion="kfold")  # k-fold
              elpd_diff se_diff
brm_ttest_two    0.0       0.0
brm_null        -5.7       2.0
```

전반적으로 모형비교 결과는 비슷합니다. 즉 어떠한 지수를 기준으로 삼더라도 설명모형이 기저모형보다 더 낫습니다. 확정된 기준은 아니지만, 일반적으로 경쟁모형간 지수값 차이(절댓값)가 표준오차의 2배를 넘는다면 두 모형의 예측타당도는 서로 뚜렷하게 구분된다고 볼 수 있습니다.

끝으로 전통적 방식으로 OLS 회귀모형을 추정할 때 모형의 설명력을 가늠하는 지표로 널리 활용되는 R^2와 유사한 베이지언 모형의 R^2를 소개하겠습니다. 현재 brms 패키지에서는 베이지언 R^2(Gelman et al., 2019)와 LOO−조정 R^2(Vehtari et al., 2024) 두 가지를 제공하고 있습니다. 베이지언 R^2와 LOO−조정 R^2를 계산하는 방법은 아래와 같이 어렵지는 않습니다. 우선 두 가지 R^2를 계산해 보죠.

```
> # 설명력
> bayes_R2(brm_ttest_two)
    Estimate Est.Error      Q2.5     Q97.5
R2 0.4429531 0.1300949 0.1282754 0.6247139
> loo_R2(brm_ttest_two)
    Estimate Est.Error        Q2.5     Q97.5
R2 0.3480258 0.1552173 -0.03253013 0.5679908
```

우선 베이지언 R^2는 통상적인 OLS 회귀모형에서 얻은 R^2와 비슷하게 해석할 수 있습니다. 즉 설명모형인 `brm_ttest_two`은 주어진 데이터의 y1 분산 중 약 44%를 설명할 수 있다고 해석할 수 있습니다. 그러나 LOO−조정 R^2는 조금 다르게 해석해야 합니다. 앞서 LOO 지수를 설명할 때 말씀드렸듯, LOO 지수를 계산할 때는 데이터의 사례 중 하나를 뺀 나머지 사례들로 추정된 모형으로 남겨진 하나의 사례를 예측하는 방식으로 예측정확성을 가늠합니다. 다시 말해 LOO−조정 R^2는 설명모형인 `brm_ttest_two`이 주어진 데이터와 유사한 데이터의 y1 분산 중 약 35%가량을 예측할 수 있다고 해석할 수 있습니다. 다시 말해 베이지언 R^2에 비해 LOO−조정 R^2는 예측과정에서의 불확실성을 더 많이 반영하며, 따라서 LOO−조정 R^2는 베이지언 R^2 보다 작은 값을 보이는 보다 보수적인 R^2라고 할 수 있습니다.

지금까지 데이터 분석기법 중 가장 간단한 티테스트를 베이지언 방법으로 어떻게 진행할 수 있는지 살펴보았습니다. 또한 독립표본 티테스트를 대상으로 베이스지수(BF)와 LOO, WAIC, k−fold 지수를 활용하여 베이지언 모형을 비교·선택하는 방법을 살펴보았으며, 베이지언 R^2와 LOO−조정 R^2에 대해서도 간단하게 살펴보았습니다. 이번 장에서 소개한 일원표본 티테스트, 대응표본 티테스스, 독립표본 티테스트는 실제 데이터 분석 상황에서 활용빈도가 높은 편은 아닙니다. 그러나 간단한 기법인 만큼 철저하게 이해해야 앞으로 접하게 될 다른 기법들을 보다 효과적으로 이해할 수 있습니다. 다음 장에서는 베이지언 분석방법으로 어떻게 연속형 변수 간 상관계수를 계산할 수 있는지 소개하겠습니다.

CHAPTER 4

상관관계

1. 피어슨 상관계수 계산
2. 크론바흐 알파 계산

이번 장에서는 베이지언 분석기법으로 두 연속형 변수의 선형관계를 정량화한 피어슨 상관계수를 어떻게 계산할 수 있는지 살펴보겠습니다. 아울러 베이지언 분석을 기반으로 문항간 신뢰도(inter-item reliability)를 가늠할 때 주로 사용하는 크론바흐 알파(Cronbach's α)를 계산하는 방법도 살펴보겠습니다. 이번 장에서 살펴볼 예시데이터는 DF_cor.csv이며, 베이지언 분석을 위한 brms 패키지와 함께, 데이터 관리 및 사전처리 목적으로 tidyverse 패키지를, 효과적 시각화를 위해 tidybayes 패키지를 활용하였습니다. 또한 보조적으로 통상적 분석방법을 예시하는 과정에서 상관계수 행렬의 통계적 유의도 점검을 위해 Hmisc::rcorr() 함수를, 크론바흐 알파 계산을 위해 psych::alpha() 함수를 활용하였습니다. 예시데이터는 x1, x2, x3, x4의 네 변수들로 구성되어 있으며, 이들은 모두 연속형 변수입니다. 이번 장에서 활용할 패키지들과 예시데이터는 다음과 같은 과정을 통해 불러들였습니다.

```
> # 패키지 구동
> library(tidyverse)
> library(brms)
> library(tidybayes)
> # 데이터 불러오기
> df <- read_csv("DF_cor.csv")
```

1 피어슨 상관계수 계산

전통적 접근방법으로 피어슨 상관계수를 계산할 때, 두 변수의 상관계수를 추정할 경우에는 cor.test() 함수를, 여러 변수들의 상관계수 행렬을 계산할 때는 Hmisc 패키지의 rcorr() 함수를 주로 이용합니다. 예시데이터의 네 변수 사이의 상관계수 행렬을 살펴보면 다음과 같습니다.

```
> # 상관계수
> Hmisc::rcorr( as.matrix(df) )
     x1   x2   x3   x4
x1 1.00 0.80 0.08 0.04
x2 0.80 1.00 0.05 0.12
```

```
x3 0.08 0.05 1.00 0.60
x4 0.04 0.12 0.60 1.00

n= 40


P
      x1        x2       x3       x4
x1           0.0000 0.6372 0.7902
x2 0.0000           0.7701 0.4635
x3 0.6372 0.7701           0.0000
x4 0.7902 0.4635 0.0000
```

상관계수 행렬 결과를 이해하는 것은 어렵지 않습니다. 결과를 보니 x1과 x2, x3와 x4는 통계적으로 유의미한 상관관계를 갖지만(각각 $r = .80$, $r = .60$), 다른 상관계수의 경우 통계적으로 유의미하지 않은 결과를 얻었습니다. 만약 두 변수 사이의 상관계수를 계산할 경우는 다음과 같이 `cor.test()` 함수를 사용할 수 있습니다.

```
> cor.test(~x1+x2, df)

        Pearson's product-moment correlation

data:  x1 and x2
t = 8.1014, df = 38, p-value = 8.389e-10
alternative hypothesis: true correlation is not equal to 0
95 percent confidence interval:
 0.6439410 0.8873475
sample estimates:
      cor
0.7958149
```

좀 이상하게 보일 수도 있지만, 위의 상관계수는 다음과 같은 방식으로 계산할 수도 있습니다. 즉 두 변수의 기저모형(null model)의 잔차(residual)를 계산한 후, 잔차들 사이의 상관계수를 계산하는 방식입니다.

```
> # 조금 이상하지만, 다음과 같이 할 수도 있음.
> res_x1 <- resid(lm(x1~1, df))
> res_x2 <- resid(lm(x2~1, df))
> cor.test(res_x1,res_x2)

        Pearson's product-moment correlation

data:  res_x1 and res_x2
t = 8.1014, df = 38, p-value = 8.389e-10
alternative hypothesis: true correlation is not equal to 0
95 percent confidence interval:
 0.6439410 0.8873475
sample estimates:
      cor
0.7958149
```

위의 방식은 매우 이상하고 비효율적으로 보일 수 있습니다. 그러나 brm() 함수를 이용하여 변수 간 상관계수를 계산하기 위한 방법은 바로 앞에서 살펴본 잔차를 이용한 상관계수 계산방법과 개념적으로 동일합니다. brm() 함수를 활용하여 상관계수를 계산하기 위해서는 조금 이상하게 보이더라도 일반선형모형 관점에서 접근할 필요가 있습니다. 왜냐하면 앞에서도 말씀드렸듯 brm() 함수는 glm() 함수나 lme4 패키지의 glmer() 함수와 유사하게 함수가 구성되었기 때문입니다.

이제 brm() 함수를 활용하여 네 변수 사이의 상관계수를 추정해 봅시다. 위와 같은 방식을 적용하기 위해서는 아래와 같이 공식을 구성하고, brms 패키지의 디폴트 사전분포, 즉 약한 사전분포를 확인해 봅시다. 사실 아래의 공식 구성방식은 대응표본 티테스트를 설명하면서 활용했던 공식 구성방식과 본질적으로 동일합니다(달라진 점은 변수가 2개에서 4개로 증가했다는 것 뿐입니다). 상관계수를 추정할 때는 반드시 set_rescor() 함수의 옵션을 TRUE, 더 구체적으로 표현하면 rescor=TRUE로 설정하기 바랍니다.

```
> # brms 디폴트 확인
> default_prior(bf(x1~1)+bf(x2~1)+bf(x3~1)+bf(x4~1)+set_rescor(TRUE),
+             df,
+             family=gaussian())
              prior     class coef group resp dpar nlpar lb ub source
```

```
          (flat) Intercept                          default
          lkj(1)    rescor                          default
student_t(3, 4, 2.5) Intercept        x1            default
student_t(3, 0, 2.5)     sigma        x1          0 default
student_t(3, 4, 2.5) Intercept        x2            default
student_t(3, 0, 2.5)     sigma        x2          0 default
student_t(3, 4, 2.5) Intercept        x3            default
student_t(3, 0, 2.5)     sigma        x3          0 default
student_t(3, 4, 2.5) Intercept        x4            default
student_t(3, 0, 2.5)     sigma        x4          0 default
```

추정되는 모수들 중 가장 첫 번째 가로줄의 결과는 추정되지 않습니다. 왜냐하면 4개 변수 각각에 대해서 모두 절편값을 추정하였기 때문입니다. 티테스트 관련 부분에서 말씀드렸듯, `class` 세로줄에서 `Intercept`로 표기된 것은 절편을, `sigma`라고 표기된 것은 표준편차를 의미합니다. 여기서 주목해야 하는 것은 `rescor`라는 `class` 값을 갖는 `lkj(1)` 입니다. 대응표본 티테스트 부분에서 잠시 설명드렸지만, 여기서 'lkj'는 '레반도프스키–쿠로비카–조 분포(Lewandowski–Kurowicka–Joe, LKJ, distribution)'의 약자를 의미합니다. `brm()` 함수를 활용해 상관계수를 추정하기에 앞서 `lkj()` 함수와 1이라고 투입되는 입력값인 η (eta, 에타), $LKJ(\eta)$에 대해서 잠시 살펴봅시다.

LKJ 분포는 상관계수를 생성하기 위해 활용되며, 수학적으로는 베타분포(β distribution)을 따릅니다. 수학적으로는 표현하면 상관계수 ρ가 아래와 같은 베타분포를 따른다고 가정하는 것이 바로 LKJ 분포입니다.

$$\rho = 2 \cdot B(\eta, \eta) - 1$$

위의 추상적 공식이 구체적으로 어떤 의미를 갖는지 간단하게 시뮬레이션을 진행해 봅시다. 여기서 저는 η의 값을 0.50, 1, 2, 5, 10, 50으로 설정하였을 때, LKJ 분포에 따른 상관계수 ρ가 어떤 분포를 보이는지 시각화하였습니다.

```
> # LKJ distribution
> set.seed(1234)
> rho05 <- 2 * rbeta(10^5, 0.5, 0.5) - 1
> rho1  <- 2 * rbeta(10^5, 1, 1) - 1
```

```
> rho2   <- 2 * rbeta(10^5, 2, 2) - 1
> rho5   <- 2 * rbeta(10^5, 5, 5) - 1
> rho10 <- 2 * rbeta(10^5, 10, 10) - 1
> rho50 <- 2 * rbeta(10^5, 50, 50) - 1
> eta    <- rep(c(0.50, 1, 2, 5, 10, 50), each=10^5)
> mysim <- tibble(eta, rho=c(rho05,rho1,rho2,rho5,rho10,rho50))
> # 시각화
> mysim |> ggplot(aes(x=rho)) +
+  geom_histogram(aes(y = ..density..), bins = 100,fill="blue", alpha=0.4) +
+  labs(x = "Coefficient (ρ)",y = "Density",
+      title = "Distribution of correlation (ρ) under lkj(η)")+
+  coord_cartesian(xlim=c(-1.1,1.1))+
+  theme_bw() +
+  facet_wrap(~ eta, scales='free')
```

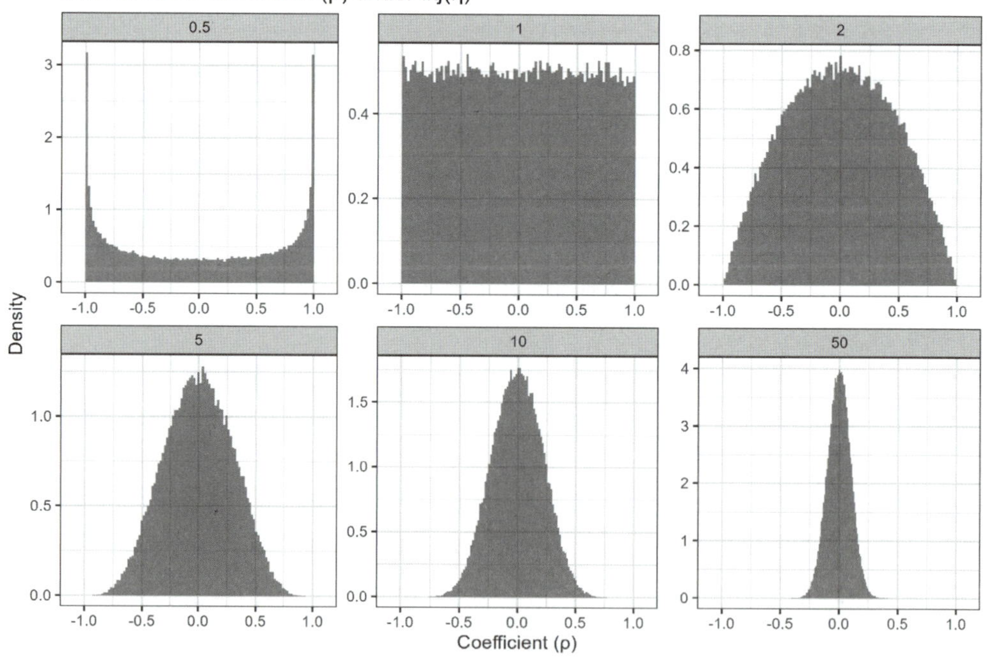

그림 2-4-1. lkj() 함수 입력값(η) 변화에 따른 상관계수(ρ)의 사전분포

〈그림 2-4-1〉을 보면 η를 어떻게 설정하는가에 따라 상관계수 ρ의 분포가 어떻게 바뀌는지를 쉽게 확인할 수 있으며, 왜 brms 패키지에서 `set_rescor(TRUE)`의 디폴트를 `lkj(1)`로 설정했는지도 어렵지 않게 이해하실 수 있습니다. 만약 연구자에 따라 상관계수에 대한 사

전분포를 상이하게 설정하고 싶다면, η를 조정하시면 됩니다.

LKJ 분포에 대해서 어느 정도 이해하셨으니, 이제 brms 패키지의 디폴트 사전분포인 약한 사전분포를 기반으로 상관계수를 계산해 봅시다. 옵션부분에 대해서는 티테스트를 소개하면서 설명한 바 있습니다(〈표 2-3-1〉 참조).

```
> brm_corr_default <- brm(
+  bf(x1~1)+bf(x2~1)+bf(x3~1)+bf(x4~1)+set_rescor(TRUE),
+  df,
+  family=gaussian(),
+  sample_prior = "yes",
+  control = list(adapt_delta = 0.99),
+  save_pars = save_pars(all = TRUE),
+  chains = 4,
+  iter = 11000,
+  warmup = 1000,
+  cores = 4,
+  seed = 1234
+ )
Compiling Stan program...
Start sampling
> # 추정결과 및 추정과정 점검
> summary(brm_corr_default)
 Family: MV(gaussian, gaussian, gaussian, gaussian)
  Links: mu = identity; sigma = identity
         mu = identity; sigma = identity
         mu = identity; sigma = identity
         mu = identity; sigma = identity
Formula: x1 ~ 1
         x2 ~ 1
         x3 ~ 1
         x4 ~ 1
   Data: df (Number of observations: 40)
  Draws: 4 chains, each with iter = 11000; warmup = 1000; thin = 1;
         total post-warmup draws = 40000

Regression Coefficients:
```

```
              Estimate Est.Error l-95% CI u-95% CI Rhat Bulk_ESS Tail_ESS
x1_Intercept    4.05      0.17      3.72     4.39 1.00    25599    27408
x2_Intercept    4.05      0.18      3.70     4.40 1.00    25649    26552
x3_Intercept    4.07      0.15      3.77     4.37 1.00    30792    28182
x4_Intercept    4.20      0.15      3.90     4.50 1.00    31409    29561

Further Distributional Parameters:
         Estimate Est.Error l-95% CI u-95% CI Rhat Bulk_ESS Tail_ESS
sigma_x1     1.07      0.12     0.86     1.35 1.00    24973    24702
sigma_x2     1.12      0.13     0.90     1.41 1.00    25371    25811
sigma_x3     0.96      0.11     0.77     1.22 1.00    32933    27540
sigma_x4     0.96      0.11     0.77     1.21 1.00    32976    26821

Residual Correlations:
              Estimate Est.Error l-95% CI u-95% CI Rhat Bulk_ESS Tail_ESS
rescor(x1,x2)     0.76      0.07     0.59     0.87 1.00    25346    27551
rescor(x1,x3)     0.07      0.15    -0.23     0.36 1.00    30409    28396
rescor(x2,x3)     0.03      0.15    -0.27     0.32 1.00    29765    28937
rescor(x1,x4)     0.03      0.15    -0.27     0.32 1.00    30088    28219
rescor(x2,x4)     0.11      0.15    -0.19     0.39 1.00    31189    27543
rescor(x3,x4)     0.55      0.11     0.30     0.74 1.00    27800    27911

Draws were sampled using sampling(NUTS). For each parameter, Bulk_ESS
and Tail_ESS are effective sample size measures, and Rhat is the potential
scale reduction factor on split chains (at convergence, Rhat = 1).
> # 분량문제로 제시하지 않았음. 직접 확인 요망
> # Intercept에 대해서만
> # plot(brm_corr_default, variable = "b_x\\d", regex = TRUE)
> # Sigma에 대해서만
> # plot(brm_corr_default, variable = "^sigma_x\\d", regex = TRUE)
> # Correlations에 대해서만
> # plot(brm_corr_default, variable = "^rescor__x1", regex = TRUE)
> # plot(brm_corr_default, variable = "^rescor__x2|^rescor__x3", regex = TRUE)
```

summary() 함수로 얻은 모형추정 결과를 해석하는 것은 어렵지 않습니다. _Intercept로 끝나는 모수들은 각 변수의 평균을 추정한 것이며, sigma_로 시작하는 모수들은 각 변수의 표준편차를 추정한 것입니다. 상관계수 추정이라는 점에서 중요한 결과는 바로 rescor라는 표현으로 시작하는 모수들입니다. 예를 들어 'rescor(x1,x2)'의 결과는 두 변수 x1과 x2의 상관계수가 .76이며, 95% 신용구간은 [.59, .87]이라는 것을 의미합니다. 즉 두 변수 x1과 x2의 상관계수의 참값이 .59부터 .87 사이에 놓일 확률이 95%이며, 참값이 0을 포함할 가능성은 매우 낮습니다. 다른 변수들 사이의 상관계수들도 비슷한 방식으로 해석하시면 됩니다.

분량 문제로 plot() 함수의 추정결과를 살펴보지는 않았습니다만, 꼭 살펴보시기 바랍니다. summary() 함수 추정결과에서 확인할 수 있듯, 추정된 모수들이 상당히 많기 때문에 그냥 plot(brm_corr_default)를 쓰면 확인이 불편할 수도 있습니다. variable 옵션을 이용하여 모수를 지정하거나, 아니면 정규표현식(regular expression) 관련 regex 옵션을 활용하여 모수 이름에서 반복되는 표현들을 지정하는 방식으로 일련의 모수들을 확인하면 상당히 편합니다. 물론 이를 위해서는 정규표현식을 이해하고 익숙하게 활용하실 수 있어야 합니다.

brm() 함수 추정결과 오브젝트의 경우에도 as_draws_df() 함수를 활용하여 사후분포 표본을 얻을 수 있습니다. 상관계수와 관련된 모수들이 어떤 이름을 갖는지 확인하면 아래와 같습니다.

```
> df_post <- as_draws_df(brm_corr_default)
> names(df_post)
 [1] "b_x1_Intercept"         "b_x2_Intercept"     "b_x3_Intercept"          "b_x4_Intercept"
 [5] "sigma_x1"               "sigma_x2"           "sigma_x3"                "sigma_x4"
 [9] "Intercept_x1"           "Intercept_x2"       "Intercept_x3"            "Intercept_x4"
[13] "rescor__x1__x2"         "rescor__x1__x3"     "rescor__x2__x3"          "rescor__x1__x4"
[17] "rescor__x2__x4"         "rescor__x3__x4"     "prior_Intercept_x1"      "prior_sigma_x1"
[21] "prior_Intercept_x2"     "prior_sigma_x2"     "prior_Intercept_x3"      "prior_sigma_x3"
[25] "prior_Intercept_x4"     "prior_sigma_x4"     "prior_rescor"            "lprior"
[29] "lp__"                   "Lrescor[1,1]"       "Lrescor[2,1]"            "Lrescor[3,1]"
[33] "Lrescor[4,1]"           "Lrescor[1,2]"       "Lrescor[2,2]"            "Lrescor[3,2]"
[37] "Lrescor[4,2]"           "Lrescor[1,3]"       "Lrescor[2,3]"            "Lrescor[3,3]"
[41] "Lrescor[4,3]"           "Lrescor[1,4]"       "Lrescor[2,4]"            "Lrescor[3,4]"
[45] "Lrescor[4,4]"           ".chain"             ".iteration"              ".draw"
```

여기서 _Intercept 표현으로 종료되는 변수들, sigma_ 표현으로 시작되는 변수들은 각각 추정된 절편과 추정된 표준편차를 의미합니다. 상관계수 관련 사전분포는 rescor__라는 표현으로 시작되는 변수들을 통해 얻을 수 있습니다. 예를 들어 계산된 모든 상관계수들의 점추정치와 95% 신용구간을 계산하면 다음과 같습니다. 물론 아래의 결과는 앞서 summary() 함수를 통해서 얻은 결과와 동일합니다.

```
> # 모든 상관계수의 신용구간을 계산
> df_post |> select(starts_with('rescor')) |>
+  pivot_longer(cols=everything()) |>
+  group_by(name) |>
+  summarise(
+   PE=mean(value),
+   lb=quantile(value,prob=0.025),
+   ub=quantile(value,prob=0.975)
+  )
# A tibble: 6 × 4
  name              PE      lb     ub
  <chr>             <dbl>  <dbl>  <dbl>
1 rescor__x1__x2 0.756   0.594  0.869
2 rescor__x1__x3 0.0676 -0.229  0.357
3 rescor__x1__x4 0.0276 -0.269  0.318
4 rescor__x2__x3 0.0323 -0.266  0.323
5 rescor__x2__x4 0.106  -0.193  0.389
6 rescor__x3__x4 0.546   0.295  0.739
```

또한 아래의 〈그림 2-4-2〉와 같이 변수들 사이의 상관관계를 시각화하는 것도 가능합니다.

```
> df_post|> select(starts_with('rescor')) |>
+  pivot_longer(cols=everything()) |>
+  separate(name,c('rescor','C','R'),sep='__') |>
+  ggplot(aes(x=value))+
+  stat_histinterval(fill='blue',alpha=0.4)+
+  geom_vline(xintercept=0,lty=2,color='red')+
+  labs(x="Pearson's γ",y='Density')+
+  theme_bw()+
+  facet_grid(R~C,scales='free')
```

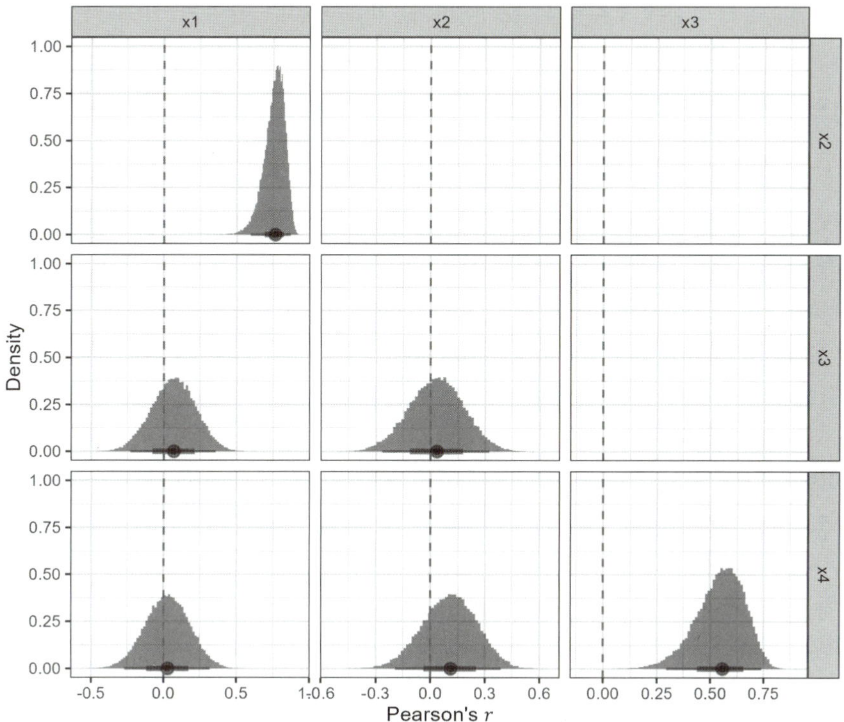

그림 2-4-2. 약한 사전분포 기반 변수간 상관계수 사후분포

3장에서와 마찬가지로 사후표본을 추출한 데이터를 대상으로 모수가 특정범위에 놓일 확률을 계산할 수도 있습니다. 예를 들어 x1, x2의 상관계수가 x3, x4의 상관계수 보다 클 확률은 약 0.95입니다.

```
> # Cor(x1,x2) > Cor(x3,x4) 확률?
> df_post|>
+  mutate(
+    x1x2_larger_x3x4 = ifelse(rescor__x1__x2 > rescor__x3__x4, 1, 0)
+  ) |>
+  summarise(x1x2_larger_x3x4=mean(x1x2_larger_x3x4))
# A tibble: 1 × 1
  x1x2_larger_x3x4
             <dbl>
1            0.951
```

또한 앞서 소개했던 hypothesis() 함수를 다양한 방식으로 활용할 수도 있습니다. 예를 들어 x1, x2의 상관계수와 x3, x4의 상관계수를 비교하려면 다음과 같이 하면 됩니다. 아래의 결과에서 확인할 수 있듯, x1, x2의 상관계수와 x3, x4의 상관계수는 약 0.21 정도의 차이가 나타나지만, 그 차이의 참값은 −.04부터 .49까지의 범위에 놓일 확률이 95%라는 점에서 그 차이값이 0을 포함할 가능성을 완전히 배제할 수는 없습니다.

```
> # hypothesis() 함수는 상황에 따라 유용할 수 있음
> hypothesis(brm_corr_default,
+         c("rescor__x1__x2 - rescor__x3__x4 = 0"),
+         class=NULL)
Hypothesis Tests for class :
           Hypothesis Estimate Est.Error CI.Lower CI.Upper Evid.Ratio Post.Prob Star
1 (rescor__x1__x2-r... = 0     0.21      0.13     -0.04      0.49       1.38      0.58
---
'CI': 90%-CI for one-sided and 95%-CI for two-sided hypotheses.
'*': For one-sided hypotheses, the posterior probability exceeds 95%;
for two-sided hypotheses, the value tested against lies outside the 95%-CI.
Posterior probabilities of point hypotheses assume equal prior probabilities.
```

만약 판별타당도(discriminant validity)에 대해 살펴보고자 한다면 다음과 같은 방식의 테스트도 고려해 볼 수 있습니다. 다시 말해 x1과 x2의 관계가 다른 변수들인 x3, x4의 관계와 비교해 볼 때 두드러지게 높은지 살펴봅시다. 또 x3과 x4의 관계가 다른 변수들인 x1, x2의 관계와 비교해 볼 때 두드러지게 높은지도 살펴봅시다.

```
> hypothesis(brm_corr_default,
+         c("rescor__x1__x2
+         - 0.25*rescor__x1__x3 - 0.25*rescor__x1__x4
+         - 0.25*rescor__x2__x3 - 0.25*rescor__x2__x4 = 0"),
+         class=NULL)
Hypothesis Tests for class :
           Hypothesis Estimate Est.Error CI.Lower CI.Upper Evid.Ratio Post.Prob Star
1 (rescor__x1__x2-0... = 0     0.7       0.14      0.44      0.98          0         0    *
---
'CI': 90%-CI for one-sided and 95%-CI for two-sided hypotheses.
'*': For one-sided hypotheses, the posterior probability exceeds 95%;
for two-sided hypotheses, the value tested against lies outside the 95%-CI.
```

```
Posterior probabilities of point hypotheses assume equal prior probabilities.
> hypothesis(brm_corr_default,
+         c("rescor__x3__x4
+         - 0.25*rescor__x1__x3 - 0.25*rescor__x1__x4
+         - 0.25*rescor__x2__x3 - 0.25*rescor__x2__x4 = 0"),
+         class=NULL)
Hypothesis Tests for class :
           Hypothesis Estimate Est.Error CI.Lower CI.Upper Evid.Ratio Post.Prob Star
1 (rescor__x3__x4-0... = 0     0.49      0.16      0.18      0.82       0.03      0.03     *
---
'CI': 90%-CI for one-sided and 95%-CI for two-sided hypotheses.
'*': For one-sided hypotheses, the posterior probability exceeds 95%;
for two-sided hypotheses, the value tested against lies outside the 95%-CI.
Posterior probabilities of point hypotheses assume equal prior probabilities.
```

출력결과에서 확인해 볼 수 있듯 두 가지 출력결과 모두에서 95% 신용구간이 0을 포함하지 않는 것으로 나타났습니다. 위의 방식을 전통적 분석방법의 통계적 유의도 테스트와 동일하게 인식하지만 않는다면, 유용하게 활용하실 수 있을 것으로 생각합니다.

이제 set_rescor() 함수에서 rescor 옵션을 FALSE로 바꾸어서, 네 변수 사이의 상관관계를 고려하지 않는 모형을 추정한 후, 앞에서 추정한 모형과 베이지언 방식의 모형 비교를 실시해 봅시다. 다시 말해 상관관계를 추정한 모형과 전혀 추정하지 않은 모형을 비교해 봅시다. 모형추정결과를 별도 제시하지는 않았지만, 꼭 직접 확인하시기 바랍니다.

```
> # 변수간 상관계수를 0으로 가정
> brm_corr_identity <- brm(
+  bf(x1~1)+bf(x2~1)+bf(x3~1)+bf(x4~1)+set_rescor(FALSE),
+  df,
+  family=gaussian(),
+  sample_prior = "yes",
+  control = list(adapt_delta = 0.99),
+  save_pars = save_pars(all = TRUE),
+  chains = 4,
+  iter = 11000,
+  warmup = 1000,
+  cores = 4,
```

```
+   seed = 1234
+ )
Compiling Stan program...
Start sampling
> # 추정결과 및 추정과정 점검
> # summary(brm_corr_identity)  # 분량문제로 제시하지 않았음. 직접 확인 요망
> # plot(brm_corr_prior)  # 분량문제로 제시하지 않았음. 직접 확인 요망
```

이제 두 모형을 비교해 봅시다. 먼저 베이스지수를 계산해 보죠. 아래 결과에서 확인하실 수 있듯, 상관계수들을 추정한 모형이 그렇지 않은 모형보다 데이터를 무려 3,700만 배 더 잘 설명한다는 것을 확인할 수 있습니다.

```
> # 모형비교
> set.seed(1)
> BF_correlation <- bayes_factor(brm_corr_default, brm_corr_identity)
[분량조절을 위해 Iteration 과정은 제시하지 않았음]
> BF_correlation
Estimated Bayes factor in favor of brm_corr_default over brm_corr_identity:
37418644.51029
```

다음으로 (PSIS–)LOO 지수를 계산하여 비교해 보겠습니다. `add_criterion()` 함수를 이용하여 LOO 지수를 추정한 결과를 `brm()` 함수 추정 오브젝트에 업데이트시킨 후, 상관계수를 계산한 모형과 그렇지 않은 모형 두 가지에 대한 LOO 지수를 살펴본 결과는 아래와 같습니다.

```
> brm_corr_default <- add_criterion(brm_corr_default, c("loo"))
> brm_corr_identity <- add_criterion(brm_corr_identity, c("loo"))
> brm_corr_default$criteria$loo

Computed from 40000 by 40 log-likelihood matrix.

          Estimate   SE
elpd_loo    -207.7  10.2
p_loo         13.3   2.4
looic        415.5  20.5
```

```
------
MCSE of elpd_loo is 0.0.
MCSE and ESS estimates assume MCMC draws (r_eff in [0.6, 1.1]).

All Pareto k estimates are good (k < 0.7).
See help('pareto-k-diagnostic') for details.
> brm_corr_identity$criteria$loo

Computed from 40000 by 40 log-likelihood matrix.

         Estimate  SE
elpd_loo   -230.7  11.9
p_loo         7.5   1.5
looic       461.4  23.8
------
MCSE of elpd_loo is 0.0.
MCSE and ESS estimates assume MCMC draws (r_eff in [0.7, 1.0]).

All Pareto k estimates are good (k < 0.7).
See help('pareto-k-diagnostic') for details.
```

우선 두 모형의 LOO 지수의 경우 상대적 효율성(r_eff)의 값이 안정된 범위(통상적 기준으로 [0.4, 1.2])를 보이며, 아울러 파레토 k 추정치 역시 모두 0.7보다 작은 값을 보여 추정된 LOO 지수는 충분한 신뢰도를 확보하였습니다(Vehtari et al., 2017; Vehtari et al., 2024). 또한 LOO 지수들을 비교해 본 아래 결과에서도 쉽게 확인할 수 있듯, 상관계수를 계산한 모형은 그렇지 않은 모형보다 훨씬 더 설명력이 높습니다.

```
> loo_compare(brm_corr_default, brm_corr_identity, criterion="loo")
                  elpd_diff se_diff
brm_corr_default      0.0     0.0
brm_corr_identity   -23.0     5.6
```

LOO 지수 추정과정에 문제가 없었다는 점에서 WAIC 지수 혹은 k-fold 지수에 대한 별도 계산은 진행하지 않았습니다. 원하시는 독자께서는 아래와 같은 방식으로 두 가지 지수를 추가 계산하실 수 있습니다.

```
> # WAIC, k-fold 추가를 원할 경우
> # brm_corr_default <- add_criterion(brm_corr_default, c("waic","kfold"))
> # brm_corr_identity <- add_criterion(brm_corr_identity, c("waic","kfold"))
```

다음으로 lkj() 함수의 η값을 변경하여 강한 사전분포를 가정한 베이지언 분석을 실시해 봅시다. brms 패키지 디폴트 사전분포(약한 사전분포)의 경우 lkj(1), 즉 상관계수가 (−1.00, 1.00)의 범위에서 균등분포를 가정한 바 있습니다. 이제 아래와 같이 lkj(50), 즉 상관관계가 0으로 나타날 가능성이 매우 높을 경우를 가정한 후, 동일한 데이터를 대상으로 베이지언 분석을 진행해 봅시다.

```
> # 강한 사전분포
> # lkj(1)이 아니라 lkj(50)으로 변수간 상관계수를 설정함
> brm_corr_lkj50 <- brm(
+   bf(x1~1)+bf(x2~1)+bf(x3~1)+bf(x4~1)+set_rescor(TRUE),
+   df,
+   family=gaussian(),
+   prior=prior(lkj(50),class=rescor),  # 강한 사전분포
+   sample_prior = "yes",
+   control = list(adapt_delta = 0.99),
+   save_pars = save_pars(all = TRUE),
+   chains = 4,
+   iter = 11000,
+   warmup = 1000,
+   cores = 4,
+   seed = 1234
+ )
Compiling Stan program...
Start sampling
> # 추정결과 및 추정과정 점검
> # summary(brm_corr_lkj50)  # 분량문제로 제시하지 않았음. 직접 확인 요망
> # plot(brm_corr_lkj50)  # 분량문제로 제시하지 않았음. 직접 확인 요망
```

분량 문제로 summary() 함수와 plot() 함수의 출력결과를 제시하지는 않았습니다. 비록 제시하지는 않았으나, MCMC 알고리즘 추정결과가 타당한지 꼭 살펴보시기 바랍니다. 직접 살펴보면 아시겠지만 Rhat, Bulk_ESS, Tail_ESS 계산결과에서 큰 문제가 없으며, 시각적으로

도 큰 문제가 없다는 것을 확인하실 수 있을 것입니다. 여기서는 as_draws_df() 함수를 활용하여, 변수들 사이의 상관계수가 어떻게 나타나는지 시각화해 보겠습니다. 시각화 결과는 아래와 같습니다.

```
> # 모든 상관계수의 신용구간을 계산
> df_post <- as_draws_df(brm_corr_lkj50)
> df_post|> select(starts_with('rescor')) |>
+  pivot_longer(cols=everything()) |>
+  separate(name,c('del','C','R'),sep='__') |>
+  ggplot(aes(x=value))+
+  stat_histinterval()+
+  geom_vline(xintercept=0,lty=2,color='red')+
+  labs(x="Pearson's γ",y='Density')+
+  theme_bw()+
+  facet_grid(R~C,scales='free')
```

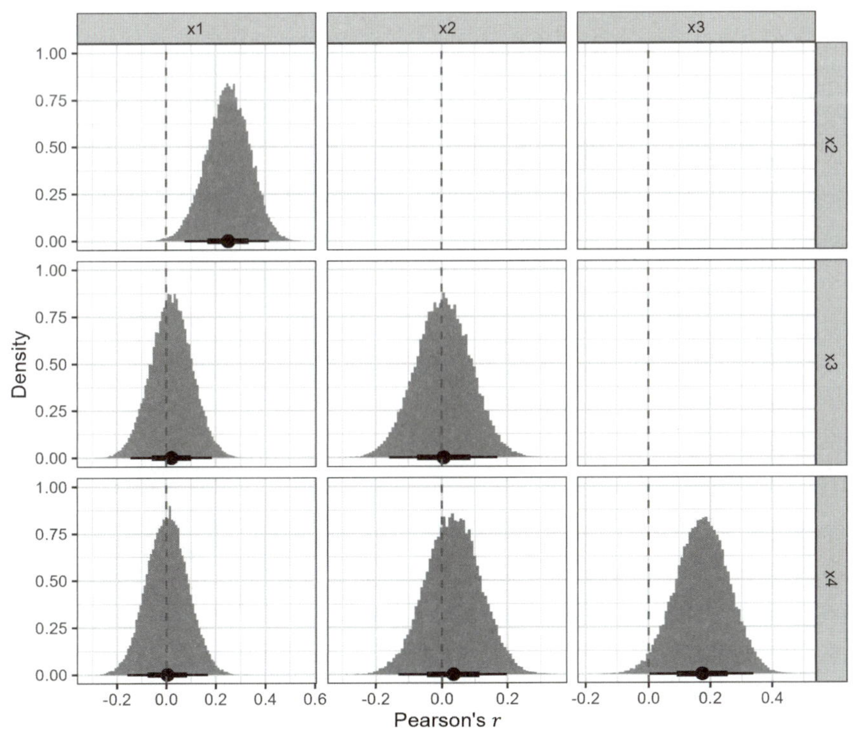

그림 2-4-3. 강한 사전분포 기반 변수 간 상관계수 사후분포

〈그림 2-4-3〉와 앞에서 시각화한 약한 사전분포 기반 변수 간 상관계수 사후분포 결과인 〈그림 2-4-2〉와 비교해 보시기 바랍니다. 〈그림 2-4-2〉의 추정결과와 비교할 때, 〈그림 2-4-3〉에서 x1과 x2, x3와 x4의 상관계수가 보다 약하게 추정된 것을 확인하실 수 있습니다.

2 크론바흐 알파 계산

크론바흐 알파(Cronbach's α)는 문항간 신뢰도, 즉 측정문항들이 어느 정도나 내적 일치도를 보이는지 [0.00, 1.00]의 범위로 정량화시킨 계수로 매우 널리 활용되고 있습니다. 크론바흐 알파의 내재적 문제점들과 관련하여 여러 비판들이 존재하지만, 데이터 분석을 기반으로 하는 응용연구들에서는 압도적으로 널리 활용되는 지표라는 사실은 부인하기 어렵습니다(Hayes & Coutt, 2020; Raykov & Marcoulides, 2019).

먼저 전통적 방법으로 크론바흐 알파를 계산해 봅시다. 여기서는 psych 패키지의 alpha() 함수를 활용하겠습니다. 크론바흐 알파와 함께 95% 신뢰구간도 같이 계산하였으며, 95% 신뢰구간의 경우 5,000회의 재표집을 기반으로 한 부트스트래핑 기법을 활용하였습니다. 계산결과에서 알 수 있듯, raw_alpha 기준 크론바흐 알파는 .61, 95% 신뢰구간은 [.26, .78]로 나타났습니다. 여기서 raw_alpha는 비표준화 크론바흐 알파를, std.alpha 는 표준화 크론바흐 알파를 의미합니다. 두 가지가 구체적으로 어떻게 다른지 궁금하신 분은 조금 후에 크론바흐 알파 계산 공식 부분을 살펴보시면 어렵지 않게 그 차이를 이해하실 수 있습니다.

```
> # 전통적 방법
> myalpha <- psych::alpha(df,n.iter=5000)
> myalpha$total |> round(3)
 raw_alpha std.alpha G6(smc) average_r  S/N  ase mean   sd median_r
     0.614     0.608   0.733      0.28 1.554 0.106 4.094 0.674    0.098
> myalpha$boot.ci |> round(3)
 2.5%   50% 97.5%
0.256 0.604 0.779
```

베이지언 방식으로 크론바흐 알파를 계산하는 경우는 그리 많은 것 같지 않습니다. brms 패키지에서는 크론바흐 알파를 계산하는 별도 함수를 제공하지 않지만, 크론바흐 알파 계산 공식을 적용하면 그리 어렵지 않게 계산할 수 있습니다. 이때 베이지언 크론바흐 알파의 경우에도 통상적인 크론바흐 알파와 마찬가지로 계산에 포함된 변수들을 연속형 변수라고 가정할 수 있어야 하며, 또 단일차원(single dimension)을 반영한다고 가정할 수 있어야 합니다.

앞에서 약한 사전분포를 가정하여 얻은 brm() 함수 추정결과를 기반으로 네 변수 사이의 크론바흐 알파를 계산해 보겠습니다. 우선 아래와 같이 as_draws_df() 함수를 이용하여 사후분포 표본 오브젝트를 생성한 후, 크론바흐 알파 계산에 필요한 상관계수와 각 변수의 표준편차 관련 변수들을 선별하였습니다.

```
> df_tm_corr <- data.frame(round(tm_brm_corr_default),
+                   round(tm_brm_corr_identity),
+                   round(tm_brm_corr_lkj50))
> # 필요하다면 아래와 같이 Bayesian Cronbach's Alpha 계산도 가능
> # 크론바흐 알파(표준화; 비표준화)
> df_post <- as_draws_df(brm_corr_default) |>
+   select(contains('rescor__'),starts_with('sigma'))
```

이제 공식에 맞게 크론바흐 알파를 계산해 봅시다. 크론바흐 알파는 공분산 행렬을 기반으로 계산된 비표준화(raw) 크론바흐 알파와 표준화(standardized) 크론바흐 알파로 나뉩니다. 두 가지 방식의 크론바흐 알파는 아래의 공식을 기반으로 계산할 수 있습니다. 공식에서 k는 측정문항의 개수를, $\bar{v}$는 측정문항들의 분산평균, $\bar{c}$는 측정문항들의 공분산평균, $\bar{r}$은 측정문항의 상관계수 평균을 의미합니다. 독자께서는 활동하는 분과의 관례와 연구상황에 맞는 크론바흐 알파를 계산하여 활용하시기 바랍니다.

$$\alpha_{raw} = \frac{k\,\bar{c}}{\bar{v} + (k-1)\,\bar{c}}$$

$$\alpha_{standardized} = \frac{k\,\bar{r}}{1 + (k-1)\,\bar{r}}$$

공식에 맞추어 계산을 진행하고, 두 가지 크론바흐 알파의 점추정치와 95% 신용구간을 계산하면 다음과 같습니다.

```
> # 공식에 따라 계산
> df_post <- df_post |>
+   mutate(
```

```
+    k = 4,  # Number of variables
+    cov_x1x2=rescor__x1__x2*sigma_x1*sigma_x2,
+    cov_x1x3=rescor__x1__x3*sigma_x1*sigma_x3,
+    cov_x1x4=rescor__x1__x4*sigma_x1*sigma_x4,
+    cov_x2x3=rescor__x2__x3*sigma_x2*sigma_x3,
+    cov_x2x4=rescor__x2__x4*sigma_x2*sigma_x4,
+    cov_x3x4=rescor__x3__x4*sigma_x3*sigma_x4,
+    ave_cov = (cov_x1x2+cov_x1x3+cov_x1x4+cov_x2x3+cov_x2x4+cov_x3x4)/6,
+    ave_var = (sigma_x1^2 + sigma_x2^2 + sigma_x3^2 + sigma_x4^2)/4,
+    CronAlpha_raw = (k*ave_cov)/(ave_var+(k-1)*ave_cov),
+    ave_r = (rescor__x1__x2+rescor__x1__x3+rescor__x1__x4+
+             rescor__x2__x3+rescor__x2__x4+rescor__x3__x4)/6,
+    CronAlpha_std = (k*ave_r)/(1+(k-1)*ave_r),
+  )
> # 확인
> df_post |>
+  pivot_longer(cols=starts_with('CronAlpha_')) |>
+  group_by(name) |>
+  summarise(
+   PE=mean(value),
+   lb=quantile(value,prob=0.025),
+   ub=quantile(value,prob=0.975)
+  )
# A tibble: 2 × 4
  name              PE    lb    ub
  <chr>          <dbl> <dbl> <dbl>
1 CronAlpha_raw  0.568 0.308 0.749
2 CronAlpha_std  0.563 0.297 0.748
```

계산된 크론바흐 알파를 해석하는 것은 어렵지 않습니다. 예를 들어 CronAlpha_std의 경우, 표준화(standardized) 크론바흐 알파의 참값은 약한 사전분포와 현재의 데이터를 고려할 때, 약 .30부터 .75 사이의 범위에 놓일 확률이 95%라고 해석할 수 있습니다. 충분한 문항간 신뢰도를 보인다고 가정할 수 있는 크론바흐 알파값 기준의 경우, 활동하시는 분과의 관례를 따르시면 됩니다. 크론바흐 알파의 사후분포는 〈그림 2-4-4〉와 같이 시각화할 수 있습니다.

```
> df_post|>
+ pivot_longer(cols=starts_with('CronAlpha_')) |>
+ mutate(name=ifelse(str_detect(name,'raw'),
+              "Raw Cronbach's α","Standardized Cronbach's α")) |>
+ ggplot(aes(x=value))+
+ stat_histinterval()+
+ labs(x="Cronbach's α",y='Density')+
+ theme_bw()+
+ facet_grid(~name)
```

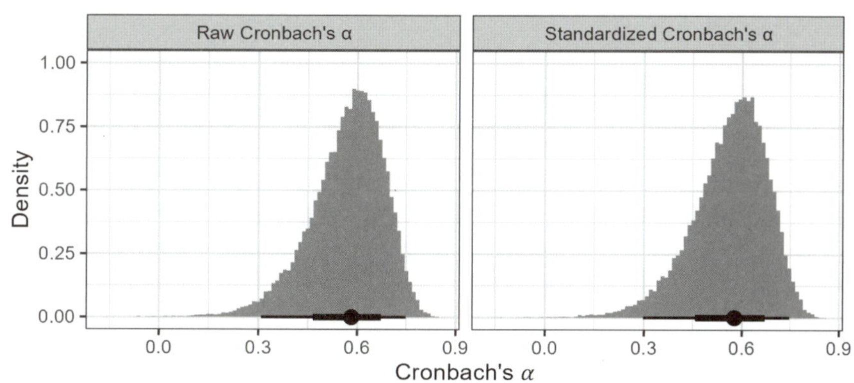

그림 2-4-4. 약한 사전분포 기반 크론바흐 알파 사후분포

전통적 방법으로 계산한 크론바흐 알파와 베이지언 방법으로 계산한 크론바흐 알파는 전반적으로 비슷한 결과를 보입니다. 즉 약한 사전분포를 기반으로 할 때, 두 가지 방법 사이에는 큰 차이를 보이지 않았습니다. 앞에서 말씀드렸듯, 베이지언 분석이 활용된 연구에서 크론바흐 알파를 계산하는 사례는 그리 많지 않은 것 같습니다. 그러나 사전지식을 기반으로 소규모 표본을 대상으로(이를테면, 의학이나 약학 분야) 크론바흐 알파를 계산해야 하는 경우, 베이지언 방법이 전통적 방법에 비해 더 적절하다는 주장(Tavakol, 2017)도 존재합니다. 또한 정규분포를 가정하기 어려운 순위변수(ordinal variable)를 대상으로 크론바흐 알파를 계산할 때 그리고 결측데이터를 대상으로 크론바흐 알파를 계산할 경우, 베이지언 접근방식이 전통적 방식에 비해 보다 유연성과 활용가능성이 높다고 볼 수 있습니다(Gajewski et al., 2010; Najafabadi & Najafabadi, 2016). 그러나 이 과정에서 꽤 까다로운 코드를 작성해야 한다는 점, 그리고 상황에 따라 추정시간이 꽤 길어질 수도 있다는 점 등의 단점이 존재하는 것도 부정하기 어렵지 않나 싶습니다.

지금까지 베이지언 방법으로 어떻게 연속형 변수들 사이의 상관관계 계수를 계산할 수 있는지, 그리고 문항간 신뢰도를 점검할 때 자주 사용하는 크론바흐 알파를 어떻게 계산할 수 있는지 살펴보았습니다. 이번 장에서 소개한 내용은 티테스트 기법과 마찬가지로 실제 데이터 분석 상황에서 활용빈도가 매우 높다고 보기는 어렵습니다. 그러나 향후 접하게 될 다른 기법들을 이해하는 기초가 됩니다. 특히 `set_rescor()` 함수의 경우, 나중에 소개될 다변량 분석에서 자주 등장하기 때문에 꼭 기억해 두시기 바랍니다. 다음 장에서는 베이지언 분석방법으로 분산분석을 어떻게 진행할 수 있는지 소개하겠습니다.

CHAPTER 5

분산분석

1. 분산분석 모형추정
2. 집단간 평균비교 및 계획비교
3. 강한 사전분포 활용

이번 장과 다음 장에서는 결과변수가 정규분포를 따른다고 가정할 사용하는 일반선형모형(GLM), 즉 분산분석(ANOVA, analysis of variance)과 일반최소자승(OLS, ordinary least square) 회귀모형을 살펴보겠습니다. 이번 장에서 살펴볼 분산분석의 경우 범주형 예측변수 2개를 투입하여 주효과 2개와 상호작용효과 1개를 추정한 2원 분산분석(two-way ANOVA)을 예시로 살펴보았습니다. 이번 장의 내용을 살펴보시면, 다른 상황의 분산분석(이를테면 3원 분산분석)이나 공분산분석(ANCOVA, analysis of covariance)에도 어렵지 않게 응용할 수 있을 것으로 생각합니다.

이번 장에서 살펴볼 예시데이터는 `DF_exdata1.csv`이며, 베이지언 분석을 위한 `brms` 패키지와 함께, 데이터 관리 및 사전처리 목적으로 `tidyverse` 패키지를, 그리고 쌍별비교(pairwise comparison)와 계획비교(planned contrast)를 위해 `emmeans` 패키지 내장함수들을 활용하였습니다. 또한 ANOVA 분석결과를 제3유형 제곱합 추정방식으로 제시하기 위해 `car::Anova()` 함수를 활용하였습니다.

예시데이터의 변수들 중 기부금액(`donate`)의 경우, 기부 경험이 없다고 응답한 경우는 결측값으로 처리하였으며, 기부 경험이 있는 응답의 경우 자연로그(natural logarithm)를 적용하였습니다. 또한 응답자의 특성변수로 성별(`female`), 연령(`age`), 근로형태(`workstatus`), 상용로그로 변환된 소득수준(`log10inc`)을 활용하였습니다. 응답자 특성변수들의 경우, 성별(2수준: 남성, 여성), 근로형태(3수준: 임금근로, 자영업, 무직·미취업)는 범주형 변수이며, 연령과 상용로그변환 소득수준은 연속형 변수입니다.

이번 장에서 살펴볼 ANOVA의 결과변수는 자연로그변환 기부금액(`lgdonate`) 변수입니다. 방금 말씀드렸듯, 기부 경험이 없는 경우 기부금액을 계산할 수 없기 때문에, 이번 장에서는 기부 경험이 있다는 응답자만 선별한 후, 분석에 활용하였습니다.

예시데이터 변수들에 대한 사전처리 과정은 다음과 같습니다.

```
> # 패키지 구동
> library(tidyverse)
> library(brms)
> library(emmeans)
> # 데이터 불러오기
> df <- read_csv("DF_exdata1.csv")
> # 변수 사전처리
> df <- df |>
+  mutate(
```

```
+   lgdonate=ifelse(donate==0, NA, log(donate)), # 기부금액(로그전환)
+   ysdonate=ifelse(is.na(lgdonate),0,1),  # 기부여부
+   sex=factor(female,labels=c('M','W')),  # 성별
+   age10=age/10,  # 연령(10세 단위)
+   ws3=ifelse(workstatus=='3무급가족근로'|workstatus=='45미취업',
+           '345무미',workstatus), # 근로형태(범주형 변수)
+   ws3=factor(ws3,labels=c('임금','자영업','무미')),
+   ws3=fct_relevel(ws3,'무미','임금','자영업'), # 무직,미취업을 기준집단
+   wsnum=as.integer(ws3)  # 근로형태(연속형 변수)
+ )
> # 기부유경험자만 선별
> subdf <- df |>
+  filter(ysdonate==1)
```

1 분산분석 모형추정

먼저 전통적 접근방법으로 2원 분산분석을 실시해 봅시다. 분산분석을 실시할 경우, 일반적으로 aov() 함수를 사용하고, OLS 회귀모형을 추정할 경우 lm() 함수를 사용합니다. ANOVA나 OLS 회귀모형이나 모두 정규분포를 가정할 수 있는 결과변수를 대상으로 하는 일반선형모형(GLM)이라는 점에서 aov() 함수를 사용하나, lm() 함수를 활용하나 추정결과는 정확하게 동일합니다. 구체적으로 예시데이터를 통해 두 가지가 동일하다는 것을 살펴보도록 하죠.

```
> # 2원분산분석
> # 성별, 직업상태에 따라 분산분석
> # 상호작용효과 가정(상호작용효과 모형)
> myaov_i <- aov(lgdonate~sex*ws3, subdf)
> car::Anova(myaov_i, type=3)  # Type 3 ANOVA
Anova Table (Type III tests)

Response: lgdonate
            Sum Sq Df  F value   Pr(>F)
(Intercept) 1925.28   1 1355.2022 < 2.2e-16 ***
```

```
sex          1.23   1   0.8667   0.3522
ws3         29.66   2  10.4377 3.446e-05 ***
sex:ws3      3.30   2   1.1608   0.3139
Residuals  936.21 659
---
Signif. codes: 0 '***' 0.001 '**' 0.01 '*' 0.05 '.' 0.1 ' ' 1
> mylm_i <- lm(lgdonate~sex*ws3, subdf)
> car::Anova(mylm_i, type=3) # Type 3 ANOVA
Anova Table (Type III tests)

Response: lgdonate
             Sum Sq  Df   F value    Pr(>F)
(Intercept) 1925.28   1 1355.2022 < 2.2e-16 ***
sex            1.23   1    0.8667    0.3522
ws3           29.66   2   10.4377 3.446e-05 ***
sex:ws3        3.30   2    1.1608    0.3139
Residuals    936.21 659
---
Signif. codes: 0 '***' 0.001 '**' 0.01 '*' 0.05 '.' 0.1 ' ' 1
```

앞에서도 말씀드렸듯, brms 패키지는 glm() 함수와 lme4 패키지의 glmer() 함수와 개념적으로 동일한 방식을 따르고 있습니다. 이에 따라 여기서는 aov() 함수가 아니라 lm() 함수를 이용하여 전통적 방식의 2원 분산분석을 소개하겠습니다.

아무튼 앞에서 얻은 mylm_i의 추정결과를 보면 두 변수 sex와 ws3의 상호작용효과는 통계적으로 유의미하지 않은 것으로 나타납니다($F(2, 659) = 1.16$, $p = .31$). lm() 함수를 이용하여 얻은 모형추정결과를 보다 구체적으로 살펴보면 아래와 같습니다. 상호작용효과항이 2개 추정되었는데, 모두 통계적으로 유의미하게 나타나지 않았습니다. 예를 들어, 'sexW:ws3임금' 항은($b = -0.27$) 무직·미취업 집단과 임금근로 집단 사이의 자연로그변환 기부금액의 평균차이는 남성 응답자에 비해 여성 응답자에게서 작게 나타나기는 했지만 통계적으로 유의미하게 다르지는 않다는($p = .33$) 것을 의미합니다.

```
> summary(mylm_i) # OLS

Call:
```

```
lm(formula = lgdonate ~ sex * ws3, data = subdf)

Residuals:
    Min      1Q  Median      3Q     Max 
-2.8870 -0.5844 -0.0812  0.6398  3.6923 

Coefficients:
                Estimate Std. Error t value Pr(>|t|)    
(Intercept)       2.4201     0.2294  10.550  < 2e-16 ***
sexW              0.1460     0.2464   0.592   0.5538    
ws3임금           0.4669     0.2424   1.926   0.0546 .  
ws3자영업         1.0384     0.2637   3.938 9.09e-05 ***
sexW:ws3임금     -0.2716     0.2809  -0.967   0.3341    
sexW:ws3자영업   -0.5385     0.3536  -1.523   0.1282    
---
Signif. codes:  0 '***' 0.001 '**' 0.01 '*' 0.05 '.' 0.1 ' ' 1

Residual standard error: 1.192 on 659 degrees of freedom
Multiple R-squared:  0.05338,	Adjusted R-squared:  0.04619 
F-statistic: 7.432 on 5 and 659 DF,  p-value: 8.544e-07
```

그러나 상호작용효과 테스트는 모형비교 관점에서도 접근할 수 있습니다. 즉 상호작용효과를 가정한 모형과 상호작용효과를 가정하지 않은 모형, 두 가지 모형을 추정한 후, 어떤 모형이 데이터를 더 잘 설명하는지를 살펴보는 방식으로 상호작용효과 테스트를 진행할 수 있습니다. 모형비교 관점에서 상호작용효과 테스트를 진행하기 위해 상호작용효과항을 투입하지 않은 mylm_m을 아래와 같이 추정한 후, anova() 함수를 이용해 모형을 비교한 결과는 아래와 같습니다.

```
> # 상호작용효과항 제거(주효과 모형)
> mylm_m <- lm(lgdonate~sex+ws3, subdf)
> # 모형비교
> anova(mylm_m, mylm_i)
Analysis of Variance Table

Model 1: lgdonate ~ sex + ws3
```

```
Model 2: lgdonate ~ sex * ws3
  Res.Df    RSS Df Sum of Sq      F Pr(>F)
1    661 939.51
2    659 936.21  2    3.2982 1.1608 0.3139
> # 통계적 유의도 기준 : mylm_m
```

위의 모형비교 결과에 따르면, 상호작용효과항을 투입한 모형(mylm_i)과 상호작용효과항을 투입하지 않은 모형(mylm_m)은 통계적으로 유의미하게 다르지 않습니다($F(2, 659) = 1.16$, $p = .31$). 즉 통계적 유의도 테스트를 기반으로 할 때, 상호작용효과항을 고려하지 않은 모형이 더 나은 모형입니다.

다음으로 AIC와 BIC를 이용하여 모형비교를 진행해 봅시다. 아울러 각 모형의 R^2와 수정된 R^2 값도 계산해 봅시다. 앞서 티테스트를 설명하면서 소개한 바 있듯, 전통적 방법의 경우 broom::glance() 함수를 이용하면 R^2, R^2_{adj}, AIC, BIC 등을 쉽게 계산할 수 있습니다.

```
> # R2, Adj R2, AIC, BIC 비교
> bind_rows(broom::glance(mylm_m),
+           broom::glance(mylm_i)) |>
+   mutate(model=c('Main','Interaction')) |>
+   select(model,r.squared, AIC, BIC)
# A tibble: 2 × 4
  model       r.squared   AIC   BIC
  <chr>           <dbl> <dbl> <dbl>
1 Main           0.0500 2127. 2149.
2 Interaction    0.0534 2129. 2160.
> # AIC, BIC 기준 최종선택 : mylm_m
```

이제 brms 패키지 내장함수를 이용해 베이지언 분석기법으로 위에서 진행한 2원 분산분석을 진행해 보겠습니다. 먼저 2원 분산분석에 맞도록 공식을 지정한 후, 디폴트 사전분포가 어떤지 확인하면 아래와 같습니다. 티테스트와 상관계수 계산 부분에서도 이미 몇 차례 접한 만큼 이제는 친숙하게 느껴지실 것으로 생각합니다.

```
> # brms 디폴트 확인
> default_prior(bf(lgdonate~sex*ws3),
+               subdf,
```

```
+             family=gaussian())
               prior    class              coef group resp dpar nlpar lb ub      source
               (flat)       b                                                   default
               (flat)       b              sexW                            (vectorized)
               (flat)       b    sexW:ws3임금                              (vectorized)
               (flat)       b  sexW:ws3자영업                              (vectorized)
               (flat)       b           ws3임금                            (vectorized)
               (flat)       b         ws3자영업                            (vectorized)
 student_t(3, 2.5, 2.5) Intercept                                          default
  student_t(3, 0, 2.5)    sigma                                     0      default
```

출력결과의 첫 번째 가로줄(class은 b로 설정되어 있지만, coef는 설정되지 않은 가로줄)은 모형추정과정에서 추정되지 않습니다. 왜냐하면 절편(Intercept)과 sexW라는 여성 응답자의 회귀계수가 추정되면 남성 응답자의 회귀계수를 추정할 수 없기 때문입니다. 아무튼 여기서는 brms 패키지의 디폴트 사전분포인 약한 사전분포를 받아들여 상호작용효과항을 투입한 베이지언 회귀모형을 추정한 후, 추정결과를 확인하면 아래와 같습니다.

```
> brm_default_2aovI <- brm(
+  bf(lgdonate~sex*ws3),
+  subdf,
+  family=gaussian(),
+  sample_prior = "yes",
+  control = list(adapt_delta = 0.99), #
+  save_pars = save_pars(all = TRUE),
+  chains = 4,
+  iter = 11000,
+  warmup = 1000,
+  cores = 4,
+  seed = 1234
+ )
Compiling Stan program...
Start sampling
> # 추정결과 및 추정과정 점검
> summary(brm_default_2aovI)
 Family: gaussian
```

```
 Links: mu = identity; sigma = identity
Formula: lgdonate ~ sex * ws3
  Data: subdf (Number of observations: 665)
 Draws: 4 chains, each with iter = 11000; warmup = 1000; thin = 1;
        total post-warmup draws = 40000

Regression Coefficients:
                 Estimate Est.Error l-95% CI u-95% CI Rhat Bulk_ESS Tail_ESS
Intercept            2.42      0.23     1.98     2.87 1.00     9897    14842
sexW                 0.14      0.25    -0.34     0.63 1.00     9821    15609
ws3임금              0.46      0.24    -0.01     0.94 1.00     9880    16189
ws3자영업            1.03      0.27     0.51     1.56 1.00    10568    17669
sexW:ws3임금        -0.27      0.28    -0.82     0.28 1.00    10371    17702
sexW:ws3자영업      -0.53      0.35    -1.24     0.16 1.00    12381    20015

Further Distributional Parameters:
      Estimate Est.Error l-95% CI u-95% CI Rhat Bulk_ESS Tail_ESS
sigma     1.19      0.03     1.13     1.26 1.00    23040    22862

Draws were sampled using sampling(NUTS). For each parameter, Bulk_ESS
and Tail_ESS are effective sample size measures, and Rhat is the potential
scale reduction factor on split chains (at convergence, Rhat = 1).
```

먼저 Rhat과 Bulk_ESS, Tail_ESS 결과를 보면 MCMC 추정결과에는 별 문제가 없다는 것을 확인할 수 있습니다(Rhat의 경우 모두 1.00으로 기준인 1.01을 넘지 않았으며, Bulk_ESS, Tail_ESS 모두 통상적 기준치인 400보다 훨씬 큰 값을 보였습니다). 여기서 주목할 부분은 상호작용효과 추정항입니다. 앞서 lm() 함수를 이용하여 얻은 결과와 비슷한 결과인 것을 확인할 수 있습니다. 상호작용효과 추정항들의 사후분포와 마르코프 체인 내 변동과 체인 간 변동을 시각화한 결과를 plot() 함수를 이용해 살펴보면 〈그림 2-5-1〉과 같습니다. 분량 문제로 절편값과 주효과항, 그리고 오차항(sigma) 등의 시각화 결과는 제시하지 않았지만, 직접 확인해 보시길 권장합니다.

```
> # 2개의 상호작용효과 추정항
> plot(brm_default_2aovI, variable = "^b_[[:alpha:]]{1,}:", regex = TRUE)
> # 절편 및 주효과 추정항은 아래와 같습니다.
```

```
> # 분량문제로 제시하지 않았음. 직접 확인 요망
> # plot(brm_default_2aovI, variable = "^b_[[:alpha:]]{1,}$", regex = TRUE)
> # plot(brm_default_2aovI, variable = "^b_ws3", regex = TRUE)
```

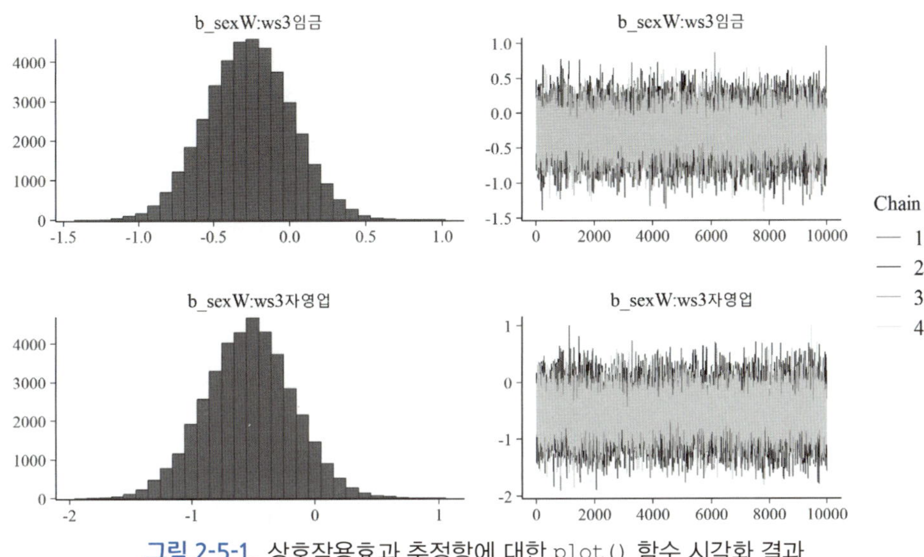

그림 2-5-1. 상호작용효과 추정항에 대한 plot() 함수 시각화 결과

다음으로 주효과만 추정한 모형을 추정해 봅시다. 분량 조절을 위해 모형을 추정한 후, summary() 함수와 plot() 함수의 추정결과는 제시하지 않지만, 독자께서는 관련 추정결과를 꼭 직접 확인해 보시기 바랍니다.

```
> brm_default_2aovM <- brm(
+   bf(lgdonate~sex+ws3),
+   subdf,
+   family=gaussian(),
+   sample_prior = "yes",
+   control = list(adapt_delta = 0.99),
+   save_pars = save_pars(all = TRUE),
+   chains = 4,
+   iter = 11000,
+   warmup = 1000,
+   cores = 4,
+   seed = 1234
+ )
```

```
Compiling Stan program...
Start sampling
> # 추정결과 및 추정과정 점검
> # summary(brm_default_2aovM) # 분량문제로 제시하지 않았음. 직접 확인 요망
> # plot(brm_default_2aovM) # 분량문제로 제시하지 않았음. 직접 확인 요망
```

이제 전통적 방법에서 anova() 함수를 활용하여 모형비교를 실시한 것과 마찬가지로 상호작용효과를 추정한 모형과 추정하지 않은 모형을 베이지언 방식으로 비교해 봅시다. 티테스트와 상관계수 추정 결과에서와 마찬가지로 베이스지수(Bayes factor)와 (PSIS−)LOO 지수를 활용하였습니다. 먼저 베이스지수 계산결과는 아래와 같습니다.

```
> # 모형비교
> set.seed(1)
> BF_2aov <- bayes_factor(brm_default_2aovI, brm_default_2aovM)
[분량조절을 위해 Iteration 과정은 제시하지 않았음]
> BF_2aov
Estimated Bayes factor in favor of brm_default_2aovI over brm_default_2aovM:
1.57843
```

베이스지수는 1.58, 즉 상호작용효과를 추가로 고려한 모형이 주효과만 고려한 모형에 비해 데이터를 약 1.58배 더 잘 설명합니다. 그러나 통상적인 베이스지수 기준(Jeffreys, 1961)에 비추어 볼 때, '1.58'이라는 베이스지수는 너무 작아 별 의미가 없다고 볼 수 있습니다.

```
> brm_default_2aovI <- add_criterion(brm_default_2aovI, c("loo"))
> brm_default_2aovM <- add_criterion(brm_default_2aovM, c("loo"))
> # brm_default_2aovI$criteria$loo # 분량문제로 제시하지 않았음. 직접 확인 요망
> # brm_default_2aovM$criteria$loo # 분량문제로 제시하지 않았음. 직접 확인 요망
> loo_compare(brm_default_2aovI,brm_default_2aovM,criterion="loo")
                  elpd_diff se_diff
brm_default_2aovM  0.0       0.0
brm_default_2aovI -0.7       1.4
```

LOO 지수 역시도 마찬가지입니다. 상호작용효과를 추정하지 않은 모형(brm_default_2aovM)이 상호작용효과를 추정한 모형(brm_default_2aovI)에 비해 LOO

지수가 더 낮게 나타난 것을 확인할 수 있습니다.

끝으로 필요하다면 아래와 같이 베이지언 R^2와 LOO-조정 R^2를 계산할 수 있습니다. 즉 각 모형이 분석 대상 데이터의 결과변수 분산을 어느 정도나 설명할 수 있는지(즉, 베이지언 R^2) 혹은 분석 대상 데이터와 유사한 데이터를 얼마나 잘 설명할 수 있는지(즉, LOO-조정 R^2) 추정하고자 할 경우, 각각 bayes_R2() 함수와 loo_R2() 함수를 활용하시면 됩니다. 추정결과에서 확인하실 수 있듯, 베이지언 R^2이든 LOO-조정 R^2이든, 두 모형 사이의 R^2 값에는 큰 차이가 없다는 것을 확인하실 수 있습니다. 특히 흥미로운 결과는 큰 의미가 없을 정도로 미미하기는 하지만, 상호작용효과항을 넣은 모형에서 LOO-조정 R^2의 값이 더 작게 나타났다는 점입니다. 즉 상호작용효과항을 넣을 경우 분석 대상 데이터는 조금 더 잘 설명할지 몰라도(베이지언 R^2), 분석 대상 데이터와 유사한 다른 데이터는 약간이지만 설명력이 더 떨어지는 것으로 나타납니다(LOO-조정 R^2).

```
> result_R2_2aov <- rbind(bayes_R2(brm_default_2aovM),
+                 bayes_R2(brm_default_2aovI),
+                 loo_R2(brm_default_2aovM),
+                 loo_R2(brm_default_2aovI)) |>
+   as_tibble() |>
+   mutate(
+     model=rep(c('1. Main','2. Interaction'),2),
+     type=rep(c('Bayesian R2','Loo-adjusted R2'),each=2)
+   )
> result_R2_2aov |>
+   arrange(type,model)
# A tibble: 4 × 6
  Estimate Est.Error   Q2.5  Q97.5 model          type
     <dbl>     <dbl>  <dbl>  <dbl> <chr>          <chr>
1   0.0536    0.0162 0.0250  0.0880 1. Main        Bayesian R2
2   0.0593    0.0166 0.0294  0.0944 2. Interaction Bayesian R2
3   0.0398    0.0170 0.00595 0.0731 1. Main        Loo-adjusted R2
4   0.0380    0.0180 0.00270 0.0728 2. Interaction Loo-adjusted R2
```

다음으로 모형추정결과를 시각화해 봅시다. 앞서 살펴본 티테스트나 상관계수의 경우 사후분포를 히스토그램 혹은 확률밀도(density) 그래프로 제시하였습니다. 만약 모형추정결과의 회귀계수를 시각화하는 것이 목적이라면, as_draws_df() 함수를 활용하여 시각화 결과를 제시하거나 혹은 〈그림 2-5-1〉과 같이 plot() 함수의 variable 옵션을 활용하여 시각화하면 됩니다. 그러나 ANOVA나 OLS 회귀모형, 그리고 앞으로 소개할 다른 회귀모형들의 모형 추정결과를 시각화할 경우, conditional_effects() 함수나 posterior_epred() 함수 혹은 posterior_predict() 함수를 활용하는 것이 보다 쉽고 효율적입니다.

먼저 conditional_effects() 함수 활용방법을 살펴보겠습니다. 함수의 이름에서도 대략 짐작할 수 있듯, 이 함수는 특정 예측변수 조건을 설정한 데이터를 대상으로(conditions라는 이름의 옵션) 투입된 brm() 함수 추정결과를 활용하여 얻은 사후분포 기반 조건부 효과의 점추정치와 95% 신용구간을 시각화한 결과를 제시합니다. 만약 conditions 옵션을 별도로 지정하지 않을 경우, 분석 대상 데이터를 대상으로 얻은 추정결과의 시각화 결과물을 제시합니다. 앞서 추정한 약한 사전분포 기반 2원 분산분석 결과를 입력값으로 투입한 결과를 기반으로 상호작용효과 패턴을 시각화해 봅시다.

```
> # 예측값 추정 및 시각화
> # 상호작용효과 패턴 시각화
> conditional_effects(brm_default_2aovI,effects="sex:ws3")
```

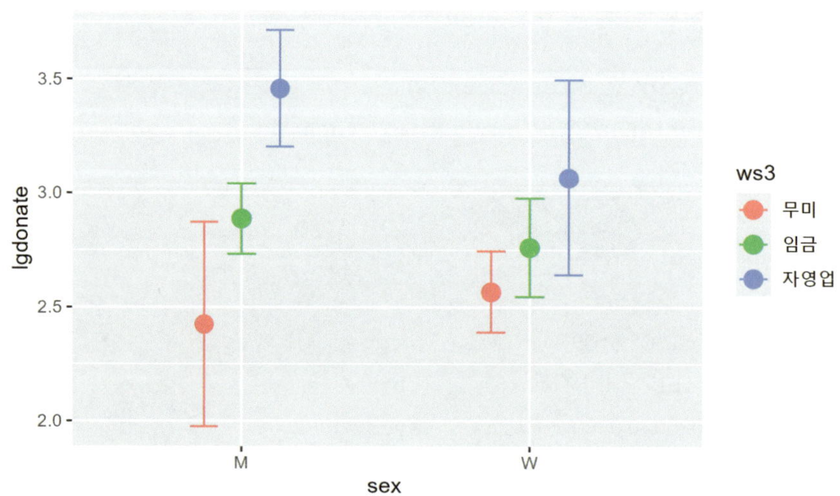

그림 2-5-2. conditional_effects() 함수를 이용한 상호작용효과 시각화

〈그림 2-5-2〉를 이해하는 것은 어렵지 않습니다. 성별을 X축에, 그리고 근로형태를 색깔 범례로 표현하였으며, 각 집단별 점추정치는 '점'으로, 95% 신용구간의 경우 '오차막대(errorbar)'로 표기하였습니다.

만약 특정 조건을 설정한 후, 연구자가 주목하는 예측변수의 효과패턴을 시각화하고자 한다면 다음과 같이 conditions 옵션을 활용하시면 편합니다. 예를 들어 성별이 남성일 경우, 근로조건별 자연로그변환 기부금액의 점추정치와 95% 신용구간을 시각화하면 아래의 〈그림 2-5-3〉과 같습니다. 분석대상 데이터에서 성별을 남성('M')으로 고정시킨 후, make_conditions() 함수로 통제하고 싶은 변수를 vars 옵션에 설정한 데이터를 생성한 후, conditions 옵션에 설정하시면 됩니다.

```
> # 특정 조건에서 추정된 모형 예측값을 구하는 경우
> newdata <- subdf |>
+   mutate(sex='M') |>
+   make_conditions(vars=c('sex'))
> conditional_effects(
+   brm_default_2aovI,effects="ws3",conditions=newdata
+ )
```

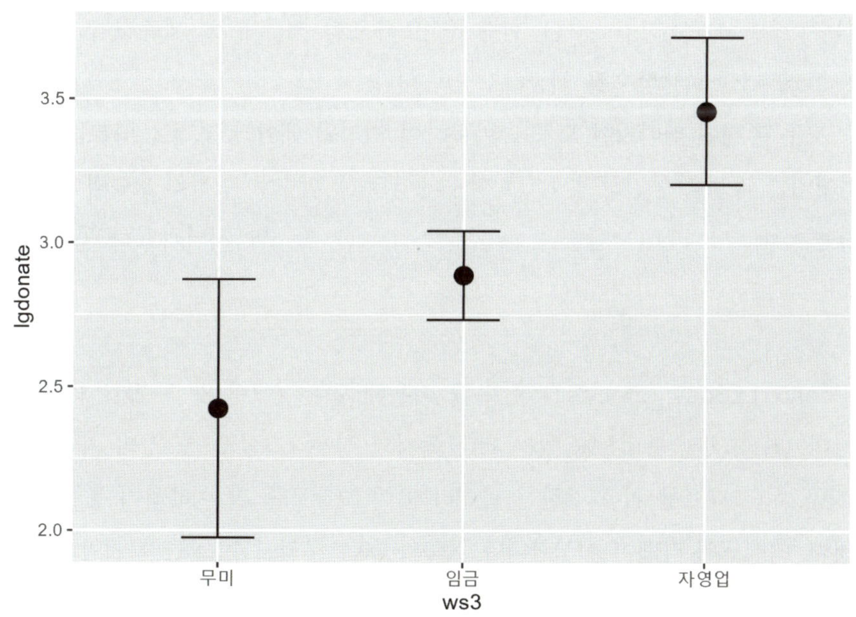

그림 2-5-3. 특정 조건을 가정한 경우의 모형추정결과 시각화

conditional_effects() 함수는 매우 유용하지만, 한 가지 아쉬운 점이 있습니다. 그래프의 가독성을 높이기 위한 코딩 작업이 아직은 너무 불편하다는 점입니다. ggplot2 패키지 기반의 그래프를 제시하지만, + 오퍼레이터로 ggplot2 패키지 내장함수를 추가하는 것이

2025년 8월 시점까지도 불가능합니다. 물론 시각화 결과물을 별도의 오브젝트로 저장한 후, plot() 함수의 여러 옵션들을 조정하는 방식으로 그래프의 가독성을 높일 수 있습니다만, (적어도 제가 보았을 때) 아직 불편한 점이 많습니다.

conditional_effects() 함수보다 약간 불편하기는 하지만, posterior_epred() 함수나 posterior_predict() 함수를 이용해야 하는 상황이 발생하기도 합니다. 흔히 앞의 사후분포 예측값을 '오차불포함 사후분포 예측값(posterior predicted values without randomness)'이라고 부르고, 뒤의 사후분포 예측값을 '오차포함 사후분포 예측값(posterior predicted values with randomness)'이라고 부릅니다. 두 가지의 차이를 이해하기 위해서는 베이지언 분석결과의 R^2 부분을 떠올려 보시면 좋습니다. 베이지언 R^2의 경우 추정모형이 분석대상 데이터를 얼마나 잘 설명하는지에 대한 통계치인 반면, LOO-조정 R^2는 추정모형이 분석대상과 동일한 방식으로 수집된 다른 데이터를 얼마나 잘 설명하는지에 대한 통계치입니다. 마찬가지로 오차불포함 사후분포 예측값은 분석대상 데이터를 설명하는 것이 목적일 때 사용하며, 오차포함 사후분포 예측값은 분석대상 데이터와 수집방법은 동일하지만 다른 데이터를 예측할 경우 사용할 수 있습니다. brms 패키지에서는 오차불포함 사후분포 예측값을 얻을 수 있는 posterior_epred() 함수를, 오차포함 사후분포 예측값을 얻을 수 있는 posterior_predict() 함수를 제공하고 있습니다.

두 함수 모두 추정된 베이지언 모형을 이용하여 지정된 데이터 조건을 따르는 사후분포 예측값을 얻어내는 과정을 동일하며, lm() 함수나 glm() 함수로 추정된 모형의 예측값을 얻을 때 사용하는 predict.lm() 함수나 predict.glm() 함수와 개념적으로 동일한 방식으로 작동합니다.

아무튼 conditional_effects() 함수를 이용해 얻은 〈그림 2-5-2〉로 다시 돌아가 봅시다. 예시데이터를 직접 분석하고 있는 저나 독자의 경우 〈그림 2-5-2〉의 의미를 쉽게 이해할 수 있지만, 이 그래프를 처음 접한 사람이라면 이 그래프를 잘 이해하지 못할 가능성이 높습니다. 첫째, 그래프의 라벨이 이상합니다. X축의 'M'은 무엇이고, 'W'는 무엇인지, 그리고 Y축의 'lgdonate'는 무슨 의미인지 불명확하며, 'ws3' 변수의 뜻 그리고 해당 변수의 속성 중 '무미'라는 것은 무엇을 뜻하는지 이해하기 어렵습니다. 둘째, Y축은 자연로그변환 기부금액이라서, 직관적으로 이해되기 어렵습니다. 즉 추정된 결과를 누구라도 이해할 수 있도록 지수함수를 이용해 원측정값으로 되돌려 줄 필요가 있습니다. 이 두 가지를 포함해서 그래프 시각화 결과물을 개선시켜 봅시다.

conditional_effects() 함수에 brm_default_2aovI 오브젝트를 투입한 후, 그 결과를 저장해 봅시다. 저장된 결과물(summ_pred_2aovI)은 총 3개의 데이터 프레임들을 묶은 리스트 오브젝트입니다. 3개의 데이터 프레임은 sex 변수의 주효과, ws3 변수의 주효과, 두 변수의 상호작용효과의 (오차불포함) 사후분포 예측결과입니다. 구체적 결과는 아래와 같습니다.

```
> # 디폴트 사후분포 예측값은 오차불포함 사후분포 예측값
> # Posterior predicted values (without randomness)
> summ_pred_2aovI <- conditional_effects(brm_default_2aovI)
> summ_pred_2aovI$sex # main effect of sex
  sex lgdonate  ws3 cond__ effect1__ estimate__        se__  lower__  upper__
1   M 2.841556  무미     1         M   2.423661  0.22798757 1.975373 2.872469
2   W 2.841556  무미     1         W   2.566350  0.09080154 2.388407 2.745774
> summ_pred_2aovI$ws3 # main effect of ws3
     ws3 lgdonate sex cond__ effect1__ estimate__        se__  lower__  upper__
1   무미 2.841556   M      1      무미   2.423661 0.22798757 1.975373 2.872469
2   임금 2.841556   M      1      임금   2.886791 0.07922661 2.732438 3.041499
3 자영업 2.841556   M      1    자영업   3.457457 0.12936931 3.203828 3.715229
> summ_pred_2aovI$`sex:ws3` # interaction effect between sex & ws3
  sex    ws3 lgdonate cond__ effect1__ effect2__ estimate__        se__  lower__  upper__
1   M   무미 2.841556      1         M      무미   2.423661  0.22798757 1.975373 2.872469
2   M   임금 2.841556      1         M      임금   2.886791  0.07922661 2.732438 3.041499
3   M 자영업 2.841556      1         M    자영업   3.457457  0.12936931 3.203828 3.715229
4   W   무미 2.841556      1         W      무미   2.566350  0.09080154 2.388407 2.745774
5   W   임금 2.841556      1         W      임금   2.760695  0.10970989 2.546048 2.976566
6   W 자영업 2.841556      1         W    자영업   3.065465  0.21869289 2.641747 3.496058
```

상호작용효과 패턴을 시각화하는 것이 목적이기 때문에 출력결과들 중 맨 마지막 것만 살펴보겠습니다(만약 주효과 패턴을 시각화하고자 한다면, summ_pred_2aovI$sex 혹은 summ_pred_2aovI$ws3을 활용하시면 됩니다). 시각화 과정에서 중요한 변수는 estimate__, lower__, upper__의 세 변수이며, 차례대로 점추정치, 95% 신용구간의 하한, 95% 신용구간의 상한입니다. 만약 95% 신용구간이 아닌 다른 신용구간을 활용하고자 한다면, conditional_effects() 함수 내부의 prob 옵션을 별도 지정하시면 됩니다(예를 들어, 90% 신용구간을 원한다면 prob=0.90).

시각화를 위한 데이터를 추출하였으니 ggplot2 패키지의 다양한 함수들을 활용하여 원하

는 방식으로 시각화 작업을 진행하시면 됩니다. 예를 들어 〈그림 2-5-4〉처럼 보다 가독성이 높은 그래프를 그릴 수 있습니다.

```
> # 자신이 원하는 방식의 그래프를 그리고자 할 경우
> summ_pred_2aovI$`sex:ws3` |>
+  mutate(
+    sex=ifelse(effect1__=="M","남성","여성"),
+    sex=fct_relevel(sex,"남성","여성"),
+    ws3=factor(ws3,labels=c('무직 및 미취업','임금근로','자영업'))
+  ) |>
+  mutate(across(
+    .cols=c(estimate__, lower__, upper__),
+    .fns=function(x){exp(x)}
+  )) |>
+  ggplot(aes(x=ws3,y=estimate__,shape=sex))+
+  geom_point(position=position_dodge(width=0.4),size=3)+
+  geom_errorbar(aes(ymin=lower__, ymax=upper__),
+               position=position_dodge(width=0.4),width=0.1)+
+  labs(x="직업상태", y="기부금액(단위: 만원)",shape="성별")+
+  theme_bw()
```

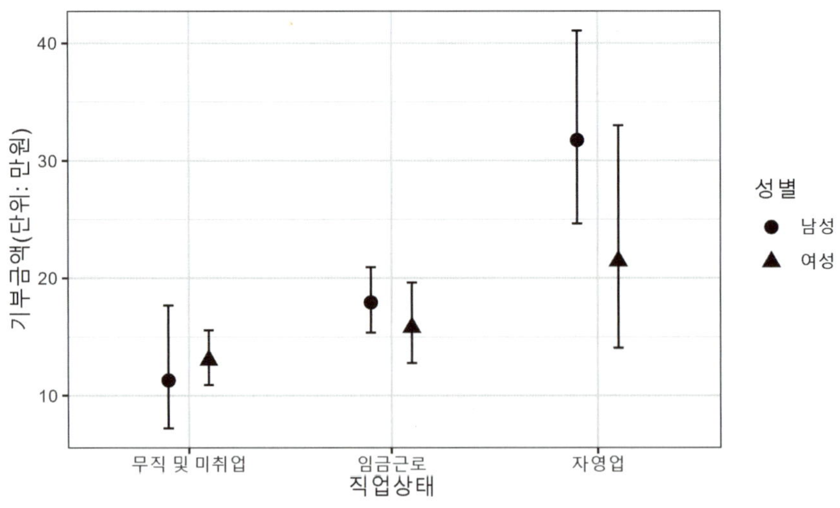

그림 2-5-4. conditional_effects() 함수 추정결과를 활용한 상호작용효과 시각화

끝으로 posterior_epred() 함수를 활용하여, 오차불포함 사후분포 예측값을 도출해 봅

시다. conditional_effects() 함수에 비해서는 조금 복잡하게 느껴질 수 있지만, 베이지언 분석이라는 관점에서 본다면 저는 아래의 방식이 더 낫지 않나 싶기도 합니다. 우선 예측변수들의 조건을 담고 있는 데이터를 하나 생성합니다. 여기서 저는 sex 변수와 ws3 변수의 상호작용효과를 시각화하고자 하기 때문에 아래와 같은 newdata를 생성하였습니다.

```
> # posterior_epred() 함수 활용
> newdata <- tibble(sex=rep(c('M','W'),each=3),
+               ws3=rep(c('무미','임금','자영업'),2)) |>
+   print()
# A tibble: 6 × 2
  sex   ws3
  <chr> <chr>
1 M     무미
2 M     임금
3 M     자영업
4 W     무미
5 W     임금
6 W     자영업
```

이제 posterior_epred() 함수를 활용하여 오차불포함 사후분포 예측값을 얻은 후, 그 결과를 별도의 오브젝트(post_epred)로 저장하였습니다. post_epred 오브젝트는 웜업 이후 계산된 40,000회의 사후분포(마르코프 체인 4개, 각 체인별 10,000회)를 가로줄에, 그리고 newdata의 각 조건(6개)을 세로줄에 배치한 행렬 오브젝트입니다.

```
> post_epred <- posterior_epred(brm_default_2aovI,newdata=newdata)
> dim(post_epred)
[1] 40000     6
```

행렬 오브젝트를 전치시킨 후, 데이터 프레임으로 변환한 후, 점추정치(여기서는 중간값)와 95% 신용구간을 계산하면 아래와 같습니다.

```
> df_post_epred <- as_tibble( t(post_epred) )  # 행렬 전치->데이터프레임
> Est_post_epred <- df_post_epred |>
+   mutate(sex = newdata$sex,
```

```
+         ws3 = newdata$ws3) |>
+   pivot_longer(cols=1:40000) |> # 웜업이후 40,000번(4개 x 10,000번)
+   group_by(sex, ws3) |>
+   summarise(
+     pred = median(value),
+     lb = quantile(value, 0.025),
+     ub = quantile(value, 0.975)
+   )
`summarise()` has grouped output by 'sex'. You can override using the `.groups`
argument.
> Est_post_epred
# A tibble: 6 × 5
# Groups:   sex [2]
  sex   ws3    pred    lb    ub
  <fct> <fct>  <dbl> <dbl> <dbl>
1 M     무미    2.42  1.98  2.87
2 M     임금    2.89  2.73  3.04
3 M     자영업  3.46  3.20  3.72
4 W     무미    2.57  2.39  2.75
5 W     임금    2.76  2.55  2.98
6 W     자영업  3.07  2.64  3.50
```

오차불포함 사후분포 예측값의 점추정치와 95% 신용구간 출력결과는 summ_pred_2aovI$`sex:ws3`와 동일합니다. 만약 오차포함 사후분포 예측값의 점추정치와 95% 신용구간 출력결과를 얻고자 한다면 아래와 같이 posterior_predict() 함수를 활용하시면 됩니다.

```
> # posterior_predict() 함수 활용
> post_predict <- posterior_predict(brm_default_2aovI,newdata=newdata)
> df_post_predict <- as_tibble( t(post_predict) )  # 행렬 전치->데이터프레임
> Est_post_predict <- df_post_predict |>
+   mutate(sex = newdata$sex,
+         ws3 = newdata$ws3) |>
+   pivot_longer(cols=1:40000) |> # 웜업이후 40,000번(4개 x 10,000번)
+   group_by(sex, ws3) |>
+   summarise(
```

```
+   pred = median(value),
+   lb = quantile(value, 0.025),
+   ub = quantile(value, 0.975)
+ )
`summarise()` has grouped output by 'sex'. You can override using the `.groups`
argument.
> Est_post_predict
# A tibble: 6 × 5
# Groups:   sex [2]
  sex   ws3    pred     lb    ub
  <fct> <fct>  <dbl>  <dbl> <dbl>
1 M     무미    2.41  0.0540  4.83
2 M     임금    2.89  0.501   5.24
3 M     자영업  3.46  1.08    5.80
4 W     무미    2.56  0.228   4.92
5 W     임금    2.77  0.424   5.11
6 W     자영업  3.06  0.665   5.47
```

두 가지 사후분포 예측값의 차이는 아래의 <그림 2-5-5>에서 명확하게 나타납니다. 두 가지 사후분포 예측값의 점추정치는 별 차이가 없지만, 사후분포의 95% 신용구간의 폭, 다시 말해 불확실성은 매우 다르게 나타납니다. 즉 분석대상 데이터를 설명할 때에 비해 분석대상 데이터와 동일한 방식으로 수집된 다른 데이터를 설명할 때는 예측과정에서의 오차가 개입되면서 불확실성이 더욱 커지는 것을 확인할 수 있습니다.

```
> # 오차불포함 사후분포 예측값과 오차포함 사후분포 예측값 비교
> bind_rows(Est_post_epred |> mutate(type='without\nrandomness'),
+         Est_post_predict |> mutate(type='with\nrandomness')) |>
+  ungroup() |>
+  mutate(
+    sex=factor(sex,labels=c("남성","여성")),
+    ws3=factor(ws3,labels=c('무직 및 미취업','임금근로','자영업'))
+  ) |>
+  ggplot(aes(x=type,y=pred))+
+  geom_point(position=position_dodge(width=0.4),size=2)+
+  geom_errorbar(aes(ymin=lb, ymax=ub),
```

```
+           position=position_dodge(width=0.4),width=0.1)+
+ labs(
+   x="\n사후분포 예측값 유형",
+   y="기부금액(자연로그변환)",
+   caption="신용구간 비교를 위해 Y축에 자연로그변환기부금액을 제시하였음"
+ )+
+ theme_bw()+
+ facet_grid(sex~ws3)
```

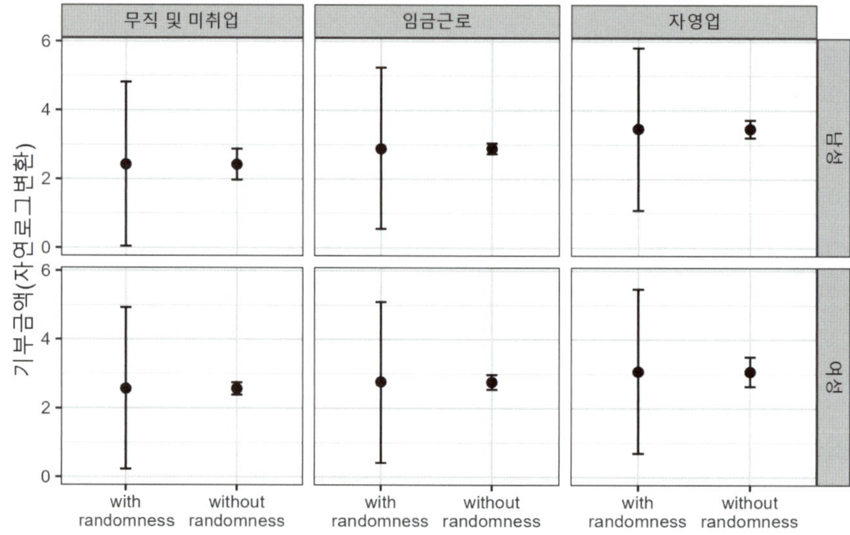

그림 2-5-5. 오차불포함 사후분포 예측값과 오차포함 사후분포 예측값 비교

2 집단간 평균비교 및 계획비교

다음으로 집단간 평균비교 및 계획비교를 실시해 봅시다. 먼저 집단간 평균비교를 실행해 보죠. 〈그림 2-5-2〉에는 성별(2집단)과 근로상태(3집단)를 교차하여 얻은 총 6개 집단의 자연로그변환 기부금액 점추정치와 95% 신뢰구간이 제시되어 있습니다. 여섯 집단 사이의 자연로그변환 기부금액을 쌍별 비교(pairwise comparison)해 볼까요?

전통적 분석에서는 쌍별 비교를 실시할 때 비교되는 쌍의 개수에 따라 p값과 95% 신뢰구간을 조정하는 것이 보통입니다[족내오차율(family-wise error rate)을 통제하기 위해]. 흔히 사용되는 조정방법들로는 뚜끼(Tukey)의 HSD(Honest Significant Differences) 기법, 본페로니(Bonferroni) 조정기법 등이 있습니다. 그러나 베이지언 분석의 경우 p값을 기반으로 한 통계적 의사결정을 진행하지 않으며, 따라서 p값을 고려할 필요가 없으며, 또한 95% 신용구간을 조정할 필요도 없습니다. 전통적 분석과 베이지언 분석의 비교를 위해 여기서는 뚜끼의 HSD 기법과 같은 조정방법을 적용하지 않겠습니다. p값과 95% 신뢰구간을 조정하지 않을 때, 전통적 방식으로 쌍별비교를 실시하는 방법은 아래와 같습니다.

```
> # 전통적 방식 쌍별비교
> lm(lgdonate ~ 0+sex:ws3, subdf) |>
+   emmeans(~sex:ws3) |>
+   contrast('pairwise',adjust='no') |>
+   summary(infer=T)
  contrast      estimate   SE df lower.CL upper.CL t.ratio p.value
 M 무미 - W 무미    -0.146  0.246 659  -0.630  0.33792  -0.592  0.5538
 M 무미 - M 임금    -0.467  0.242 659  -0.943  0.00916  -1.926  0.0546
 M 무미 - W 임금    -0.341  0.254 659  -0.841  0.15800  -1.342  0.1800
 M 무미 - M 자영업  -1.038  0.264 659  -1.556 -0.52060  -3.938  0.0001
 M 무미 - W 자영업  -0.646  0.316 659  -1.267 -0.02503  -2.043  0.0415
 W 무미 - M 임금    -0.321  0.119 659  -0.555 -0.08631  -2.686  0.0074
 W 무미 - W 임금    -0.195  0.142 659  -0.474  0.08349  -1.376  0.1694
 W 무미 - M 자영업  -0.892  0.158 659  -1.203 -0.58171  -5.640  <.0001
 W 무미 - W 자영업  -0.500  0.236 659  -0.962 -0.03741  -2.122  0.0342
 M 임금 - W 임금     0.126  0.135 659  -0.139  0.39038   0.931  0.3522
 M 임금 - M 자영업  -0.572  0.152 659  -0.870 -0.27332  -3.763  0.0002
 M 임금 - W 자영업  -0.179  0.231 659  -0.633  0.27517  -0.774  0.4392
```

W 임금 - M 자영업	-0.697	0.170 659	-1.031	-0.36297	-4.097	<.0001
W 임금 - W 자영업	-0.305	0.244 659	-0.783	0.17395	-1.250	0.2118
M 자영업 - W 자영업	0.392	0.254 659	-0.105	0.89027	1.548	0.1221

다음으로 brm() 함수를 이용해 베이지언 분석으로 여섯 집단간 쌍별비교를 실시하는 방법을 살펴봅시다. 가장 먼저 할 일은 brm() 함수로 베이지언 모형을 추정하는 것입니다. default_prior() 함수를 통해 어떤 모수들이 추정되는지에 대해서는 독자께서 직접 확인하시기 바랍니다. 이미 앞에서 여러 차례 소개드린 만큼 활용이 어렵지는 않을 것으로 생각합니다.

```
> # 집단간 비교 및 계획비교
> # default_prior(bf(lgdonate~0+sex:ws3),
> #              subdf,
> #              family=gaussian())
> brm_aov6_default <- brm(
+  bf(lgdonate~0+sex:ws3),
+  subdf,
+  family=gaussian(),
+  sample_prior = "yes",
+  control = list(adapt_delta = 0.99),
+  save_pars = save_pars(all = TRUE),
+  chains = 4,
+  iter = 11000,
+  warmup = 1000,
+  cores = 4,
+  seed = 1234
+ )
Compiling Stan program...
Start sampling
> # 추정결과 및 추정과정 점검
> summary(brm_aov6_default)
 Family: gaussian
  Links: mu = identity; sigma = identity
Formula: lgdonate ~ 0 + sex:ws3
   Data: subdf (Number of observations: 665)
```

```
Draws: 4 chains, each with iter = 11000; warmup = 1000; thin = 1;
    total post-warmup draws = 40000

Regression Coefficients:
                  Estimate Est.Error l-95% CI u-95% CI Rhat Bulk_ESS Tail_ESS
sexM:ws3무미        2.42      0.23     1.98     2.86 1.00    49390    29374
sexW:ws3무미        2.57      0.09     2.39     2.75 1.00    46798    28815
sexM:ws3임금        2.89      0.08     2.73     3.04 1.00    52341    28126
sexW:ws3임금        2.76      0.11     2.55     2.98 1.00    54713    29588
sexM:ws3자영업      3.46      0.13     3.20     3.71 1.00    49456    29805
sexW:ws3자영업      3.07      0.22     2.64     3.49 1.00    50055    29556

Further Distributional Parameters:
      Estimate Est.Error l-95% CI u-95% CI Rhat Bulk_ESS Tail_ESS
sigma     1.19      0.03     1.13     1.26 1.00    51034    26693

Draws were sampled using sampling(NUTS). For each parameter, Bulk_ESS
and Tail_ESS are effective sample size measures, and Rhat is the potential
scale reduction factor on split chains (at convergence, Rhat = 1).
> # plot(brm_aov6_default)  # 분량문제로 제시하지 않았음. 직접 확인 요망
```

summary() 함수 추정결과에서 확인할 수 있듯, MCMC 추정결과에는 별 문제가 없습니다(Rhat, Bulk_ESS, Tail_ESS의 값은 통상적 기준을 매우 잘 충족하고 있습니다) 분량 문제로 plot() 함수의 추정결과를 제시하지 않았지만, 꼭 확인해 보시기 바랍니다. 추정결과를 해석하는 것도 어렵지 않을 것입니다. 이제 쌍별 비교를 실시해 보죠. 가장 쉬운 방법은 hypothesis() 함수를 활용하는 것입니다. 예를 들어, 남성 임금근로자(sexM:ws3임금)와 여성 자영업자(sexW:ws3자영업)의 결과변수 평균값을 비교하면 아래와 같습니다.

```
> # 남성 임금근로자 여성 자영업자 비교
> hypothesis(brm_aov6_default,
+           c('b_sexM:ws3임금 - b_sexW:ws3자영업 = 0'),
+           class=NULL)
Hypothesis Tests for class :
                Hypothesis Estimate Est.Error CI.Lower CI.Upper Evid.Ratio Post.Prob Star
1 (b_sexM:ws3임금-b_s... = 0    -0.18      0.23    -0.63     0.28         NA        NA
```

```
---
'CI': 90%-CI for one-sided and 95%-CI for two-sided hypotheses.
'*': For one-sided hypotheses, the posterior probability exceeds 95%;
for two-sided hypotheses, the value tested against lies outside the 95%-CI.
Posterior probabilities of point hypotheses assume equal prior probabilities.
```

출력결과에서 확인할 수 있듯 남성 임금근로자 집단과 여성 자영업자 집단 사이 평균차이의 참값은 −0.63부터 0.28 사이에 놓일 가능성이 약 95%로 나타났습니다. 즉 두 집단 평균차이의 참값이 0이 나올 가능성을 완전히 배제하기 어렵습니다.

이제 모든 가능한 집단간 쌍별 비교를 진행해 봅시다. brms 패키지에는 emmeans::contrast() 함수와 같은 편리한 함수는 없지만, 약간의 프로그래밍을 활용하면 어렵지 않게 가능한 모든 집단들 사이의 베이지언 쌍별 비교를 실시할 수 있습니다. 제 경우 아래와 같은 방식을 택했습니다. 먼저 as_draws_df() 함수를 활용하여 여섯 집단의 모수 추정치 이름들을 추출한 후, 이들 이름들을 교차시키는 방식으로 모든 집단들 사이의 쌍별 비교를 나타내는 문자형 공식으로 표시하였습니다.

```
> # 모든 쌍별비교
> name_para <- as_draws_df(brm_aov6_default) |>
+  select(starts_with('b_')) |>
+  names()
> name_para
[1] "b_sexM:ws3무미"  "b_sexW:ws3무미"  "b_sexM:ws3임금"  "b_sexW:ws3임금"
[5] "b_sexM:ws3자영업" "b_sexW:ws3자영업"
> pairwise_para <- tibble(lp=rep(name_para,each=6),
+      rp=rep(name_para,6)) |>
+  filter(lp!=rp) |>
+  filter(row_number()<=15) |>
+  mutate(
+   pairwise=str_c(lp,' - ', rp, ' = 0')
+  )
> pairwise_para$pairwise
 [1] "b_sexM:ws3무미 - b_sexW:ws3무미 = 0"    "b_sexM:ws3무미 - b_sexM:ws3임금 = 0"
 [3] "b_sexM:ws3무미 - b_sexW:ws3임금 = 0"    "b_sexM:ws3무미 - b_sexM:ws3자영업 = 0"
 [5] "b_sexM:ws3무미 - b_sexW:ws3자영업 = 0" "b_sexW:ws3무미 - b_sexM:ws3무미 = 0"
 [7] "b_sexW:ws3무미 - b_sexM:ws3임금 = 0"    "b_sexW:ws3무미 - b_sexW:ws3임금 = 0"
```

```
[9] "b_sexW:ws3무미 - b_sexM:ws3자영업 = 0"  "b_sexW:ws3무미 - b_sexW:ws3자영업 = 0"
[11] "b_sexM:ws3임금 - b_sexM:ws3무미 = 0"   "b_sexM:ws3임금 - b_sexW:ws3무미 = 0"
[13] "b_sexM:ws3임금 - b_sexW:ws3임금 = 0"   "b_sexM:ws3임금 - b_sexM:ws3자영업 = 0"
[15] "b_sexM:ws3임금 - b_sexW:ws3자영업 = 0"
```

이제 위에서 얻은 pairwise_para$pairwise 벡터를 hypothesis() 함수의 입력값으로 넣으면 됩니다. 베이지언 쌍별비교 결과는 아래와 같습니다.

```
> hypothesis(brm_aov6_default,
+         pairwise_para$pairwise,
+         class=NULL)
Hypothesis Tests for class :
              Hypothesis Estimate Est.Error CI.Lower CI.Upper Evid.Ratio Post.Prob Star
1  (b_sexM:ws3무미-b_s... = 0  -0.15   0.25  -0.62   0.33   NA   NA
2  (b_sexM:ws3무미-b_s... = 0  -0.47   0.24  -0.93   0.00   NA   NA   *
3  (b_sexM:ws3무미-b_s... = 0  -0.34   0.25  -0.84   0.16   NA   NA
4  (b_sexM:ws3무미-b_s... = 0  -1.04   0.26  -1.56  -0.53   NA   NA   *
5  (b_sexM:ws3무미-b_s... = 0  -0.65   0.31  -1.26  -0.03   NA   NA   *
6  (b_sexW:ws3무미-b_s... = 0   0.15   0.25  -0.33   0.62   NA   NA
7  (b_sexW:ws3무미-b_s... = 0  -0.32   0.12  -0.56  -0.08   NA   NA   *
8  (b_sexW:ws3무미-b_s... = 0  -0.20   0.14  -0.47   0.08   NA   NA
9  (b_sexW:ws3무미-b_s... = 0  -0.89   0.16  -1.20  -0.58   NA   NA   *
10 (b_sexW:ws3무미-b_s... = 0  -0.50   0.24  -0.96  -0.04   NA   NA   *
11 (b_sexM:ws3임금-b_s... = 0   0.47   0.24   0.00   0.93   NA   NA   *
12 (b_sexM:ws3임금-b_s... = 0   0.32   0.12   0.08   0.56   NA   NA   *
13 (b_sexM:ws3임금-b_s... = 0   0.13   0.14  -0.14   0.39   NA   NA
14 (b_sexM:ws3임금-b_s... = 0  -0.57   0.15  -0.87  -0.27   NA   NA   *
15 (b_sexM:ws3임금-b_s... = 0  -0.18   0.23  -0.63   0.28   NA   NA
---
'CI': 90%-CI for one-sided and 95%-CI for two-sided hypotheses.
'*': For one-sided hypotheses, the posterior probability exceeds 95%;
for two-sided hypotheses, the value tested against lies outside the 95%-CI.
Posterior probabilities of point hypotheses assume equal prior probabilities.
```

위의 결과를 앞서 emmeans::contrast() 함수로 얻은 전통적 방법으로 얻은 추정결과와 비교해 보시면 거의 비슷한 결과인 것을 확인하실 수 있습니다. 물론 수치가 비슷하게 나타났을 뿐, emmeans::contrast() 함수로 얻은 추정결과와 brm() 함수로 얻은 추정결과에 대한 해석은 철학적으로 매우 다릅니다.

다음으로 계획비교를 실시해 봅시다. 예를 들어 '남녀 자영업 종사자 집단의 기부금액 평균'과 '남녀 임금근로 집단과 남녀 무직 및 미취업자 집단의 기부금액 평균'이 동등한지 계획비교를 실시해 보겠습니다. 공식으로 표현하자면 다음과 같이 표현할 수 있습니다.

$$\frac{M_{남-자영업}+M_{여-자영업}}{2}=\frac{M_{남-무직미취업}+M_{여-무직미취업}+M_{남-임금근로}+M_{여-임금근로}}{4}$$

먼저 전통적 방식으로는 아래와 같이 emmeans::contrast() 함수를 활용하시면 됩니다.

```
> # 전통적 방식 계획비교
> lm(lgdonate ~ 0+sex:ws3, subdf) |>
+   emmeans(~sex:ws3) |>
+   contrast(list(myplan=c(-1,-1,-1,-1,2,2))) |>
+   summary(infer=T)
 contrast estimate   SE  df lower.CL upper.CL t.ratio p.value
 myplan       2.41 0.58 659     1.28     3.55   4.165  <.0001

Confidence level used: 0.95
```

베이지언 방식으로는 다음과 같이 hypothesis() 함수를 활용하여 진행할 수 있습니다.

```
> # 임금근로 및 무직미취업 남성집단 평균과 자영업 남성 평균 비교
> hypothesis(brm_aov6_default,
+          c('-1*b_sexM:ws3무미 -1*b_sexW:ws3무미
+          -1*b_sexM:ws3임금 -1*b_sexW:ws3임금
+          +2*b_sexM:ws3자영업 +2*b_sexW:ws3자영업= 0'),
+          class=NULL)
Hypothesis Tests for class :
             Hypothesis Estimate Est.Error CI.Lower CI.Upper Evid.Ratio Post.Prob Star
1 (-1*b_sexM:ws3무미-... = 0     2.42      0.58     1.28     3.54         NA        NA    *
---
'CI': 90%-CI for one-sided and 95%-CI for two-sided hypotheses.
```

\`*': For one-sided hypotheses, the posterior probability exceeds 95%;
for two-sided hypotheses, the value tested against lies outside the 95%-CI.
Posterior probabilities of point hypotheses assume equal prior probabilities.

계획비교 결과 전통적 방법과 베이지언 방법이 비슷하게 나타난 것을 확인할 수 있습니다.

3 강한 사전분포 활용

지금까지 살펴보았듯, 약한 사전분포를 가정하는 경우 전통적 방법과 베이지언 방법이 거의 다르지 않은 추정결과를 보이는 것을 알 수 있습니다(물론 추정결과를 해석하는 방법이나 표현은 상당히 다릅니다).

이제는 강한 사전분포를 가정해 봅시다. 조금 후에 말씀드리겠지만, 아래 제시한 강한 사전분포는 강한 사전분포가 사후분포 추정치에 미치는 영향력이 표본의 규모에 따라 어떻게 달라지는지 보여 주기 위해 의도적으로 설정한 가상수치입니다. 기존의 선행연구들을 종합한 결과에 따르면, 성별 근로형태 집단별 점추정치(평균)와 95% 신용구간은 〈표 2-5-1〉과 같았습니다. 즉 세 집단 모두 평균을 중심으로 95% 신용구간이 '점추정치 0.05'로, 불확실성이 상당히 낮은 상황입니다.

표 2-5-1. 강한 사전분포 설정을 위한 성별 근로형태별 선행연구 결과

근로형태	남성	여성
무직 및 미취업	2.02 [1.97, 2.07]	2.97 [2.92, 3.02]
임금근로	2.49 [2.44, 2.54]	3.16 [3.11, 3.21]
자영업	3.06 [3.01, 3.11]	3.47 [3.42, 3.52]

주. 자연로그변환 기부금액의 점추정치(평균)과 95% 신용구간을 제시하였음.

이러한 누적된 선행연구 결과를 바탕으로 저는 성별과 근로형태별 여섯 집단의 평균을 다음과 같이 강한 사전분포를 가정하였습니다.

```
> # 강한 사전분포 설정
> 0.1/(2*1.96) # 신용구간 평균+0.05/-0.05
[1] 0.0255102
> stime <- Sys.time()
> brm_aov6_Sprior <- brm(
+  bf(lgdonate~0+sex:ws3),
+  subdf,
+  family=gaussian(),
+  prior=prior(normal(2.02,0.255),class='b',coef='sexM:ws3무미')+
+    prior(normal(2.97,0.255),class='b',coef='sexW:ws3무미')+
+    prior(normal(2.49,0.255),class='b',coef='sexM:ws3임금')+
+    prior(normal(3.16,0.255),class='b',coef='sexW:ws3임금')+
+    prior(normal(3.06,0.255),class='b',coef='sexM:ws3자영업')+
+    prior(normal(3.47,0.255),class='b',coef='sexW:ws3자영업'),
+  sample_prior = "yes",
+  control = list(adapt_delta = 0.99),
+  save_pars = save_pars(all = TRUE),
+  chains = 4,
+  iter = 11000,
+  warmup = 1000,
+  cores = 4,
+  seed = 1234
+ )
Compiling Stan program...
Start sampling
> # 추정결과 및 추정과정 점검
> # summary(brm_aov6_Sprior) # 분량문제로 제시하지 않았음. 직접 확인 요망
> # plot(brm_aov6_Sprior) # 분량문제로 제시하지 않았음. 직접 확인 요망
```

분량 조절을 위해 summary() 함수와 plot() 함수 추정결과는 제시하지 않았습니다만, MCMC 추정결과에서는 별 문제가 없는 것으로 나타났습니다. 약한 사전분포(brms 패키지 디폴트 사전분포) 상황에서 얻은 베이지언 분석결과와 강한 사전분포를 설정해 얻은 베이지언 분석결과의 점추정치를 비교한 결과를 아래와 같이 compare_weak_strong 이라는 이름의 오브젝트로 저장해 봅시다.

```
> # 약한 사전분포와 강한 사전분포 비교
> compare_weak_strong <- bind_rows(conditional_effects(brm_aov6_default)$`sex:ws3` |>
+         mutate(type='weak'),
+       conditional_effects(brm_aov6_Sprior)$`sex:ws3` |>
+         mutate(type='strong')) |>
+   select(sex,ws3,type,estimate__) |>
+   pivot_wider(names_from=type,values_from=estimate__)
```

이제 분석대상 예시데이터인 subdf에서 성별 근로형태 집단별 사례수와 각 집단별 결과변수의 평균값을 계산한 후 아래와 같이 descriptive_grp6라는 이름의 오브젝트로 저장해 봅시다.

```
> descriptive_grp6 <- subdf |> group_by(ws3,sex) |>
+   summarise(N=n(),M=mean(lgdonate)) |> ungroup()
`summarise()` has grouped output by 'ws3'. You can override using the `.groups`
argument.
```

이제 앞에서 계산한 두 오브젝트들을 성별 근로형태 집단별로 통합한 후, 평균과 강한 사전분포 상황의 절댓값 차이(prior_gap_abs), 그리고 강한 사전분포와 약한 사전분포 상황에서 얻은 사후분포의 점추정치 절댓값 차이(post_gap_abs)를 각각 계산한 결과를 살펴봅시다.

```
> full_join(descriptive_grp6,compare_weak_strong) |>
+ mutate(
+   Sprior = c(2.02,2.97,2.49,3.16,3.06,3.47),
+   prior_gap_abs = abs(M - Sprior),
+   post_gap_abs = abs(strong - weak)
+ )
Joining with `by = join_by(ws3, sex)`
# A tibble: 6 × 9
  ws3   sex       N     M  weak strong Sprior prior_gap_abs post_gap_abs
  <fct> <fct> <int> <dbl> <dbl>  <dbl>  <dbl>         <dbl>        <dbl>
1 무미   M        27  2.42  2.42   2.24   2.02         0.400       0.180
2 무미   W       175  2.57  2.57   2.61   2.97         0.404       0.0452
3 임금   M       231  2.89  2.89   2.85   2.49         0.397       0.0335
4 임금   W       118  2.76  2.76   2.82   3.16         0.399       0.0636
```

```
5 자영업  M     84    3.46  3.46  3.38  3.06          0.398        0.0839
6 자영업  W     30    3.07  3.07  3.24  3.47          0.404        0.169
```

출력결과를 살펴보시면 매우 흥미로운 패턴을 발견할 수 있습니다. 제가 〈표 2-5-1〉에서 임의로 설정했던 선행연구 결과는 사실 각 근로형태 집단의 평균을 기준으로 남성일 경우는 0.40을 빼주었고, 여성일 경우 0.40을 더해준 값이었습니다. 다시 말해 절댓값 기준으로 남성과 여성은 모두 평균값과 설정된 사전분포의 점추정치 사이에 0.40만큼의 격차가 존재합니다(prior_gap_abs 참조).

먼저 약한 사전분포 가정 시 얻은 사후분포의 점추정치(weak)와 집단별 결과변수의 평균(M)을 비교해 보시기 바랍니다. 소수점 2자리를 기준으로 동일합니다. 통제변수를 전혀 고려하지 않았다는 점, 그리고 약한 사전분포를 설정했다는 점에서 이 결과는 쉽게 이해할 수 있습니다.

여기서 주목할 점은 강한 사전분포를 설정했을 경우와 약한 사전분포를 설정했을 경우, 사후분포의 점추정치 차이의 절댓값인 post_gap_abs와 각 집단별 사례수인 N의 관계입니다. 먼저 '무직 및 미취업' 집단에 주목해 봅시다. 남성과 여성 모두 강한 사전분포의 점추정치와 평균값은 절댓값 기준 약 0.40으로 거의 동일합니다. 그러나 표본규모가 작은 남성의 경우(27명) 사전분포를 강하게 설정하는지 아니면 약하게 설정하는지에 따라 사후분포 점추정치의 차이값이 약 0.18 정도 달라진 반면, 표본규모가 상대적으로 큰 여성의 경우(175명) 사후분포 점추정치의 차이값은 약 0.05에 머무르고 있습니다. 상황은 '임금근로' 집단이나 '자영업' 집단에서도 비슷합니다.

다시 말해 표본규모가 작을 경우 사전분포가 사후분포 점추정치에 미치는 영향력이 더 큰 것을 확인할 수 있습니다. 이는 베이지언 추론 관점에서 볼 때 당연한 결과이기도 합니다.

지금까지 brm() 함수를 이용하여 베이지언 방법으로 어떻게 2원(2×3) 분산분석을 실시할 수 있는지, 그리고 집단간 평균비교와 계획비교를 실시할 수 있는지 살펴보았습니다. 아울러 강한 사전분포를 가정할 경우, 집단의 표본규모에 따라 강한 사전분포의 영향력이 어떻게 달라지는지도 살펴보았습니다. 독자께서는 필요에 따라 분석요인을 추가하거나, 연속형 변수를 공분산으로 추가 투입한 '공분산분석(ANCOVA)'을 진행하실 수 있습니다. 특히 연속형 변수를 분석에 추가 투입하고자 하시는 독자께서는 다음 장의 OLS 회귀분석을 살펴보시고, 이번 장을 다시 살펴보시면 큰 도움을 받을 수 있을 것입니다.

CHAPTER 6

일반최소제곱(OLS) 회귀모형

1. 일반최소제곱(OLS) 모형 구성
2. 다항회귀모형(polynomial regression): 1차항과 2차항 포함 OLS 회귀모형
3. 상호작용효과 테스트: 2원 및 3원 상호작용효과 테스트
4. 모형추정결과 시각화 및 기울기 분석
5. 강한 사전분포 기반 베이지언 일반최소제곱(OLS) 회귀모형 추정

앞에서는 결과변수가 정규분포를 따른다고 가정할 사용하는 일반선형모형(GLM)의 한 형태인 분산분석(ANOVA, analysis of variance)을 살펴보았습니다. 지난 장에서 소개한 분산분석과 이번 장에서 소개할 OLS 회귀모형은 본질적으로 전혀 차이가 없는 동일한 접근입니다. 분석분석에서는 주로 범주형 예측변수가 결과변수에 미치는 효과에 초점을 맞추었다면, OLS 회귀모형에서는 연속형 예측변수가 결과변수에 미치는 효과에 초점을 맞추도록 하겠습니다. 보다 구체적으로 이번 장에서는 OLS 맥락에서 연속형 예측변수의 고차항(high-order polynomial term), 범주형 예측변수와 연속형 예측변수의 상호작용효과, 두 연속형 예측변수 사이의 상호작용효과를 살펴보겠습니다.

이번 장에서 살펴볼 예시데이터는 DF_exdata1.csv입니다. 베이지언 분석을 위한 brms 패키지와 함께, 데이터 관리 및 사전처리 목적으로 tidyverse 패키지를 활용하였고, 효과적 시각화를 위해 tidybayes 패키지를 활용하였습니다. 또한 전통적 방법으로 상호작용효과를 테스트할 때 흔히 병행되는 기울기 분석 결과를 제시하기 위해 interactions 패키지의 sim_slopes() 함수를 활용하였으며, 그 결과를 베이지언 기울기 분석과 비교하였습니다. 또한 전통적 방법으로 모형비교를 할 때 많이 활용되는 AIC, BIC 계산을 위해 broom::glance() 함수를 활용하였습니다.

예시데이터의 변수들 중 기부금액(donate)의 경우, 기부 경험이 없다고 응답한 경우는 결측값으로 처리하였으며, 기부 경험이 있는 응답의 경우 자연로그(natural logarithm)를 적용하였습니다. 또한 응답자의 특성변수로 성별(female), 연령(age), 근로형태(workstatus), 상용로그로 변환된 소득수준(log10inc)을 활용하였습니다. 응답자 특성변수들의 경우, 성별(2수준: 남성, 여성), 근로형태(3수준: 임금근로, 자영업, 무직·미취업)는 범주형 변수이며, 연령과 상용로그변환 소득수준은 연속형 변수입니다.

이번 장에서 살펴볼 모든 OLS 회귀모형의 결과변수는 자연로그변환 기부금액(lgdonate) 변수입니다. 방금 말씀드렸듯, 기부 경험이 없는 경우 기부금액을 계산할 수 없기 때문에, 이번 장에서는 기부 경험이 있다는 응답자만 선별한 후, 분석에 활용하였습니다.

예시데이터 변수들에 대한 사전처리 과정은 다음과 같습니다.

```
> # 패키지 구동
> library(tidyverse)
> library(brms)
> library(tidybayes)
> library(interactions)
> # 데이터 불러오기
```

```
> df <- read_csv("DF_exdata1.csv")
> # 변수 사전처리
> df <- df |>
+  mutate(
+    lgdonate=ifelse(donate==0, NA, log(donate)), # 기부금액(로그전환)
+    ysdonate=ifelse(is.na(lgdonate),0,1),  # 기부여부
+    sex=factor(female,labels=c('M','W')),  # 성별
+    age10=age/10,  # 연령(10세 단위)
+    ws3=ifelse(workstatus=='3무급가족근로'|workstatus=='45미취업',
+              '345무미',workstatus), # 근로형태(범주형 변수)
+    ws3=factor(ws3,labels=c('임금','자영업','무미')),
+    ws3=fct_relevel(ws3,'무미','임금','자영업'), # 무직,미취업을 기준집단
+    wsnum=as.integer(ws3)  # 근로형태(연속형 변수)
+  )
> # 기부유경험자만 선별
> subdf <- df |>
+  filter(ysdonate==1)
```

1 일반최소제곱(OLS) 모형 구성

본서의 독자라면 전통적 분석방법으로 R을 이용해 OLS 회귀모형을 추정하는 방법에 대해서는 다 알고 계실 것입니다. 따라서 여기서는 OLS 회귀모형에서 요구되는 가정들에 대해서는 별도 설명을 하지 않겠습니다. 또한 OLS 회귀모형을 추정한 후, 흔히 진행되는 잔차분석이나 분산팽창지수(VIF, variance inflation factor) 등을 이용한 다중공선성(multi-collinearity) 점검에 대해서도 별도 설명을 하지 않겠습니다. 만약 OLS 회귀모형의 가정들, 잔차분석, 다중공선성 등에 대해 낯설게 느껴지신다면, 관련 기초 교재로 돌아가 꼭 다시 살펴보시기 바랍니다.

이번 장과 이후의 장들에서 꼭 강조하고 싶은 것은 연속형 변수에 대해 평균중심화(mean-centering)입니다. 다항회귀(polynomial regression) 분석이나 상호작용효과 테스트를 진행하기 전 연속형 변수에 대해 꼭 평균중심화(mean-centering) 변환을 실시하시기 바랍니다. 평균중심화 변환은 분석결과에 대한 해석가능성을 높여 주며, 무엇보다 나중에 소개될 혼합모형(다층모형)에서 매우 중요하기 때문입니다.

이번 장에서는 결과변수로 자연로그변환 기부금액을, 예측변수는 성별, 근로형태, 연령(10세 단위), 소득변수들을 사용하였습니다. 또한 연속형 변수 형태의 예측변수인 연령과 소득변수는 아래와 같이 평균중심화 변환을 실시하였습니다.

```
> # 평균중심화 변환(연속형 변수)
> subdf <- subdf |>
+  mutate(
+    age10MC=age10-mean(age10),
+    log10incMC=log10inc-mean(log10inc)
+  )
```

예시데이터를 이용하여 이번 장에서는 아래의 〈표 2-6-1〉과 같이 총 9개의 모형을 추정하였습니다. 추정되는 모형은 R의 `lm()` 함수, `glm()` 함수, `lme4` 패키지의 `glmer()` 함수 투입 공식(formula)으로 표현하였습니다.

표 2-6-1. OLS 모형

모형	공식
기준모형	
M1	`lgdonate~sex+age10MC+log10incMC+ws3`
다항회귀 모형	
M1A	`lgdonate~sex+age10MC+log10incMC+ws3+I(age10MC^2)`
M1B	`lgdonate~sex+age10MC+log10incMC+ws3+I(log10incMC^2)`
M1C	`lgdonate~sex+age10MC+log10incMC+ws3+I(age10MC^2)+I(log10incMC^2)`
상호작용효과 모형	
M2A	`lgdonate~sex+age10MC+log10incMC+ws3+ws3:age10MC`
M2B	`lgdonate~sex+age10MC+log10incMC+ws3+ws3:log10incMC`
M2C	`lgdonate~sex+age10MC+log10incMC+ws3+age10MC:log10incMC`

모형	공식
M2D	lgdonate~sex+age10MC+log10incMC+ws3+ ws3:age10MC+ws3:log10incMC+age10MC:log10incMC
M3	lgdonate~sex+age10MC+log10incMC+ws3+ ws3:age10MC+ws3:log10incMC+age10MC:log10incMC+ws3:age10MC:log10incMC

9개의 OLS 모형들은 아래의 〈그림 2-6-1〉과 같은 배속관계(embedded relationship)로 시각화할 수 있습니다.

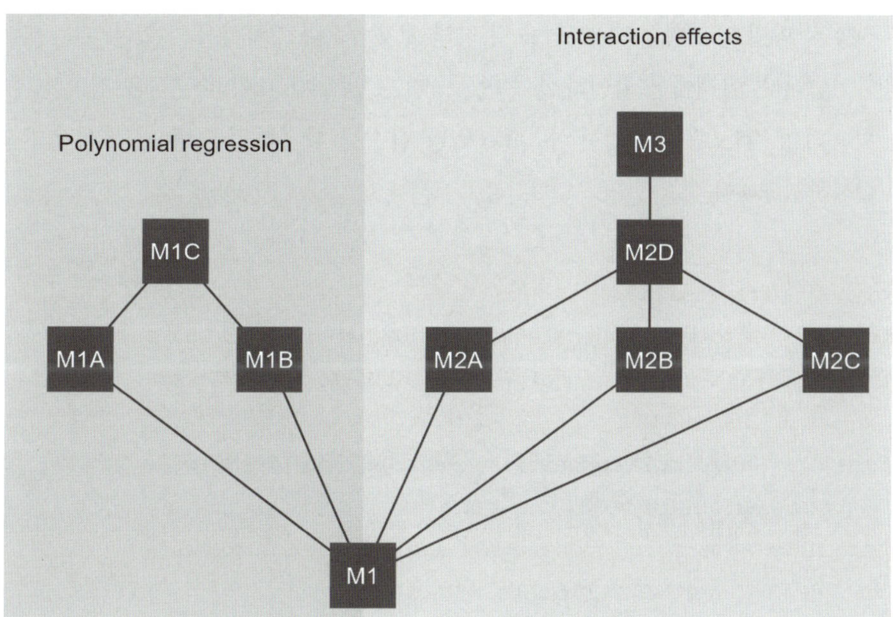

그림 2-6-1. OLS 모형들의 배속관계

2 다항회귀모형(polynomial regression): 1차항과 2차항 포함 OLS 회귀모형

다항회귀모형은 연속형 변수 형태의 예측변수의 고차항(high-order polynomial term)을 투입하여, 예측변수와 결과변수가 관계가 관계를 갖는지 테스트하는 회귀모형입니다. 먼저 모든 연속형 예측변수의 1차항만 고려한 M1을 추정한 후(즉 연속형 예측변수와 결과변수의 선형관계 가정), 2차항을 추가로 고려한 M1A, M1B, M1C를 차례대로 추정해 보겠습니다(즉, 연속형 예측변수와 결과변수의 곡선형 관계 가정).

우선 전통적 방법으로 다항회귀모형을 추정해 보겠습니다. 2차항을 투입할 때는 `I()` 함수를 활용하였습니다. 아래에서 확인하실 수 있듯, 저는 먼저 각 모형의 공식을 정의한 후, `lm()` 함수를 활용하여 각 모형을 추정한 후, `anova()` 함수를 활용하여 모형 간 통계적 유의도 테스트를 실시하였습니다.

```
> # Polynomial regression
> myform_M1 <- as.formula(lgdonate~sex+age10MC+log10incMC+ws3)
> myform_M1A <- as.formula(lgdonate~sex+age10MC+log10incMC+ws3+
+                    I(age10MC^2))
> myform_M1B <- as.formula(lgdonate~sex+age10MC+log10incMC+ws3+
+                    I(log10incMC^2))
> myform_M1C <- as.formula(lgdonate~sex+age10MC+log10incMC+ws3+
+                    I(age10MC^2)+I(log10incMC^2))
>
> mylm_M1 <- lm(myform_M1, subdf)
> mylm_M1A <- lm(myform_M1A, subdf)
> mylm_M1B <- lm(myform_M1B, subdf)
> mylm_M1C <- lm(myform_M1C, subdf)
> anova(mylm_M1,mylm_M1A,mylm_M1C)
Analysis of Variance Table

Model 1: lgdonate ~ sex + age10MC + log10incMC + ws3
Model 2: lgdonate ~ sex + age10MC + log10incMC + ws3 + I(age10MC^2)
Model 3: lgdonate ~ sex + age10MC + log10incMC + ws3 + I(age10MC^2) +
    I(log10incMC^2)
```

```
  Res.Df    RSS Df Sum of Sq      F  Pr(>F)
1    659 870.32
2    658 866.72  1    3.6035 2.7403 0.09833 .
3    657 863.97  1    2.7546 2.0947 0.14829
---
Signif. codes: 0 '***' 0.001 '**' 0.01 '*' 0.05 '.' 0.1 ' ' 1
> anova(mylm_M1,mylm_M1B,mylm_M1C)
Analysis of Variance Table

Model 1: lgdonate ~ sex + age10MC + log10incMC + ws3
Model 2: lgdonate ~ sex + age10MC + log10incMC + ws3 + I(log10incMC^2)
Model 3: lgdonate ~ sex + age10MC + log10incMC + ws3 + I(age10MC^2) +
    I(log10incMC^2)
  Res.Df    RSS Df Sum of Sq      F Pr(>F)
1    659 870.32
2    658 867.14  1    3.1879 2.4242  0.120
3    657 863.97  1    3.1702 2.4107  0.121
> # Select mylm_M1
```

모형비교 결과 연령변수든, 상용로그전환 소득변수든 1차항만 고려한 OLS 회귀모형은 1차항과 2차항을 모두 고려한 OLS 회귀모형과 비교해 모형 설명력에 큰 차이가 없다는 것을 확인할 수 있습니다.

이번에는 전통적 방식으로 추정된 OLS 회귀모형의 R^2와 수정된 R^2를 계산해 보고, 정보지수(AIC, BIC) 계산결과를 기반으로 어떤 모형이 가장 적절한지 살펴봅시다. 아래와 같이 `broom::glance()` 함수를 활용하면 각 지수들을 쉽고 깔끔하게 정리할 수 있습니다.

```
> # R2, AIC, BIC 비교
> bind_rows(broom::glance(mylm_M1),
+           broom::glance(mylm_M1A),
+           broom::glance(mylm_M1B),
+           broom::glance(mylm_M1C)) |>
+   mutate(model=c('M1','M1A','M1B','M1C')) |>
+   select(model,r.squared,adj.r.squared,AIC,BIC) |>
+   mutate(across(
+     .cols=where(is.numeric),
```

```
+   .fns=function(x){format( round(x,3), nsmall=3 )}
+ ))
# A tibble: 4 × 5
  model r.squared adj.r.squared AIC      BIC
  <chr> <chr>     <chr>         <chr>    <chr>
1 M1    0.120     0.113         2080.125 2111.624
2 M1A   0.124     0.116         2079.366 2115.364
3 M1B   0.123     0.115         2079.685 2115.683
4 M1C   0.126     0.117         2079.249 2119.747
```

정보지수의 경우, AIC 지수 기준 M1C 모형이 가장 좋으며, BIC 지수 기준으로는 M1 모형이 가장 적절합니다. 그러나 AIC든, BIC든 네 가지 모형 사이에 큰 격차가 있다고 보기는 어렵습니다. 즉 통계적 유의도 테스트를 활용한 모형비교[즉, anova() 함수 추정결과]와 AIC, BIC 지수를 추정하여 얻은 결과를 종합할 때, 이차항을 추가로 투입하지 않고 일차 선형관계만을 설정한 M1이 가장 적절한 모형입니다.

다음으로 brm() 함수를 이용하여 베이지언 OLS 다항회귀모형을 추정해 봅시다. 공식만 다른 여러 모형을 반복하여 추정한다는 점에서, 저는 아래와 같은 이용자함수를 하나 설정한 후, 앞서 설정한 OLS 회귀모형 추정공식을 입력하는 방식을 활용하였습니다.

```
> # 반복작업을 해야 한다는 점에서 아래와 같이 이용자함수 설정
> wrapper_brm_OLS <- function(myformula){
+  output_brm <- brm(
+   bf(myformula),
+   subdf,
+   family=gaussian(),
+   sample_prior = "yes",
+   control = list(adapt_delta = 0.99),
+   save_pars = save_pars(all = TRUE),
+   chains = 4,
+   iter = 11000,
+   warmup = 1000,
+   cores = 4,
+   seed = 1234
+ )
```

```
+   return(output_brm)
+ }
> # Polynomial regression
> brm_M1 <- wrapper_brm_OLS(myform_M1)
Compiling Stan program...
Start sampling
> brm_M1A <- wrapper_brm_OLS(myform_M1A)
Compiling Stan program...
Start sampling
> brm_M1B <- wrapper_brm_OLS(myform_M1B)
Compiling Stan program...
Start sampling
> brm_M1C <- wrapper_brm_OLS(myform_M1C)
Compiling Stan program...
Start sampling
> # summary() #함수 출력결과는 직접 확인해 보시기 바랍니다
> # plot() # 함수 출력결과 역시 직접 확인해 보시기 바랍니다
```

베이지언 방식으로 추정된 네 모형(M1, M1A, M1B, M1C)에 대한 `summary()` 함수와 `plot()` 함수 출력결과는 분량 조절을 위해 제시하지 않았습니다. 그러나 MCMC 추정결과에 별 문제가 없는지 꼭 확인하시기 바랍니다.

추정된 네 가지 베이지언 모형을 대상으로 베이스지수(BF, Bayes factor), (PSIS−)LOO 지수, 그리고 베이지언 R^2와 LOO−조정 R^2 등을 통해 베이지안 모형비교를 실시해 보겠습니다. 먼저 〈그림 2−6−1〉의 배속관계에 따라 모형 간 BF를 계산한 결과는 아래와 같습니다.

```
> # 모형비교
> set.seed(1)
> BF_M1A_M1 <- bayes_factor(brm_M1A, brm_M1)
                     [분량조절을 위해 Iteration 과정은 제시하지 않았음]
> BF_M1B_M1 <- bayes_factor(brm_M1B, brm_M1)
                     [분량조절을 위해 Iteration 과정은 제시하지 않았음]
> BF_M1C_M1A <- bayes_factor(brm_M1C, brm_M1A)
                     [분량조절을 위해 Iteration 과정은 제시하지 않았음]
> BF_M1C_M1B <- bayes_factor(brm_M1C, brm_M1B)
                     [분량조절을 위해 Iteration 과정은 제시하지 않았음]
```

```
> BF_M1A_M1
Estimated Bayes factor in favor of brm_M1A over brm_M1: 0.23627
> BF_M1B_M1
Estimated Bayes factor in favor of brm_M1B over brm_M1: 2.34668
> BF_M1C_M1A
Estimated Bayes factor in favor of brm_M1C over brm_M1A: 1.99967
> BF_M1C_M1B
Estimated Bayes factor in favor of brm_M1C over brm_M1B: 0.20107
```

BF 결과에 따르면 추정된 네 가지 OLS 모형들 중 M1이 가장 낫습니다. 결과에서 확인할 수 있듯, BF_M1A_M1의 값은 M1이 M1A 보다 더 데이터를 잘 설명한다는 것을 의미하며(약 4.23배, ≈ 1/0.236), BF_M1A_M1의 값은 M1B가 M1이 보다 데이터를 약 2.35배 더 잘 설명하지만, 그 값은 통상적인 기준차(Jeffrey's scale)인 5에 미치지 못하여 두 모형은 별반 차이가 없다고 볼 수 있습니다. 아울러 BF_M1C_M1A에서 알 수 있듯, M1C는 M1A와 크게 다르지 않으며, BF_M1C_M1B는 차라리 M1B가 M1C보다 데이터를 더 잘 설명하지만(약 4.98배, ≈ 1/0.201), 이 역시도 통상적 기준치를 벗어나지 못하고 있습니다.

LOO 지수를 계산해 보아도 크게 다르지 않습니다. add_criterion() 함수를 이용하여 LOO 지수를 계산한 후, 경쟁관계의 회귀모형들의 LOO 지수를 비교한 결과는 아래와 같습니다. 분량조절을 위해 구체적 LOO 지수값은 제공하지 않았지만, 반드시 LOO 지수 추정과정에서 문제가 없었는지 확인해 보시기 바랍니다. 제2부 1장에서 설명드렸듯, LOO 지수의 페레토 k값에 문제가 있는 경우, 시간이 더 걸리더라도 k-fold 지수를 추가로 계산해 보시기 바랍니다.

```
> brm_M1 <- add_criterion(brm_M1, c("loo"))
> brm_M1A <- add_criterion(brm_M1A, c("loo"))
> brm_M1B <- add_criterion(brm_M1B, c("loo"))
> brm_M1C <- add_criterion(brm_M1C, c("loo"))
> # 아래의 LOO 지수를 꼭 직접 확인해 보시기 바랍니다(특히 파레토 k)
> # brm_M1$criteria$loo
> # brm_M1A$criteria$loo
> # brm_M1B$criteria$loo
> # brm_M1C$criteria$loo
> loo_compare(brm_M1,brm_M1A,brm_M1B,brm_M1C,
+           criterion="loo") |> data.frame() |> round(2)
```

```
         elpd_diff se_diff elpd_loo se_elpd_loo p_loo se_p_loo  looic se_looic
brm_M1A     0.00    0.00   -1039.85     19.03     8.12    0.61    2079.70   38.06
brm_M1C    -0.02    1.58   -1039.87     19.03     9.22    0.73    2079.75   38.06
brm_M1B    -0.26    2.29   -1040.12     19.06     8.30    0.60    2080.23   38.12
brm_M1     -0.35    1.69   -1040.20     19.06     7.14    0.47    2080.40   38.12
```

LOO 지수 비교결과에서 명확하게 나타나듯, 경쟁관계의 네 가지 회귀모형의 LOO 지수는 거의 동등하다고 보아도 무방합니다. 즉 LOO 지수를 기준으로 판단할 때, 가장 간단한(추정되는 모수 개수가 적은) M1이 가장 좋은 모형이라고 볼 수 있습니다.

다음으로 베이지언 R^2와 LOO-조정 R^2를 살펴보겠습니다. 여러 모형들에 걸쳐 반복계산이 필요하기 때문에, 아래와 같은 이용자 함수를 정의한 후, 두 가지 R^2를 계산하였습니다.

```
> wrapper_Bayes_Loo_R2 <- function(output_brm_object, modelname){
+   result_Bayes_Loo_R2 <- rbind(bayes_R2(output_brm_object),
+                               loo_R2(output_brm_object)) |>
+     as_tibble() |>
+     mutate(type=c('Bayesian R2','Loo-adjusted R2'),
+            model=modelname)
+ }
> Bayes_Loo_R2_poly <- bind_rows(
+   wrapper_Bayes_Loo_R2(brm_M1,'M1'),
+   wrapper_Bayes_Loo_R2(brm_M1A,'M1A'),
+   wrapper_Bayes_Loo_R2(brm_M1B,'M1B'),
+   wrapper_Bayes_Loo_R2(brm_M1C,'M1C')
+ )
> Bayes_Loo_R2_poly|>
+   arrange(type, model)
# A tibble: 8 × 6
  Estimate Est.Error   Q2.5 Q97.5 type            model
     <dbl>     <dbl>  <dbl> <dbl> <chr>           <chr>
1    0.124    0.0218 0.0833 0.169 Bayesian R2     M1
2    0.129    0.0221 0.0869 0.173 Bayesian R2     M1A
3    0.129    0.0221 0.0866 0.173 Bayesian R2     M1B
4    0.133    0.0223 0.0903 0.177 Bayesian R2     M1C
5    0.104    0.0258 0.0524 0.154 Loo-adjusted R2 M1
6    0.105    0.0258 0.0531 0.155 Loo-adjusted R2 M1A
```

```
7   0.104   0.0266 0.0514 0.156 Loo-adjusted R2 M1B
8   0.105   0.0267 0.0516 0.156 Loo-adjusted R2 M1C
```

베이지언 R^2의 경우에도, 그리고 LOO-조정 R^2의 경우에도 네 가지 회귀모형 사이에 큰 차이가 나타나지 않습니다. 다시 말해 연령 변수의 2차항, 혹은 소득수준 변수의 2차항을 추가로 투입한다고 설명력이 크게 증가한다고 보기 어렵습니다.

BF, (PSIS-)LOO 지수, 베이지언 R^2과 LOO-조정 R^2 등을 토대로 판단할 때, 네 가지 모형 중 M1(brm_M1 오브젝트)이 가장 적절해 보입니다. 즉 연령변수와 자연로그변환 기부금액의 관계, 그리고 상용로그변환 소득수준과 자연로그변환 기부금액의 관계는 1차 선형관계라고 판단할 수 있으며, 이러한 판단은 전통적 접근의 모형비교 방법으로 내린 판단과 크게 다르지 않습니다.

3 상호작용효과 테스트: 2원 및 3원 상호작용효과 테스트

다음으로 상호작용효과를 테스트해 봅시다. 〈표 2-6-1〉과 〈그림 2-6-1〉에서 확인하실 수 있듯, 상호작용효과 모형은 2원 상호작용효과를 추정한 모형이 4개, 그리고 3원 상호작용효과를 추정한 모형이 1개로 총 5개입니다.

먼저 전통적 방식으로 상호작용효과 모형들을 추정한 후, 통계적 유의도 테스트를 기준으로 모형비교를 실시하면 아래와 같습니다. 다항회귀모형 추정과정과 마찬가지로 먼저 공식을 지정한 후, `lm()` 함수를 이용하여 모형추정결과를 저장하고, 〈그림 2-6-1〉에 제시된 배속관계에 따라 `anova()` 함수로 모형비교를 실시하였습니다.

```
> # Twoway interaction effects
> myform_M2A <- as.formula(lgdonate~sex+age10MC+log10incMC+ws3+
+                    ws3:age10MC)
> myform_M2B <- as.formula(lgdonate~sex+age10MC+log10incMC+ws3+
+                    ws3:log10incMC)
> myform_M2C <- as.formula(lgdonate~sex+age10MC+log10incMC+ws3+
+                    age10MC:log10incMC)
```

```
> myform_M2D <- as.formula(lgdonate~sex+age10MC+log10incMC+ws3+
+                   ws3:age10MC+ws3:log10incMC+age10MC:log10incMC)
> # 3-way interaction effects
> myform_M3 <- as.formula(lgdonate~sex+age10MC+log10incMC+ws3+
+                  ws3:age10MC+ws3:log10incMC+age10MC:log10incMC+
+                  ws3:age10MC:log10incMC)
> # 모형추정
> mylm_M2A <- lm(myform_M2A, subdf)
> mylm_M2B <- lm(myform_M2B, subdf)
> mylm_M2C <- lm(myform_M2C, subdf)
> mylm_M2D <- lm(myform_M2D, subdf)
> mylm_M3 <- lm(myform_M3, subdf)
> # 모형비교
> anova(mylm_M1,mylm_M2A,mylm_M2D)
Analysis of Variance Table

Model 1: lgdonate ~ sex + age10MC + log10incMC + ws3
Model 2: lgdonate ~ sex + age10MC + log10incMC + ws3 + ws3:age10MC
Model 3: lgdonate ~ sex + age10MC + log10incMC + ws3 + ws3:age10MC + ws3:log10incMC +
   age10MC:log10incMC
  Res.Df    RSS Df Sum of Sq      F   Pr(>F)
1    659 870.32
2    657 856.80  2    13.519 5.2535 0.005452 **
3    654 841.48  3    15.321 3.9692 0.008065 **
---
Signif. codes:  0 '***' 0.001 '**' 0.01 '*' 0.05 '.' 0.1 ' ' 1
> anova(mylm_M1,mylm_M2B,mylm_M2D)
Analysis of Variance Table

Model 1: lgdonate ~ sex + age10MC + log10incMC + ws3
Model 2: lgdonate ~ sex + age10MC + log10incMC + ws3 + ws3:log10incMC
Model 3: lgdonate ~ sex + age10MC + log10incMC + ws3 + ws3:age10MC + ws3:log10incMC +
   age10MC:log10incMC
  Res.Df    RSS Df Sum of Sq      F   Pr(>F)
1    659 870.32
2    657 860.46  2    9.8668 3.8342 0.022105 *
3    654 841.48  3   18.9735 4.9154 0.002199 **
```

```
---
Signif. codes: 0 '***' 0.001 '**' 0.01 '*' 0.05 '.' 0.1 ' ' 1
> anova(mylm_M1,mylm_M2C,mylm_M2D)
Analysis of Variance Table

Model 1: lgdonate ~ sex + age10MC + log10incMC + ws3
Model 2: lgdonate ~ sex + age10MC + log10incMC + ws3 + age10MC:log10incMC
Model 3: lgdonate ~ sex + age10MC + log10incMC + ws3 + ws3:age10MC + ws3:log10incMC +
    age10MC:log10incMC
  Res.Df    RSS Df Sum of Sq      F   Pr(>F)
1    659 870.32
2    658 857.78  1    12.546 9.7504 0.001872 **
3    654 841.48  4    16.295 3.1661 0.013625 *
---
Signif. codes: 0 '***' 0.001 '**' 0.01 '*' 0.05 '.' 0.1 ' ' 1
> anova(mylm_M2D,mylm_M3)
Analysis of Variance Table

Model 1: lgdonate ~ sex + age10MC + log10incMC + ws3 + ws3:age10MC + ws3:log10incMC +
    age10MC:log10incMC
Model 2: lgdonate ~ sex + age10MC + log10incMC + ws3 + ws3:age10MC + ws3:log10incMC +
    age10MC:log10incMC + ws3:age10MC:log10incMC
  Res.Df    RSS Df Sum of Sq      F Pr(>F)
1    654 841.48
2    652 836.52  2    4.9616 1.9336 0.1455
```

통계적 유의도 테스트를 기준으로 모형비교를 실시한 결과, 2원 상호작용효과 모형들(M2A, M2B, M2C)은 모두 주효과만 추정한 기준모형(M1)보다 높은 설명력을 보였습니다. 아울러 모든 가능한 2원 상호작용효과항들이 포함된 모형(M2D)는 다른 2원 상호작용효과 모형들에 비해 설명력이 통계적으로 유의미하게 높게 나타났습니다. 그러나 3원 상호작용효과를 추정한 M3는 세 가지 2원 상호작용효과들을 모두 추정한 모형인 M2D 보다 뚜렷하게 높은 설명력을 보이지 않았습니다[$F(2, 652) = 1.93$, $p = .15$]. 즉 통계적 유의도 테스트를 기준으로 한 모형비교를 진행한다면, M2D가 가장 적절하다고 볼 수 있습니다.

다음으로 각 모형의 R^2과 수정된 R^2을 계산해 보고, 아울러 AIC, BIC 계산결과를 기반으로 모형비교를 실시하면 아래와 같습니다.

```
> # R2, Adj R2, AIC, BIC 비교
> bind_rows(broom::glance(mylm_M2A),
+         broom::glance(mylm_M2B),
+         broom::glance(mylm_M2C),
+         broom::glance(mylm_M2D),
+         broom::glance(mylm_M3)) |>
+   mutate(model=c('M2A','M2B','M2C','M2D','M3')) |>
+   select(model,r.squared,adj.r.squared,AIC,BIC)  |>
+   mutate(across(
+     .cols=where(is.numeric),
+     .fns=function(x){format( round(x,3), nsmall=3 )}
+   ))
# A tibble: 5 × 5
  model r.squared adj.r.squared AIC      BIC
  <chr> <chr>     <chr>         <chr>    <chr>
1 M2A   0.134     0.124         2073.714 2114.213
2 M2B   0.130     0.121         2076.543 2117.041
3 M2C   0.133     0.125         2072.470 2108.468
4 M2D   0.149     0.136         2067.715 2121.713
5 M3    0.154     0.139         2067.783 2130.780
```

계산결과 AIC를 기준으로 한다면 M2D 혹은 M3가, BIC를 기준으로 한다면 M2C가 가장 적절한 모형인 것으로 나타났습니다. 통계적 유의도 테스트와 AIC, BIC 중 무엇을 기준으로 최종모형을 선택할지는 활동분과의 관례에 따라 다를 수 있습니다. 전통적 접근에서는 통계적 유의도 테스트와 AIC를 기준으로 한다면 M2D를, BIC를 기준으로 한다면 M2C를 가장 적절한 모형이라고 판단할 수 있습니다.

다음으로 `brm()` 함수를 기반으로 동일한 상호작용효과 모형에 대한 베이지언 분석을 실시해 봅시다. 다항회귀모형을 추정할 때와 마찬가지로 앞서 제가 정의한 `wrapper_brm_OLS()` 함수를 활용하여 5가지 상호작용효과 모형들을 추정하면 아래와 같습니다.

```
> brm_M2A <- wrapper_brm_OLS(myform_M2A)
Compiling Stan program...
Start sampling
> brm_M2B <- wrapper_brm_OLS(myform_M2B)
```

```
Compiling Stan program...
Start sampling
> brm_M2C <- wrapper_brm_OLS(myform_M2C)
Compiling Stan program...
Start sampling
> brm_M2D <- wrapper_brm_OLS(myform_M2D)
Compiling Stan program...
Start sampling
> brm_M3 <- wrapper_brm_OLS(myform_M3)
Compiling Stan program...
Start sampling
> # summary() 함수 출력결과는 직접 확인해 보시기 바랍니다
> # plot() 함수 출력결과 역시 직접 확인해 보시기 바랍니다
```

분량 조절을 위해서 MCMC 추정결과의 수렴 여부와 안정성을 살펴보기 위한 `summary()` 함수와 `plot()` 함수 출력결과는 제시하지 않았습니다. 제가 확인한 바로는 별 문제가 없었지만, 독자께서는 반드시 직접 확인해 보시기 바랍니다.

모형추정결과를 토대로 베이지언 모형비교를 실시하면 아래와 같습니다. 베이스지수(BF, Bayes factor), (PSIS−)LOO 지수를 계산한 결과는 아래와 같습니다.

```
> # 모형비교
> set.seed(1)
> BF_M2A_M1 <- bayes_factor(brm_M2A, brm_M1)
                        [분량조절을 위해 Iteration 과정은 제시하지 않았음]
> BF_M2B_M1 <- bayes_factor(brm_M2B, brm_M1)
                        [분량조절을 위해 Iteration 과정은 제시하지 않았음]
> BF_M2C_M1 <- bayes_factor(brm_M2C, brm_M1)
                        [분량조절을 위해 Iteration 과정은 제시하지 않았음]
> BF_M2D_M2A <- bayes_factor(brm_M2D, brm_M2A)
                        [분량조절을 위해 Iteration 과정은 제시하지 않았음]
> BF_M2D_M2B <- bayes_factor(brm_M2D, brm_M2B)
                        [분량조절을 위해 Iteration 과정은 제시하지 않았음]
> BF_M2D_M2C <- bayes_factor(brm_M2D, brm_M2C)
                        [분량조절을 위해 Iteration 과정은 제시하지 않았음]
> BF_M3_M2D <- bayes_factor(brm_M3, brm_M2D)
```

[분량조절을 위해 Iteration 과정은 제시하지 않았음]

```
> BF_M2A_M1
Estimated Bayes factor in favor of brm_M2A over brm_M1: 9.45262
> BF_M2B_M1
Estimated Bayes factor in favor of brm_M2B over brm_M1: 32.04488
> BF_M2C_M1
Estimated Bayes factor in favor of brm_M2C over brm_M1: 35.35962
> BF_M2D_M2A
Estimated Bayes factor in favor of brm_M2D over brm_M2A: 90.38145
> BF_M2D_M2B
Estimated Bayes factor in favor of brm_M2D over brm_M2B: 26.61950
> BF_M2D_M2C
Estimated Bayes factor in favor of brm_M2D over brm_M2C: 24.15832
> BF_M3_M2D
Estimated Bayes factor in favor of brm_M3 over brm_M2D: 3.98009
```

먼저 베이스지수(BF)를 기준으로 모형비교를 실시한 결과, 2원 상호작용효과 모형들(M2A, M2B, M2C)은 모두 주효과만 추정한 기준모형(M1)보다 데이터를 더 잘 설명하는 것으로 나타났습니다. 구체적으로 M1과 비교해, M2A는 분석대상 데이터를 약 9.45배, M2B는 약 32배, M2C는 약 35배 더 잘 설명하는 것으로 나타났습니다. 아울러 모든 가능한 2원 상호작용효과 항들을 모두 추정한 모형인 M2D는 2원 상호작용효과를 1개씩 추정한 모형들(M2A, M2B, M2C)과 비교할 때, 분석대상 데이터를 각각 약 90배, 27배, 24가량 더 잘 설명하는 것으로 나타났습니다. 끝으로 3원 상호작용효과를 추정한 M3는 M2D와 비교해 데이터를 약 3.98배 더 잘 설명하는 것으로 나타났지만, 통상적인 기준(Jeffreys, 1961)인 3보다는 크게 나타나 상당한 수준으로 설명력이 높다고 볼 수 있지만, 강한 수준이라고 보기는 어렵습니다. 즉 BF를 기준으로 할 때, M2D가 가장 적절한 모형이라고 판단할 수 있습니다.

다음으로 LOO 지수를 이용해 모형비교를 실시한 결과는 아래와 같습니다. 각 모형별 파레토 k값과 구체적인 LOO 지수 추정결과는 분량조정을 위하여 제시하지 않았습니다. 일단 분석대상 모형들의 경우 파레토 k값은 모두 양호한 것($k < 0.70$)으로 나타났습니다. 독자께서는 반드시 직접 추정결과를 확인해 보시기 바랍니다.

```
> brm_M2A <- add_criterion(brm_M2A, c("loo"))
> brm_M2B <- add_criterion(brm_M2B, c("loo"))
```

```
> brm_M2C <- add_criterion(brm_M2C, c("loo"))
> brm_M2D <- add_criterion(brm_M2D, c("loo"))
> brm_M3 <- add_criterion(brm_M3, c("loo"))
> # brm_M2A$criteria$loo
> # brm_M2B$criteria$loo
> # brm_M2C$criteria$loo
> # brm_M2D$criteria$loo
> # brm_M3$criteria$loo
> loo_compare(brm_M1,brm_M2A,brm_M2B,brm_M2C,brm_M2D,brm_M3,
+           criterion="loo") |> data.frame() |> round(2)
        elpd_diff se_diff elpd_loo se_elpd_loo p_loo se_p_loo  looic se_looic
brm_M3       0.00    0.00 -1034.45       19.03 14.31     1.19  2068.89    38.06
brm_M2D     -0.03    2.04 -1034.48       19.17 12.65     1.03  2068.96    38.34
brm_M2C     -1.95    4.56 -1036.40       19.37  8.14     0.60  2072.80    38.73
brm_M2A     -2.65    3.95 -1037.10       18.86  9.24     0.70  2074.19    37.72
brm_M2B     -4.22    4.46 -1038.67       19.14  9.51     0.69  2077.34    38.29
brm_M1      -5.75    5.27 -1040.20       19.06  7.14     0.47  2080.40    38.12
```

LOO 지수 기반 모형비교 결과에 대한 해석은 적어도 이 경우 다소 복잡합니다. 만약 LOO 지수 추정결과를 그대로 받아들인다면 M3가 가장 좋은 모형이라고 판단할 수도 있겠지만, M3와 M2D의 LOO 지수는 실질적으로 동등하다고 보아도 무방합니다. 추정모수의 개수가 가장 많은 M3와 가장 적은 M1의 LOO 지수를 비교해 보시면, M3와 M1의 차이는 11.51입니다. 로그전환 LOO 지수의 차이값(elpd_diff)은 −5.75, 이 차이값의 표준오차(se_diff)는 5.27이라는 점을 감안할 때, M1과 M3는 사실 동등한 모형으로 볼 수 있으며, 간소한 모형인 M1이 더 나은 모형이라고도 판단할 수 있습니다. 즉 LOO 지수를 기반으로 보수적 평가를 내린다면, M1을 가장 좋은 모형으로 판단할 수 있습니다.

끝으로 각 모형의 베이지언 R^2과 LOO−조정 R^2을 계산한 후 정리하면 아래와 같습니다.

```
> Bayes_Loo_R2_interactions <- bind_rows(
+  wrapper_Bayes_Loo_R2(brm_M2A,'M2A'),
+  wrapper_Bayes_Loo_R2(brm_M2B,'M2B'),
+  wrapper_Bayes_Loo_R2(brm_M2C,'M2C'),
+  wrapper_Bayes_Loo_R2(brm_M2C,'M2D'),
+  wrapper_Bayes_Loo_R2(brm_M3,'M3')
+ )
```

```
> bind_rows(Bayes_Loo_R2_poly |> filter(model=='M1'),
+         Bayes_Loo_R2_interactions) |>
+   arrange(type, model)
# A tibble: 12 × 6
  Estimate Est.Error  Q2.5 Q97.5 type              model
     <dbl>     <dbl>  <dbl> <dbl> <chr>             <chr>
 1   0.124    0.0218 0.0833 0.169 Bayesian R2       M1
 2   0.140    0.0226 0.0966 0.185 Bayesian R2       M2A
 3   0.136    0.0224 0.0933 0.181 Bayesian R2       M2B
 4   0.138    0.0226 0.0945 0.183 Bayesian R2       M2C
 5   0.138    0.0226 0.0945 0.183 Bayesian R2       M2D
 6   0.164    0.0232 0.119  0.210 Bayesian R2       M3
 7   0.104    0.0258 0.0524 0.154 Loo-adjusted R2 M1
 8   0.112    0.0276 0.0571 0.165 Loo-adjusted R2 M2A
 9   0.108    0.0277 0.0529 0.162 Loo-adjusted R2 M2B
10   0.115    0.0269 0.0602 0.166 Loo-adjusted R2 M2C
11   0.115    0.0271 0.0598 0.166 Loo-adjusted R2 M2D
12   0.119    0.0302 0.0579 0.177 Loo-adjusted R2 M3
```

상호작용효과 모형비교 결과를 정리해 봅시다. 전통적 분석과 약한 사전분포 기반 베이지언 분석 결과에서 나타나듯, 모형비교의 기준지수를 어떻게 설정하는가에 따라 최종선택 모형이 다를 수 있습니다. 이런 점에서 가장 적절한 기준은 연구자의 연구목적과 활동분과의 관례가 무엇인지 곰곰이 살펴보시기 바랍니다.

그러나 전반적으로 분석대상 데이터를 얼마나 잘 설명하는지에 초점을 맞춘다면, 세 가지 상호작용효과들을 모두 추정한 모형인 M2D 혹은 연령과 소득수준의 2원 상호작용효과를 추정한 모형인 M2C가 가장 적절해 보입니다. 그러나 분석대상 데이터가 아닌 분석대상 데이터와 동일한 방법으로 수집된 다른 데이터에 대한 예측정확도(predictive accuracy)가 중요하다면 주효과만을 추정한 가장 간단한 모형인 M1이 가장 적절하다고도 판단할 수 있습니다.

4 모형추정결과 시각화 및 기울기 분석

1) 다항회귀모형 추정결과 시각화

이번에는 brm() 함수를 통해 얻은 베이지언 모형 추정결과를 시각화해 봅시다. 먼저 다항회귀모형 추정결과를 시각화해 보겠습니다. 〈그림 2-6-1〉의 다항회귀모형 영역의 배속관계 모형들 중 선형관계만 가정한 기본모형인 M1(brm_M1)을 토대로 연령과 기부금액의 1차 선형 관계를 시각화한 결과와 연령의 2차항을 추가로 투입한 M1A(brm_M1A)를 토대로 연령과 기부금액의 2차 곡선형(quadratic) 관계를 시각화한 결과를 비교해 보겠습니다.

베이지언 OLS 회귀모형 추정결과의 시각화 방법은 앞서 베이지언 분산분석의 시각화 방법과 본질적으로 동일합니다. 먼저 시각화 작업의 핵심 예측변수인 연령변수를 제외한 다른 변수들은 연구목적에 적합한 값으로 통제합니다. 여기서 저는 성별(sex)은 '남성'으로 근로형태(ws3)는 '임금근로'로, 자연로그변환 소득수준(log10incMC)은 평균값으로 통제하였습니다. 베이지언 OLS 회귀모형 사후분포 예측값 계산 조건을 지정한 데이터는 다음과 같습니다.

```
> # 추정결과 시각화 : 다항회귀모형 예시
> newdata <- data.frame(sex='M',ws3='임금',
+                  log10incMC=0) # 남성,임금근로,평균소득으로 통제
```

설정된 예측용 데이터를 conditional_effects() 함수의 conditions 옵션에 지정한 후, 아래와 같이 분석대상 데이터 대상 오차불포함 사후분포 예측값을 brm_M1과 brm_M1A를 활용해 추정결과를 저장하였습니다. 만약 분석대상 데이터와 동일한 방식으로 수집된 다른 데이터를 대상으로 오차포함 사후분포 예측값을 계산하고자 한다면, conditional_effects() 함수의 method 옵션에 'posterior_predict'를 지정하시면 됩니다.

```
> fig_M1 <- conditional_effects(brm_M1,
+                       effects='age10MC',
+                       conditions=newdata)
> fig_M1A <- conditional_effects(brm_M1A,
+                       effects='age10MC',
+                       conditions=newdata)
```

연령 변화에 따른 오차불포함 사후분포 예측값 변화 패턴은 <그림 2-6-2>와 같습니다.

```
> bind_rows(fig_M1A$age10MC |> mutate(type='연령: 1차항+2차항'),
+         fig_M1$age10MC |> mutate(type='연령: 1차항')) |>
+ mutate(
+   age=10*( age10MC+mean(subdf$age10) )
+ ) |>
+ mutate(across(
+   .cols=c(estimate__,lower__,upper__),
+   .fns=function(x){exp(x)} # back to original scale
+ )) |>
+ ggplot(aes(x=age,y=estimate__))+
+ geom_line(linewidth=1)+
+ geom_ribbon(aes(ymin=lower__, ymax=upper__),alpha=0.3)+
+ labs(x="연령", y="기부금액",
+      title="다항회귀모형 시각화 예시: 오차불포함 사후분포 예측값",
+      caption=str_c("\n주: 모형1A와 모형1A 기준, 성별, 근로형태, 소득은",
+      "각각 남성, 임금근로, 평균소득으로 통제"))+
+ theme_bw()+
+ facet_grid(~type)
```

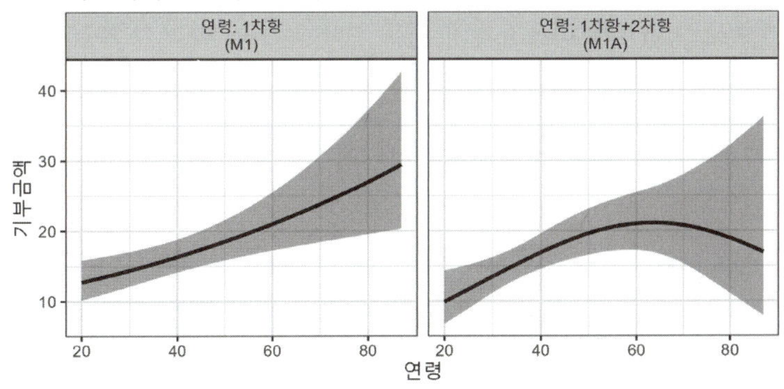

그림 2-6-2. 다항회귀모형 추정결과 시각화

베이지언 OLS 모형 시각화 작업은 본질적으로 베이지언 ANOVA 추정결과 시각화와 동일합니다. 앞에서 살펴본 분석 결과를 따르자면 <그림 2-6-2>의 왼쪽 그래프를 제시하는 것이 적절합니다. 그러나 만약 베이지언 분석결과 베이스지수(BF)나 LOO 지수에서 연령과 결과변수 사이의 관계가 2차 곡선형 관계를 가정한 모형이 더 나았다면, 〈그림 2-6-2〉의 오른쪽 그래프를 제시하는 것이 더 적절합니다.

2) 상호작용효과 모형 추정결과 시각화와 기울기 분석

앞에서 살펴보았듯, 모형비교 기준을 무엇으로 설정하는가에 따라 분석대상 데이터를 가장 잘 설명하는 상호작용효과 모형이 무엇인지에 대한 판단이 달라질 수 있습니다. 여기서는 베이지언 모형 추정결과 시각화 실습을 위해 3원 상호작용효과 추정모형인 brm_M3를 기반으로 2원 상호작용효과 패턴과 3원 상호작용효과 패턴 시각화 실습을 진행해 보겠습니다.

먼저 2원 상호작용효과 패턴을 시각화해 봅시다. brm_M3에는 아래와 같이 총 3개의 2원 상호작용효과가 존재합니다. 여기서 ①과 ②의 경우 범주형 변수(ws3)와 연속형 변수(age10MC 혹은 log10incMC)의 2원 상호작용효과이며, ③의 경우 두 연속형 변수들(age10MC과 log10incMC) 사이의 상호작용효과입니다.

① 근로형태와 연령의 상호작용효과(ws3:age10MC)
② 근로형태와 소득수준의 상호작용효과(ws3:log10incMC)
③ 연령과 소득수준의 상호작용효과(age10MC:log10incMC)

먼저 범주형 변수와 연속형 변수의 상호작용 효과를 시각화할 경우, 일반적으로 연속형 변수를 X축에 배치하고, 범주형 변수를 범례 혹은 별개의 패널(혹은 패시트)로 제시하는 것이 보통입니다. 구체적으로 ①번 상호작용효과의 경우, 연령 변화에 따른 기부금액 변화를 근로형태(무직 및 미취업, 임금근로, 자영업 집단)로 구분하여 시각화할 수 있습니다. 이를 위해 우선 brm_M3에 포함된 다른 예측변수인 성별(sex)과 소득수준(log10incMC)을 각각 '남성'과 '평균소득 수준' 조건으로 통제한 데이터오브젝트 newdata를 아래와 같이 설정하였습니다. 이후 conditional_effects() 함수를 이용해 brms() 함수 오브젝트인 brm_M3를 기반으로 newdata를 conditions 옵션에 지정한 후, 근로형태와 연령의 상호작용효과('ws3:age10MC')의 사후분포 예측값을 계산하였습니다.

```
> # 추정결과 시각화 : brm_M3 최종모형
> # 소득수준 통제후, 근로형태와 연령 상호작용
> newdata <- data.frame(sex='M',log10incMC=0) # 남성,평균소득으로 통제
> fig_M3_ws_age <- conditional_effects(brm_M3,
```

```
+                                        effects='ws3:age10MC',
+                                        conditions=newdata)
```

이후, 10세 단위로 측정했던 연령과 자연로그변환 기부금액을 원래 값으로 돌려준 후, X축에는 연령을, Y축에는 기부금액을 배치하고, 근로형태 집단에 따라 패시팅(faceting)된 그래프를 제시한 결과는 〈그림 2-6-3〉과 같습니다.

```
> fig_M3_ws_age$`ws3:age10MC` |>
+ mutate(
+   age=10*( age10MC+mean(subdf$age10) ), # back to original scale
+   ws3=fct_relevel(ws3,'임금','자영업','무미'),
+   ws3=factor(ws3,labels=c('임금근로','자영업','무급 및 무직'))
+ ) |>
+ mutate(across(
+   .cols=c(estimate__,lower__,upper__),
+   .fns=function(x){exp(x)} # back to original scale
+ )) |>
+ ggplot(aes(x=age,y=estimate__))+
+ geom_line(linewidth=1)+
+ geom_ribbon(aes(ymin=lower__, ymax=upper__),alpha=0.3)+
+ labs(x="연령", y="기부금액",
+      title="연령과 근로형태 상호작용효과: 오차불포함 사후분포 예측값",
+      caption="주: 모형2D 기준, 성별과 소득은 각각 남성, 평균소득으로 통제")+
+ theme_bw()+
+ facet_grid(~ws3)
```

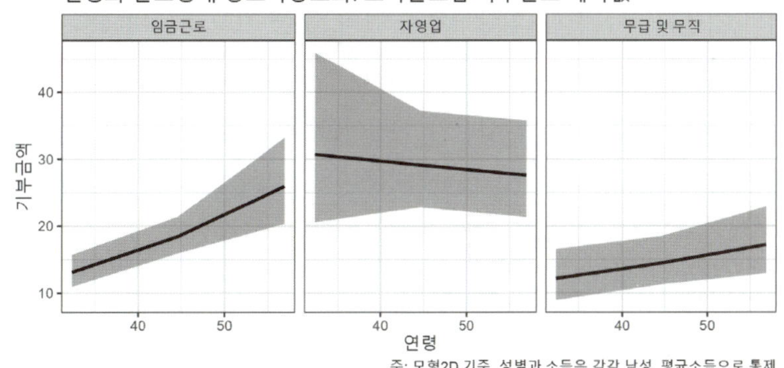

그림 2-6-3. 근로형태와 연령의 2원 상호작용효과(M3 모형 기반 사후분포 추정값)

〈그림 2-6-3〉에서 확인할 수 있듯, '임금근로' 집단과 '무급 및 무직자' 집단의 경우 연령이 증가할수록 기부금액이 증가하는 패턴을 보였지만, '자영업' 집단의 경우 연령이 증가할수록 기부금액이 감소하는 패턴을 보였습니다.

그러나 〈그림 2-6-3〉은 근로형태 집단별 연령과 기부금액의 관계가 어떠한지를 대략적으로 보여 줄 뿐, 각 집단별 연령과 근로형태의 관계에 대한 뚜렷한 판단기준을 제공하지 않고 있습니다. 이 경우, 전통적 분석방법에서는 각 집단별 연령의 기울기(slope)가 '0'과 비교했을 때 통계적으로 유의미한지 여부에 대한 추가적 테스트, 즉 기울기 분석(slope analysis)을 실시합니다. 베이지언 분석에서도 비슷한 분석을 시도할 수 있습니다. 즉 각 집단별 연령의 기울기 참값(true value)의 95% 신용구간이 '0'을 포함하는지 여부를 살펴볼 수 있습니다.

먼저 전통적 분석방식으로 기울기 분석을 실시하면 다음과 같습니다. brm_M3 오브젝트와 동일하게 M3 모형을 추정한 mylm_M3 오브젝트를 기반으로 interactions 패키지의 sim_slopes() 함수를 이용하면 아래와 같이 어렵지 않게 기울기 분석을 실시할 수 있습니다.

```
> # 근로형태 집단별 연령의 기울기 분석 slope analysis
> result_slope_age_ws3 <- sim_slopes(mylm_M3,
+                                    pred=age10MC,modx=ws3,
+                                    johnson_neyman=F) # 존슨-나이먼 범위는 계산하지 않음1)
> result_slope_age_ws3$slopes |> as_tibble()
# A tibble: 3 × 7
  `Value of ws3`   Est.   S.E.  `2.5%` `97.5%` `t val.`         p
  <chr>           <dbl>  <dbl>   <dbl>   <dbl>    <dbl>     <dbl>
1 자영업        -0.0431 0.0952 -0.230    0.144   -0.453 0.651
2 임금           0.277  0.0643  0.151    0.404    4.31  0.0000187
3 무미           0.141  0.0683  0.00701  0.275    2.07  0.0392
```

전통적 방식의 기울기 분석결과, 임금근로 집단의 연령 기울기($b = 0.28$, $b = 0.28$)와 무급 및 미취업자 집단의 연령 기울기($b = 0.28$, $p = .04$)는 '0'과 비교할 때 통계적으로 유의미하게 크다고 판단할 수 있는 반면, 자영업 집단의 연령기울기는 '0'과 큰 차이가 없다고 판단할 수

1) 여기서 존슨-나이먼(Johnson-Neyman) 범위는 기울기가 통계적으로 유의미하게 나타나는 조절변수[sim_slopes() 함수 내부에 modx으로 지정된 변수]의 범위를 의미합니다. sim_slopes() 함수에서는 johnson_neyman 옵션의 디폴트값이 TRUE이며, 만약 조절변수가 연속형 변수인 경우에는 존슨-나이먼 범위를 계산할 수 있습니다. 그러나 현재 지정된 조절변수인 ws3는 범주형 변수이기 때문에 존슨-나이먼 범위를 계산하는 것이 불가능하기 때문에 FALSE로 옵션을 바꾸었습니다. 나중에 소개할 연령과 소득수준의 2원 상호작용효과의 경우, 존슨-나이먼 범위를 계산할 수 있습니다.

있다($b = -0.04$, $p = .65$).

베이지언 기울기 분석은 아래와 같이 brms 패키지의 hypothesis() 함수를 활용하면 됩니다. 즉 brm_M3 오브젝트에서 추정되는 회귀계수들을 목적에 맞도록 지정하는 방식입니다. 현재 ws3 변수의 기준집단은 무직 및 미취업 집단(무미)이기 때문에, b_age10MC은 무직 및 미취업 집단의 연령 기울기이며, 임금근로 집단의 연령 기울기는 b_age10MC + b_age10MC:ws3임금으로, 자영업 집단의 연령 기울기는 b_age10MC + b_age10MC:ws3자영업입니다. 각 집단의 연령기울기의 참값의 95% 신용구간에 '0'이 포함되는지는 다음과 같은 방식으로 살펴볼 수 있습니다. 먼저 기준집단인 무직 및 미취업 집단의 연령 기울기를 살펴본 결과는 아래와 같습니다.

```
> # brm() 추정결과를 활용한 기울기 분석
> hypothesis(brm_M3,c('b_age10MC = 0'),
+           class=NULL)
Hypothesis Tests for class :
      Hypothesis Estimate Est.Error CI.Lower CI.Upper Evid.Ratio Post.Prob Star
1 (b_age10MC) = 0     0.14      0.07     0.01     0.28         NA        NA    *
---
'CI': 90%-CI for one-sided and 95%-CI for two-sided hypotheses.
'*': For one-sided hypotheses, the posterior probability exceeds 95%;
for two-sided hypotheses, the value tested against lies outside the 95%-CI.
Posterior probabilities of point hypotheses assume equal prior probabilities.
```

제시된 출력결과에서 Hypothesis, Estimate, CI.Lower, CI.Upper의 세 가지만 정리하여 표시하려면 아래와 같이 출력결과의 hypothesis 하위오브젝트를 선별한 후, 추출하고자 하는 변수의 위치를 수치로 별도 지정하면 됩니다.

```
> hypothesis(brm_M3,c('b_age10MC = 0'),
+           class=NULL)$hypothesis[,c(1,2,4,5)]
       Hypothesis  Estimate    CI.Lower  CI.Upper
1 (b_age10MC) = 0 0.1410008 0.006188322 0.2761595
```

세 집단의 기울기 분석 결과를 종합하여 정리하면 아래와 같습니다.

```
> bind_rows(
+  hypothesis(brm_M3,c('b_age10MC = 0'),
+                class=NULL)$hypothesis[,c(1,2,4,5)],
+  hypothesis(brm_M3,c('b_age10MC + b_age10MC:ws3임금 = 0'),
+                class=NULL)$hypothesis[,c(1,2,4,5)],
+  hypothesis(brm_M3,c('b_age10MC + b_age10MC:ws3자영업= 0'),
+                class=NULL)$hypothesis[,c(1,2,4,5)]
+ ) |> mutate(ws3=c('무미','임금','자영업')) |>
+  select(ws3,Hypothesis,Estimate,CI.Lower,CI.Upper) |>
+  as_tibble()
# A tibble: 3 × 5
  ws3   Hypothesis                              Estimate CI.Lower CI.Upper
  <chr> <chr>                                      <dbl>    <dbl>    <dbl>
1 무미   (b_age10MC) = 0                              0.141  0.00619   0.276
2 임금   (b_age10MC+b_age10MC:ws3임금) = 0             0.278  0.150     0.404
3 자영업 (b_age10MC+b_age10MC:ws3자영업) = 0  -0.0435 -0.232     0.145
```

분석결과에서 확인할 수 있듯, 임금근로 집단의 연령 기울기는 약 0.15부터 0.40의 범위에 놓일 확률이 95%로 연령 기울기 참값이 0을 포함할 가능성은 거의 없다고 볼 수 있으며, 무직 및 미취업 집단의 연령 기울기는 약 0.01부터 0.28 사이에 놓일 확률이 95%로 연령 기울기의 참값이 0을 포함할 가능성은 상당히 낮은 것으로 나타났습니다. 반면 자영업 집단의 연령 기울기는 −0.23부터 0.14 범위에 놓일 확률이 95%로 연령 기울기의 참값이 0을 포함한다고 보는 것이 자연스럽습니다.

hypothesis() 함수 대신 아래와 같이 as_draws_df() 함수를 이용할 수도 있습니다. 베이지언 기울기 분석결과는 동일한 것을 확인할 수 있습니다.

```
> # 좀 번잡하지만, 아래와 같이 진행할 수도 있음
> as_draws_df(brm_M3) |>
+  select(starts_with('b_age10MC')) |>
+  mutate(
+    slope_무미=b_age10MC,
+    slope_임금=b_age10MC+`b_age10MC:ws3임금`,
+    slope_자영업=b_age10MC+`b_age10MC:ws3자영업`
+  ) |>
+  pivot_longer(cols=starts_with('slope_')) |>
```

```
+ group_by(name) |>
+ summarise(
+   pred=mean(value),
+   lb=quantile(value,prob=0.025),
+   ub=quantile(value,prob=0.975)
+ )
# A tibble: 3 × 4
  name          pred     lb      ub
  <chr>         <dbl>   <dbl>   <dbl>
1 slope_무미     0.141   0.00619 0.276
2 slope_임금     0.278   0.150   0.404
3 slope_자영업 -0.0435 -0.232   0.145
```

지금까지 근로형태와 연령의 2원 상호작용효과 패턴의 시각화 방법과 베이지언 기울기 분석을 살펴보았습니다. ②번 상호작용효과인 근로형태와 상용로그변환 소득수준의 상호작용효과 패턴 시각화와 베이지언 기울기 분석도 본질적으로 동일합니다. 한 가지 차이가 존재한다면 상용로그변환된 소득수준을 원 측정값으로 전환해 주는 것뿐입니다.

먼저 근로형태와 상용로그변환 소득수준 변수를 제외한 다른 예측변수들, 즉 성별(sex)과 연령(age10MC)을 각각 '여성'과 평균연령으로 통제한 조건의 데이터 프레임 newdata를 아래와 같이 생성하였습니다. 이후 conditional_effects() 함수를 이용하여 분석대상 데이터에 대한 오차불포함 사후분포 예측값 추정결과를 저장한 후, 이를 기반으로 시각화한 결과가 〈그림 2-6-4〉입니다.

```
> # 연령수준 통제후, 근로형태와 소득수준 상호작용는
> # 위의 사례를 보고 쉽게 응용가능
> newdata <- data.frame(sex='W',age10MC=0) # 여성,평균연령으로 통제
> fig_M3_ws_inc <- conditional_effects(brm_M3,
+                                      effects='ws3:log10incMC',
+                                      conditions=newdata)
> fig_M3_ws_inc$`ws3:log10incMC` |>
+ mutate(
+   inc=10^( log10incMC+mean(subdf$log10inc) ), # back to original scale
+   inc1000=inc/1000, # 소득단위: 천만원
+   ws3=fct_relevel(ws3,'임금','자영업','무미'),
+   ws3=factor(ws3,labels=c('임금근로','자영업','무급 및 무직'))
```

```
+ ) |>
+ mutate(across(
+   .cols=c(estimate__,lower__,upper__),
+   .fns=function(x){exp(x)} # back to original scale
+ )) |>
+ ggplot(aes(x=inc1000,y=estimate__))+
+ geom_line(linewidth=1)+
+ geom_ribbon(aes(ymin=lower__, ymax=upper__),alpha=0.3)+
+ labs(x="소득수준(단위: 천만원)", y="기부금액",
+     title="소득수준과 근로형태 상호작용효과: 오차불포함 사후분포 예측값",
+     caption="주: 모형2D 기준, 성별과 연령은 각각 남성, 평균연령으로 통제")+
+ theme_bw()+
+ facet_grid(~ws3)
```

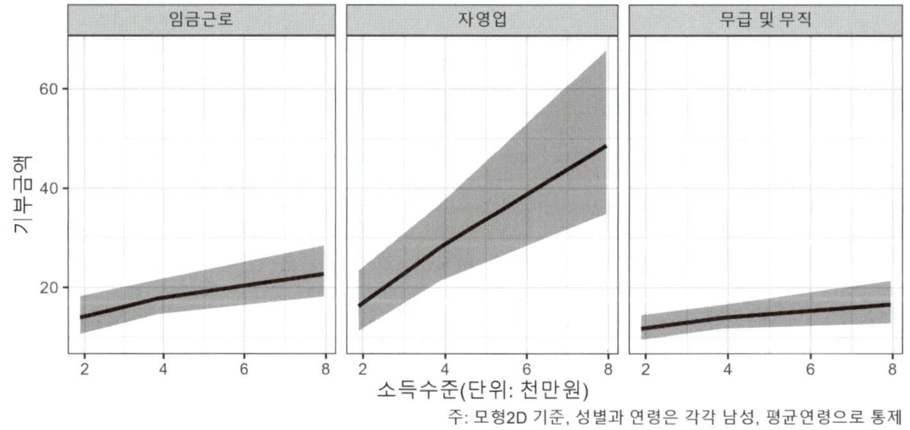

그림 2-6-4. 근로형태와 소득수준의 2원 상호작용효과(M3 모형 기반 사후분포 추정값)

기울기 분석 역시 동일한 방식으로 진행할 수 있습니다. 먼저 전통적 방식의 기울기 분석결과는 아래와 같습니다.

```
> # 근로형태 집단별 소득수준의 기울기 분석 slope analysis
> sim_slopes(mylm_M3,pred=log10incMC,modx=ws3,
+          johnson_neyman=F)$slopes |> as_tibble()
# A tibble: 3 × 7
  `Value of ws3`  Est.  S.E. `2.5%`  `97.5%`  `t val.`        p
  <chr>          <dbl> <dbl>  <dbl>   <dbl>    <dbl>      <dbl>
```

```
1 자영업     1.76   0.355  1.06    2.46     4.95    0.000000924
2 임금      0.783  0.247   0.299   1.27     3.17    0.00157
3 무미      0.558  0.260   0.0477   1.07     2.15    0.0321
```

분석결과에서 확인할 수 있듯, 근로형태의 세 집단들 모두에서 소득의 기울기는 통계적으로 유의미하게 '0'보다 큰 기울기입니다.

앞에서와 마찬가지로 hypothesis() 함수를 활용하여 아래와 같이 베이지언 기울기 분석을 실시할 수 있습니다.

```
> # brm() 추정결과를 활용한 기울기 분석
> bind_rows(
+  hypothesis(brm_M3,c('b_log10incMC = 0'),
+                class=NULL)$hypothesis[,c(1,2,4,5)],
+  hypothesis(brm_M3,c('b_log10incMC + b_log10incMC:ws3임금 = 0'),
+                class=NULL)$hypothesis[,c(1,2,4,5)],
+  hypothesis(brm_M3,c('b_log10incMC + b_log10incMC:ws3자영업= 0'),
+                class=NULL)$hypothesis[,c(1,2,4,5)]
+ ) |> mutate(ws3=c('무미','임금','자영업')) |>
+  select(ws3,Hypothesis,Estimate,CI.Lower,CI.Upper) |>
+  as_tibble()
# A tibble: 3 × 5
  ws3   Hypothesis                                    Estimate CI.Lower CI.Upper
  <chr>  <chr>                                           <dbl>    <dbl>    <dbl>
1 무미   (b_log10incMC) = 0                                0.557   0.0509     1.07
2 임금   (b_log10incMC+b_log10incMC:ws3임금) = 0           0.782   0.294      1.27
3 자영업 (b_log10incMC+b_log10incMC:ws3자영업) = 0 1.76    1.06       2.46
```

이제 ③번 상호작용효과, 즉 두 연속형 변수들 사이의 상호작용효과 패턴 시각화와 기울기 분석을 실시해 봅시다. 연속형 변수들 사이의 상호작용효과 패턴을 시각화할 경우 통상적으로 조절변수로 설정된 연속형 변수를 '평균보다 1표준편차 낮은 수준($M-SD$)', '평균 수준(M)', '평균보다 1표준편차 높은 수준($M-SD$)' 3수준으로 구분한 후, 각 수준에 따라 원인변수로 설정된 연속형 변수와 결과변수의 관계를 시각화합니다. brms 패키지의 경우, make_conditions() 함수에 조절변수로 설정하고자 하는 연속형 변수를 지정하면, 조절변수로 지정된 연속형 변수를 3수준으로 자동변환해 줍니다. 아래를 보시면 make_conditions() 함수의 역할을 쉽게 이해하실 수 있을 것입니다.

```
> # 근로형태 통제후, 연령과 소득수준 상호작용
> # 소득수준을 조절변수로 가정
> newdata <- make_conditions(brm_M3,"log10incMC") |> # 디폴트 M-SD/M/M+SD
+   mutate(sex='M',ws3='임금') # 남성,임금근로형태로 통제
> newdata
    log10incMC          cond__ sex ws3
1 -3.120933e-01 log10incMC = -0.31   M 임금
2  9.083038e-17    log10incMC = 0    M 임금
3  3.120933e-01  log10incMC = 0.31   M 임금
```

이후 conditional_effects() 함수를 적용하고, 상호작용효과 패턴을 시각화하는 방법은 아래와 같이 본질적으로 동일합니다.

```
> fig_M3_age_inc <- conditional_effects(brm_M3,
+                                       effects='age10MC:log10incMC',
+                                       conditions=newdata)
> fig_M3_age_inc$`age10MC:log10incMC` |>
+  mutate(
+   age=10*( age10MC+mean(subdf$age10) ), # back to original scale
+   grpinc3=factor(log10incMC,labels=c('낮음 (M-SD)','평균 (M)',
+                 '높음 (M+SD)'))
+  ) |>
+  mutate(across(
+   .cols=c(estimate__,lower__,upper__),
+   .fns=function(x){exp(x)} # back to original scale
+  )) |>
+  ggplot(aes(x=age,y=estimate__))+
+  geom_line()+
+  geom_ribbon(aes(ymin=lower__, ymax=upper__),alpha=0.3)+
+  labs(x="연령", y="기부금액",
+     title="연령과 소득수준 상호작용효과: 오차불포함 사후분포 예측값",
+     caption="주: 모형2D 기준, 성별과 근로형태는 각각 남성, 임금근로로 통제")+
+  theme_bw()+
+  facet_grid(~grpinc3)
```

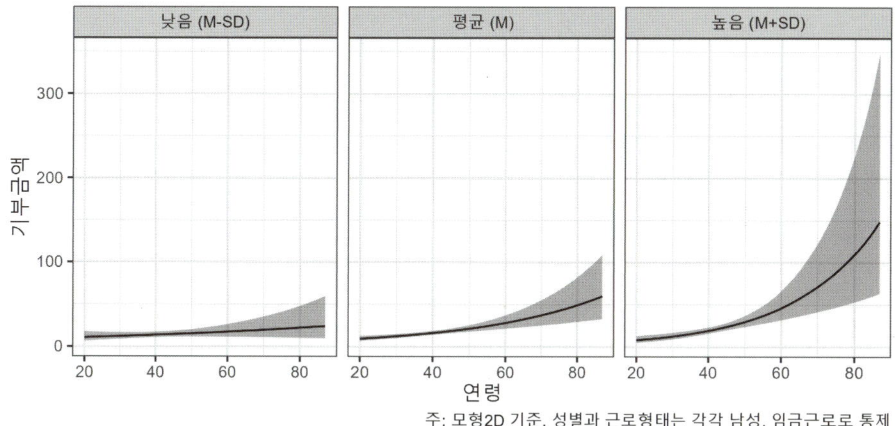

그림 2-6-5. 연령과 소득수준의 2원 상호작용효과(M3 모형 기반 사후분포 추정값)

두 연속형 변수들의 상호작용효과에 대한 기울기 분석은 다소 까다롭습니다. 우선 전통적 접근방법의 경우 interactions 패키지의 sim_slopes() 함수를 이용하여 다음과 같이 기울기 분석을 진행할 수 있습니다.

```
> # 소득수준 집단별 연령의 기울기 비교의 경우 조절변수 역할의 변수 수준을
> # 지정하는 방식으로 진행가능
> slope_result <- sim_slopes(model = mylm_M3,pred=age10MC,modx=log10incMC,
+                      mod2=ws3, mod2.values=factor('임금')) # 남성, 임금근로
> slope_result
███████████████ While ws3 (2nd moderator) = 임금 ███████████████
JOHNSON-NEYMAN INTERVAL
When log10incMC is OUTSIDE the interval [-6.93, -0.22], the slope of age10MC is p <
.05.
Note: The range of observed values of log10incMC is [-1.39, 1.03]
SIMPLE SLOPES ANALYSIS
Slope of age10MC when log10incMC = -3.120933e-01 (- 1 SD):

 Est.  S.E.  t val.   p
------ ------ -------- ------
 0.12  0.10   1.22  0.22
```

```
Slope of age10MC when log10incMC =  9.082125e-17 (Mean):

  Est.  S.E.  t val.     p
------ ------ -------- ------
  0.28  0.06    4.31  0.00

Slope of age10MC when log10incMC =  3.120933e-01 (+ 1 SD):

  Est.  S.E.  t val.     p
------ ------ -------- ------
  0.44  0.10    4.47  0.00
```

전통적 방식으로 연속형 변수간 상호작용효과를 계산한 경우, 출력결과에 제시된 존슨-나이먼 구간(JOHNSON-NEYMAN INTERVAL)은 상호작용의 패턴을 이해하는 데 큰 도움이 됩니다. 출력결과에서 제시된 문장에서 잘 드러나듯, 연령의 기울기는 조절변수인 상용로그변환 소득수준이 −0.22 이하인 경우에는 0과 비교해 통계적으로 유의미하게 구분되지 않는다는 뜻입니다(When log10incMC is OUTSIDE the interval [-6.93, -0.22], the slope of age10MC is p < .05.). 즉 기울기에 대한 통계적 유의도 테스트 변환지점은 바로 −0.22이며, 이 값을 원변수의 측정값으로 환원하면 아래와 같이 약 1년 소득이 2,335만 원을 넘길 경우 연령의 기울기가 0과 비교해 통계적으로 유의미하게 큰 값을 갖는다는 것을 알 수 있습니다.

```
> 10^(-0.22+mean(subdf$log10inc)) # 경계지점
[1] 2334.803
```

그 이후에 제시된 출력결과는 조절변수를 '평균보다 1표준편차 낮은 수준($M-SD$)', '평균수준(M)', '평균보다 1표준편차 높은 수준($M+SD$)' 3수준으로 구분하였을 때, 계산된 연령의 기울기와 해당 기울기에 대한 통계적 유의도 테스트 결과입니다. 출력결과에서 잘 나타나듯, 평균보다 1표준편차 낮은 소득수준에서의 연령 기울기는 0과 비교해 통계적으로 유의미하게 구분되지 않는 반면($b_{slope,\ M-SD}=0.12,\ p=.22$), 평균 소득수준이나($b_{slope,\ M}=0.28,\ p=.04$) 평균보다 1표준편차 높은 소득수준에서의 연령 기울기는($b_{slope,\ M+SD}=0.44,\ p=.02$) 0보다 통계적으로 유의미하게 높다고 볼 수 있습니다.

그러나 상호작용효과의 시각화 목적이 아니라, 조절변수가 어떤 값을 가질 때부터 0과 비교해 기울기가 통계적으로 유의미하게 달라지는지 살펴보고자 한다면, 조절변수를 '*M*− *SD*', '*M*', '*M*+ *SD*'의 3수준으로 구분해서 살펴보는 것은 별 의미가 없습니다. 이 때 유용한 것이 소위 존슨–나이먼 플롯입니다. 존슨–나이먼 플롯은 X축에는 연속형 변수 형태의 조절변수를, Y축에는 기울기를 배치한 후, 통계적으로 유의미한 기울기를 갖는 구간이 어디인지를 시각적으로 보여 줍니다. `interactions` 패키지의 `johnson_neyman()` 함수를 이용하면 어렵잖게 존슨–나이먼 플롯을 그릴 수 있습니다. 여기서는 존슨–나이먼 플롯을 그리기 위한 데이터프레임을 추출한 후, 제 의도에 맞도록 아래와 같이 추가적 시각화 작업을 실시했습니다.

```
> slope_result$jn[[1]]$cbands |>
+  filter(log10incMC >= -1.39 & log10incMC <= 1.03) |> # real data's range
+  mutate(Significance=factor(Significance,labels=c("유의하지 않음","유의함"))) |>
+  ggplot(aes(x=log10incMC,y=`Slope of age10MC`,
+             fill=Significance,color=Significance))+
+  geom_line()+
+  geom_ribbon(aes(ymin=Lower,ymax=Upper),alpha=0.3)+
+  geom_hline(yintercept=0, lty=2)+
+  annotate('text',x=-0.22,y=0.55,label="2,335만원",color='purple')+
+  annotate("segment", x=-0.22, y=0.45, xend=-0.22, yend=0.32,color='purple',
+               arrow=arrow(type="closed", length=unit(0.02,"npc")))+
+  scale_x_continuous(breaks=0.5*(-3:2),
+                    labels=round(10^(0.5*(-3:2)+mean(subdf$log10inc)))/1000 )+ #천만원단위
+  labs(title="Johon-Neyman plot, interactions::johnson_neyman()",
+     x="소득수준(1년 기준, 천만원)",y="연령의 기울기",
+     color="통계적 유의도 ",fill="통계적 유의도 ")+
+  theme_bw()+
+  theme(legend.position='bottom')
```

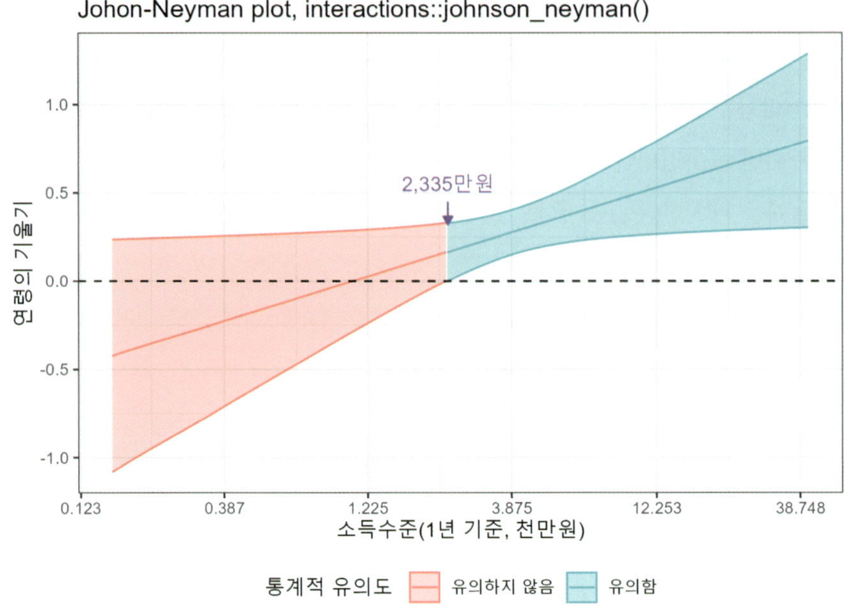

그림 2-6-6. 전통적 기법기반 존슨-나이먼 플롯

베이지언 기울기 분석의 경우 조절변수의 값을 특정값으로 지정하는 경우, 아래와 같이 어렵지 않게 hypothesis() 함수를 활용해 기울기 분석 결과를 얻을 수 있습니다.

```
> # 예를 들어 남성, 임금근로 상황에서
> # 소득수준이 평균보다 1표준편차(0.31) 높은 경우
> hypothesis(brm_M3,c('b_age10MC + 0.31*b_age10MC:log10incMC +
+                0.31*b_age10MC:log10incMC:ws3임금 = 0'),
+          class=NULL)$hypothesis[,c(1,2,4,5)] |> as_tibble()
# A tibble: 1 × 4
  Hypothesis                                   Estimate CI.Lower CI.Upper
  <chr>                                           <dbl>    <dbl>    <dbl>
1 (b_age10MC+0.31*b_age10MC:log10incMC+…          0.297    0.100    0.495
```

그러나 만약 조건변수의 값이 어떤 범위에서 기울기의 참값이 0일 확률이 95%에서 벗어나게 될 것인가(즉 기울기의 참값이 95% 신용구간 외부에 놓이게 되는 경우) 살펴보는 것이 목적일 경우 약간 복잡한 코딩 작업이 필요합니다. 우선 조건변수인 소득의 범위를 최솟값부터 최댓값까지 0.01단위로 잘게 구분하는 벡터인 range_log10inc를 생성하였습니다.

```
> range_log10inc <- seq(from=min(subdf$log10incMC),
+                        to=max(subdf$log10incMC),
+                        by=0.01)
```

다음으로 위에서 지정된 range_log10inc 벡터의 값에 따라 hypothesis() 함수를 적용한 출력결과를 도출할 수 있는 이용자함수를 생성하였습니다. 이후 range_log10inc 벡터의 모든 값에서 베이지언 기울기 분석결과를 반복계산하면, 조건변수가 어떤 값을 가질 때 연령 기울기의 참값의 95% 신용구간이 0에서 벗어나는지를 계산할 수 있습니다.

```
> # 이용자 함수를 설정후 반복계산
> wrapper_temp_slope_analysis <- function(i){
+  input_cond <- ifelse(str_detect(range_log10inc[i],'-'),
+              range_log10inc[i],str_c('+',range_log10inc[i]))
+  test_form <- str_c('b_age10MC ',input_cond,'*b_age10MC:log10incMC + ',
+             input_cond,'*b_age10MC:log10incMC:ws3임금 = 0') #임금근로 기준
+  result_slope <- hypothesis(brm_M3,test_form,class=NULL)
+  result_slope_edit <- result_slope$hypothesis |>
+   as_tibble() |>
+   mutate(log10incMC=range_log10inc[i]) |>
+   select(log10incMC,Estimate,CI.Lower,CI.Upper)
+  return(result_slope_edit)
+ }
> brm_slope_analysis <- tibble()
> for (i in 1:length(range_log10inc)){
+  brm_slope_analysis <- bind_rows(
+   brm_slope_analysis,
+   wrapper_temp_slope_analysis(i)
+  )
+ }
```

반복계산된 결과를 대상으로 연령 기울기의 95% 신용구간이 0을 벗어나는지 여부를 나타내는 변수(true0)를 생성한 후, 기울기의 95% 신용구간이 0을 최초로 벗어나는 지점을 살펴보면 아래와 같습니다. 경계지점의 조건변수의 값은 0.0304이며, 이 값을 원래의 측정값으로 환원하면 1년 소득이 약 4,156만 원을 넘을 경우, 연령 기울기의 참값이 0을 포함하지 않을 확률이 95%를 넘는다는 것을 알 수 있습니다.

```
> brm_slope_analysis <- brm_slope_analysis |>
+  mutate( true0=ifelse(round(CI.Lower*CI.Upper,2)>0,
+                "외부", "내부") )
> brm_slope_analysis |>
+  filter(true0 == "외부") |> head(1)
# A tibble: 1 × 5
  log10incMC Estimate CI.Lower CI.Upper true0
       <dbl>    <dbl>    <dbl>    <dbl> <chr>
1     0.0304    0.156   0.0206    0.292 외부
> 10^(0.0304 + mean(subdf$log10inc))
[1] 4155.758
```

위에서 반복계산으로 얻은 값을 시각화하면 아래와 같습니다. 전통적 방식과 동일하게 시각화 작업을 진행한 만큼 시각화 과정이 어렵지는 않을 것으로 생각합니다.

```
> ggplot(data=brm_slope_analysis,
+      aes(x=log10incMC,y=Estimate,fill=true0,color=true0))+
+  geom_line()+
+  geom_ribbon(aes(ymin=CI.Lower,ymax=CI.Upper),alpha=0.3)+
+  geom_hline(yintercept=0, lty=2)+
+  annotate('text',x=0.0304,y=0.54,label="4,156만원",color='purple')+
+  annotate("segment", x=0.0304, y=0.45, xend=0.0304, yend=0.3,color='purple',
+         arrow=arrow(type="closed", length=unit(0.02,"npc")))+
+  scale_x_continuous(breaks=0.5*(-3:2),
+               labels=round(10^(0.5*(-3:2)+mean(subdf$log10inc)))/1000 )+
+  labs(title="Slope analysis, application of brms::hypothesis()",
+      x="소득수준(1년 기준, 천만원)",y="연령의 기울기",
+      color="0이 95%신용구간의 ",fill="0이 95%신용구간의 ")+
+  theme_bw()+
+  theme(legend.position='bottom')
```

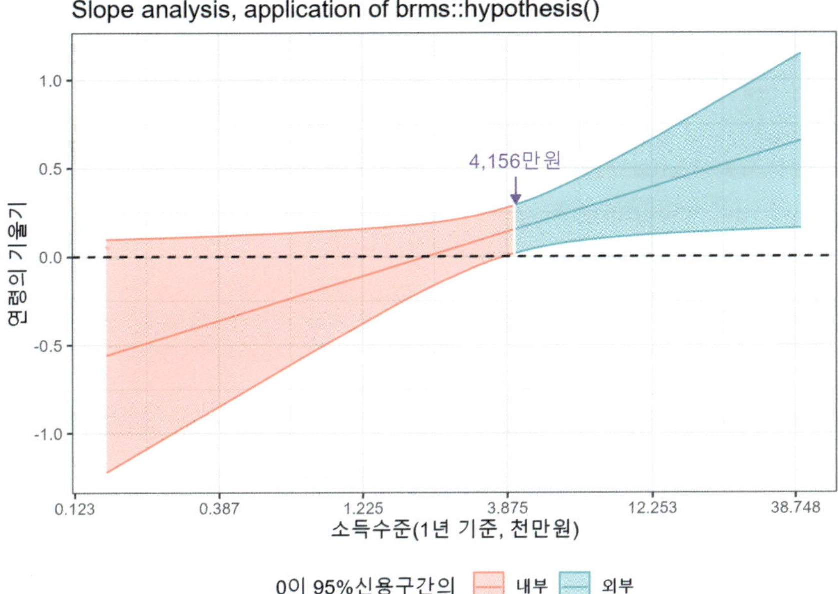

그림 2-6-7. 베이지언 기법기반 존슨-나이먼 플롯

끝으로 3원 상호작용효과를 시각화해 봅시다. brms 패키지의 `conditional_effects()` 함수의 경우, effects 옵션과 conditions 옵션을 3원 상호작용효과의 맥락에 맞도록 응용하여 3원 상호작용효과 시각화에 필요한 추정결과를 얻으면 됩니다. 여기서 저는 소득수준을 '$M-SD$', 'M', '$M+SD$'의 3수준으로 도출하는 조건의 데이터를 생성한 후(newdata), 근로형태와 연령의 상호작용효과를 effects에 지정하는 방법으로 3원 상호작용효과 시각화를 위한 추정결과를 도출하였습니다.

```
> # 만약 3원 상호작용효과를 시각화해야 한다면 아래와 같이
> newdata <- make_conditions(brm_M3,vars="log10incMC") |>
+  mutate(sex='M') # 남성으로 통제
> fig_M3_age_inc_ws <- conditional_effects(brm_M3,
+                                          effects='age10MC:ws3',
+                                          conditions=newdata)
```

이후 앞에서 제시했던 방식과 동일한 방법으로 〈그림 2-6-8〉과 같은 시각화를 실시했습니다. 3원 상호작용효과 맥락에 맞게 `facet_grid()` 함수를 설정한 것에 주의하시기 바랍니다.

```
> fig_M3_age_inc_ws$`age10MC:ws3` |>
+ mutate(
+   age=10*( age10MC+mean(subdf$age10) ), # back to original scale
+   ws3=fct_relevel(ws3,'임금','자영업','무미'),
+   ws3=factor(ws3,labels=c('임금근로','자영업','무급 및 무직')),
+   grpinc3=factor(log10incMC,labels=c('소득수준 낮음\n(M-SD)',
+                                      '소득수준 평균\n(M)',
+                                      '소득수준 높음\n(M+SD)'))
+ ) |>
+ mutate(across(
+   .cols=c(estimate__,lower__,upper__),
+   .fns=function(x){exp(x)} # back to original scale
+ )) |>
+ ggplot(aes(x=age,y=estimate__))+
+ geom_line()+
+ geom_ribbon(aes(ymin=lower__, ymax=upper__),alpha=0.3)+
+ labs(x="연령", y="기부금액",
+      title="근로형태별 연령과 소득수준 상호작용효과: 오차불포함 사후분포 예측값",
+      caption="주: 모형2D 기준, 성별은 남성으로")+
+ coord_cartesian(ylim=c(0,180))+
+ theme_bw()+
+ facet_grid(ws3~grpinc3)
```

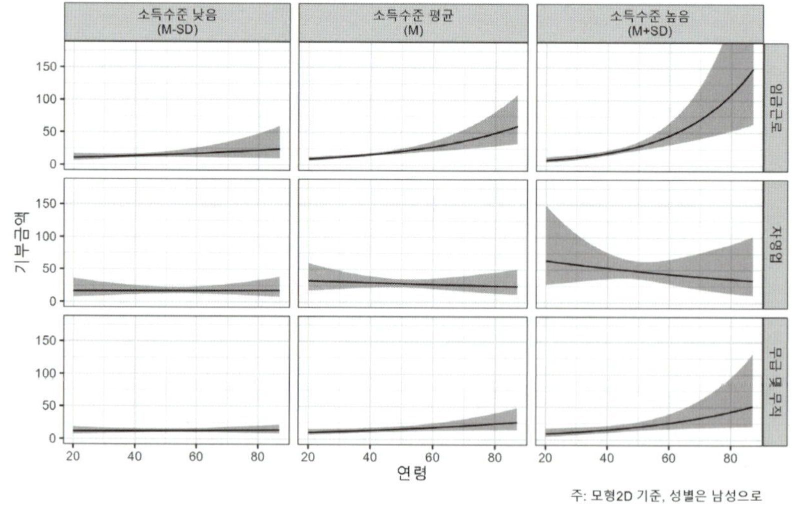

그림 2-6-8. 3원 상호작용효과 시각화

〈그림 2-6-8〉과 관련 말씀드리고 싶은 점이 하나 있습니다. 〈그림 2-6-8〉의 경우 겉보기에는 아무런 문제가 없어 보입니다. 그러나 곰곰이 생각해 보면 매우 이상한 점이 하나 있습니다. 연령의 경우, 인간의 자연적 노화를 측정하는 것이니 큰 문제가 없겠지만, 과연 무직 및 미취업자 중에 평균소득보다 높은 소득을 거두는 사람이 과연 얼마나 있을까요? 물론 막대한 자산을 물려받거나 거액의 복권에 당첨된 경우가 분명 존재할 것입니다. 그러나 현실적으로 어떤 의미를 찾을 정도로 많을까요? 생각해 볼 부분이라고 저는 생각합니다(전통적 분석이든 베이지언 분석이든).

끝으로 〈그림 2-6-8〉에서 나타난 연령 기울기에 대한 분석을 제시된 9개 집단별로 실시해 보겠습니다. 전통적 분석을 적용하면, 아래와 같이 `sim_slopes()` 함수의 `modx` 옵션과 `mod2` 옵션에 조절변수를 각각 지정하시면 됩니다.

```
> # Simple slope analysis
> sim_slopes(model = mylm_M3,pred = age10MC,
+                modx = log10incMC, mod2=ws3)$slopes |>
+  print(digits=2)
[[1]]
  Value of log10incMC  Est.  S.E.  2.5% 97.5% t val.   p
1          -3.1e-01 0.025 0.062 -0.097  0.15   0.4 0.693
2           9.1e-17 0.141 0.068  0.007  0.28   2.1 0.039
3           3.1e-01 0.258 0.109  0.044  0.47   2.4 0.018

[[2]]
     Value of log10incMC Est.  S.E.  2.5% 97.5% t val.    p
[1,]            -3.1e-01  0.12 0.098 -0.074  0.31   1.2 2.2e-01
[2,]             9.1e-17  0.28 0.064  0.151  0.40   4.3 1.9e-05
[3,]             3.1e-01  0.44 0.097  0.244  0.63   4.5 9.3e-06

[[3]]
     Value of log10incMC   Est.  S.E.  2.5% 97.5% t val.   p
[1,]            -3.1e-01  0.010 0.111 -0.21  0.23  0.091 0.93
[2,]             9.1e-17 -0.043 0.095 -0.23  0.14 -0.453 0.65
[3,]             3.1e-01 -0.096 0.143 -0.38  0.18 -0.676 0.50
```

출력결과에서 확인할 수 있듯, 근로형태 집단별 그리고 소득수준별로 연령의 기울기에 대한 분석결과를 얻을 수 있습니다. 예를 들어 첫 번째 근로형태 집단인 무급 및 미취업자 집단의 경우 소득수준이 평균보다 1표준편차 낮을 경우, 연령 기울기는 0과 비교해 통계적으로 유의미하게 다르지 않은 반면($b_{slope} = 0.03$, $p = .69$), 소득수준이 평균이거나 평균보다 1표준편차 높을 경우, 연령 기울기는 통계적으로 유의미하게 높다고 볼 수 있습니다(평균집단, $b_{slope} = 0.14$, $p = 0.04$; 평균+표준편차 집단, $b_{slope} = 0.26$, $p = 0.02$).

만약 각 집단별 존슨-나이먼 구간을 계산하고자 한다면, 아래와 같이 sim_slopes() 함수의 추정결과의 jn 오브젝트를 지정하는 방식으로 확인할 수 있습니다.

```
> # Johnson-Neyman interval
> jn_interval <- sim_slopes(model = mylm_M3,pred = age10MC,
+                    modx = log10incMC, mod2=ws3)
> jn_interval$jn
[[1]]
JOHNSON-NEYMAN INTERVAL
When log10incMC is OUTSIDE the interval [-4.02, -0.03], the slope of age10MC is p
< .05.
Note: The range of observed values of log10incMC is [-1.39, 1.03]

[[2]]
JOHNSON-NEYMAN INTERVAL
When log10incMC is OUTSIDE the interval [-6.93, -0.22], the slope of age10MC is p
< .05.
Note: The range of observed values of log10incMC is [-1.39, 1.03]

[[3]]
JOHNSON-NEYMAN INTERVAL
The Johnson-Neyman interval could not be found. Is the p value for your
interaction term
below the specified alpha?
```

분석결과에서 확인할 수 있듯, 세 번째 근로형태 집단(자영업)의 경우 0과 비교해 통계적으로 유의미하게 다른 연령 기울기가 나타난 소득구간이 존재하지 않습니다. 만약 존슨-나이먼 플롯을 그리고자 할 경우, mod2 옵션에 지정한 변수의 측정수준을 인덱싱하시면 됩니다. 근로형태 집단별 존슨-나이먼 플롯을 제시하면 아래와 같습니다.

```
> bind_rows(jn_interval$jn[[1]]$cband |> mutate(ws3='무급 및 미취업'),
+              jn_interval$jn[[2]]$cband |> mutate(ws3='임금근로'),
+              jn_interval$jn[[3]]$cband |> mutate(ws3='자영업')) |>
+  filter(log10incMC >= -1.39 & log10incMC <= 1.03) |> # real data's range
+  mutate(Significance=factor(Significance,labels=c("유의하지 않음","유의함"))) |>
+  ggplot(aes(x=log10incMC,y=`Slope of age10MC`,
+               fill=Significance,color=Significance))+
+  geom_line()+
+  geom_ribbon(aes(ymin=Lower,ymax=Upper),alpha=0.3)+
+  geom_hline(yintercept=0, lty=2)+
+  scale_x_continuous(breaks=c(-0.03,-0.22),
+             labels=round(10^(c(-0.03,-0.22)+mean(subdf$log10inc)))/1000 )+ #천만원단위
+  labs(title="Johon-Neyman plot, interactions::johnson_neyman()",
+     x="소득수준(1년 기준, 천만원)",y="연령의 기울기",
+     color="통계적 유의도 ",fill="통계적 유의도 ")+
+  theme_bw()+
+  theme(legend.position='bottom')+
+  facet_grid(ws3~.)
```

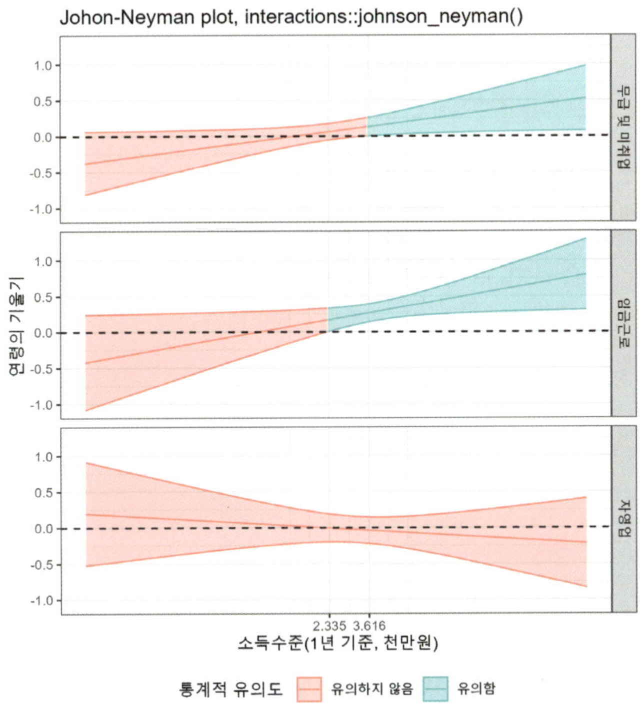

그림 2-6-9. 근로형태 집단별 전통적 기법기반 존슨-나이먼 플롯

이제는 베이지언 접근으로 기울기 분석을 실시해 보겠습니다. sim_slopes() 함수와 같이 간편한 함수가 없는 것이 아쉽지만, hypothesis() 함수를 응용하면 어렵잖게 분석에 응용할 수 있습니다. 앞서 설정한 이용자 함수인 wrapper_temp_slope_analysis() 함수를 다음과 같이 확장하였습니다. 즉 모든 근로형태 집단 그리고 소득수준별 연령 기울기를 계산한 후, 이를 별도의 데이터 프레임으로 저정하는 방식입니다. 이후 for(){} 구문을 이용한 반복계산을 통해 기울기 분석결과를 계산하면 아래와 같습니다.

```
> wrapper_temp_slope_analysis_3way <- function(i){
+   input_cond <- ifelse(str_detect(range_log10inc[i],'-'),
+                    range_log10inc[i],str_c('+',range_log10inc[i]))
+   test_form_ws1 <- str_c('b_age10MC ',input_cond,'*b_age10MC:log10incMC = 0')
+   test_form_ws2 <- str_c('b_age10MC ',input_cond,'*b_age10MC:log10incMC + ',
+                       input_cond,'*b_age10MC:log10incMC:ws3임금 = 0')
+   test_form_ws3 <- str_c('b_age10MC ',input_cond,'*b_age10MC:log10incMC + ',
+                       input_cond,'*b_age10MC:log10incMC:ws3자영업 = 0')
+   result_slope_ws1 <- hypothesis(brm_M3,test_form_ws1,class=NULL)
+   result_slope_ws2 <- hypothesis(brm_M3,test_form_ws2,class=NULL)
+   result_slope_ws3 <- hypothesis(brm_M3,test_form_ws3,class=NULL)
+   result_slope_edit <- bind_rows(as_tibble(result_slope_ws1$hypothesis) |>
+                                   mutate(ws3='무급 및 미취업'),
+                                  as_tibble(result_slope_ws2$hypothesis) |>
+                                   mutate(ws3='임금근로'),
+                                  as_tibble(result_slope_ws3$hypothesis) |>
+                                   mutate(ws3='자영업')) |>
+    mutate(log10incMC=range_log10inc[i]) |>
+    select(ws3,log10incMC,Estimate,CI.Lower,CI.Upper)
+   return(result_slope_edit)
+ }
> brm_slope_analysis_3way <- tibble()
> for (i in 1:length(range_log10inc)){
+   brm_slope_analysis_3way <- bind_rows(
+    brm_slope_analysis_3way,
+    wrapper_temp_slope_analysis_3way(i)
+   )
+ }
```

```
> brm_slope_analysis_3way <- brm_slope_analysis_3way |>
+  mutate( true0=ifelse(CI.Lower*CI.Upper>0,"외부","내부") )
> brm_slope_analysis_3way_range <- brm_slope_analysis_3way |>
+  group_by(ws3) |>
+  filter(true0== "외부") |>
+  summarise(
+    MIN=min(log10incMC),MAX=max(log10incMC)
+  ) |> print()
# A tibble: 3 × 3
  ws3              MIN    MAX
  <chr>           <dbl>  <dbl>
1 무급 및 미취업 -0.0296   1.02
2 임금근로       -0.00959 1.02
3 자영업         -0.210    0.0304
```

흥미로운 점은 자영업 집단에게서 기울기 참값의 95% 신용구간에 0이 포함되지 않은 범위가 존재한다는 사실입니다. 이는 앞서 살펴본 전통적 접근의 존슨-나이먼 구간 계산결과와 아주 조금 다를 뿐입니다. 해당 구간의 소득이 어떠한지 살펴보면 아래와 같습니다.

```
> brm_slope_analysis_3way_range |>
+  mutate(across(
+    .cols=MIN:MAX,
+    .fns=function(x){10^(x+mean(subdf$log10inc))}
+  ))
# A tibble: 3 × 3
  ws3             MIN   MAX
  <chr>          <dbl> <dbl>
1 무급 및 미취업 3620. 40612.
2 임금근로       3790. 40612.
3 자영업         2391.  4156.
```

존슨-나이먼 플롯 형태로 연령 기울기 분석을 실시결과를 시각화하면 〈그림 2-6-10〉과 같습니다. 그림에서 잘 나타나듯, 자영업 집단의 경우 아주 미미하게 95% 신용구간이 0보다 아주 약간 큰 정도입니다. 즉 전반적인 패턴은 전통적 접근을 기반으로 시각화한 〈그림 2-6-9〉와 크게 다르지 않습니다.

```
> ggplot(data=brm_slope_analysis_3way,
+     aes(x=log10incMC,y=Estimate,fill=true0,color=true0))+
+ geom_point()+
+ geom_errorbar(aes(ymin=CI.Lower,ymax=CI.Upper))+
+ geom_hline(yintercept=0, lty=2)+
+ coord_cartesian(xlim=c(-0.3,0.3),
+             ylim=c(-0.3,0.5))+
+ scale_x_continuous(breaks=c(-0.21,-0.03,-0.01,0.03),
+               labels=format(round(10^(c(-0.21,-0.03,-0.01,0.03)+
+                             mean(subdf$log10inc)))/1000,
+                       nsmall=3) )+
+ labs(title="Slope analysis, application of brms::hypothesis()",
+     x="소득수준(1년 기준, 천만원)",y="연령의 기울기",
+     color="0이 95%신용구간의 ",fill="0이 95%신용구간의 ")+
+ theme_bw()+
+ theme(legend.position='bottom',
+     axis.text.x=element_text(size=7, angle = 90, vjust = 0.5))+
+ facet_grid(ws3~.)
```

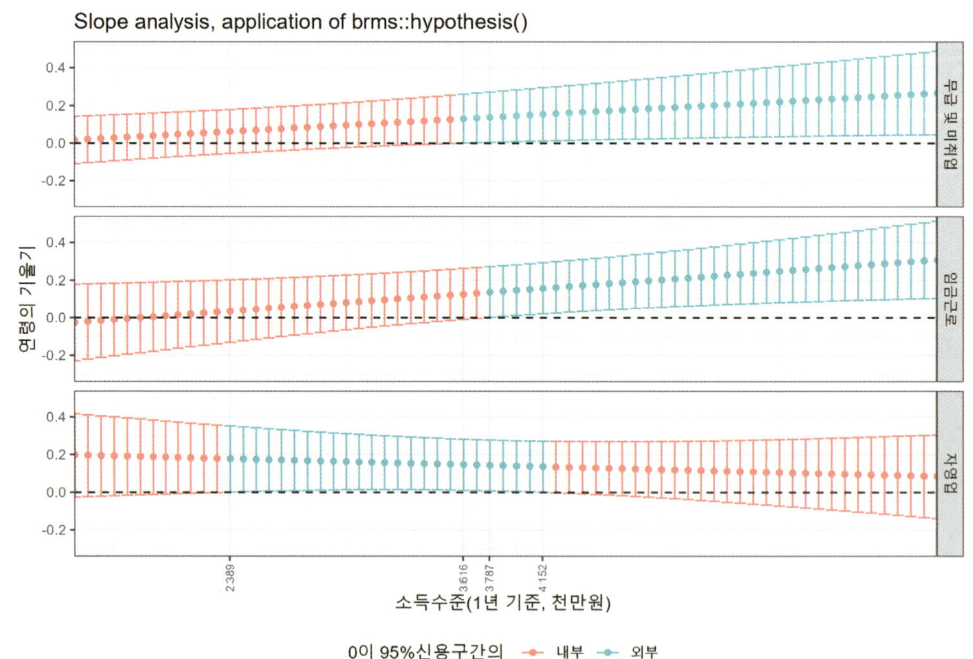

그림 2-6-10. 근로형태 집단별 베이지언 기법기반 존슨-나이먼 플롯

5 강한 사전분포 기반 베이지언 일반최소제곱(OLS) 회귀모형 추정

지금까지 brms 패키지의 디폴트 사전분포인 '약한 사전분포' 기반 베이지언 OLS 회귀모형 추정방법을 살펴보았습니다. 독자께서도 느끼셨듯, 약한 사전분포 기반 베이지언 분석결과는 전통적 분석결과와 거의 유사한 것이 보통입니다. 이번에는 베이지언 분석의 특징, 즉 연구자의 사전지식을 바탕으로 한 강한 사전분포를 기반으로 사후분포를 추정해 보겠습니다.

사전지식을 모형추정과정에 반영할 수 있다는 점은 베이지언 분석의 가장 큰 장점이지만, 아쉽게도 사전지식을 사전분포로 반영하는 과정은 쉽지 않다는 점에 대해서는 이미 베이지언 티 테스트나 분산분석을 실습하면서 말씀드린 바 있습니다. 베이지언 회귀모형의 경우 상황은 더 복잡합니다. 단순히 주효과 추정항이라면 상대적으로 강한 사전분포를 설정하는 것이 그리 어렵지는 않다고 생각하실지도 모릅니다. 왜냐하면 선행연구나 명확한 이론적 토대만 갖추어져 있다면, 이에 맞는 회귀계수 사전분포를 가정할 수 있기 때문입니다.

그러나 그렇게 상황이 녹록하지는 않습니다. 왜냐하면 회귀계수에 대한 사전지식의 형태가 비표준화 회귀계수일수도 혹은 표준화 회귀계수일 수도 있기 때문입니다. 대부분의 메타분석에서는, 표준화 효과크기, 즉 표준화 회귀계수 형태로 연구결과들을 통합해 놓고 있기 때문입니다. 아울러 이번 사례에서 드러나듯, 상황에 따라 어떤 연구자는 원변수를 그대로 사용해 연구를 진행하지만(예를 들어 소득변수를 그대로 사용), 어떤 연구자는 원변수에 대해 로그변환 혹은 제곱근 변환을 실시한 후 연구를 진행할 수도 있기 때문입니다. 다시 말해 선행연구 결과를 강한 사전분포로 반영하기 위해서는 연구자의 분석대상 데이터를 선행연구 상황에 맞춘 후, 강한 사전분포로 반영해야 합니다.

회귀모형 맥락에서 강한 사전분포를 반영하는 것은 상호작용효과를 추정한 회귀모형에서 더욱 어렵습니다. 왜냐하면 상호작용효과에 대한 사전지식의 경우, 언제나 범주형 조절변수의 경우 기준집단(이를테면 성별의 경우 '남성' 혹은 '여성')을, 연속형 조절변수의 경우 기준수준(이를테면, 평균수준 혹은 '$M+SD$'수준)을 고려해 두어야 하기 때문입니다.

이러한 어려움들을 염두하여 여기서는 성별, 연령, 소득, 근로형태의 주효과에 추가적으로 근로형태와 연령의 상호작용효과만을 추가로 추정한 M2A 모형(brm_M2A)을 대상으로 강한 사전분포를 설정한 베이지언 OLS 회귀모형 추정을 실습해 보겠습니다. 가상적 상황입니다만, 어떤 연구자가 연령과 자연로그변환 기부금액의 관계를 살펴본 방대한 메타분석을 실시했다고 가정해 봅시다. 연구자의 메타 분석결과 연령효과는, 무직 및 미취업 집단을 대상으로 한 연구들에서는 $r = -.03$, 95% 신뢰구간 [−.05, −.01], 임금근로 집단을 대상으로 한 연구들에서는 $r = .13$, 95% 신뢰구간 [.09, .17], 자영업 집단을 대상으로 한 연구들에서는 $r = -.16$, 95% 신뢰구간 [−.36, .04]로 나타났습니다.

brm_M2A의 경우 비표준화 회귀계수를 추정한 결과입니다. 따라서 분석대상 데이터에서 연속형 변수들(lgdonate, age10, log10inc)를 아래와 같이 먼저 표준화시켰습니다. 이후에 brms 패키지의 디폴트 사전분포인 약한 사전분포를 기반으로 베이지언 모형을 아래와 같이 재추정하였습니다.

```
> # 연속형 변수 표준화
> std_subdf <- subdf |>
+  mutate(across(
+    .cols=c(lgdonate,age10,log10inc),
+    .fns=function(x){(x-mean(x))/sd(x)} # 표준화 전환
+  ))
> std_brm_M2A_Wprior <- brm(
+  bf(lgdonate ~ sex+age10MC+log10incMC+ws3+ws3:age10MC),
+  std_subdf,
+  family=gaussian(),
+  sample_prior = "yes",
+  control = list(adapt_delta = 0.99),
+  save_pars = save_pars(all = TRUE),
+  chains = 4,
+  iter = 11000,
+  warmup = 1000,
+  cores = 4,
+  seed = 1234
+ )
Compiling Stan program...
Start sampling
> # summary(std_brm_M2A_Wprior)  # 출력결과 역시 직접 확인해 보시기 바랍니다
> # plot(std_brm_M2A_Wprior)  # 출력결과 역시 직접 확인해 보시기 바랍니다
```

여기서 default_prior() 함수를 통해 위에서 추정한 std_brm_M2A_Wprior가 어떤 모

수들을 갖고 있는지 잠시 살펴보죠. 강한 사전분포를 어떻게 설정해야 하는지 알 수 있기 때문입니다.

```
> default_prior(std_brm_M2A_Wprior)
                prior     class             coef group resp dpar nlpar lb ub       source
               (flat)         b                                                   default
               (flat)         b          age10MC                             (vectorized)
               (flat)         b   age10MC:ws3임금                             (vectorized)
               (flat)         b age10MC:ws3자영업                             (vectorized)
               (flat)         b       log10incMC                             (vectorized)
               (flat)         b             sexW                             (vectorized)
               (flat)         b          ws3임금                             (vectorized)
               (flat)         b        ws3자영업                             (vectorized)
 student_t(3, -0.3, 2.5) Intercept                                                default
   student_t(3, 0, 2.5)     sigma                                    0           default
```

강한 사전분포를 설정하는 데 필요한 coef는 age10MC, age10MC:ws3임금, age10MC:ws3자영업의 3가지입니다. 먼저 각 집단별 효과크기 추정치는 다음의 연령 기울기에 대응합니다.

- 무직 및 미취업 집단 연령효과 $r = -.03$: age10MC
- 임금근로 집단 연령효과 $r = .13$: age10MC + age10MC:ws3임금
- 자영업 집단 연령효과 $r = -.16$: age10MC + age10MC:ws3자영업

즉 사전분포를 설정할 경우, 세 가지 회귀계수의 점 추정치는 다음과 같이 설정해야 합니다.

- age10MC: $NID(-0.03,\ \sigma^2_{무직및미취업})$
- age10MC:ws3임금: $NID(0.13+0.03,\ \sigma^2_{임금근로})$
- age10MC:ws3자영업: $NID(-0.16+0.03,\ \sigma^2_{자영업})$

다음으로 각 집단별 표준편차는 95% 신뢰구간을 이용해 다음과 같은 계산과정을 거쳐 추정하였습니다.

```
> # 연령효과가 무직 및 미취업의 경우 r=-0.03, [-0.05,-0.01]
> # 임금근로의 경우 r=0.13 [0.09, 0.17]
> # 자영업의 경우 r=-0.16 [-0.36, 0.04]
> 0.04/(2*1.96)
[1] 0.01020408
> 0.08/(2*1.96)
[1] 0.02040816
> 0.40/(2*1.96)
[1] 0.1020408
```

이제 강한 사전분포를 설정하여 베이지언 OLS 회귀모형을 추정해 봅시다.

```
> std_brm_M2A_Sprior <- brm(
+  bf(lgdonate ~ sex+age10MC+log10incMC+ws3+ws3:age10MC),
+  std_subdf,
+  family=gaussian(),
+  prior=prior(normal(-0.03,0.01),class='b',coef='age10MC')+
+    prior(normal(0.16,0.02),class='b',coef='age10MC:ws3임금')+
+    prior(normal(-0.13,0.10),class='b',coef='age10MC:ws3자영업'),
+  sample_prior = "yes",
+  control = list(adapt_delta = 0.99),
+  save_pars = save_pars(all = TRUE),
+  chains = 4,
+  iter = 11000,
+  warmup = 1000,
+  cores = 4,
+  seed = 1234
+ )
Compiling Stan program...
Start sampling
> # summary(std_brm_M2A_Sprior) # 출력결과 역시 직접 확인해 보시기 바랍니다
> # plot(std_brm_M2A_Sprior)  # 출력결과 역시 직접 확인해 보시기 바랍니다
```

이제 약한 사전분포 기반 근로형태 집단별 연령효과와 강한 사전분포 기반 근로형태 집단별 연령효과를 시각화해 봅시다. as_draws_df() 함수를 이용하여 사후분포 표본을 추출한 후, 두 가지 사전분포를 비교하여 시각화한 결과는 <그림 2-6-11>과 같습니다.

```
> post_df_Wprior <- as_draws_df(std_brm_M2A_Wprior) |>
+  mutate(
+   Wprior_ageEF_무미=b_age10MC,
+   Wprior_ageEF_임금=b_age10MC+`b_age10MC:ws3임금`,
+   Wprior_ageEF_자영업=b_age10MC+`b_age10MC:ws3자영업`
+  ) |>
+  select(starts_with('Wprior_ageEF'))
> post_df_Sprior <- as_draws_df(std_brm_M2A_Sprior) |>
+  mutate(
+   Sprior_ageEF_무미=b_age10MC,
+   Sprior_ageEF_임금=b_age10MC+`b_age10MC:ws3임금`,
+   Sprior_ageEF_자영업=b_age10MC+`b_age10MC:ws3자영업`
+  ) |>
+  select(starts_with('Sprior_ageEF'))
> fig_prior_compare <- bind_cols(post_df_Wprior,post_df_Sprior) |>
+  pivot_longer(cols=everything())
> PEs <- (fig_prior_compare |> group_by(name) |>
+  summarise(PE=mean(value)))$PE |> round(3)
> bind_cols(post_df_Wprior,post_df_Sprior) |>
+  pivot_longer(cols=everything()) |>
+  mutate(
+   prior=ifelse(str_detect(name,'Wprior'),
+               "Weak prior","Strong prior"),
+   name=str_remove(name,"Wprior_ageEF_"),
+   name=str_remove(name,"Sprior_ageEF_"),
+   name=factor(name,labels=c('무직 및 미취업',
+                         '임금근로','자영업'))
+  ) |>
+  ggplot(aes(x=value, fill=prior, color=prior))+
+  stat_histinterval(alpha=0.5)+
+  geom_vline(xintercept=0,color='orange',lty=2)+
+  labs(x="Age effect (Effect size measure, γ)",y='Density',
+       color="Type",fill="Type",
+       title=paste0("Posterior distribution comparison ",
+                    "between two types of prior distribution"),
+      caption='\n성별과 소득은 각각 남성과 평균연령으로 통제')+
+  coord_cartesian(xlim=c(-0.27,0.35))+
```

```
+ scale_x_continuous(breaks=PEs)+
+ theme_bw()+
+ theme(legend.position='bottom')+
+ facet_grid(name~.,scales='free')
```

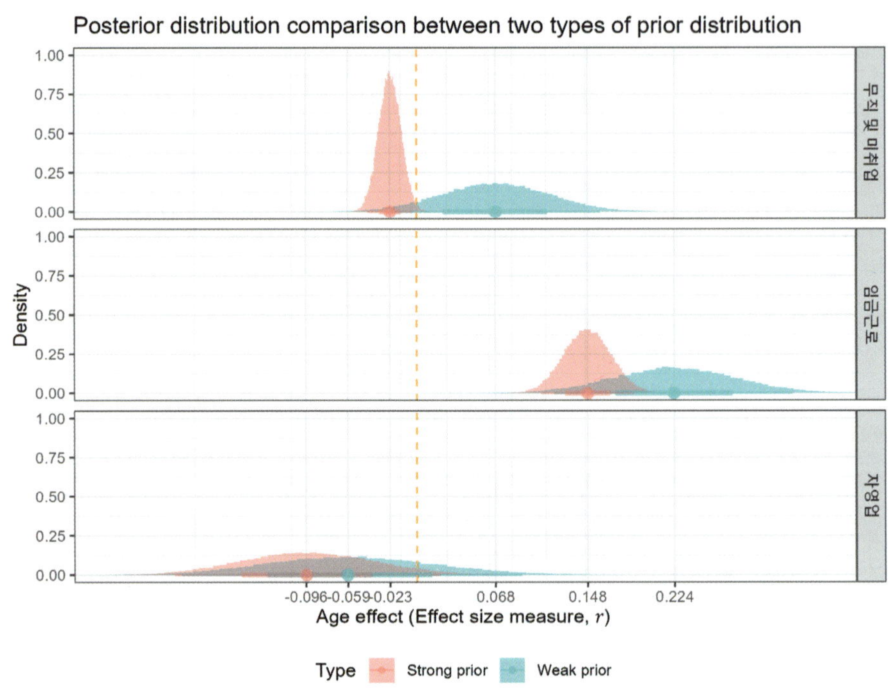

성별과 소득은 각각 남성과 평균연령으로 통제

그림 2-6-11. 약한 사전분포 대 강한 사전분포 기반 근로형태별 연령효과 사후분포 비교

〈그림 2-6-11〉을 확인하기 전에 제가 고백할 것이 하나 있습니다. 제가 가상적 사례로 언급한 메타분석 결과의 효과크기 r값은 사실 약한 사전분포 기반 베이지언 회귀모형 추정결과의 값을 기반으로 추정된 근로형태 집단별 연령효과에 일괄적으로 −0.10을 빼준 값입니다. 구체적으로 std_brm_M2A_Wprior의 모형추정결과는 아래와 같았습니다.

```
> fixef(std_brm_M2A_Wprior) |> round(2)
             Estimate Est.Error  Q2.5 Q97.5
Intercept       -0.11      0.10 -0.31  0.09
sexW            -0.06      0.09 -0.23  0.10
age10MC          0.07      0.05 -0.02  0.16
log10incMC       0.79      0.12  0.55  1.03
```

```
ws3임금              0.17      0.10     -0.04  0.37
ws3자영업            0.58      0.13      0.32  0.84
age10MC:ws3임금      0.16      0.07      0.02  0.29
age10MC:ws3자영업   -0.13      0.09     -0.30  0.05
```

즉 기준집단인 무직 및 미취업 집단의 연령효과는 0.07, 임금근로 집단의 연령효과는 0.23 (= 0.06 + 0.16), 자영업 집단의 연령효과는 −0.06 (= 0.07 − 0.13)이었습니다. 여기서 저는 각 집단별 95% 신뢰구간, 즉 표준편차를 0.01, 0.02, 0.10으로 다르게 설정하였을 뿐입니다.

이제 〈그림 2-6-11〉을 살펴보시면 이 사례를 통해서 보여드리고자 하는 제 의도가 무엇인지 느끼실 수 있을 것입니다. 즉 사전분포에서 표준편차를 작게 설정할 경우, 다시 말해 불확실성을 작게 설정할 경우라면 사전분포가 사후분포에 미치는 영향력이 매우 크지만, 반대로 표준편차를 크게 설정하는 경우라면, 사전분포가 사후분포에 미치는 영향력은 상대적으로 작아집니다. 강한 사전분포(붉은색 히스토그램)의 경우 표준편차가 작게 설정된 무직 및 미취업 집단의 경우, 약한 사전분포 상황과 비교해 사후분포가 확연하게 다른 모습인 것을 확인할 수 있습니다. 반면 표준편차가 크게 설정된 자영업 집단의 경우, 두 사전분포로 얻은 사후분포가 그리 크게 다르지 않은 것을 확인할 수 있습니다.

지금까지 brm() 함수를 이용하여 베이지언 OLS 회귀모형을 실습해 보았습니다. 모형을 추정하는 방법과 함께, 고차항을 투입한 다항회귀모형 추정방법과 상호작용효과를 추정하는 방법과 기울기 분석방법 등을 살펴보았습니다. 아울러 강한 사전분포를 가정할 경우, 사전분포에 불확실성 수준을 어떻게 반영하는가에 따라 사후분포가 어떻게 달라질 수 있는지도 살펴보았습니다. 바로 앞 장에서 살펴본 베이지언 분산분석(ANOVA)과 이번 장에서 다룬 베이지언 OLS 회귀모형을 잘 살펴보시길 부탁드립니다. 이제부터는 결과변수에 대해 정규분포를 가정하기 어려운 상황에서 활용할 수 있는 회귀모형들을 살펴볼 예정입니다. 다음 장에서는 범주형 결과변수일 경우 자주 사용되는 이분형(binary), 순위형(ordinal), 다항(multinomial) 로지스틱 회귀모형을 살펴보겠습니다.

CHAPTER 7

범주형 결과변수 대상 로지스틱 회귀모형

1. 이분형 로지스틱 회귀모형
2. 순위형 로지스틱 회귀모형
3. 다항 로지스틱 회귀모형

앞에서는 결과변수가 정규분포를 따른다고 가정할 사용하는 OLS 회귀모형을 살펴보았습니다. 이번 장에서는 결과변수가 범주형 변수인 경우 활용가능한 회귀모형들을 살펴보겠습니다. 보다 구체적으로 이번 장에서 살펴볼 범주형 결과변수는 ① 두 가지 측정값을 갖는 이분형 변수(binary variable), ② 세 가지 이상의 측정값들의 순위를 나눌 수 있는 순위 범주형 변수(ordered categorical variable), ③ 세 가지 이상의 측정값들의 순위를 구분할 수 없는 무순위 범주형 변수(unordered categorical variable)입니다. 여기서는 이분형 변수에 대해서는 이분형 로지스틱 회귀모형(binary logistic regression)을, 순위 범주형 변수에 대해서는 순위(ordinal) 로지스틱 회귀모형을, 무순위 범주형 변수에 대해서는 다항(multinomial) 로지스틱 회귀모형을 어떻게 추정할 수 있을지 살펴보겠습니다. 베이지언 분석 역시 전통적 분석에서 활용되는 `glm()` 함수와 마찬가지로 링크함수(link function)를 "`logit`"에서 "`probit`"으로 변경하시면 로지스틱 회귀모형 대신 프로빗 회귀모형을 추정할 수 있습니다(여기서는 디폴트 링크함수, 즉 로짓 함수를 그대로 사용하였습니다).

이번 장에서 살펴볼 예시데이터는 분산분석과 OLS 회귀모형에서도 이미 살펴보았던 `DF_exdata1.csv`입니다. 베이지언 분석을 위한 `brms` 패키지와 함께, 데이터 관리 및 사전처리 목적으로 `tidyverse` 패키지를 활용하였고, 효과적 시각화를 위해 `tidybayes` 패키지를 활용하였습니다. 추가적으로 전통적 분석방법으로 순위 로지스틱 회귀모형을 추정할 때는 `ordinal` 패키지를, 다항 로지스틱 회귀모형을 추정할 때는 `nnet` 패키지 활용하였고, 전통적 방식으로 추정된 로지스틱 회귀모형의 모형적합도 지수를 추출하기 위해 `broom` 패키지를, 그리고 전통적 분석방법으로 추정한 로지스틱 회귀모형에 대한 임의(Psuedo−)R^2를 계산하기 위해 `DescTools::PseudoR2()` 함수를, 그리고 다항 로지스틱 회귀모형 추정결과를 제시할 때, `modelsummary::modelsummary()` 함수를 활용하였습니다.

예시데이터의 변수들 중 기부금액(`donate`) 변수를 활용하여, 기부 여부 변수를 생성하여(`ysdonate`) 이분형 결과변수로, 주관적 건강만족도(`hlthsat`) 변수를 사전처리하여 순위 범주형 결과변수로, 그리고 근로형태(`workstatus`) 변수의 경우 세 집단으로 사전처리한 후(`ws3`) 무순위 범주형 결과변수로 활용하였습니다. 여기서 요인형 변수인 `ws3` 변수의 경우, `brm()` 함수의 설정방식에 맞도록 정수형으로 변경하였습니다(`wsnum`). 또한 응답자의 특성변수로 성별(`sex`), 근로형태(`ws3`), 10세 단위 연령(`age10`), 상용로그변환 소득수준(`log10inc`), 교육수준(`numedu6`) 등을 활용하였습니다. 응답자 특성변수들의 경우, 성별(2수준: 남성, 여성)과 근로형태는 범주형 변수이며, 연령, 상용로그변환 소득수준, 교육수준은 연속형 변수입니다. R 패키지들을 구동한 후, 예시데이터 변수들에 대한 사전처리 과정은 다음과 같습니다.

```
> # 패키지 구동
> library(tidyverse)
> library(nnet)
> library(ordinal)
> library(broom)
> library(brms)
> library(tidybayes)
> # 데이터 불러오기
> df <- read_csv("DF_exdata1.csv")
> # 변수 사전처리
> df <- df |>
+   mutate(
+     ysdonate=ifelse(donate==0,0,1),
+     fcthsat=factor(as.numeric(str_extract(hlthsat,'\\d'))),
+     fcthsat=ordered(fcthsat),
+     ws3=ifelse(workstatus=='3무급가족근로'|workstatus=='45미취업',
+                 '345무미',workstatus),
+     ws3=factor(ws3,labels=c('임금','자영업','무미')),
+     ws3=fct_relevel(ws3,'무미','임금','자영업'), # 무직,미취업을 기준집단
+     wsnum=as.integer(ws3), # brms() 함수 입력시 필요
+     sex=factor(female,labels=c('M','W')),
+     age10=age/10,
+     numedu6=as.numeric(factor(educ)) #1-6 연속형 변수로 변환
+   )
```

1 이분형 로지스틱 회귀모형

1) 카이제곱 테스트와 이분형 로지스틱 회귀모형

이분형 로지스틱 회귀모형 추정에 앞서 성별(sex)과 근로형태(ws3)의 교차빈도표(2×3 crosstabulation)를 대상으로 연관관계 분석을 실행해 봅시다. 전통적 분석에서는 두 범주형 변수 간 연관관계에 대한 통계적 유의도 테스트를 카이제곱 테스트로 진행합니다. 본서의 독자라면 다 알고 계시겠지만, 복습한다는 기분으로 아래의 카이제곱 테스트를 진행과정을 살펴 봅시다.

```
> # 카이제곱 검정
> xtabs(~sex+ws3, df)
   ws3
sex 무미 임금 자영업
  M   63  293   119
  W  323  172    42
> xtabs(~sex+ws3, df) |> chisq.test()

	Pearson's Chi-squared test

data:  xtabs(~sex + ws3, df)
X-squared = 240.55, df = 2, p-value < 2.2e-16
```

위의 추정결과에서 나타나듯, 성별과 근로형태는 상호독립성을 갖는다고 가정하기 어려우며, 통계적으로 유의미한 연관관계를 갖는다고 판단할 수 있습니다[$\chi^2(2, N = 1{,}012) = 240.55$, $p < .001$]. 그렇다면 두 변수의 연관관계는 어떻게 해석할 수 있을까요? 여기서는 근로형태 집단별 성별 비율이 어떻게 다른지 살펴보는 방식으로 진행해 보겠습니다.

```
> xtabs(~sex+ws3, df) |> prop.table(2)
   ws3
sex      무미      임금     자영업
  M 0.1632124 0.6301075 0.7391304
  W 0.8367876 0.3698925 0.2608696
```

분석결과에서 확인할 수 있듯, 임금근로 집단과 자영업 집단의 경우 남성 비율이, 무직 및 미취업 집단의 경우 여성 비율이 더 높은 것을 알 수 있습니다.

이제 좀 이상하게 보일 수도 있지만, glm() 함수를 기반으로 성별 변수를 결과변수로, 근로형태 변수를 예측변수로 하는 이분형 로지스틱 회귀모형을 추정해 봅시다. 당연한 것이지만, 모형추정결과를 인과관계처럼 해석하는 것은 적절하지 않습니다. 위에서 방금 실시한 카이제곱 테스트를 이분형 로지스틱 회귀모형으로 접근할 경우는 아래와 같습니다. glm() 함수를 이용해 이분형 로지스틱 회귀모형을 실시할 경우, family 옵션은 binomial() 함수로 지정해야 합니다. 앞에서도 말씀드렸듯, 저는 binomial() 함수의 디폴트 링크함수인 link="logit"을 그대로 사용하였습니다. 만약 이분형 프로빗 회귀모형을 원한다면 family

옵션을 binomial(link="probit")으로 설정하시면 됩니다.

```
> # 이분형 로지스틱 회귀모형 활용
> # 모형비교
> myglm_null <- glm(sex~1, df, family=binomial())
> myglm_fit <- glm(sex~ws3, df, family=binomial())
> anova(myglm_null,myglm_fit)
Analysis of Deviance Table
Model 1: sex ~ 1
Model 2: sex ~ ws3
  Resid. Df Resid. Dev Df Deviance  Pr(>Chi)
1      1011     1399.1
2      1009     1141.1  2   258.03 < 2.2e-16 ***
---
Signif. codes:  0 '***' 0.001 '**' 0.01 '*' 0.05 '.' 0.1 ' ' 1
```

추정결과에서 알 수 있듯, ws3 변수를 예측변수로 투입한 모형이 그렇지 않은 모형에 비해 설명력이 더 높습니다[Deviance의 값, 즉 로그우도비 카이제곱값(log-likelihood ratio χ^2)과 통계적 유의도를 보시면 됩니다]. 이러한 결과는 전통적 분석에서 모형비교를 위해 많이 활용되는 AIC, BIC 지수에서도 아래와 같이 동일하게 나타납니다(즉 myglm_fit이, myglm_null 보다 AIC, BIC의 값이 훨씬 작습니다).

```
> bind_rows(glance(myglm_null),glance(myglm_fit)) |>
+   mutate(model=c('baseline','~ws3')) |>
+   select(model,AIC,BIC)
# A tibble: 2 × 3
  model      AIC   BIC
  <chr>    <dbl> <dbl>
1 baseline 1401. 1406.
2 ~ws3     1147. 1162.
```

상황에 따라 로지스틱 회귀모형 추정결과에 대한 임의(Psuedo)R^2 결과를 보고하기도 합니다. 임의R^2는 매우 다양하며, 아마도 활동분과에 따라 임의R^2를 보고해야 하는지, 그리고 만약 보고한다면 어떤 임의R^2를 채택해야 하는지 상이한 관례를 갖고 있을 것으로 저는 짐작합니다. 그러나 주지하다시피 OLS 회귀모형의 R^2는 해석이 명확한 반면, 임의R^2의 경우 해석이 명확하다고 말하기 어렵습니다. 이에 여기서만 임의R^2 계산결과를 제시하였으며, 이후에는 임의R^2 계산결과를 제시하지 않았습니다. 분과에 따라 다를 가능성을 배제하기 어렵지만, 아마도 DescTools 패키지의 PseudoR2() 함수를 활용하시면 큰 문제없이 원하시는 임의R^2 값을 얻을 수 있을 것으로 기대합니다.

```
> DescTools::PseudoR2(myglm_fit,which='all')
       McFadden    McFaddenAdj       CoxSnell     Nagelkerke  AldrichNelson
      0.1844211      0.1801327      0.2250597      0.3004565      0.2031677
VeallZimmermann          Efron McKelveyZavoina           Tjur            AIC
      0.3501204      0.2376938      0.2795582      0.2376938   1147.1001774
            BIC         logLik        logLik0             G2
   1161.8592290   -570.5500887   -699.5645474    258.0289173
```

이제 myglm_fit의 추정결과를 살펴보죠. 절편과 회귀계수만을 살펴보겠습니다(다른 부분은 직접 확인해 보시기 바랍니다).

```
> coefficients(myglm_fit)
(Intercept)    ws3임금  ws3자영업
   1.634518  -2.167196  -2.675971
```

여기서 절편값인 1.634518은 근로형태 변수의 기준집단인 무직 및 미취업 집단의 남성 확률 대비 여성 확률입니다. 앞에서 살펴보았듯, 무직 및 미취업 집단의 경우 여성확률은 0.8367876, 남성 확률은 0.1632124입니다. 두 확률값의 비율의 자연로그변환값, 즉 로짓은 아래와 같으며, 이 값이 바로 이분형 로지스틱 회귀모형의 추정 절편값입니다.

```
> (0.8367876/0.1632124) |> log()
[1] 1.634518
```

또한 ws3임금의 회귀계수인 −2.167196은 앞에서 계산했던 무직 및 미취업 집단의 남성 확률 대비 여성 확률 비율 대비, 임금근로 집단의 남성확률 대비 여성 확률 비율의 값에 자연로그를 취한 값입니다. 수계산을 적용하여 계산하면 아래와 같습니다.

```
> ( (0.3698925/0.6301075) / (0.8367876/0.1632124) ) |> log()
[1] -2.167196
```

끝으로 ws3자영업의 회귀계수인 −2.675971 역시 동일한 방식, 즉 무직 및 미취업 집단의 남성 확률 대비 여성 확률 비율 대비, 자영업 집단의 남성 확률 대비 여성 확률 비율의 값에 자연로그를 취하는 방식으로 계산할 수 있습니다.

```
> ( (0.2608696/0.7391304) / (0.8367876/0.1632124) ) |> log()
[1] -2.675972
```

기초적 내용이지만, 이 내용들은 꼭 이해할 필요가 있습니다. 왜냐하면 사전분포를 설정할 경우, 연구자가 활용할 수 있는 사전지식은 대개의 경우 '확률값'인 경우가 많기 때문입니다. 로지스틱 회귀모형의 경우 적절한 전환 과정을 거쳐 모수(이를테면 회귀계수)의 사전분포를 설정해야 합니다.

이제 brm() 함수를 이용하여 베이지언 분석을 진행해 봅시다. 앞서 베이지언 OLS 회귀모형에서와 마찬가지로 분량 조절을 위해 아래와 같은 이용자 함수를 설정하였습니다. 즉 추정모형 공식, 데이터, 그리고 결과변수 유형별 분포와 링크함수를 정의하여 투입하면, 앞에서 진행했던 방식과 동일한 옵션의 brm() 함수 추정결과를 얻을 수 있습니다. 한 가지 유의할 점은 brm() 함수의 family 옵션 설정방식은 glm() 함수의 family 옵션 설정방식과 용어가 상당히 다르다는 점입니다. brm() 함수의 family 옵션으로 설정할 수 있는 모든 함수들은 콘솔창에 ?brmsfamily를 입력해 보시면 확인하실 수 있습니다. 이분형 로지스틱 회귀모형을 추정할 경우, glm() 함수 family 옵션은 binomial() 함수이지만, brm() 함수 family 옵션은 bernoulli() 함수입니다.

```
> # 동일한 옵션의 반복적용
> wrapper_brm_model <- function(myformula,mydata,myfamily){
+   output_brm <- brm(
+     bf(myformula),
+     data=mydata,
+     family=myfamily,
+     sample_prior = "yes",
+     control = list(adapt_delta = 0.99),
+     save_pars = save_pars(all = TRUE),
```

```
+   chains = 4,
+   iter = 11000,
+   warmup = 1000,
+   cores = 4,
+   seed = 1234
+ )
+ return(output_brm)
+}
> brm_bin_fit <- wrapper_brm_model( as.formula('sex~ws3'),df,bernoulli() )
Compiling Stan program...
Start sampling
> brm_bin_null <- wrapper_brm_model( as.formula('sex~1'),df,bernoulli() )
Compiling Stan program...
Start sampling
# summary(brm_bin_fit)  # 출력결과는 직접 확인해 보시기 바랍니다
# plot(brm_bin_fit)  # 출력결과는 직접 확인해 보시기 바랍니다
```

추정된 두 모형들을 베이스지수(BF, Bayes factor)와 (PSIS−)LOO 지수를 활용해서 비교해 봅시다. 먼저 BF 결과를 살펴보면 아래와 같이 상상하기 어려울 정도로 거대한 BF값을 얻을 수 있습니다(어찌보면 당연한 결과이기도 합니다).

```
> # 모형비교
> set.seed(1)
> BF_bin_fit <- bayes_factor(brm_bin_fit, brm_bin_null)
                    [분량조절을 위해 Iteration 과정은 제시하지 않았음]
> BF_bin_fit
Estimated Bayes factor in favor of brm_bin_fit over brm_bin_null: 2540885045322989
198662804602288404686220886688424882224.00000
```

다음으로 LOO 지수를 살펴보아도 결과는 마찬가지입니다. 아무 예측변수도 고려하지 않은 brm_bin_null에 비해, ws3 변수를 예측변수로 투입한 brm_bin_fit이 예측정확도가 더 높은, 다시 말해 더 적절한 모형이라는 것을 확인할 수 있습니다.

```
> brm_bin_fit <- add_criterion(brm_bin_fit, c("loo"))
> brm_bin_null <- add_criterion(brm_bin_null, c("loo"))
> loo_compare(brm_bin_fit,brm_bin_null,criterion="loo") |>
+  data.frame() |>
+  select(elpd_diff,se_diff,looic,se_looic)
        elpd_diff se_diff   looic se_looic
brm_bin_fit     0.0000  0.00000 1147.150 29.580101
brm_bin_null -127.0005 14.77157 1401.151  3.921085
```

베이지언 이분형 로지스틱 회귀모형의 경우에도 베이지언 R^2와 LOO-조정 R^2를 계산할 수 있습니다. 다만 앞에서 소개했던 전통적 분석에서 종종 활용되는 임의R^2와 마찬가지로 OLS 회귀모형의 R^2와 동일한 의미를 갖지는 않습니다. 베이지언 R^2와 LOO-조정 R^2의 의미를 굳이 찾자면, 모형의 예측정확도를 가늠하는 지표 정도가 아닐까 생각합니다. 아무튼 OLS 회귀모형에서 활용한 이용자정의 함수인 wrapper_Bayes_Loo_R2() 함수를 이용하면, 아래와 같이 베이지언 R^2와 LOO-조정 R^2를 계산할 수 있습니다. 해석 관련 제약으로 인해 여기서만 베이지언 R^2와 LOO-조정 R^2 계산결과를 제시하고, 이후의 로지스틱 회귀모형에서는 계산결과를 제시하지 않겠습니다.

```
> Bayes_Loo_R2_bin <- wrapper_Bayes_Loo_R2(brm_bin_fit,'sex~ws3')
> Bayes_Loo_R2_bin
# A tibble: 2 × 6
  Estimate Est.Error  Q2.5 Q97.5 type              model
     <dbl>     <dbl> <dbl> <dbl> <chr>             <chr>
1    0.238    0.0189 0.200 0.274 Bayesian R2       sex~ws3
2    0.234    0.0256 0.183 0.283 Loo-adjusted R2 sex~ws3
```

모형비교를 통해 최종모형을 brm_bin_fit으로 선정한 후, 구체적 추정결과를 살펴봅시다. 전통적 분석방법의 이분형 로지스틱 회귀모형 추정결과와 비교하면, 추정결과가 아주 약간 다를 뿐인 거의 동일한 추정결과를 얻을 수 있습니다. 즉 brms 패키지의 디폴트 사전분포인 약한 사전분포를 기반으로 한 베이지언 모형 추정결과는 전통적 분석으로 얻은 모형추정 결과와 거의 동일합니다.

```
> # 추정결과 확인
> summary(brm_bin_fit)
 Family: bernoulli
  Links: mu = logit
Formula: sex ~ ws3
   Data: mydata (Number of observations: 1012)
  Draws: 4 chains, each with iter = 11000; warmup = 1000; thin = 1;
         total post-warmup draws = 40000

Regression Coefficients:
           Estimate Est.Error l-95% CI u-95% CI Rhat Bulk_ESS Tail_ESS
Intercept      1.64      0.14     1.38     1.92 1.00    18359    20321
ws3임금       -2.18      0.17    -2.50    -1.85 1.00    20171    22384
ws3자영업     -2.69      0.23    -3.14    -2.25 1.00    21053    23352

Draws were sampled using sampling(NUTS). For each parameter, Bulk_ESS
and Tail_ESS are effective sample size measures, and Rhat is the potential
scale reduction factor on split chains (at convergence, Rhat = 1).
```

이제 모형추정결과를 시각화해 보죠. 즉 각 근로형태 집단별 여성확률을 계산한 후, 이를 시각화해 보겠습니다. 분산분석과 OLS 회귀모형에서 유용하게 활용했던 conditional_effects() 함수를 활용하시면 됩니다. 먼저 conditional_effects() 함수의 디폴트, 즉 오차불포함(without randomness) 사후분포 예측값의 점추정치와 95% 신용구간을 시각화하고(〈그림 2-7-1〉) 구체적 계산결과를 제시하면 아래와 같습니다. 〈그림 2-7-1〉의 시각화 결과를 개선하고자 할 경우, fig_bin_fit$ws3 오브젝트를 이용하여 ggplot2 패키지 함수를 활용하시면 됩니다(5장 분산분석과 6장 OLS 회귀모형을 참조하시기 바랍니다).

```
> # 확률값과 95% 신용구간
> fig_bin_fit <- conditional_effects(brm_bin_fit)
> fig_bin_fit
```

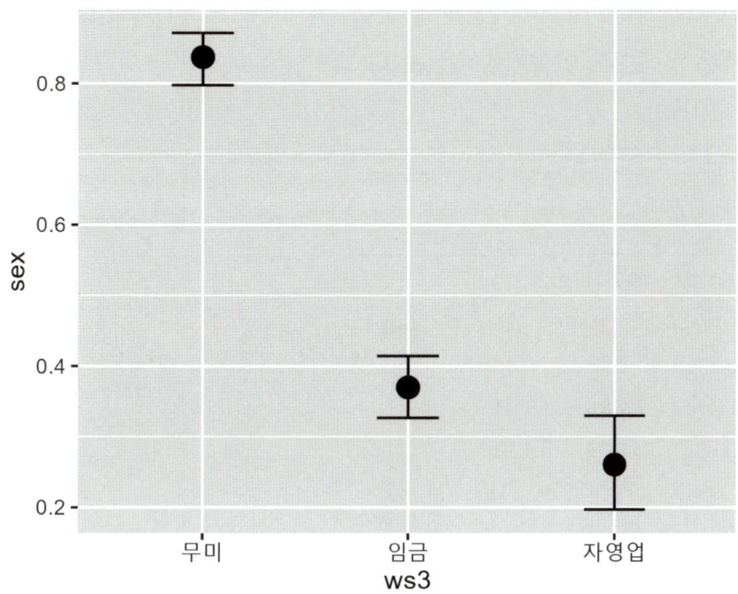

그림 2-7-1. 예측변수 수준별 결과변수 범주의 확률값과 95% 신용구간

```
> fig_bin_fit$ws3
  ws3 sex cond__ effect1__ estimate__      se__   lower__   upper__
1 무미  M     1      무미     0.8374542 0.01876974 0.7989188 0.8720996
2 임금  M     1      임금     0.3696831 0.02241419 0.3269470 0.4145169
3 자영업 M     1     자영업    0.2598597 0.03461635 0.1964382 0.3313197
```

만약 결과변수 범주의 확률이 아닌, 선형로짓을 계산하고자 한다면 아래와 같이 conditional_effects() 함수의 method 옵션을 'posterior_linpred'으로 지정하시면 됩니다.

```
> # 선형로짓값과 95% 신용구간
> fig_bin_fit_predict <- conditional_effects(brm_bin_fit,
+                                            method='posterior_linpred')
> fig_bin_fit_predict$ws3
  ws3 sex cond__ effect1__ estimate__       se__    lower__    upper__
1 무미  M     1      무미      1.6394071 0.13805641  1.379551  1.9196516
2 임금  M     1      임금     -0.5335765 0.09616873 -0.722026 -0.3453235
3 자영업 M     1     자영업    -1.0466979 0.18056371 -1.408706 -0.7022224
```

앞에서 얻었던 fig_bin_fit$ws3은 방금 얻은 fig_bin_fit_predict$ws3을 아래의 과정을 거쳐 변환하는 방식으로 얻을 수도 있습니다.

```
> fig_bin_fit_predict$ws3 |>
+   mutate(across(
+     .cols=c(estimate__,lower__,upper__),
+     .fns=function(x){1/(1+exp(-1*x))}
+   )) |> select(ws3,estimate__,lower__,upper__)
    ws3 estimate__   lower__   upper__
1  무미  0.8374542 0.7989188 0.8720996
2  임금  0.3696831 0.3269470 0.4145169
3 자영업  0.2598597 0.1964382 0.3313197
```

만약 분석대상 데이터와 동일한 방식으로 수집된 다른 데이터에 대한 오차포함(with randomness) 사후분포를 얻고자 할 경우 아래와 같이 posterior_predict() 함수를 사용하면 됩니다. 그러나 한 가지 다른 점이 있습니다. 앞에서 다루었던 분산분석이나 OLS 회귀모형과 달리, 로지스틱 회귀모형 추정결과의 경우 posterior_predict() 함수의 예측값은 '0'(여기서는 남성) 혹은 '1'(여성)이며, 그 중간의 어떤 값이 될 수 없습니다. 다시 말해 점추정치의 경우, 웜업 이후 얻은 40,000번의 사후분포에서 '1'의 확률(여성확률)로 해석해야 하며, 이 경우 95% 신용구간을 더블형(double type) 수치값(이를테면, 0.575와 같은)으로 얻는 것은 불가능합니다. 따라서 점추정치와 함께 0과 1로 예측된 각각의 빈도를 계산하였습니다.

```
> # 아래와 같이 하면 예측된 범주의 확률값과 각 범주별 빈도를 계산할 수 있음
> # 오차포함(with randomness) 사후분포
> newdata <- data.frame(ws3=unique(df$ws3))
> post_predict <- posterior_predict(brm_bin_fit,newdata=newdata)
> df_post_predict <- as_tibble( t(post_predict) )
> df_post_predict |>
+   mutate(ws3=newdata$ws3) |>
+   pivot_longer(cols=1:40000) |> # 웜업이후 40,000번(4개 x 10,000번)
+   group_by(ws3) |>
+   summarise(
+     prob = mean(value),
+     pred_0 = sum(ifelse(value==0,1,NA),na.rm=T),
```

```
+   pred_1 = sum(ifelse(value==1,1,NA),na.rm=T)
+ )
# A tibble: 3 × 4
 ws3    prob pred_0 pred_1
 <fct> <dbl> <dbl> <dbl>
1 무미    0.836  6568  33432
2 임금    0.368 25276  14724
3 자영업 0.264 29436  10564
```

또한 as_draws_df() 함수를 활용할 수도 있습니다. 좋은 방법이기는 한데, 분석과정이 다소 번거로울 수 있습니다. 왜냐하면 베이지언 모형추정으로 얻은 모수추정치들을 기반으로 확률값을 계산하는 코드를 작성해야 하기 때문입니다. 약한 사전분포 기반 베이지언 모형으로 추정한 근로형태 집단별 여성확률의 사후분포를 시각화하면 〈그림 2-7-2〉와 같습니다.

```
> df_post |>
+  select(starts_with('b_')) |>
+  mutate(
+   ws무미_post=1/(1+exp(-b_Intercept)), # 확률로 변환
+   ws임금_post=1/(1+exp(-b_Intercept-b_ws3임금)),
+   ws자영업_post=1/(1+exp(-b_Intercept-b_ws3자영업))
+  ) |>
+  pivot_longer(cols=ws무미_post:ws자영업_post) |>
+  mutate(name=factor(name,labels=c('무직 및 미취업',
+                                   '임금근로','자영업'))) |>
+  ggplot(aes(x=value))+
+  stat_slabinterval(alpha=0.6)+
+  labs(x='Probability of women',
+     y='Density')+
+  theme_bw()+
+  facet_grid(name~.,scales='free')
```

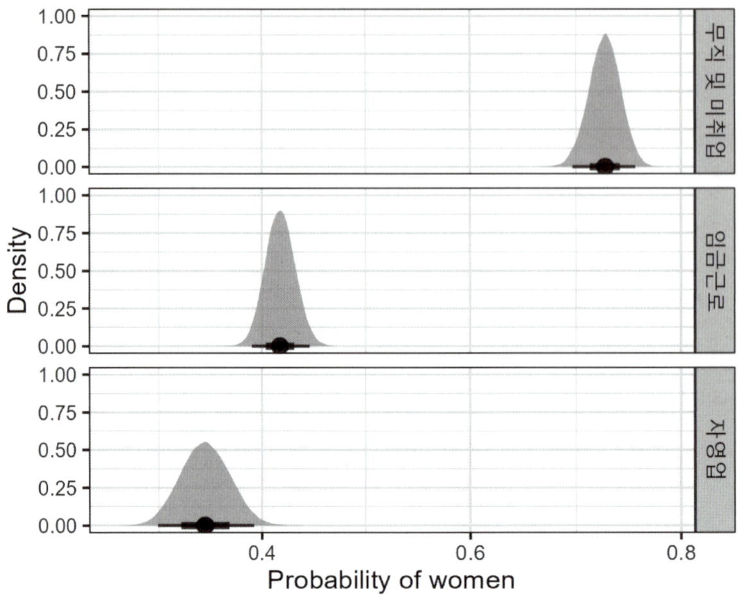

그림 2-7-2. 근로형태 집단별 여성확률의 사후분포 시각화

지금까지 카이제곱 분석을 시작으로 매우 간단한 사례를 대상으로 베이지언 이분형 로지스틱 회귀모형을 살펴보았습니다. 만약 인과관계가 아닌 이분형 범주와 다른 범주형 변수 사이의 연관관계를 베이지언 분석방법으로 살펴본다면, 위와 같은 방식을 고려해 볼 수 있습니다.

2) 이분형 다중 로지스틱 회귀모형

이제 현실적으로 더 활용성이 높은, 즉 예측변수가 여럿 투입되는 이분형 다항 로지스틱 회귀모형을 실습해 보겠습니다. 기부 여부(ysdonate; 기부 경험자이면 '1', 기부 경험이 없으면 '0')를 결과변수로, 성별(sex), 연령(age10MC), 상용로그변환 소득수준(log10incMC), 교육수준(numedu6MC)을 예측변수로 투입한 다음의 두 가지 이분형 로지스틱 회귀모형을 추정해 보겠습니다. 분석에 투입되는 모든 연속형 변수 형태의 예측변수들은 평균중심화(mean-centering) 변환을 실시한 것입니다.

- 주효과 모형: ysdonate~sex+age10MC+I(age10MC^2)+log10incMC+numedu6MC
- 상호작용효과 모형: ysdonate~sex*(age10MC+I(age10MC^2))+log10incMC+numedu6MC)

먼저 연속형 변수 형태의 예측변수들을 모두 평균중심화 변환한 후, 정의된 모형에 맞도록 as.formula() 함수를 이용해 모형을 정의하였습니다. 우선 전통적 분석방법으로 이분형 로지스틱 회귀모형을 추정한 후, 로그우도비 테스트를 통해 모형비교를 실시하면 아래와 같습니다.

```
> # 이분형 로지스틱 회귀모형
> # 평균중심화 변환(연속형 변수)
> df <- df |>
+  mutate(
+    age10MC=age10-mean(age10),
+    log10incMC=log10inc-mean(log10inc),
+    numedu6MC=numedu6-mean(numedu6)
+  )
> form_binlogit_m <- as.formula(
+  ysdonate~sex+age10MC+I(age10MC^2)+log10incMC+numedu6MC
+  )
> form_binlogit_i <- as.formula(
+  ysdonate~sex*(age10MC+I(age10MC^2))+log10incMC+numedu6MC
+  )
> mybinlogit_m <- glm(form_binlogit_m,data=df,
+                     family=binomial())
> mybinlogit_i <- glm(form_binlogit_i,data=df,
+                     family=binomial())
> anova(mybinlogit_m,mybinlogit_i)
Analysis of Deviance Table
Model 1: ysdonate ~ sex + age10MC + I(age10MC^2) + log10incMC + numedu6MC
Model 2: ysdonate ~ sex * (age10MC + I(age10MC^2)) + log10incMC + numedu6MC
  Resid. Df Resid. Dev Df Deviance  Pr(>Chi)
1      1006     1237.8
2      1004     1223.5  2   14.311 0.0007805 ***
---
Signif. codes:  0 '***' 0.001 '**' 0.01 '*' 0.05 '.' 0.1 ' ' 1
```

로그우도비 테스트 결과에서 잘 나타나듯, 상호작용효과 모형이 주효과 모형보다 분석대상 데이터를 더 잘 설명할 수 있는 것으로 나타났습니다($\chi^2_{LR}(2) = 14.31$, $p < .001$). 다음으로 AIC, BIC의 정보지수를 토대로 모형비교를 실시한 결과, 아래와 같이 상호작용효과 모형이 주효과 모형보다 더 적합한 모형인 것으로 나타났습니다.

```
> bind_rows(glance(mybinlogit_m),
+             glance(mybinlogit_i)) |>
+  mutate(model=c('1. Main', '2. Interaction')) |>
+  select(model,AIC,BIC) |> data.frame()
          model      AIC      BIC
1       1. Main 1249.771 1279.289
2 2. Interaction 1239.460 1278.817
```

최종모형 선택 후 모형추정결과를 살펴본 결과는 다음과 같습니다.

```
> summary(mybinlogit_i)
Call:
glm(formula = form_binlogit_i, family = binomial(), data = df)
Coefficients:
                  Estimate Std. Error z value Pr(>|z|)
(Intercept)        1.30689    0.14328   9.121  < 2e-16 ***
sexW              -0.80123    0.18608  -4.306 1.66e-05 ***
age10MC            0.23866    0.08856   2.695  0.00704 **
I(age10MC^2)      -0.22536    0.04769  -4.725 2.30e-06 ***
log10incMC         0.41698    0.24607   1.695  0.09015 .
numedu6MC          0.30225    0.06501   4.649 3.33e-06 ***
sexW:age10MC      -0.07429    0.10986  -0.676  0.49891
sexW:I(age10MC^2)  0.23889    0.06465   3.695  0.00022 ***
---
Signif. codes: 0 '***' 0.001 '**' 0.01 '*' 0.05 '.' 0.1 ' ' 1
(Dispersion parameter for binomial family taken to be 1)
    Null deviance: 1301.3  on 1011  degrees of freedom
Residual deviance: 1223.5  on 1004  degrees of freedom
AIC: 1239.5

Number of Fisher Scoring iterations: 4
```

분석결과 남성의 경우 연령과 기부확률의 관계가 뒤집힌 U자 형태의 2차 곡선형(quadratic) 관계로 나타났지만, 여성의 경우 2차항의 효과가 거의 나타나지 않는 것을 알 수 있습니다(기준집단인 남성의 경우 연령의 2차항이 약 −0.225의 값을 갖는 반면, 여성의 경우 여기에

0.239의 값이 더해져, 2차항은 고작 0.014로 나타납니다). 추가적으로 소득수준의 경우 기부확률과 별다른 연관관계를 보이지 않았지만($b = 0.42$, $p = .09$), 교육수준이 높을수록 기부확률이 증가하는 것으로 나타났습니다($b = 0.30$, $p < .001$). 구체적으로 교육수준이 1단계 증가할수록 기부하지 않을 확률 대비 기부할 확률이 35%가량 증가하는 것으로 나타났습니다($1.35 \approx e^{0.30}$).

이제 brm() 함수를 활용하여 베이지언 이분형 로지스틱 회귀모형을 추정해 봅시다. 앞에서도 활용했던 이용자함수인 wrapper_brm_model() 함수를 이용하여, 상호작용효과 모형과 주효과 모형을 추정하였습니다. 분량 조절 문제로 summary() 함수와 plot() 함수의 출력결과는 제시하지 않았지만, MCMC 추정결과에는 큰 문제가 없다는 것을 확인하였습니다(반드시 직접 확인해 보시기 바랍니다).

```
> # 베이지언 모형
> # brm_binlogit_i <- wrapper_brm_model( form_binlogit_i, df, bernoulli() )
> # brm_binlogit_m <- wrapper_brm_model( form_binlogit_m, df, bernoulli() )
> # 추정과정 점검
> # summary()  # 출력결과 역시 직접 확인해 보시기 바랍니다
> # plot() # 함수 출력결과 역시 직접 확인해 보시기 바랍니다
```

이제 베이스지수(BF)와 LOO 지수를 이용하여 베이지언 모형비교를 실시해 보겠습니다. 먼저 BF 추정결과를 살펴본 결과, 주효과 모형에 비해 상호작용효과 모형은 분석대상 데이터를 약 59배 더 잘 설명할 수 있는 것으로 나타났습니다. 즉 통상적 기준(Jeffreys, 1961)에 따르면 월등하게 높은 BF값을 얻어 상호작용효과 모형이 주효과 모형에 비해 더 설명력이 좋은 모형이라는 것을 확인할 수 있습니다.

```
> # 모형비교
> BF_binlogit <- bayes_factor(brm_binlogit_i,brm_binlogit_m)
                    [분량조절을 위해 Iteration 과정은 제시하지 않았음]
> BF_binlogit
Estimated Bayes factor in favor of brm_binlogit_i over brm_binlogit_m: 59.47508
```

다음으로 LOO 지수를 비교한 결과 역시도 상호작용효과 모형이 주효과 모형보다 낮은

LOO 지수를 보였습니다. 물론 두 모형의 LOO 지수 차이값(로그값 기준 4.97)이 표준오차값(4.09)와 비교해 크게 높지 않았다는 점에 주목한다면, 주효과 모형이 상호작용효과 모형과 큰 차이가 없다고 볼 수도 있습니다. 일단 여기서 저는 상호작용효과 모형이 주효과 모형 보다 더 낫다고 판단하였습니다.

```
> brm_binlogit_i <- add_criterion(brm_binlogit_i, c("loo"))
> brm_binlogit_m <- add_criterion(brm_binlogit_m, c("loo"))
> loo_compare(brm_binlogit_i,brm_binlogit_m,criterion = "loo") |>
+   data.frame() |>
+   select(elpd_diff,se_diff,looic,se_looic)
               elpd_diff  se_diff    looic se_looic
brm_binlogit_i  0.000000 0.000000 1240.121 25.24287
brm_binlogit_m -4.972391 4.092356 1250.066 24.13712
```

다음으로 성별과 연령의 상호작용효과 후속 분석으로 연령 수준에 따라 기부확률이 남성과 여성 사이에 어떻게 다르게 나타나는지 살펴보겠습니다. `brm()` 함수를 활용한 베이지언 분석의 경우, `hypothesis()` 함수를 이용하시면 됩니다. 약간 번거로울 수 있는 코드 작성 의지만 있다면, 어렵지 않게 베이지언 집단비교(혹은 기울기 분석)를 실시할 수 있습니다. 예를 들어 기부참여 가능성이 40세 남성과 40세 여성에게서 동일하게 나타나는지(즉 기부참여 가능성 차이의 참값이 0을 포함하는지), 95% 신용구간을 활용하여 살펴보고자 한다면 아래와 같이 진행하시면 됩니다.

```
> # 예를 들어 19,...., 87세 응답자 연령 기준 성별 기부확률 차이
> # 참값이 95% 신용구간 내부에 위치하는지 외부에 위치하는지
> age40 <- 40/10  # 40세의 경우
> (age40MC <- age40 - mean(df$age10))
[1] -0.4980237
> hypothesis(brm_binlogit_i,
+            c('b_sexW -0.498*b_sexW:age10MC + ((-0.498)^2)*b_sexW:Iage10MCE2 = 0'),
+            class=NULL)
Hypothesis Tests for class :
                Hypothesis Estimate Est.Error CI.Lower CI.Upper Evid.Ratio Post.Prob
1 (b_sexW-0.498*b_s... = 0    -0.71      0.17    -1.05    -0.37         NA        NA
  Star
```

```
1   *
---
'CI': 90%-CI for one-sided and 95%-CI for two-sided hypotheses.
'*': For one-sided hypotheses, the posterior probability exceeds 95%;
for two-sided hypotheses, the value tested against lies outside the 95%-CI.
Posterior probabilities of point hypotheses assume equal prior probabilities.
```

테스트 결과에서 확인할 수 있듯, 40세 남성과 40세 여성의 기부참여 가능성은 매우 큰 차이를 보입니다. 보다 구체적으로 40세 여성의 기부확률은 0.606인데 반해, 40세 남성의 기부확률은 0.758입니다. 다른 변수들의 효과를 통제하였을 때, 40세 남성과 여성의 기부확률은 아래와 같이 계산할 수 있습니다.

```
> newdata <- data.frame(age10MC=age40,log10incMC=0,numedu6MC=0)
> conditional_effects(brm_binlogit_i,
+                     effects='sex',
+                     conditions=newdata,
+                     plot=F)$sex |> select(sex,estimate__)
  sex estimate__
1   M 0.7576675
2   W 0.6056548
```

위에서 얻은 `hypothesis()` 함수로 얻은 `Estimate` 값인 −0.71은 바로 '40세 남성이 기부하지 않을 확률 대비 기부할 확률비(0.758/0.242)' 대비 '40세 여성이 기부하지 않을 확률 대비 기부할 확률비(0.605/0.395)'의 값에 자연로그를 취한 값입니다.

```
> log( (0.605/0.395) / (0.758/0.242) )
[1] -0.715403
```

이제 모든 연령수준별 기부확률의 남녀 차이 참값의 95% 신용구간을 계산한 후 시각화해 보겠습니다. OLS 회귀모형 실습 상황과 마찬가지로, 아래와 같은 이용자함수를 설정한 후, 데이터에서 나타난 모든 연령수준에 따라 기부확률의 남녀 차이의 로짓과 95% 신용구간을 반복 계산하였습니다.

```
> # 모든 연령들에 대해
> ages <- (19:87)/10
> agesMC <- (ages - mean(df$age10))
> wrap_gendergap <- function(i){
+   linear_age10 <- format(round(agesMC[i],3))
+   quadratic_age10 <- format(round(agesMC[i]^2,3))
+   linear_age10 <- ifelse(str_detect(linear_age10,'-'),
+                          linear_age10,str_c('+',linear_age10))
+   test_form <- str_c('b_sexW ',linear_age10,'*b_sexW:age10MC + ',
+                      quadratic_age10,'*b_sexW:Iage10MCE2 = 0')
+   result_slope <- hypothesis(brm_binlogit_i,test_form,class=NULL)
+   result_slope_edit <- result_slope$hypothesis |>
+     as_tibble() |>
+     select(Estimate,CI.Lower,CI.Upper)
+   return(result_slope_edit)
+ }
> result_gendergap_donation <- tibble()
> for (i in 1:length(agesMC)){
+   result_gendergap_donation <- bind_rows(
+     result_gendergap_donation ,
+     wrap_gendergap(i) |> mutate(age=10*ages[i])
+   )
+ }
> result_gendergap_donation <- result_gendergap_donation  |>
+   mutate( true0=ifelse(round(CI.Lower*CI.Upper,2)>0,
+                        "외부", "내부") )
> result_gendergap_donation |>
+   ggplot(aes(x=age,y=Estimate,fill=true0,color=true0))+
+   geom_point()+
+   geom_errorbar(aes(ymin=CI.Lower,ymax=CI.Upper))+
+   geom_hline(yintercept=0, lty=2)+
+   scale_x_continuous(breaks=c(20,34,60,74,80))+
+   labs(title="Group comparison, application of brms::hypothesis()",
+        x="연령",y='기부여부 남녀 격차
+        (선형로짓: 양수일수록 여성의 기부확률이 더 높음)',
+        color="0이 95%신용구간의 ",fill="0이 95%신용구간의 ")+
+   theme_bw()
```

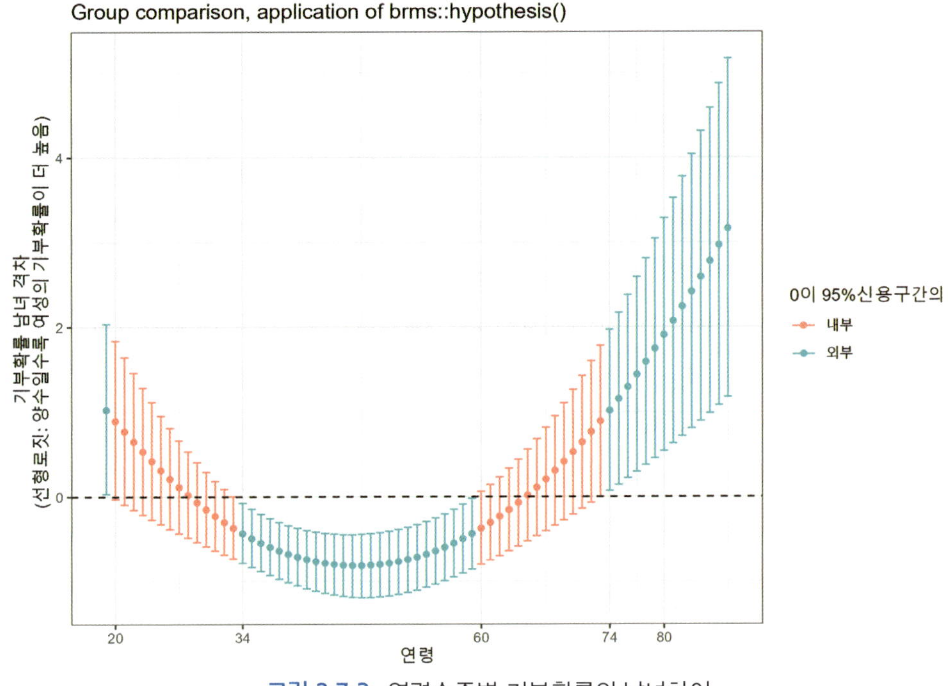

그림 2-7-3. 연령수준별 기부확률의 남녀차이

분석결과에서 확인할 수 있듯, 20세, 그리고 34-59세, 74세 이상일 경우 기부확률의 남녀 차이는 95%의 확률로 0에서 벗어나나는 것을 알 수 있습니다. 흥미로운 점은 74세 이상 노년의 경우 여성이 남성에 비해 기부확률이 훨씬 높게 나타났지만, 중년기인 34-59세 연령대의 경우 남성이 여성보다 기부확률이 훨씬 높았습니다.

〈그림 2-7-3〉과 같이 연령수준에 따라 성별 효과가 어떻게 다르게 나타나는지를 살펴볼 수도 있지만, 다음과 같이 남성과 여성 집단에게서 연령에 따라 기부확률이 어떻게 변하는지를 살펴보는 방식으로 상호작용효과를 직접 시각화할 수도 있습니다. 상호작용효과에 해당되는 예측변수를 제외한 다른 변수들을 통제한 후, conditional_effects() 함수를 이용해 상호작용효과를 시각화하면 아래의 〈그림 2-7-4〉와 같습니다.

```
> # age와 sex의 상호작용효과를 시각화
> newdata <- tibble(
+   log10incMC=0,
+   numedu6MC=0
+ )
> fig_binlogit_i <- conditional_effects(brm_binlogit_i,
+                                        effects='age10MC:sex',
```

```
+                                    conditions=newdata)
> fig_binlogit_i$`age10MC:sex` |>
+ mutate(
+   age=10*( age10MC+mean(df$age10) ), # back to original scale
+   sex=factor(sex,labels=c('남성','여성'))
+ ) |>
+ ggplot(aes(x=age,y=estimate__))+
+ geom_line(linewidth=1)+
+ geom_ribbon(aes(ymin=lower__, ymax=upper__),alpha=0.3)+
+ labs(x="연령", y="기부여부",
+      title="연령과 성별의 상호작용효과: 오차불포함 사후분포 예측확률",
+      caption="주: 소득과 교육수준은 각각 표본의 평균으로 통제")+
+ theme_bw()+
+ facet_grid(~sex)
```

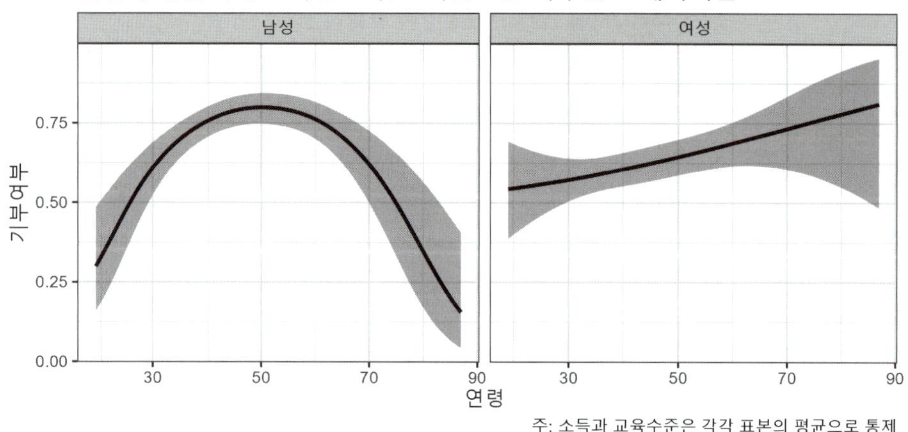

그림 2-7-4. 기부여부에 대한 성별과 연령의 상호작용효과 시각화

3) 강한 사전분포 기반 베이지언 이분형 로지스틱 회귀모형

이번에는 현상에 대한 사전지식을 토대로 강한 사전분포를 설정한 후, 베이지언 이분형 로지스틱 회귀모형을 추정해 보겠습니다. 이번 장 처음에 서술한 매우 간단한 성별–근로형태 교차분석표에서 두 변수 간 연관관계를 추정할 때 활용했던 이분형 로지스틱 모형을 기억하실 것입니다. 만약 각 근로형태별 성별 비율에 대한 선행연구 결과가 〈표 2–7–1〉과 같았다고 가정해 봅시다.

표 2-7-1. 근로형태별 성별 비율 선행연구 결과 예시

	무직 및 미취업	임금근로	자영업
남성	23명(30%)	55명(60%)	22명(70%)
여성	53명(70%)	37명(40%)	10명(30%)
총합	76명	92명	32명

알림. $N = 200$

앞에서 말씀드렸듯, 범주형 변수에 대한 통상적 분석결과는 빈도 혹은 확률로 제시됩니다. 즉 위와 같은 선행연구 결과(사전지식)를 사전분포로 설정하기 위해서는 로짓변환을 거쳐, 다시 말해 로지스틱 회귀모형 추정결과에 맞도록 수계산을 진행해야 합니다. 선행연구결과를 먼저 R 오브젝트로 저장해 보면 아래와 같습니다.

```
> freq_ws1M <- 23
> freq_ws1W <- 53
> freq_ws1MW <- freq_ws1M+freq_ws1W
> freq_ws2M <- 55
> freq_ws2W <- 37
> freq_ws2MW <- freq_ws2M+freq_ws2W
> freq_ws3M <- 22
> freq_ws3W <- 10
> freq_ws3MW <- freq_ws3M+freq_ws3W
```

먼저 근로형태 변수의 기준집단, 즉 무직 및 미취업 집단의 남성확률 대비 여성확률의 로그변환값을 구해보죠. 이는 이분형 로지스틱 회귀모형의 절편에 해당됩니다.

```
> # Intercept
> Intercept <- log( (freq_ws1W/freq_ws1MW) / (freq_ws1M/freq_ws1MW) )
> Intercept
[1] 0.8347977
```

이제 기준집단 대비 다른 두 집단의 오즈비(OR)을 계산하고, 이를 회귀계수 형태로 바꾼 로그변환값을 계산해 보죠. 이는 이분형 로지스틱 회귀모형의 회귀계수에 해당됩니다.

```
> # Coefficient 임금
> Coef임금 <- log(
+   (freq_ws2W/freq_ws2MW) / (freq_ws2M/freq_ws2MW) /
+   ((freq_ws1W/freq_ws1MW) / (freq_ws1M/freq_ws1MW))
+ )
> Coef임금
[1] -1.231213
> # Coefficient 자영업
> Coef자영업 <- log(
+   (freq_ws3W/freq_ws3MW) / (freq_ws3M/freq_ws3MW) /
+   ((freq_ws1W/freq_ws1MW) / (freq_ws1M/freq_ws1MW))
+ )
> Coef자영업
[1] -1.623255
```

이제는 이분형 로지스틱 회귀모형의 표준오차(SE)를 계산해 봅시다. 각 근로형태 집단별 사례수 정보를 이용하여 절편과 두 회귀계수의 SE를 계산하는 과정은 아래와 같습니다.

```
> # SE
> SE_intercept <- sqrt( (1/freq_ws1W)+(1/freq_ws1M) )
> SE_intercept
[1] 0.2496922
> SE_Coef임금 <- sqrt( (1/freq_ws1W)+(1/freq_ws1M)+
+                      (1/freq_ws2W)+(1/freq_ws2M) )
> SE_Coef임금
[1] 0.3279558
> SE_Coef자영업 <- sqrt( (1/freq_ws1W)+(1/freq_ws1M)+
+                        (1/freq_ws3W)+(1/freq_ws3M) )
> SE_Coef자영업
[1] 0.4558517
```

이제 위에서 얻은 정보들을 활용하여 강한 사전분포를 설정해 보겠습니다. 아래와 같이 brm() 함수를 이용하여 사전분포를 설정한 후, 이분형 로지스틱 회귀모형을 추정한 결과는 다음과 같습니다.

```
> brm_bin_fit_Sprior <- brm(
+  bf(sex ~ ws3),
+  data=df,
+  family=bernoulli(),
+  prior=prior(normal(0.835,0.250),class=Intercept)+
+    prior(normal(-1.231,0.328),class=b,coef=ws3임금)+
+    prior(normal(-1.623,0.456),class=b,coef=ws3자영업 ),
+  sample_prior = "yes",
+  control = list(adapt_delta = 0.99),
+  save_pars = save_pars(all = TRUE),
+  chains = 4,
+  iter = 11000,
+  warmup = 1000,
+  cores = 4,
+  seed = 1234
+ )
Compiling Stan program...
Start sampling
> # summary(brm_bin_fit_Sprior) # 출력결과는 직접 확인해 보시기 바랍니다
> # plot(brm_bin_fit_Sprior) # 출력결과는 직접 확인해 보시기 바랍니다
```

분량 조절을 위하여 summary() 함수와 plot() 함수의 출력결과는 제시하지 않았지만, 모형추정 과정에서 큰 문제는 없었습니다. 사전분포를 반영할 경우에는 특히 MCMC 계산과정에서 수렴이 잘 진행되었는지를 꼭 확인해 보시기 바랍니다.

이제 앞에서 약한 사전분포를 설정한 경우(brm_bin_fit)와 강한 사전분포를 설정한 경우(brm_bin_fit_Sprior)의 베이지언 로지스틱 회귀모형으로 얻은 사후분포가 어떻게 다르게 나타나는지 시각적으로 비교하면 〈그림 2-7-5〉와 같습니다.

```
> # 사후분포의 시각화
> df_post_prior <- bind_rows(as_draws_df(brm_bin_fit) |>
+                              mutate(type="Weak"),
+                            as_draws_df(brm_bin_fit_Sprior) |>
+                              mutate(type="Strong")) |>
+  mutate(
+    ws무미_post=1/(1+exp(-b_Intercept)),
```

```
+   ws임금_post=1/(1+exp(-b_Intercept-b_ws3임금)),
+   ws자영업_post=1/(1+exp(-b_Intercept-b_ws3자영업))
+  ) |>
+  select(type,ws무미_post:ws자영업_post) |>
+  pivot_longer(cols=ws무미_post:ws자영업_post) |>
+  mutate(
+   name=str_remove(name,'_post'),
+   name=factor(name,labels=c('무직 및 미취업','임금근로','자영업'))
+  )
> df_post_prior |>
+  ggplot(aes(x=value,fill=type))+
+  stat_slabinterval(alpha=0.6)+
+  labs(x='Probability of women',
+     y='Density',fill="Prior distribution")+
+  theme_bw()+
+  facet_grid(name~.,scales='free')
```

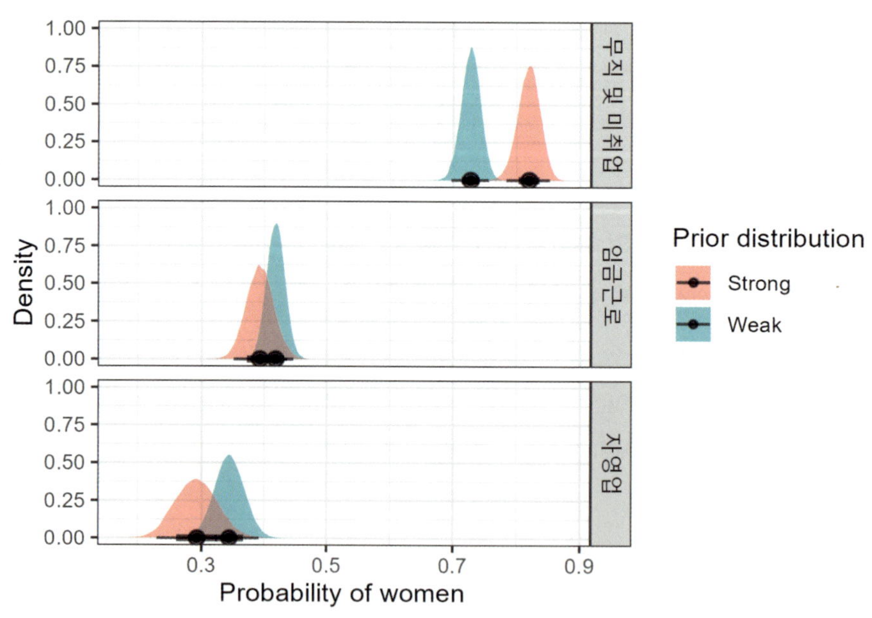

그림 2-7-5. 사전분포 설정방식에 따른 사후분포 차이

다음으로 예측변수가 여럿 투입된 이분형 로지스틱 회귀모형에 대해 강한 사전분포를 설정해 봅시다. 만약 분석대상 데이터와 비슷한 방식으로 분석을 진행한 선행연구결과에 따르면 성별과 연령의 상호작용효과가 없었다고 가정해 봅시다. 선행 연구자가 보고한 연구결과는 앞

에서 추정했던 주효과 모형과 동일한 모습이었다고 가정해 봅시다(물론 현실성은 매우 낮습니다만, 실습목적이니 일단 가정해 주시길 부탁드립니다). 이제 강한 사전분포 기반 상호작용효과 모형을 재추정해 봅시다. 먼저 사전분포로 활용할 선행연구의 결과, 즉 모수의 점추정치와 표준오차(SE)를 살펴보면 아래와 같습니다.

```
> # 사전분포 가정: 만약 선행연구가 주효과 모형결과 였다면?
> summary(brm_binlogit_m)$fixed[,1:2]
              Estimate Est.Error
Intercept    1.0748394 0.12226429
sexW        -0.3667505 0.14260735
age10MC      0.1612205 0.06184982
Iage10MCE2  -0.1057470 0.03196178
log10incMC   0.4456970 0.24703401
numedu6MC    0.2936584 0.06458363
```

위에서 얻은 결과를 토대로 소수점 2자리를 기준으로 사전분포 정보로 활용하였습니다. 아울러 선행연구에서는 성별과 연령의 상호작용효과가 0이라고 가정한 주효과 모형 추정결과를 제시했다는 점에서 성별과 연령 1차항, 그리고 성별과 연령 2차항의 상호작용효과는 모두 점추정치를 0으로 설정하고, 표준편차의 값은 연령 1차항과 연령 2차항의 표준편차로 대체하였습니다.

```
> brm_binlogit_i_Sprior <- brm(
+   bf(form_binlogit_i),
+   data=df,
+   family=bernoulli(),
+   prior=prior(normal(1.07,0.12),class=Intercept)+
+     prior(normal(-0.37,0.14),class=b,coef=sexW)+
+     prior(normal(0.16,0.06),class=b,coef=age10MC)+
+     prior(normal(-0.11,0.04),class=b,coef=Iage10MCE2)+
+     prior(normal(0.45,0.25),class=b,coef=log10incMC)+
+     prior(normal(0.29,0.06),class=b,coef=numedu6MC)+
+     prior(normal(0,0.06),class=b,coef=sexW:age10MC)+ # 상호작용효과 0
+     prior(normal(0,0.03),class=b,coef=sexW:Iage10MCE2), # 상호작용효과 0
+   sample_prior = "yes",
```

```
+ control = list(adapt_delta = 0.99),
+ save_pars = save_pars(all = TRUE),
+ chains = 4,
+ iter = 11000,
+ warmup = 1000,
+ cores = 4,
+ seed = 1234
+ )
Compiling Stan program...
Start sampling
> # summary(brm_binlogit_i_Sprior) # 출력결과는 직접 확인해 보시기 바랍니다
> # plot(brm_binlogit_i_Sprior) # 출력결과는 직접 확인해 보시기 바랍니다
```

분량 조절을 위하여 summary() 함수와 plot() 함수의 출력결과는 제시하지 않았지만, 모형추정 과정에서 큰 문제는 없었습니다. 사전분포를 반영할 경우에는 특히 MCMC 계산과정에서 수렴이 잘 진행되었는지를 꼭 확인해 보시기 바랍니다.

이제 약한 사전분포를 가정하였을 때와 강한 사전분포를 가정하였을 때, 이분형 로지스틱 회귀모형의 사후분포 예측값이 어떻게 달라지는지 살펴봅시다. conditional_effects() 함수를 기반으로 성별과 연령 변수의 상호작용효과 오차불포함 사후분포의 점추정치와 95% 신용구간을 계산하였습니다. 이후 앞서 추정한 약한 사전분포 가정시 사후분포 점추정치와 95% 신용구간을 시각적으로 비교한 결과는 〈그림 2-7-6〉과 같습니다.

```
> # age와 sex의 상호작용효과를 시각화
> fig_binlogit_i_Sprior <- conditional_effects(brm_binlogit_i_Sprior,
+                                              effects='age10MC:sex',
+                                              conditions=newdata)
> bind_rows(
+  fig_binlogit_i$`age10MC:sex` |> mutate(prior='약한 사전분포'),
+  fig_binlogit_i_Sprior$`age10MC:sex` |> mutate(prior='강한 사전분포')
+ ) |>
+  mutate(
+    age=10*( age10MC+mean(df$age10) ), # back to original scale
+    sex=factor(sex,labels=c('남성','여성'))
+  ) |>
+  ggplot(aes(x=age,y=estimate__,fill=prior,color=prior))+
```

```
+ geom_line()+
+ geom_ribbon(aes(ymin=lower__, ymax=upper__),alpha=0.3)+
+ labs(x="연령", y="기부여부",
+     fill='사전분포',color='사전분포',
+     title="연령과 성별의 상호작용효과: 오차불포함 사후분포 예측확률",
+     caption="주: 소득과 교육수준은 각각 표본의 평균으로 통제")+
+ theme_bw()+
+ facet_grid(sex~.)
```

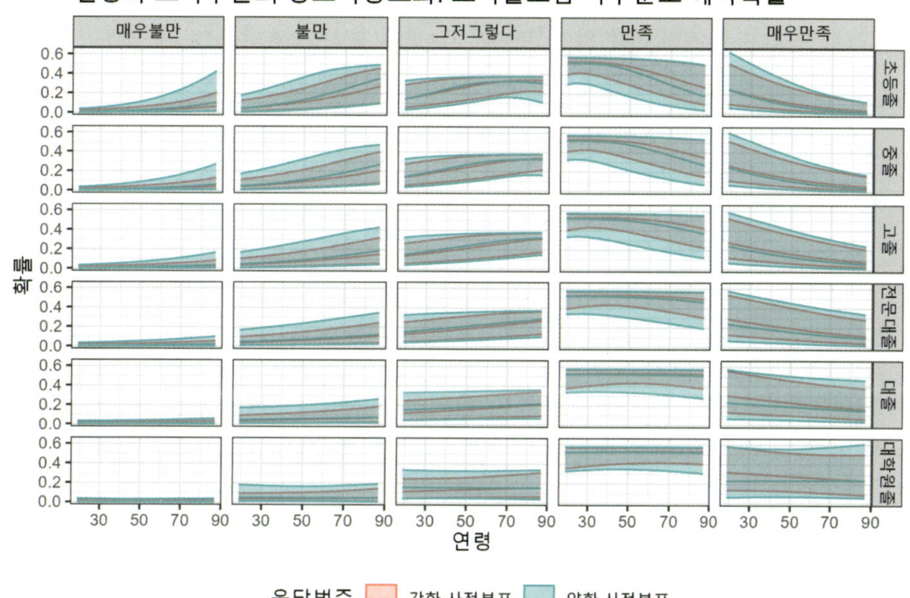

그림 2-7-6. 사전분포 설정방식에 따른 사후분포 차이

사례들을 통해 확인하셨겠지만, 베이지언 로지스틱 회귀모형을 추정시 강한 사전분포를 설정하는 방법은 연구자가 어떤 유형의 사전지식을 활용하는가에 따라 다릅니다. 만약 확률값, 혹은 오즈비(OR) 등으로 제시될 경우, 수계산이 필요하지만, 로지스틱 회귀모형의 추정모수 형태(즉, 절편과 회귀계수, 표준오차 등)로 제시된다면 비교적 손쉽게 강한 사전분포를 설정할 수 있습니다.

2 순위형 로지스틱 회귀모형

1) 이분형 로지스틱 회귀모형과 순위형 로지스틱 회귀모형

순위형 로지스틱 회귀모형은 이분형 로지스틱 회귀모형의 확장으로 이해할 수 있습니다. 이용자 입장에서 두 가지 로지스틱 회귀모형의 가장 큰 차이점이라면, 이분형 로지스틱 회귀모형의 경우 결과변수가 2수준이기 때문에 절편값이 1개 추정되는 반면, 순위형 로지스틱 회귀모형의 경우 결과변수가 3수준 이상의 k값이기 때문에 절편값이 $k-1$개 추정된다는 점입니다. 이번에는 예시데이터의 주관적 건강인식(fcthsat) 변수를 대상으로 순위형 로지스틱 회귀모형을 추정하겠습니다. 추정하고자 하는 모형은 아래와 같이 주효과 모형과 상호작용효과 모형 두 가지입니다.

- 주효과 모형: fcthsat~sex+age10MC+log10incMC+numedu6MC
- 상호작용효과 모형: fcthsat~sex+age10MC+log10incMC+numedu6MC+age10MC:numedu6MC

우선 전통적 분석방식으로 순위형 로지스틱 회귀모형을 추정해 보겠습니다. 여기서 저는 ordinal 패키지의 clm() 함수를 이용하여 순위형 로지스틱 회귀모형을 추정하였습니다. 먼저 공식을 정의한 후, 두 모형을 추정한 후, 로그우도비 테스트를 이용하여 모형비교를 실시하였습니다.

```
> form_ordlogit_m <- as.formula(fcthsat~sex+age10MC+log10incMC+numedu6MC)
> form_ordlogit_i <- as.formula(fcthsat~sex+age10MC+log10incMC+numedu6MC+
+                                 age10MC:numedu6MC)
> myordlogit_m <- clm(form_ordlogit_m,data=df)
> myordlogit_i <- clm(form_ordlogit_i,data=df)
> anova(myordlogit_m,myordlogit_i)
Likelihood ratio tests of cumulative link models:

             formula:        link: threshold:
myordlogit_m form_ordlogit_m logit flexible
myordlogit_i form_ordlogit_i logit flexible

             no.par   AIC  logLik LR.stat df Pr(>Chisq)
myordlogit_m      8 2635.8 -1309.9
myordlogit_i      9 2632.8 -1307.4  5.0351  1    0.02484 *
```

```
---
Signif. codes: 0 '***' 0.001 '**' 0.01 '*' 0.05 '.' 0.1 ' ' 1
```

모형비교 결과 상호작용효과 모형이 주효과 모형보다 통계적으로 유의미하게 데이터를 더 잘 설명하는 것으로 볼 수 있습니다. 다음으로 두 모형의 AIC, BIC 정보지수를 비교한 결과는 아래와 같습니다.

```
> rbind(glance(myordlogit_m),
+       glance(myordlogit_i)) |>
+   mutate(model=c('1. Main', '2. Interaction')) |>
+   select(model,AIC,BIC) |> data.frame()
           model      AIC      BIC
1        1. Main 2635.846 2675.203
2 2. Interaction 2632.811 2677.088
```

분석결과 AIC 지수를 기준으로 할 경우 상호작용효과 모형이, BIC를 기준으로 할 경우 주효과 모형이 더 적절한 모형인 것으로 나타났습니다. 통계적 유의도 테스트와 AIC 지수를 기준으로 한다면 상호작용효과 모형을 최종모형이라고, BIC 지수를 기준으로 한다면 주효과 모형을 최종모형이라고 판단하는 것이 적절합니다. 여기서 저는 통계적 유의도 테스트와 AIC 지수를 토대로 상호작용효과 모형을 최종모형으로 설정하였습니다. 추정결과를 살펴보면 아래와 같습니다.

```
> summary(myordlogit_i)
formula: fcthsat ~ sex + age10MC + log10incMC + numedu6MC + age10MC:numedu6MC
data:    df

 link  threshold nobs logLik   AIC     niter max.grad cond.H 
 logit flexible  1012 -1307.41 2632.81 6(0)  3.67e-12 6.5e+01

Coefficients:
                  Estimate Std. Error z value Pr(>|z|)    
sexW              -0.35984    0.12053  -2.985 0.002832 ** 
age10MC           -0.18650    0.05210  -3.580 0.000344 ***
log10incMC         0.14731    0.21036   0.700 0.483767    
```

```
numedu6MC            0.18963   0.05389   3.519 0.000433 ***
age10MC:numedu6MC 0.08262   0.03682   2.244 0.024818 *
---
Signif. codes: 0 '***' 0.001 '**' 0.01 '*' 0.05 '.' 0.1 ' ' 1

Threshold coefficients:
    Estimate Std. Error z value
1|2 -3.83672   0.20093 -19.095
2|3 -1.83691   0.11343 -16.194
3|4 -0.34393   0.09535  -3.607
4|5  2.14220   0.12812  16.721
```

추정결과에서 확인할 수 있듯, 5개 수준인 결과변수(fcthsat)의 절편값(Threshold coefficients)이 총 4개 추정되었습니다. 앞에서 절편이 1개 추정되는 이분형 로지스틱 회귀모형과 $k-1$개 절편이 추정되는 순위형 로지스틱 회귀모형의 차이는 이미 말씀드린 바 있습니다. 상호작용효과($b=0.08$, $p=.02$)를 해석하자면, 연령 변화에 따라 주관적 건강인식 수준은 전반적으로 악화되지만($b=-0.19$), 교육수준이 높을수록 악화 경향이 약하게 나타나는 것을 알 수 있습니다.

조금 복잡하지만, 보다 구체적으로 해석하자면 다음과 같습니다. 분석대상 표본의 교육수준이 평균수준일 때, 연령이 10세 증가하면[1] 주관적 건강인식 수준이 한 단계 낮아질 확률 대비 한 단계 높아질 확률의 비율은 약 17% 감소합니다($0.83 \approx e^{-0.19}$). 반면, 교육수준이 평균보다 1표준편차(약 1.35) 높을 경우[2] 연령이 10세 증가하면 주관적 건강인식 수준이 한 단계 낮아질 확률 대비 한 단계 높아질 확률의 비율은 약 8% 감소하는 모습을 보이고 ($0.92 \approx e^{(-0.19+1.35\times 0.08)}$), 교육수준이 평균보다 1표준편차 낮을 경우 연령이 10세 증가하면 주관적 건강인식 수준이 한 단계 낮아질 확률 대비 한 단계 높아질 확률의 비율은 약 26% 감소하는 모습을 보입니다($0.74 \approx e^{(-0.19-1.35\times 0.08)}$).

이제 베이지언 순위형 로지스틱 회귀모형을 추정해 보겠습니다. 이분형 로지스틱 회귀모형에서도 사용했던 이용자정의 함수인 wrapper_brm_model() 함수를 이용하되, 결과변수의 분

---

1) age10MC는 1단위가 10년입니다.

2) 다음과 같이 계산할 수 있습니다.

```
> sd(df$numedu6MC)
[1] 1.35029
```

포를 cumulative() 함수로 설정하면 순위형 로지스틱 회귀모형을 추정할 수 있습니다(link 옵션 디폴트가 "logit"임). 만약 순위형 프로빗 회귀모형을 추정하고자 한다면, cumulative() 함수의 link 옵션을 "probit"으로 변경하시면 됩니다.

```
> brm_ordlogit_i <- wrapper_brm_model( form_ordlogit_i, df, cumulative() )
Compiling Stan program...
Start sampling
> brm_ordlogit_m <- wrapper_brm_model( form_ordlogit_m, df, cumulative() )
Compiling Stan program...
Start sampling
> # 추정과정 점검
> # summary(brm_ordlogit_m) # 출력결과 역시 직접 확인해 보시기 바랍니다
> # plot() # 함수 출력결과 역시 직접 확인해 보시기 바랍니다
```

분량 조절을 위하여 summary() 함수와 plot() 함수의 출력결과는 제시하지 않았지만, 모형추정 과정에서 큰 문제는 없었습니다. 그러나 독자께서는 꼭 MCMC 추정결과가 적절하게 수렴되었는지 꼭 확인하시기 바랍니다.

이제 베이지언 모형비교를 실시해 봅시다. 앞에서와 마찬가지로 베이스지수(BF)와 LOO 지수 두 가지를 활용하였습니다. 먼저 BF 계산결과, $BF = 1.15$로 상호작용효과 모형이 주효과 모형에 비해 분석대상 데이터를 불과 1.15배 정도 더 잘 설명하는 것으로 나타났습니다. 이는 통상적인 BF 기준인 5보다 매우 낮은 값이며(Jeffrey's scale), 따라서 두 모형은 큰 차이가 없다고 보는 것이 적절합니다.

```
> # 모형비교
> set.seed(1)
> BF_binlogit <- bayes_factor(brm_ordlogit_i,brm_ordlogit_m)
                    [분량조절을 위해 Iteration 과정은 제시하지 않았음]
> BF_binlogit
Estimated Bayes factor in favor of brm_ordlogit_i over brm_ordlogit_m: 1.14539
```

LOO 지수를 활용한 모형비교 역시 비슷합니다. 아래 출력결과에서 확인할 수 있듯, 상호작용효과 모형의 LOO 지수가 주효과 모형의 LOO 지수보다 더 작지만, 그 차이는 로그변환 LOO 지수 1.50만큼에 불과하며 이는 로그변환 LOO 지수 차이값의 표준오차인 2.44 보다도

작습니다. 즉 상호작용효과 모형과 주효과 모형은 예측정확도 측면에서도 별 차이가 없다고 볼 수 있습니다.

```
> brm_ordlogit_i <- add_criterion(brm_ordlogit_i, c("loo"))
> brm_ordlogit_m <- add_criterion(brm_ordlogit_m, c("loo"))
> loo_compare(brm_ordlogit_i,brm_ordlogit_m,criterion="loo")|>
+  data.frame() |>
+  select(elpd_diff,se_diff,looic,se_looic)
             elpd_diff se_diff    looic se_looic
brm_ordlogit_i  0.000000 0.000000 2633.155 41.12630
brm_ordlogit_m -1.502636 2.439807 2636.160 40.88487
```

베이지언 모형비교 결과를 따른다면 상호작용효과 모형이 아닌 주효과 모형을 채택하는 것이 적절합니다. 그러나 여기서 저는 실습목적으로 상호작용효과 모형을 최종모형으로 채택하겠습니다. 상호작용효과 모형 추정결과는 아래와 같습니다. 지금까지 여러 차례 확인한 결과와 마찬가지로 brms 패키지의 디폴트 사전분포인 약한 사전분포를 설정할 경우 베이지언 모형 추정결과는 전통적 분석방식의 모형 추정결과와 크게 다르지 않습니다(물론 추정결과에 대한 해석은 두 분석방법의 접근철학이 다르기 때문에 동일하게 해석할 수는 없습니다).

```
> # 추정결과
> summary(brm_ordlogit_i)
 Family: cumulative
  Links: mu = logit; disc = identity
Formula: fcthsat ~ sex + age10MC + log10incMC + numedu6MC + age10MC:numedu6MC
   Data: mydata (Number of observations: 1012)
  Draws: 4 chains, each with iter = 11000; warmup = 1000; thin = 1;
         total post-warmup draws = 40000

Regression Coefficients:
             Estimate Est.Error l-95% CI u-95% CI Rhat Bulk_ESS Tail_ESS
Intercept[1]    -3.85      0.20    -4.25    -3.47 1.00    27075    26357
Intercept[2]    -1.84      0.11    -2.06    -1.62 1.00    41504    32524
Intercept[3]    -0.34      0.09    -0.53    -0.16 1.00    41711    32894
Intercept[4]     2.15      0.13     1.90     2.40 1.00    44080    32618
sexW            -0.36      0.12    -0.59    -0.13 1.00    43829    29609
```

```
age10MC              -0.19    0.05      -0.29   -0.09 1.00    36437    30425
log10incMC            0.15    0.21      -0.26    0.56 1.00    42253    29801
numedu6MC             0.19    0.05       0.09    0.29 1.00    33528    29793
age10MC:numedu6MC     0.08    0.04       0.01    0.15 1.00    43266    30153

Further Distributional Parameters:
     Estimate Est.Error l-95% CI u-95% CI Rhat Bulk_ESS Tail_ESS
disc     1.00      0.00     1.00     1.00   NA       NA       NA

Draws were sampled using sampling(NUTS). For each parameter, Bulk_ESS
and Tail_ESS are effective sample size measures, and Rhat is the potential
scale reduction factor on split chains (at convergence, Rhat = 1).
```

2) 기울기 분석과 상호작용효과 시각화

여기서는 순위형 로지스틱 회귀모형을 적용하여 추정한 상호작용효과 모형을 대상으로 기울기 분석과 상호작용효과 시각화 작업을 실습해 보겠습니다. 먼저 기울기 분석을 진행하기 위해 교육수준 변수를 조절변수로 설정한 후, 각 교육수준별 연령 기울기 사후분포의 95% 신용구간이 0을 포함하는지 여부를 hypothesis() 함수를 통해 살펴보도록 하겠습니다. 현재 교육수준 변수의 경우 총 6개의 값(순서대로, 초등졸, 중졸, 고졸, 전문대졸, 대졸, 대학원졸)을 가지며, 분석과정에서 연속형 변수를 가정하였고, 평균중심화 변환을 실시한 바 있습니다.

예를 들어 고졸 학력을 가정할 때, 연령 기울기와 95% 신용구간은 다음과 같은 방식으로 계산 가능합니다. 즉 고졸 학력의 경우 연령기울기 참값은 −0.36부터 −0.13까지의 범위에 놓일 확률이 95%이며, 여기에는 0이 포함되지 않습니다.

```
> # 기울기 분석 : 교육수준별 연령의 기울기
> edu6 <- 1:6 - mean(df$numedu6)
> edu6[3]  # 고졸
[1] -0.6768775
> hypothesis(brm_ordlogit_i,
+            c('b_age10MC - 0.677*b_age10MC:numedu6MC = 0'),
+            class=NULL)$hypothesis |>
+   select(Estimate,CI.Lower,CI.Upper)
   Estimate   CI.Lower   CI.Upper
1 -0.2427469 -0.3551041 -0.1298712
```

이제 6개 교육수준별 연령 기울기의 점추정치와 95% 신용구간을 구해 봅시다. 앞에서와 마찬가지로 조건에 맞도록 이용자정의 함수를 설정한 후, 반복계산하면 됩니다. 계산결과를 시각화하면 〈그림 2-7-7〉과 같습니다.

```
> wrap_ageslope_edu <- function(i){
+  level_edu6 <- format(round(edu6[i],3))
+  level_edu6 <- ifelse(str_detect(level_edu6,'-'),
+                       level_edu6,str_c('+',level_edu6))
+  test_form <- str_c('b_age10MC ',level_edu6,'*b_age10MC:numedu6MC = 0')
+  result_slope <- hypothesis(brm_ordlogit_i,test_form,class=NULL)
+  result_slope_edit <- result_slope$hypothesis |>
+   as_tibble() |>
+   select(Estimate,CI.Lower,CI.Upper)
+  return(result_slope_edit)
+}
> result_ageslope_edu <- tibble()
> for (i in 1:length(edu6)){
+  result_ageslope_edu <- bind_rows(
+   result_ageslope_edu ,
+   wrap_ageslope_edu(i) |>
+    mutate(edu6=edu6[i]+mean(df$numedu6))
+  )
+}
> result_ageslope_edu <- result_ageslope_edu  |>
+  mutate(true0=ifelse(round(CI.Lower*CI.Upper,2)>0,
+                      "외부", "내부"),
+       edu6=factor(edu6,labels=c('초등졸','중졸','고졸',
+                                 '전문대졸','대졸','대학원졸')) )
> result_ageslope_edu |>
+  ggplot(aes(x=edu6,y=Estimate,fill=true0,color=true0))+
+  geom_point()+
+  geom_errorbar(aes(ymin=CI.Lower,ymax=CI.Upper),width=0.1)+
+  geom_hline(yintercept=0, lty=2)+
+  labs(title="Group comparison, application of brms::hypothesis()",
+      x="교육수준",y='연령효과(선형로짓)',
+      color="0이 95%신용구간의 ",fill="0이 95%신용구간의 ")+
```

```
+ theme_bw()
```

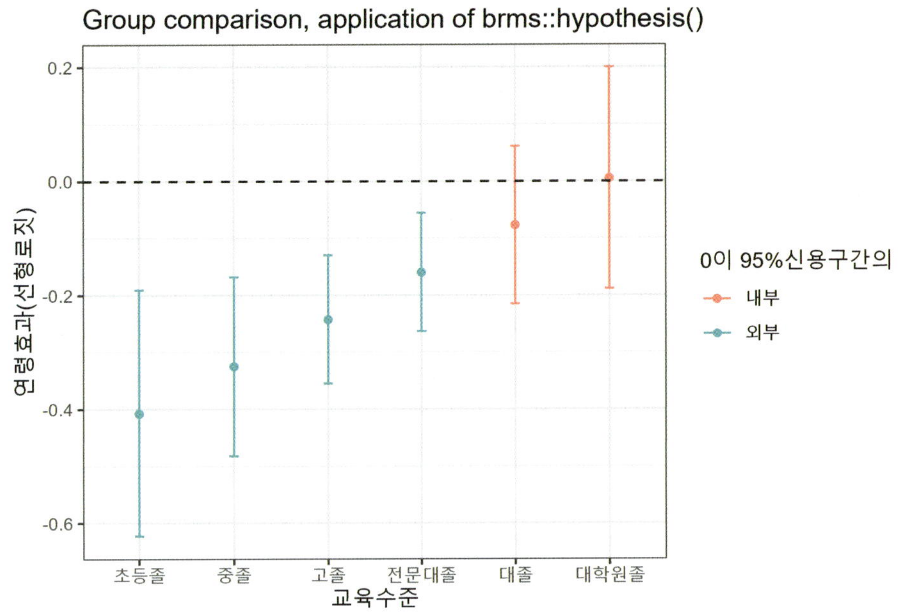

그림 2-7-7. 교육수준별 연령 기울기 점추정치와 95% 신용구간

〈그림 2-7-7〉에서 확인할 수 있듯, 대졸 이상 학력을 갖는 사람들의 경우 연령 기울기, 즉 연령 증가에 따라 주관적 건강인식 수준이 낮아질 가능성이 전반적으로 0과 비교해 큰 차이가 없는 것으로 나타나지만, 전문대졸 이하의 사람들의 경우 연령이 증가할수록 주관적 건강인식 수준을 낮게 응답할 가능성이 점점 증가합니다.

구체적으로 상호작용효과를 살펴보기 위해 다른 예측변수들을 통제한 후, 교육수준과 연령수준에 따른 주관적 건강인식 수준 응답 확률이 어떻게 변화하는지 시각화해 봅시다. 순위형 로지스틱 회귀모형으로 추정된 2원 상호작용효과를 시각화하기 위해 conditional_effects() 함수를 사용할 때 2가지 사항에 유의하셔야 합니다.

첫째, 순위형 로지스틱 회귀모형의 경우 응답의 확률값은 결과변수의 수준별로 다르게 추정됩니다. 이는 이분형 로지스틱 회귀모형을 대상으로 conditional_effects() 함수를 사용할 때와 구분됩니다. 왜냐하면 이분형 로지스틱 회귀모형의 경우 결과변수의 범주가 2개이기 때문에 특정 범주의 확률값은 1.00에서 다른 범주의 확률값을 빼 준 값이기 때문에 한 개 범주의 확률값만 제공해 주어도 충분하기 때문입니다(이를테면, 기부 경험 확률이 0.40이라면, 기부미경험 확률은 0.60입니다). 반면 지금 살펴보고 있는 주관적 건강인식 수준의 경우 총 5개 범주로 구성되어 있으며, 최소 4개 범주의 확률값을 예측해야 합니다. 이런 특성으로 인해 결과변수 범주들의 확률값을 추정하기 위해 conditional_effects() 함수의 categorical 옵션을 TRUE로 반드시 바꾸어 주어야 합니다.

둘째, effects 옵션을 지정할 때, 적어도 현 시점(2025년 5월 기준) 상호작용효과항을 지정할 수 없습니다. 여기에 대해서는 조금 후에 실습과정에서 다시 말씀드리겠습니다. 이에 따라 conditions 옵션에 지정되는 데이터에 조건변수의 수준을 별도로 설정하시는 방식을 활용하셔야 합니다.

이제 conditional_effects() 함수를 활용하여 순위형 로지스틱 회귀모형의 상호작용효과를 시각화해 봅시다. 성별은 남성으로, 상용로그변환 소득수준은 평균값으로 고정한 후, 여섯 가지 교육수준을 모두 설정하는 방식으로 conditions 옵션에 지정될 데이터를 생성한 후, categorical 옵션을 TRUE로 바꾼 후 (오차불포함) 사후분포 예측값의 점추정치와 95% 신용구간을 계산한 결과는 아래와 같습니다.

```
> # 예를 들어, 성별은 남성, log10incMC 평균값  통제후
> # 모든 교육수준 age와 상호작용효과를 시각화
> newdata <- tibble(
+   sex=factor('M'),
+   log10incMC=mean(df$log10inc),
+   numedu6MC=(1:6)-mean(df$numedu6)
+ )
> fig_ordlogit_i <- conditional_effects(brm_ordlogit_i,effects='age10MC',
+                                        conditions=newdata,
+                                        categorical=TRUE)
```

추정결과의 경우, 연령 변수와 결과변수 범주의 상호작용효과로 표현된(`age10MC:cats__`) 데이터 프레임 오브젝트가 정의되어 있습니다. 순위형 로지스틱 회귀모형(그리고 다음에 소개할 다항 로지스틱 회귀모형도 마찬가지)를 대상으로 conditional_effects() 함수를 활용할 때, effects 옵션에 상호작용효과 추정항을 넣을 수 없는 이유는 바로 이것 때문입니다.

이렇게 얻은 추정결과를 시각화하면 〈그림 2-7-8〉과 같습니다. 〈그림 2-7-8〉에서 잘 나타나듯, 교육수준이 낮은 응답자들의 경우, 연령 증가와 함께 '매우불만'과 '불만' 그리고 '그저그렇다' 응답범주의 확률이 증가하는 반면, '만족'과 '매우 만족'의 응답범주 확률은 감소하는 모습을 발견할 수 있습니다. 그러나 '대학원졸' 응답자의 경우, 연령이 변해도 5가지 응답범주 확률이 일정하게 나타나는 것을 확인할 수 있습니다.

```
> fig_ordlogit_i$`age10MC:cats__` |>
+ mutate(
+   age=10*(age10MC+mean(df$age10)),
+   edu6=factor(numedu6MC,labels=c('초등졸','중졸','고졸','전문대졸',
+                               '대졸','대학원졸')),
+   fcthsat=factor(cats__,labels=c('매우불만','불만','그저그렇다',
+                                 '만족','매우만족'))
+ ) |>
+ ggplot(aes(x=age, y=estimate__,fill=fcthsat))+
+ geom_line(aes(color=fcthsat))+
+ geom_ribbon(aes(ymin=lower__,ymax=upper__),alpha=0.4)+
+ theme_bw()+
+ labs(x="연령", y="확률",
+      fill='응답범주',color='응답범주',
+      title="연령과 교육수준의 상호작용효과: 오차불포함 사후분포 예측확률",
+      caption="주: 성별과 소득은 각각 표본의 평균으로 통제")+
+ theme(legend.position='none')+
+ facet_grid(edu6~fcthsat)
```

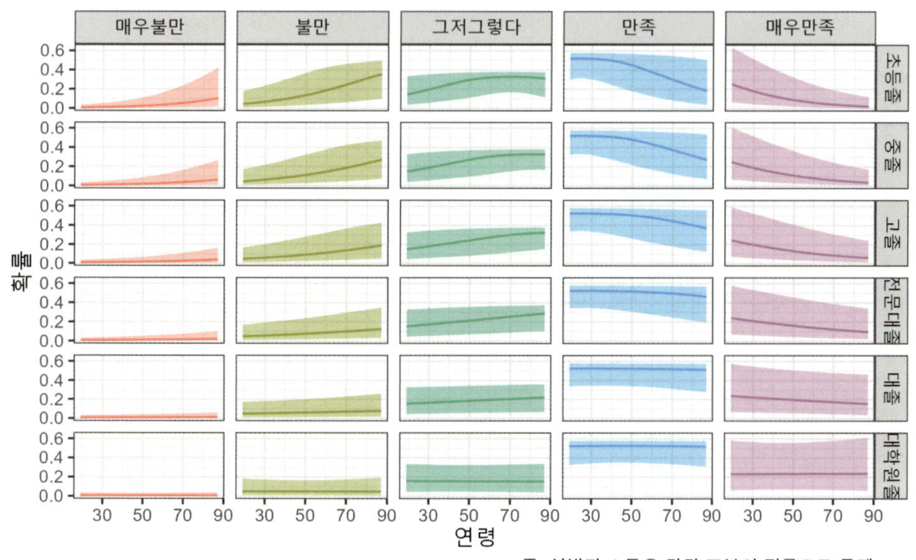

그림 2-7-8. 교육수준과 연령의 상호작용효과 패턴 시각화

3) 강한 사전분포 기반 베이지언 순위형 로지스틱 회귀모형

강한 사전분포 기반 베이지언 순위형 로지스틱 회귀모형을 추정하는 방법은 개념적으로 이분형 로지스틱 회귀모형을 추정하는 방법과 동일합니다. 즉 연구자가 활용할 수 있는 사전지식이 순위형 로지스틱 회귀모형의 절편이나 회귀계수이며, 이들에 대한 표준편차가 알려져 있다면 상대적으로 사전분포를 설정하는 것이 수월합니다. 그러나 연구자가 알고 있는 사전지식이 확률 형태이거나 혹은 오즈비(OR)인 경우라면, 적절한 수계산 과정을 거쳐 brms 패키지의 prior() 함수에 입력할 수 있는 방식으로 재계산한 후 사전분포를 설정하셔야 합니다.

이분형 로지스틱 회귀모형에서와 마찬가지 상황을 가정해 보겠습니다. 분석대상 데이터와 동일한 방식으로 수집된 데이터를 대상으로 선행연구자가 추정한 모형이 주효과 모형추정 결과와 동일했다고 가정해 봅시다(물론 비현실적이지만, 실습을 위해 이 가정을 받아들여 봅시다). 먼저 사전분포에 투입될 절편, 회귀계수, 그리고 표준오차를 살펴보면 아래와 같습니다.

```
> ## 강한 사전분포
> summary(brm_ordlogit_m)$fixed[,1:2] |> round(2)
             Estimate Est.Error
Intercept[1]    -3.75      0.20
Intercept[2]    -1.77      0.11
Intercept[3]    -0.28      0.09
Intercept[4]     2.21      0.12
sexW            -0.36      0.12
age10MC         -0.19      0.05
log10incMC       0.22      0.21
numedu6MC        0.21      0.05
```

이러한 사전지식을 토대로 강한 사전분포를 설정하기 위해 default_prior() 함수를 통해 brm() 함수에서 순위형 로지스틱 회귀모형의 모수를 어떻게 설정했는지 먼저 살펴봅시다.

```
> default_prior(brm_ordlogit_i)
                prior     class               coef group resp dpar nlpar lb ub       source
               (flat)         b                                                     default
               (flat)         b            age10MC                             (vectorized)
               (flat)         b age10MC:numedu6MC                              (vectorized)
               (flat)         b         log10incMC                             (vectorized)
```

```
                (flat)          b      numedu6MC                              (vectorized)
                (flat)          b           sexW                              (vectorized)
 student_t(3, 0, 2.5) Intercept                                                default
 student_t(3, 0, 2.5) Intercept              1                                (vectorized)
 student_t(3, 0, 2.5) Intercept              2                                (vectorized)
 student_t(3, 0, 2.5) Intercept              3                                (vectorized)
 student_t(3, 0, 2.5) Intercept              4                                (vectorized)
```

여기서 주목할 점은 class에서 Intercept로 지정된 모수들이며, coef에서 1, 2, 3, 4로 지정된 모수들이 바로 순위형 로지스틱 회귀모형의 절편값들에 해당됩니다. 이를 토대로 사전분포를 설정한 후, 베이지언 순위형 로지스틱 회귀모형을 추정하면 아래와 같습니다.

```
> brm_ordlogit_i_Sprior <- brm(
+  bf(form_ordlogit_i),
+  data=df,
+  family=cumulative(),
+  prior=prior(normal(-0.36,0.12),class=b,coef=sexW)+
+    prior(normal(-0.19,0.05),class=b,coef=age10MC)+
+    prior(normal(0.00,0.05),class=b,coef=age10MC:numedu6MC)+ # 상호작용효과 0
+    prior(normal(0.22,0.21),class=b,coef=log10incMC)+
+    prior(normal(0.21,0.05),class=b,coef=numedu6MC)+
+    prior(normal(-3.75,0.20),class=Intercept,coef=1)+
+    prior(normal(-1.77,0.11),class=Intercept,coef=2)+
+    prior(normal(-0.28,0.09),class=Intercept,coef=3)+
+    prior(normal( 2.21,0.12),class=Intercept,coef=4),
+  sample_prior = "yes",
+  control = list(adapt_delta = 0.99),
+  save_pars = save_pars(all = TRUE),
+  chains = 4,
+  iter = 11000,
+  warmup = 1000,
+  cores = 4,
+  seed = 1234
+ )
Compiling Stan program...
Start sampling
```

```
경고메시지(들):
The global prior 'student_t(3, 0, 2.5)' of class 'Intercept' will not be used in the
model as all related coefficients have individual priors already. If you did not
set those priors yourself, then maybe brms has assigned default priors. See ?set_
prior and ?default_prior for more details.
> # summary(brm_ordlogit_i_Sprior) # 출력결과는 직접 확인해 보시기 바랍니다
> # plot(brm_ordlogit_i_Sprior) # 출력결과는 직접 확인해 보시기 바랍니다
```

출력결과에서 나타나는 '경고메시지(들):'은 신경쓰시지 않으셔도 됩니다. 총 5개 응답범주들을 대상으로 순위형 로지스틱 회귀모형을 추정하면 절편값이 4개 추출됩니다. 즉 위에서 default_prior() 함수에서 나타난 출력결과에서 coef 변수의 값이 1, 2, 3, 4로 나타난 결과가 바로 추정되는 절편값이고, coef 변수의 값이 공란인 경우는 추정되지 않는데, 이 부분을 알려준 것에 불과합니다. 아무튼 이제 상호작용효과를 시각화한 후, 앞서 추정했던 약한 사전분포 추정결과와 겹치도록 시각화한 결과는 〈그림 2-7-9〉와 같습니다.

```
> # 상호작용효과를 시각화
> fig_ordlogit_i_Sprior <- conditional_effects(brm_ordlogit_i_Sprior,
+                                              effects='age10MC',
+                                              conditions=newdata,
+                                              categorical=TRUE)
> bind_rows(
+  fig_ordlogit_i$`age10MC:cats__` |> mutate(prior='약한 사전분포'),
+  fig_ordlogit_i_Sprior$`age10MC:cats__` |> mutate(prior='강한 사전분포')
+ ) |>
+  mutate(
+    age=10*( age10MC+mean(df$age10) ),
+    edu6=factor(numedu6MC,labels=c('초등졸','중졸','고졸','전문대졸',
+                                  '대졸','대학원졸')),
+    fcthsat=factor(cats__,labels=c('매우불만','불만','그저그렇다',
+                                   '만족','매우만족'))
+  ) |>
+  ggplot(aes(x=age,y=estimate__,fill=prior,color=prior))+
+  geom_line()+
+  geom_ribbon(aes(ymin=lower__, ymax=upper__),alpha=0.3)+
+  labs(x="연령", y="확률",
```

```
+       fill='응답범주',color='응답범주',
+       title="연령과 교육수준의 상호작용효과: 오차불포함 사후분포 예측확률",
+       caption="주: 성별과 소득은 각각 표본의 평균으로 통제")+
+  theme_bw()+
+  theme(legend.position='bottom')+
+  facet_grid(edu6~fcthsat)
```

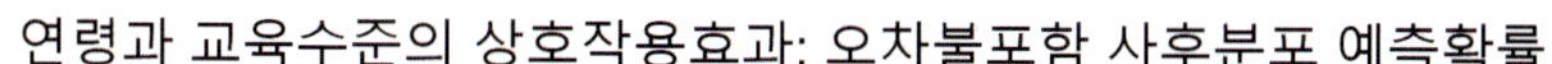

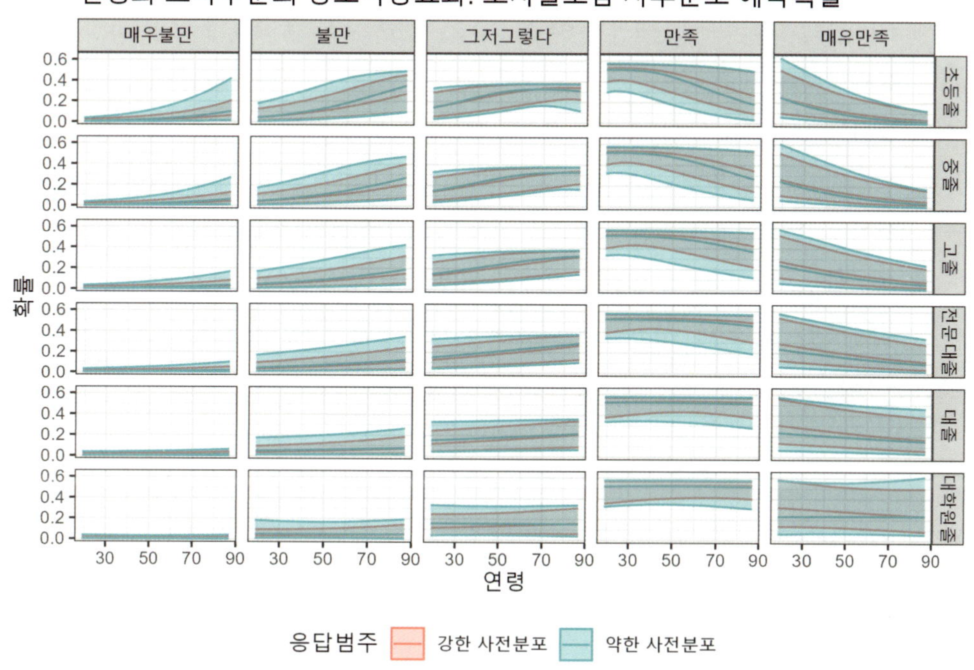

그림 2-7-9. 사전분포 설정방식에 따른 응답범주별 사후분포 차이

〈그림 2-7-9〉에서 잘 드러나듯, 전반적으로 추정결과는 비슷합니다. 단 강한 사전분포 기반 추정결과의 불확실성(95% 신용구간)이 약한 사전분포 기반 추정결과의 불확실성보다 더 줄어든 것을 볼 수 있습니다. 상호작용효과가 그리 뚜렷하게 크지 않은 상황에서 동일한 데이터를 대상으로 얻은 모형추정결과를 사전지식으로 활용하였다는 점을 감안한다면, 사전분포 차이를 시각화한 〈그림 2-7-9〉를 더 쉽게 이해하실 수 있을 것입니다.

3 다항 로지스틱 회귀모형

1) 카이제곱 테스트와 다항 로지스틱 회귀모형

이번 장 맨 처음에 살펴보았던 성별(sex)과 근로형태(ws3)의 교차빈도표(2 × 3 crosstabulation)에 대해 다항 로지스틱 회귀모형을 적용해 연관관계 분석을 실행해 봅시다. 이분형 로지스틱 회귀모형의 경우 성별을 결과변수로, 근로형태를 예측변수로 투입하여 모형추정을 실시하였는데, 이번에는 근로형태는 결과변수로, 성별을 예측변수로 투입하여 다항 로지스틱 회귀모형을 추정해 보죠.

우선 전통적 접근방식을 통해 다항 로지스틱 회귀모형을 추정하는 방식으로 성별-근로형태 사이의 연관관계 분석을 진행해 봅시다. 이분형 로지스틱 회귀모형에서와 마찬가지로 예측변수를 고려하지 않은 모형과 고려한 모형의 공식을 각각 정의한 후, 아래와 같이 nnet 패키지의 multinom() 함수를 이용해 모형추정 결과를 저장하고, 로그우도비 테스트를 실시했습니다. 통계적 유의도 테스트 결과 예측변수를 고려한 모형(mymulti_fit)이 그렇지 않은 모형(mymulti_null)보다 분석대상 데이터를 더 잘 설명하는 것으로 나타났습니다.

```
> # 다항로지스틱 회귀모형
> form_multilogit_null <- as.formula(ws3~1)
> form_multilogit_fit <- as.formula(ws3~sex)
> mymulti_null <- multinom(form_multilogit_null,df)
# weights:  6 (2 variable)
initial  value 1111.795636
final  value 1029.613344
converged
> mymulti_fit <- multinom(form_multilogit_fit,df)
# weights:  9 (4 variable)
initial  value 1111.795636
iter  10 value 900.598954
final  value 900.598882
converged
> anova(mymulti_null, mymulti_fit)
Likelihood ratio tests of Multinomial Models
Response: ws3
  Model Resid. df Resid. Dev   Test    Df LR stat. Pr(Chi)
```

```
1  1        2022   2059.227
2  sex      2020   1801.198  1 vs 2   2 258.0289     0
```

다음으로 두 모형의 AIC, BIC를 계산해 봅시다. 다항 로지스틱 회귀모형의 경우 modelsummary::modelsummary() 함수를 통해 AIC, BIC 비교는 물론 모형추정결과도 같이 확인하도록 하겠습니다. nnet::multinom() 함수 추정결과의 경우, summary() 함수 출력결과의 가독성이 그리 높지 않기 때문입니다.

```
> modelsummary::modelsummary(list(mymulti_null,mymulti_fit),
+                            shape=term+statistic~model+response,
+                            stars=TRUE,gof_map=c('aic','bic'))
```

	(1)		(2)	
	임금	**자영업**	**임금**	**자영업**
(Intercept)	0.186**	-0.874***	1.537***	0.636***
	(0.069)	(0.094)	(0.139)	(0.156)
sexW			-2.167***	-2.676***
			(0.168)	(0.226)
AIC	2063.2		1809.2	
BIC	2073.1		1828.9	

+ p < 0.1, * p < 0.05, ** p < 0.01, *** p < 0.001

출력결과에서 확인할 수 있듯, 예측변수를 고려한 모형(mymulti_fit)의 AIC, BIC 지수가 그렇지 않은 모형(mymulti_null)의 AIC, BIC 지수보다 작은 값을 보여 보다 나은 모형이라고 판단할 수 있습니다.

베이지언 다항 로지스틱 회귀모형을 추정하기 전, 로지스틱 회귀모형 추정결과에 대해 복습하고 갑시다. 먼저 예측변수를 투입하지 않은 기저모형의 절편값의 의미가 무엇인지 살펴봅시다. 출력결과에서 확인할 수 있듯, 기준집단은 '무직 및 미취업자'입니다. 즉 제시된 절편값의 경우, 무직 및 미취업자 집단과 비교하였을 때 해당 집단의 확률이 높은지 낮은지를 보여줍니다. 예를 들어 데이터에서 근로형태 집단별 확률은 다음과 같습니다.

```
> xtabs(~ws3, df) |> prop.table()
```

```
ws3
      무미          임금        자영업
0.3814229 0.4594862 0.1590909
```

여기서 결과변수의 세 집단의 경우 기준집단(무직 및 미취업)의 절편값은 '0'이며, 임금근로집단의 절편값은 '0.186', 자영업 집단의 절편값은 '−0.874'입니다. 이 절편값들을 활용하면 위에서 얻은 각 집단별 확률값을 얻을 수 있습니다. 예를 들어, 절편값에 대해 자연로그변환을 실시한 결과는 아래와 같습니다.

```
> exp(0)
[1] 1
> exp(0.186)
[1] 1.204422
> exp(-0.874)
[1] 0.4172791
```

이 값들의 총합을 분모로, 그리고 각 집단별로 얻은 자연로그변환값을 분자로 투입하면, 근로형태 집단별 확률값을 계산할 수 있습니다.

```
> 1/(1+1.204+0.417)
[1] 0.3815338
> 1.204/(1+1.204+0.417)
[1] 0.4593667
> 0.417/(1+1.204+0.417)
[1] 0.1590996
```

예측변수를 고려한 다층 로지스틱 회귀모형 추정결과 역시도 마찬가지입니다. 예측변수의 기준집단이 남성이기 때문에, 여기서 절편값을 활용하면 남성의 근로형태 집단의 확률값을 얻을 수 있습니다. 남성의 근로형태 집단별 확률을 얻는 과정은 아래와 같습니다.

```
> exp(1.537)  #임금 절편
[1] 4.650617
> exp(0.636)  #자영업 절편
[1] 1.88891
```

```
> 1/(1+4.651+1.889)        #무미 확률
[1] 0.132626
> 4.651/(1+4.651+1.889)    #임금 확률
[1] 0.6168435
> 1.889/(1+4.651+1.889)    #자영업 확률
[1] 0.2505305
```

여성 집단의 경우, 절편과 회귀계수를 모두 활용하여 얻을 수 있습니다.

```
> # 여성
> exp(1.537-2.167)   #임금 절편+회귀계수
[1] 0.5325918
> exp(0.636-2.676)   #자영업 절편+회귀계수
[1] 0.1300287
> 1/(1+0.533+0.130)       #무미 확률+회귀계수
[1] 0.6013229
> 0.533/(1+0.533+0.130)  #임금 확률+회귀계수
[1] 0.3205051
> 0.130/(1+0.533+0.130)  #자영업 확률+회귀계수
[1] 0.07817198
```

지금까지의 추정결과는 성별 근로형태 집단의 비율 기술통계치와 동일합니다. 위의 수계산 결과와 아래의 기술통계치를 비교해 보시기 바랍니다(아주 약간의 차이는 반올림 과정에서 생긴 것에 불과합니다).

```
> xtabs(~sex+ws3, df) |> prop.table(1)
   ws3
sex      무미        임금        자영업
  M 0.13263158 0.61684211 0.25052632
  W 0.60148976 0.32029795 0.07821229
```

이제 베이지언 다항 로지스틱 회귀모형을 추정해 봅시다. 이분형 그리고 순위형 로지스틱 회귀모형을 추정할 때 사용했던 이용자정의 함수 `wrapper_brm_model()` 함수를 이용하여 예측변수를 고려하지 않은 모형과 고려한 모형 두 가지를 각각 추정하였습니다. 한 가지 유의할

점은 brm() 함수를 이용해 베이지언 다항 로지스틱 회귀모형을 추정할 경우, 결과변수는 수치형으로 입력되어야 한다는 점입니다.

```
> brm_multlogit_null <- wrapper_brm_model( as.formula(wsnum~1), df, categorical() )
Compiling Stan program...
Start sampling
> brm_multlogit_fit <- wrapper_brm_model( as.formula(wsnum~sex), df, categorical() )
Compiling Stan program...
Start sampling
> # 추정과정 점검
> # summary() # 출력결과 역시 직접 확인해 보시기 바랍니다
> # plot() # 함수 출력결과 역시 직접 확인해 보시기 바랍니다
```

베이지언 모형비교를 실시하는 방법은 앞에서 살펴본 이분형 혹은 순위형 로지스틱 회귀모형과 같습니다. 먼저 베이스지수(BF)의 경우 아래에서 보듯, 천문학적인 숫자가 나타날 정도로 예측모형을 고려한 모형이 그렇지 않은 모형보다 월등하게 분석대상 데이터를 더 잘 설명합니다. LOO 지수의 경우도 마찬가지입니다.

```
> # 모형비교
> set.seed(1)
> BF_multilogit_fit <- bayes_factor(brm_multlogit_fit,brm_multlogit_null)
                    [분량조절을 위해 Iteration 과정은 제시하지 않았음]
> BF_multilogit_fit
Estimated Bayes factor in favor of brm_multlogit_fit over brm_multlogit_null: 255
4533213187177131208066484222024222006860224866426 4604.00000
> brm_multinom_fit <- add_criterion(brm_multlogit_fit, c("loo"))
> brm_multlogit_null <- add_criterion(brm_multlogit_null, c("loo"))
> loo_compare(brm_multinom_fit,brm_multlogit_null,criterion="loo") |>
+   data.frame() |>
+   select(elpd_diff, se_diff, looic, se_looic)
                   elpd_diff se_diff    looic se_looic
brm_multinom_fit      0.0000  0.0000 1809.272 36.70623
brm_multlogit_null -126.9906 14.7665 2063.253 23.41941
```

brm_multinom_fit의 모형추정결과를 살펴보면 아래와 같습니다. 추정결과에서 mu2_

Intercept는 무직 및 미취업 집단을 기준으로 할 때, 임금근로 집단의 절편값을 의미하며, mu3_Intercept는 자영업 집단의 절편값을 의미합니다. 또한 mu2_sexW는 기준집단인 무직 및 미취업 집단을 기준으로 임금근로 집단의 남녀간 오즈비 차이를 의미하며, mu3_sexW는 기준집단인 무직 및 미취업 집단을 기준으로 임금근로 집단의 남녀간 오즈비 차이를 의미합니다. 추정된 베이지언 다항 로지스틱 회귀모형의 계수값에 대한 해석은 앞서 nnet::multinom() 함수로 추정한 전통적 방식의 다항 로지스틱 회귀모형 계수에 대한 해석과 같습니다.

```
> # 모형추정결과
> summary(brm_multinom_fit)
 Family: categorical
  Links: mu2 = logit; mu3 = logit
Formula: wsnum ~ sex
   Data: mydata (Number of observations: 1012)
  Draws: 4 chains, each with iter = 11000; warmup = 1000; thin = 1;
         total post-warmup draws = 40000

Regression Coefficients:
              Estimate Est.Error l-95% CI u-95% CI Rhat Bulk_ESS Tail_ESS
mu2_Intercept     1.54      0.14     1.28     1.82 1.00    17054    19728
mu3_Intercept     0.64      0.16     0.34     0.95 1.00    18504    23565
mu2_sexW         -2.17      0.17    -2.51    -1.85 1.00    19719    23968
mu3_sexW         -2.69      0.23    -3.14    -2.25 1.00    20612    23013

Draws were sampled using sampling(NUTS). For each parameter, Bulk_ESS
and Tail_ESS are effective sample size measures, and Rhat is the potential
scale reduction factor on split chains (at convergence, Rhat = 1).
```

또한 모형추정 결과를 토대로 회귀계수의 크기 비교, 혹은 집단비교나 기울기 분석을 실시하시고자 한다면, hypothesis() 함수를 상황에 맞게 활용하시면 됩니다. 예를 들어 기준집단 대비 임금근로 집단, 기준집단 대비 자영업 집단 분류에 대한 성별 효과의 차이를 테스트하고자 한다면, 아래와 같은 방식으로 진행할 수 있습니다. 출력결과에서 확인할 수 있듯, 두 회귀계수의 차이값이 0.12부터 0.92 사이에 놓일 확률이 95%로 나타나, 0을 포함하지 않는다고 볼 수 있습니다.

```
> # 회귀계수 비교
> hypothesis(brm_multinom_fit,
+             c('b_mu2_sexW - b_mu3_sexW = 0'),
+             class=NULL)$hypothesis |>
+   as_tibble() |>
+   select(Estimate, CI.Lower, CI.Upper)
# A tibble: 1 × 3
  Estimate CI.Lower CI.Upper
     <dbl>    <dbl>    <dbl>
1    0.515    0.121    0.922
```

베이지언 로지스틱 회귀모형의 사후분포 확률의 점추정치와 95% 신용구간을 계산하고자 할 경우, conditional_effects() 함수를 활용하면 됩니다. 여기서 다항 로지스틱 회귀모형의 결과변수 범주별 확률을 추출하기 위해 반드시 categorical 옵션을 TRUE로 설정하여야 합니다. categorical 옵션의 역할에 대해서는 순위형 로지스틱 회귀모형 부분에서 설명한 바 있습니다. 아무튼 성별 근로형태 집단 범주별 확률과 95% 신용구간을 계산한 후, 시각화하면 〈그림 2-7-10〉과 같습니다.

```
> # 남녀별 근로형태 사후분포 확률 비교
> fig_multilogit_fit <- conditional_effects(brm_multinom_fit,
+                                           categorical=TRUE)
> fig_mult ilogit_fit$`sex:cats__` |>
+   mutate(
+     ws3=factor(cats__,labels=c('무직 및 미취업','임금근로','자영업')),
+     sex=factor(sex,labels=c('남성','여성'))
+   ) |>
+   ggplot(aes(x=sex, y=estimate__))+
+   geom_point()+
+   geom_errorbar(aes(ymin=lower__,ymax=upper__),width=0.1)+
+   labs(x='성별',y='확률')+
+   theme_bw()+
+   facet_grid(~ws3)
```

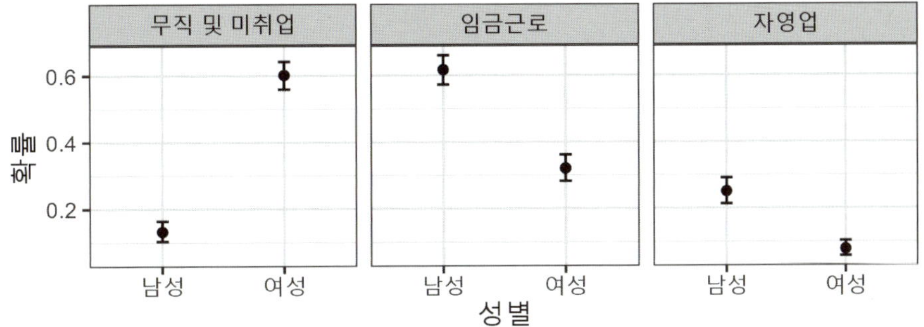

그림 2-7-10. 성별 근로형태 집단범주의 확률 사후분포 시각화

2) 다항 다중 로지스틱 회귀모형

이제 보다 현실적으로 활용도가 더 높은 방식의 다항 로지스틱 회귀모형을 구성하고 추정하겠습니다. 근로형태 변수를 결과변수로 하되, 이번에는 성별, 연령, 교육수준의 세 변수들을 예측변수로 활용하겠습니다. 여기서도 다음과 같이 주효과 모형과 상호작용효과 모형 두 가지를 각각 아래와 같이 구성하였습니다.

- 주효과 모형: `ws3~sex+age10MC+I(age10MC^2)+numedu6MC`
- 상호작용효과 모형: `ws3~sex*(age10MC+I(age10MC^2))+numedu6MC`

전통적 분석방법에 따라 통계적 유의도 테스트(로그우도비 테스트)를 기반으로 두 모형을 비교해 보죠. 먼저 각 모형별 공식을 지정한 후, `nnet::multinom()` 함수로 모형추정결과를 정의하고, 로그우도비 테스트를 실시한 결과는 아래와 같습니다.

```
> # 다항 로지스틱 회귀모형
> form_multilogit_m <- as.formula(ws3~sex+age10MC+I(age10MC^2)+numedu6MC)
> form_multilogit_i <- as.formula(ws3~sex*(age10MC+I(age10MC^2))+numedu6MC)
> fit_multilogit_m <- multinom(form_multilogit_m, data=df)
# weights:  18 (10 variable)
initial  value 1111.795636
iter  10 value 843.040653
final  value 802.343050
converged
> fit_multilogit_i <- multinom(form_multilogit_i, data=df)
# weights:  24 (14 variable)
```

```
initial  value 1111.795636
iter  10 value 813.523130
iter  20 value 789.100594
final  value 789.097147
converged
> anova(fit_multilogit_m,fit_multilogit_i) |>
+   as_tibble() |>
+   mutate(Model=c('Main','Interaction'))
# A tibble: 2 × 7
  Model        `Resid. df` `Resid. Dev` Test     `   Df` `LR stat.` `Pr(Chi)`
  <chr>              <dbl>        <dbl> <chr>      <dbl>      <dbl>     <dbl>
1 Main                2014        1605. ""            NA       NA        NA
2 Interaction         2010        1578. "1 vs 2"       4       26.5 0.0000252
```

통계적 유의도 테스트에 따르면 상호작용효과 모형이 주효과 모형보다 주어진 데이터를 더 잘 설명하는 것으로 나타납니다. 다음으로 AIC, BIC를 이용하여, 주효과 모형과 상호작용효과 모형을 비교해 보겠습니다. 이전과 마찬가지로 `modelsummary::modelsummary()` 함수를 이용하였습니다.

```
> modelsummary::modelsummary(list(fit_multilogit_m,fit_multilogit_i),
+                            shape=term+statistic~model+response,
+                            stars=TRUE,gof_map=c('aic','bic'))
```

	(1)		(2)	
	임금	자영업	임금	자영업
(Intercept)	2.153***	1.175***	2.669***	1.594***
	(0.183)	(0.202)	(0.240)	(0.252)
sexW	-2.365***	-2.880***	-3.069***	-3.361***
	(0.194)	(0.245)	(0.274)	(0.329)
age10MC	-0.345***	0.376**	0.033	0.708***
	(0.079)	(0.118)	(0.114)	(0.154)
I(age10MC^2)	-0.332***	-0.298***	-0.549***	-0.469***
	(0.046)	(0.056)	(0.072)	(0.075)
numedu6MC	0.236**	-0.025	0.209**	-0.037
	(0.073)	(0.088)	(0.075)	(0.091)
sexW × age10MC			-0.546***	-0.475*
			(0.155)	(0.228)
sexW × I(age10MC^2)			0.311**	0.231+
			(0.100)	(0.133)
AIC	1624.7		1606.2	
BIC	1673.9		1675.1	

+ p < 0.1, * p < 0.05, ** p < 0.01, *** p < 0.001

모형추정결과에서 알 수 있듯, AIC를 기준으로 한다면 상호작용효과 모형이, BIC를 기준으로 한다면 주효과 모형이 더 나은 모형이라고 판단할 수 있습니다. 최종모형을 선택하는지는 연구자의 이론적 입장과 현상에 대한 경험, 그리고 활동분과의 관례 등을 고려하시기 바랍니다. 여기서는 상호작용효과 모형을 최종모형으로 선정하였습니다.

이제 베이지언 다항 로지스틱 회귀모형을 추정해 보도록 하겠습니다. `brm()` 함수의 입력형식에 맞게 무순위 범주형 변수를 요인형이 아닌 수치형으로 바꾼 후, 공식을 지정하고 아래와 같이 `wrapper_brm_model()` 함수를 활용하여 모형을 추정하였습니다.

```
> # 베이지언 모형
> form_multilogit_m <- as.formula(wsnum~sex+age10MC+I(age10MC^2)+numedu6MC)
> form_multilogit_i <- as.formula(wsnum~sex*(age10MC+I(age10MC^2))+numedu6MC)
> stime <- Sys.time()
> brm_multlogit_m <- wrapper_brm_model( form_multilogit_m, df, categorical() )
Compiling Stan program...
Start sampling
> brm_multlogit_i <- wrapper_brm_model( form_multilogit_i, df, categorical() )
Compiling Stan program...
Start sampling
> # 추정과정 점검
> # summary()  # 출력결과 역시 직접 확인해 보시기 바랍니다
> # plot() # 함수 출력결과 역시 직접 확인해 보시기 바랍니다
```

`summary()` 함수와 `plot()` 함수의 출력결과는 분량 조절 문제로 제시하지는 않았지만, MCMC 추정과정에서는 별 문제가 없다는 것을 확인하였습니다. 주효과 모형과 상호작용효과 모형을 베이스지수(BF)와 LOO 지수를 통해 비교해 보면 아래와 같습니다. 우선 베이스지수의 경우 아래에서 확인할 수 있듯, 상호작용효과 모형은 주효과 모형과 비교해 분석대상 데이터를 약 9,626배 더 잘 설명하는 것으로 나타났습니다.

```
> # 모형비교
> set.seed(1)
> BF_multilogit_i <- bayes_factor(brm_multlogit_i,brm_multlogit_m)
                    [분량조절을 위해 Iteration 과정은 제시하지 않았음]
> BF_multilogit_i
Estimated Bayes factor in favor of brm_multlogit_i over brm_multlogit_m: 9628.49629
```

다음으로 LOO 지수를 살펴본 결과는 아래와 같습니다. LOO 지수를 이용한 모형비교 결과 상호작용효과 모형의 LOO 지수가 주효과 모형의 LOO 지수보다 작았습니다. 그러나 두 모형의 로그변환 LOO 지수 차이값은 8.61인 반면, 차이값의 표준오차는 5.99로 나타나, 두 모형의 LOO 지수가 현격하게 다르다고 판단하는 것은 다소 섣부를 수도 있습니다.

```
> brm_multlogit_m <- add_criterion(brm_multlogit_m, c("loo"))
> brm_multlogit_i <- add_criterion(brm_multlogit_i, c("loo"))
> loo_compare(brm_multlogit_m,brm_multlogit_i,criterion="loo") |>
+   data.frame() |>
+   select(elpd_diff, se_diff, looic, se_looic)
                elpd_diff se_diff    looic se_looic
brm_multlogit_i  0.000000 0.00000 1608.508 42.98494
brm_multlogit_m -8.612019 5.99007 1625.732 41.21832
```

BF와 LOO 지수 비교결과와 함께 여기서는 실습목적으로 상호작용효과 모형을 최종모형으로 선택하겠습니다. 상호작용효과 모형 추정결과는 아래와 같습니다.

```
> # 추정결과
> summary(brm_multlogit_i)
 Family: categorical
  Links: mu2 = logit; mu3 = logit
Formula: wsnum ~ sex * (age10MC + I(age10MC^2)) + numedu6MC
   Data: mydata (Number of observations: 1012)
  Draws: 4 chains, each with iter = 11000; warmup = 1000; thin = 1;
         total post-warmup draws = 40000

Regression Coefficients:
                    Estimate Est.Error l-95% CI u-95% CI Rhat Bulk_ESS Tail_ESS
mu2_Intercept           2.71      0.24     2.25     3.21 1.00    16428    21937
mu3_Intercept           1.62      0.26     1.14     2.14 1.00    17551    22449
mu2_sexW               -3.11      0.28    -3.67    -2.58 1.00    17563    23653
mu2_age10MC             0.03      0.12     0.19     0.26 1.00    20751    25571
mu2_Iage10MCE2         -0.56      0.07    -0.71    -0.42 1.00    19831    25456
mu2_numedu6MC           0.21      0.08     0.06     0.36 1.00    30426    28422
mu2_sexW:age10MC       -0.56      0.16    -0.88    -0.26 1.00    22751    25097
```

```
mu2_sexW:Iage10MCE2  0.31     0.10   0.11    0.51    1.00    20304    25340
mu3_sexW            -3.40     0.33  -4.06   -2.76    1.00    19831    25357
mu3_age10MC          0.72     0.16   0.43    1.04    1.00    19508    23707
mu3_Iage10MCE2      -0.48     0.08  -0.64   -0.34    1.00    17250    23028
mu3_numedu6MC       -0.04     0.09  -0.22    0.14    1.00    29456    28284
mu3_sexW:age10MC    -0.47     0.23  -0.93   -0.01    1.00    21947    26264
mu3_sexW:Iage10MCE2  0.21     0.14  -0.06    0.47    1.00    20294    25962

Draws were sampled using sampling(NUTS). For each parameter, Bulk_ESS
and Tail_ESS are effective sample size measures, and Rhat is the potential
scale reduction factor on split chains (at convergence, Rhat = 1).
```

만약 필요하다면 hypothesis() 함수를 이용하여 모수(회귀계수)비교, 집단비교, 기울기 분석 등을 실시할 수 있습니다. 예를 들어 임금근로 집단과 자영업 진단 사이의 제시된 교육수준 계수의 차이(mu2_numedu6MC과 mu3_numedu6MC)를 비교하고자 한다면 아래를 시도해 볼 수 있습니다. 즉 두 계수의 차이값은 0.09부터 0.41 범위 사이에 놓일 확률이 95%로, 참값에 '0'이 포함될 가능성은 희박하다고 볼 수 있습니다.

```
> hypothesis(brm_multlogit_i,
+             c('b_mu2_numedu6MC - b_mu3_numedu6MC = 0'),
+             class=NULL)$hypothesis |>
+   select(Estimate,Est.Error,CI.Lower,CI.Upper)
  Estimate Est.Error  CI.Lower CI.Upper
1 0.2483882 0.08057437 0.09019971 0.4075606
```

다음으로 상호작용효과를 시각화해 봅시다. 교육수준을 평균교육수준으로 통제한 후, 남녀 집단에게서 연령 변화에 따른 근로형태 집단범주 확률의 변화를 시각화한다면, conditional_effects() 함수를 활용하시면 됩니다. 이때 순위형 로지스틱 회귀모형 추정 결과를 시각화할 때와 마찬가지로, conditions 옵션에 지정하는 데이터 프레임에는 조건변수의 수준을 지정하고, 아울러 categorical 옵션을 TRUE로 지정해야 합니다.

```
# 성별-연령수준 상호작용효과 패턴
> # 교육수준은 평균으로 통제
> newdata <- data.frame(numedu6MC=0,sex=factor(c('M','W')))
```

```
> fig_multlogit_i <- conditional_effects(brm_multlogit_i,
+                                        effects='age10MC',
+                                        conditions=newdata,
+                                        categorical=TRUE)
> fig_multlogit_i$`age10MC:cats__` |>
+   mutate(
+     age=10*( age10MC+mean(df$age10) ),
+     ws3=factor(cats__,labels=c('무직 및 미취업','임금근로','자영업')),
+     sex=factor(sex,labels=c('남성','여성'))
+   ) |>
+   ggplot(aes(x=age, y=estimate__,fill=sex,color=sex))+
+   geom_line()+
+   geom_ribbon(aes(ymin=lower__,ymax=upper__),alpha=0.4)+
+   labs(x='연령',y='확률',fill='성별',color='성별',
+        caption="주: 교육수준은 표본의 평균으로 통제하였음")+
+   theme_bw()+
+   theme(legend.position='bottom')+
+   facet_grid(~ws3)
```

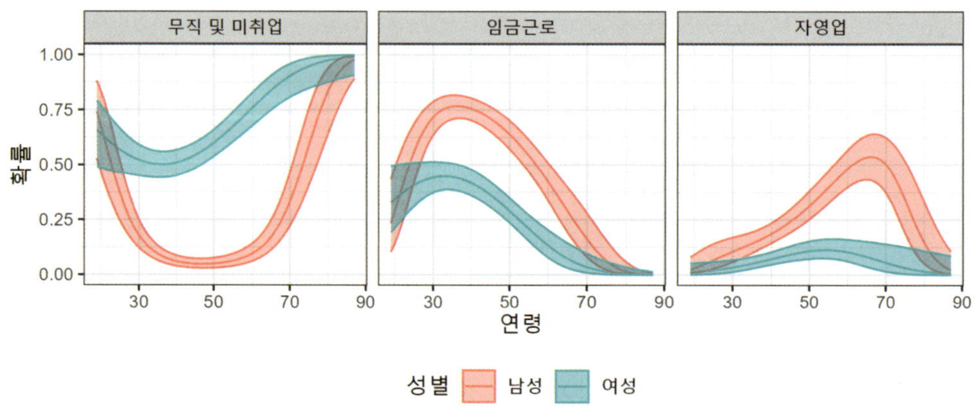

그림 2-7-11. 성별 연령변화에 따른 근로형태 집단범주의 확률 사후분포 시각화

〈그림 2-7-11〉의 경우 근로형태 집단범주내 남성과 여성의 확률값이 어떻게 다른지 잘 보여 줍니다.

3) 강한 사전분포 기반 베이지언 다항 로지스틱 회귀모형

다음으로 다항 로지스틱 회귀모형 맥락에서 강한 사전분포를 설정하는 방법에 대해 간략하게 살펴보겠습니다. 이분형 로지스틱 회귀모형 섹션에서 강한 사전분포 설정을 설명했을 때와 마찬가지로 연구자가 사전분포를 설정할 때 사용하는 사전지식 혹은 사전정보의 형태에 따라 수작업이 필요할 수 있습니다. 예를 들어 연구자가 활용하는 사전정보가 확률의 형태이거나 혹은 오즈비(OR)의 형태인 경우, 수작업을 통해 다항 로지스틱 회귀모형의 추정모수 형태(즉, 자연로그변환 오즈비)로 변환해야 합니다. 만약 선행연구에서 채택한 무순위 범주형 결과변수의 기준집단이 연구자가 선택하고자 하는 결과변수의 기준집단과 맞지 않는다면, 수작업을 통해 선행연구결과를 재계산하든 아니면 연구자의 모형추정과정에서 결과변수의 기준집단을 바꾸어야 합니다. 예를 들어 앞서 살펴본 다항 로지스틱 회귀모형에서 선행연구자는 '임금근로집단'을 기준집단으로 설정하여 모형추정결과를 제시한 반면, 연구자는 '무직 및 미취업 집단'을 기준집단으로 설정하였다고 가정해 봅시다. 만약 연구자의 보고서·논문에서 다항 로지스틱 회귀모형의 모수추정 결과를 표의 형태로 제시하는 것이 중요하다면, 선행연구 결과를 수계산을 통해 연구자의 모형에 맞추는 것이 중요할 것 같습니다. 반면 연구자의 보고서·논문에서 다항 로지스틱 회귀모형의 추정결과를 통해 현실을 설명·예측하는 것이 중요하다면 선행연구결과에 맞도록 연구자가 결과변수의 기준집단을 변경하여 강한 사전분포를 설정하고 베이지언 모형을 추정하는 것이 훨씬 더 수월할 것 같습니다.

이번 섹션에서는 다음과 같은 상황을 가정하여 강한 사전분포를 설정하였습니다. 예시데이터와 동일한 방식으로 수집된 다른 데이터를 통해 성별, 연령, 교육수준이 근로형태에 미치는 효과를 연구한 선행연구자 S가 있다고 가정해 봅시다. 그러나 S가 활용한 결과변수인 근로형태 변수는 '무직 및 미취업자 집단'(0으로 코딩)과 '임금근로 및 자영업 집단'(1로 코딩)의 2개 집단으로 측정되었다는 점이 달랐습니다. S는 성별, 연령(1차항과 2차항), 교육수준, 그리고 성별과 연령의 상호작용효과를 활용하여, 2개 수준 근로형태 변수를 이분형 로지스틱 회귀모형으로 추정하였습니다. S가 보고한 선행연구결과는 〈표 2-7-2〉와 같았다고 가정해 봅시다.[3)]

3) 제시된 〈표 2-7-2〉는 아래와 같은 방식으로 계산된 것입니다. 실습을 위한 예시 목적이오니 부디 오해 없으시기 바랍니다.

```
> ws301 <- ifelse(df$ws3=="무미",0,1)
> summary(
+   glm(ws301~sex*(age10MC + I(age10MC^2))+numedu6MC,data=df,
+       family=binomial())
+ )$coef[,1:2] |> round(2)
                        Estimate Std. Error
(Intercept)                 2.97       0.23
sexW                       -3.14       0.26
```

표 2-7-2. 선행연구 결과 예시

	회귀계수	표준오차
절편	2.97	0.23
성별(여성=1)	-3.14	0.26
연령(10세 기준, 평균중심화 변환)		
연령 1차항	0.28	0.10
연령 2차항	-0.46	0.06
교육수준(평균중심화 변환)	0.14	0.07
상호작용효과		
성별 × 연령 1차항	-0.61	0.13
성별 × 연령 2차항	0.28	0.08

알림. 제시된 결과는 이분형 로지스틱 회귀모형의 계수와 표준오차(SE)이며, 결과변수는 '무직 및 미취업'(0), '임금근로 및 자영업'(1)으로 측정하였음.

선행연구자 S는 임금근로 집단과 자영업 집단을 동일하게 취급하였습니다. 이를 다르게 표현하자면, 제가 추정하고자 하는 다항 로지스틱 회귀모형에서 기준집단(무직 및 미취업) 대비 임금근로 집단, 기준집단 대비 자영업 집단을 추정하는 회귀계수와 표준오차가 동일하다고 S는 가정하였다는 것을 의미합니다. 이 가정을 받아들여 다항 로지스틱 회귀모형의 사전분포를 설정해 보죠. 먼저 약한 사전분포를 설정하였을 때 brm() 함수에서는 어떤 모수들을 추정하는지 default_prior() 함수를 통해 살펴보겠습니다.

```
> default_prior(brm_multlogit_i)
        prior  class          coef group resp dpar nlpar lb ub       source
       (flat)      b                            mu2                default
       (flat)      b       age10MC              mu2           (vectorized)
       (flat)      b    Iage10MCE2              mu2           (vectorized)
       (flat)      b     numedu6MC              mu2           (vectorized)
       (flat)      b          sexW              mu2           (vectorized)
       (flat)      b  sexW:age10MC              mu2           (vectorized)
```

```
age10MC               0.28      0.10
I(age10MC^2)         -0.46      0.06
numedu6MC             0.14      0.07
sexW:age10MC         -0.61      0.13
sexW:I(age10MC^2)     0.28      0.08
```

```
          (flat)        b sexW:Iage10MCE2      mu2      (vectorized)
          (flat)        b                      mu3         default
          (flat)        b           age10MC    mu3      (vectorized)
          (flat)        b        Iage10MCE2    mu3      (vectorized)
          (flat)        b         numedu6MC    mu3      (vectorized)
          (flat)        b              sexW    mu3      (vectorized)
          (flat)        b      sexW:age10MC    mu3      (vectorized)
          (flat)        b sexW:Iage10MCE2      mu3      (vectorized)
 student_t(3, 0, 2.5) Intercept                mu2         default
 student_t(3, 0, 2.5) Intercept                mu3         default
```

출력결과에서 주목할 부분은 class, coef, dpar 세 가지입니다. class와 coef, 두 가지에 대해서는 이미 앞에서 여러 차례 살펴본 바 있습니다. 여기서 dpar 변수에 부여된 값이 바로 결과변수에 입력된 집단입니다. 즉 mu2는 wsnum 변수에서 2를 갖는 값을 갖는 집단, 즉 임금근로 집단에 대한 추정모수임을 의미하고, mu3는 wsnum 변수에서 3을 갖는 값을 갖는 집단, 즉 임금근로 집단에 대한 추정모수임을 뜻합니다. 다항 로지스틱 회귀모형 상황에서 강한 사전분포를 설정하기 위해서는 사전분포에 대한 가정 이외에 class, coef, dpar 세 가지를 지정해 주어야 합니다. 〈표 2-7-2〉를 토대로 사전분포를 설정한 후, 상호작용효과를 가정한 다항 로지스틱 회귀모형을 추정하면 아래와 같습니다.

```
> brm_multlogit_i_Sprior <- brm(
+  bf(form_multilogit_i),
+  data=df,
+  family=categorical(),
+  prior=prior(normal(2.97,0.23),class=Intercept,dpar=mu2)+
+   prior(normal(-3.14,0.26),class=b,coef=sexW,dpar=mu2)+
+   prior(normal( 0.28,0.10),class=b,coef=age10MC,dpar=mu2)+
+   prior(normal(-0.46,0.06),class=b,coef=Iage10MCE2,dpar=mu2)+
+   prior(normal( 0.14,0.07),class=b,coef=numedu6MC,dpar=mu2)+
+   prior(normal(-0.61,0.13),class=b,coef=sexW:age10MC,dpar=mu2)+
+   prior(normal( 0.28,0.08),class=b,coef=sexW:Iage10MCE2,dpar=mu2)+
+   prior(normal(2.97,0.23),class=Intercept,dpar=mu3)+
+   prior(normal(-3.14,0.26),class=b,coef=sexW,dpar=mu3)+
+   prior(normal( 0.28,0.10),class=b,coef=age10MC,dpar=mu3)+
+   prior(normal(-0.46,0.06),class=b,coef=Iage10MCE2,dpar=mu3)+
```

```
+     prior(normal( 0.14,0.07),class=b,coef=numedu6MC,dpar=mu3)+
+     prior(normal(-0.61,0.13),class=b,coef=sexW:age10MC,dpar=mu3)+
+     prior(normal( 0.28,0.08),class=b,coef=sexW:Iage10MCE2,dpar=mu3),
+   sample_prior = "yes",
+   control = list(adapt_delta = 0.99), #
+   save_pars = save_pars(all = TRUE),
+   chains = 4,
+   iter = 11000,
+   warmup = 1000,
+   cores = 4,
+   seed = 1234
+ )
Compiling Stan program...
Start sampling
> # 추정과정 확인
> # summary(brm_multlogit_i_Sprior) # 출력결과 직접 확인해 보시기 바랍니다
> # plot(brm_multlogit_i_Sprior)  # 출력결과 직접 확인해 보시기 바랍니다
```

분량 문제로 출력결과를 제시하지는 않았지만, summary() 함수와 plot() 함수 출력결과를 직접 확인해 보시면, MCMC 추정결과에는 문제가 없다는 것을 확인하실 수 있습니다.

이제 약한 사전분포와 강한 사전분포를 가정할 때, 베이지언 다항 로지스틱 회귀모형 추정결과가 어떻게 달라지는지 시각적으로 비교해 보겠습니다. 두 가지 모형추정결과의 사후분포를 as_draws_if() 함수를 기반으로 추출한 후, 추정된 모수들(절편과 회귀계수)의 사후분포를 비교한 결과는 〈그림 2-7-12〉와 같습니다.

```
> fig_multlogit_i_Wprior_Sprior <- bind_rows(as_draws_df(brm_multlogit_i) |>
+                                            mutate(prior='weak'),
+                                            as_draws_df(brm_multlogit_i_Sprior) |>
+                                            mutate(prior='strong')) |>
+   as.data.frame() |>
+   select(prior, starts_with('b_mu')) |>
+   pivot_longer(cols=starts_with('b_mu')) |>
+   separate(name,c('b_','mu','src'),sep="_") |>
+   mutate(
+     mu=factor(mu,labels=c('무직 및 미취업 대비\n임금근로',
```

```
+                                   '무직 및 미취업 대비\n자영업')),
+   src=fct_reorder(src,row_number())
+ )
> fig_multlogit_i_Wprior_Sprior |>
+ ggplot(aes(x=value,fill=prior))+
+ stat_histinterval(alpha=0.5)+
+ labs(x='Coefficient',y='Density',
+     fill='Prior distribution')+
+ coord_cartesian(ylim=c(0,0.8))+
+ theme_bw()+
+ theme(legend.position='bottom')+
+ facet_grid(mu~src,scales='free')
```

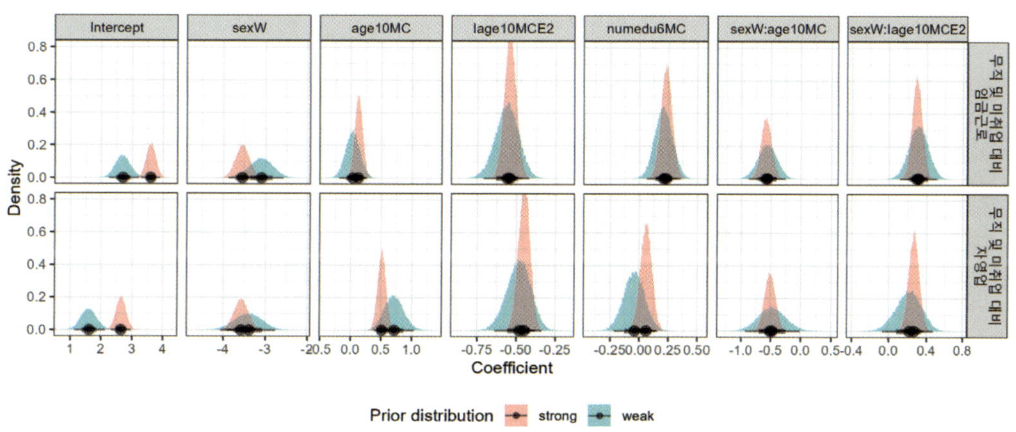

그림 2-7-12. 사전분포 설정방식에 따른 사후분포 차이

지금까지 brm() 함수를 이용하여 베이지언 이분형·순위형·다항 로지스틱 회귀모형을 실습해 보았습니다. 모형추정 방법과 함께, 고차항을 투입한 로지스틱 회귀모형 추정방법과 상호작용효과를 추정하는 방법과 추정결과의 시각화 방법 등을 살펴보았습니다. 아울러 강한 사전분포를 가정할 경우, 사전분포에 반영할 사전정보가 로지스틱 회귀모형 추정모수 형태에 맞지 않는 경우(범주의 확률이나 오즈비 등), 어떻게 사전분포를 정의할 수 있는지 살펴보았습니다. 다음 장에서는 '0'과 양의 정수로 구성된 횟수형 결과변수일 경우 자주 사용되는 회귀모형을 살펴보겠습니다.

CHAPTER 8

횟수형 결과변수 대상 회귀모형

1. 포아송 회귀모형과 음이항 회귀모형
2. 0포화 회귀모형과 허들 회귀모형

앞에서는 결과변수에 대해 정규분포를 가정할 수 없는 범주형 결과변수에 대해 사용하는 로지스틱 회귀모형을 살펴보았습니다. 이번에는 결과변수가 0과 양의 정수로 측정된 횟수형 결과변수(count outcome)일 경우 사용하는 회귀모형들을 살펴보겠습니다. 보다 구체적으로 횟수형 결과변수에 대한 회귀모형으로 ① 포아송 회귀모형(Poisson regression)과 음이항 회귀모형(negative binomial regression), ② 횟수형 결과변수에서 '0'의 등장빈도가 매우 높을 경우 자주 활용되는 0포화 모형(zero-inflated model)과 허들 모형(hurdle model)을 살펴볼 예정입니다.

물론 이들 모형 역시 전통적 분석방법으로 추정할 수 있습니다. 포아송 회귀모형의 경우 glm() 함수의 family 옵션에 poisson() 함수를 지정하는 방식으로, 음이항 회귀모형의 경우 MASS 패키지의 glm.nb() 함수를 이용하면 됩니다. 또한 0포화 모형의 경우 pscl 패키지의 zeroinfl() 함수를 통해, 허들 모형의 경우 hurdle() 함수를 통해 모형을 추정할 수 있습니다. 이번 장에서는 brm() 함수를 이용해 베이지언 분석방법으로 이들 모형들을 어떻게 추정할 수 있는지 실습해 보겠습니다.

이번 장에서 살펴볼 예시데이터는 앞에서 이미 살펴보았던 DF_exdata1.csv입니다. 베이지언 분석을 위한 brms 패키지와 함께, 데이터 관리 및 사전처리 목적으로 tidyverse 패키지와 tidybayes 패키지, 그리고 patchwork 패키지를 활용하였습니다. 추가적으로 전통적 분석방법으로 음이항 회귀모형을 추정하기 위해 MASS 패키지를, 영포화 회귀모형과 허들 회귀모형을 추정하기 위해 pscl 패키지를 사용하였습니다. 아울러 AIC와 BIC 계산을 위해 broom::glance() 함수를, 그리고 로그우도비 테스트 실시를 위해 lmtest::lrtest() 함수를 활용하였습니다.

이번 장에서 살펴볼 횟수형 결과변수는 자원봉사 참여횟수(volunt)이며, 예측변수들로는 성별, 연령, 소득, 교육수준 등을 활용하였습니다. 예측변수들 중 성별 변수는 범주형 변수로, 연령은 10세를 기본단위로 변환한 후 평균중심화를 실시하였으며, 소득은 상용로그변환후 평균중심화를 실시하였고, 1-6점으로 측정된 교육수준 변수 역시 평균중심화 변환을 실시하였습니다. R 패키지들을 구동하고 예시데이터 변수들에 대한 사전처리 과정은 다음과 같습니다.

```
> # 패키지 구동
> library(tidyverse)
> library(brms)
> library(MASS)
> select <- dplyr::select # dplyr::select 마스킹 해결
```

```
> library(pscl)
> library(broom)
> library(lmtest)
> # 데이터 불러오기
> df <- read_csv("DF_exdata1.csv")
> # 변수 사전처리
> df <- df |>
+  mutate(
+   sex=factor(female,labels=c('M','W')),
+   age10=age/10,
+   numedu6=as.numeric(factor(educ))
+  )
> # 연속형 변수 평균중심화 변환
> df <- df |>
+  mutate(
+   age10MC=age10-mean(age10),
+   log10incMC=log10inc-mean(log10inc),
+   numedu6MC=numedu6-mean(numedu6),
+  )
```

1 포아송 회귀모형과 음이항 회귀모형

1) 횟수형 결과변수의 분포와 특징

횟수형(count) 결과변수는 0과 양의 정수값으로 구성된 변수이며, 많은 경우 우편포 분포(right–skewed distribution)를 보입니다. 이번 장에서 살펴볼 횟수형 결과변수인 자원봉사 참여횟수 변수의 히스토그램을 그려보면 〈그림 2–8–1〉과 같습니다.

```
> # donate 변수의 분포 확인
> df |>
+  ggplot(aes(x=volunt))+
+  geom_histogram(bins=30,alpha=0.5,fill='steelblue')+
+  labs(x="자원봉사 참여", y ="빈도")+
+  coord_cartesian(ylim=c(0,380))+
```

```
+ scale_y_continuous(expand=expansion(mult=0, add=0))+
+ theme_classic()
```

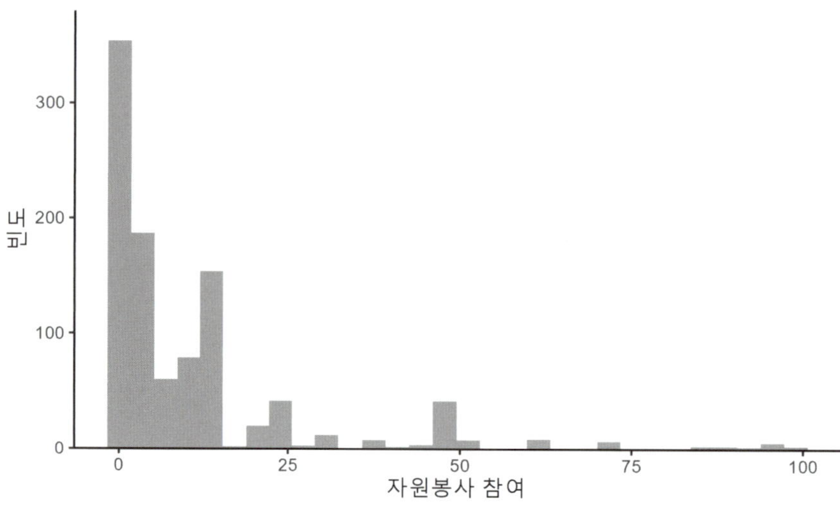

그림 2-8-1. 횟수형 결과변수(자원봉사 참여횟수) 분포

〈그림 2-8-1〉에서 잘 드러나듯, 자원봉사 참여횟수가 0인 사람들의 비율이 매우 높으며[1], 일부 사람들의 경우 매우 빈번하게 자원봉사에 참여하는 것을 쉽게 확인할 수 있습니다.

횟수형 결과변수를 대상으로 가장 먼저 고려하는 모형은 포아송 회귀모형(Poisson regression)입니다. 포아송 회귀모형에서는 횟수형 결과변수의 평균 대비 분산의 비율이 1.00이라는 가정을 요구하며, 흔히 '평균 대비 분산의 비율'을 분포모수(dispersion parameter)라고 부릅니다. 이번 장에서 살펴볼 volunt 변수의 일단 volunt 변수의 평균과 분산을 계산해 보면 아래와 같습니다. 결과에서 잘 나타나듯, 포아송 모형의 가정(평균 대비 분산 비율, 즉 분포모수 1.00)과 상당히 거리가 멀다고 볼 수 있습니다. 분포모수가 1.00보다 크게 나타나는 현상을 흔히 '과대분포(over-dispersion)' 현상이라고 부릅니다.

```
> data.frame(
+ M=mean(df$volunt),
+ V=var(df$volunt)
```

1) 응답자 중 약 32%는 자원봉사 참여경험이 전혀 없는 것으로 나타납니다.

```
> table(df$volunt==0) |> prop.table()
  FALSE    TRUE
0.68083 0.31917
```

```
+ ) |> mutate(disp_para=V/M)
        M        V disp_para
1 11.16798 315.6889  28.2673
```

위에서 얻은 volunt 변수의 평균대비 분산비는 아래와 같이 glm() 함수를 이용한 준-포아송(quasi-Poisson) 회귀모형을 통해서도 얻을 수 있습니다.

```
> summary(
+   glm(volunt~1, df, family=quasipoisson())
+ )
                        [분량조절을 위해 해당부분은 제시하지 않았음]
Coefficients:
            Estimate Std. Error t value Pr(>|t|)
(Intercept)  2.41305    0.05001   48.25   <2e-16 ***
---
Signif. codes:  0 '***' 0.001 '**' 0.01 '*' 0.05 '.' 0.1 ' ' 1
(Dispersion parameter for quasipoisson family taken to be 28.26732)
                        [분량조절을 위해 해당부분은 제시하지 않았음]
```

위의 준-포아송 회귀모형 추정결과를 만약 횟수형 결과변수가 포아송 회귀모형의 가정을 충족한다고 가정한 후 얻은 모형추정결과와 비교해 봅시다.

```
> summary(
+   glm(volunt~1, df, family=poisson())
+ )
                        [분량조절을 위해 해당부분은 제시하지 않았음]
Coefficients:
            Estimate Std. Error z value Pr(>|z|)
(Intercept) 2.413051   0.009406   256.5   <2e-16 ***
---
Signif. codes:  0 '***' 0.001 '**' 0.01 '*' 0.05 '.' 0.1 ' ' 1
(Dispersion parameter for poisson family taken to be 1)
                        [분량조절을 위해 해당부분은 제시하지 않았음]
```

두 가지 분석결과를 살펴보시면 분포모수 가정의 충족 여부에 따라 절편의 표준오차

(Std. Error)가 상당히 다르다는 것을 쉽게 확인하실 수 있습니다. 즉 포아송 회귀모형의 가정이 충족되었다고 가정할 경우는 표준오차의 값이 0.009에 불과하지만, 준-포아송 회귀모형과 같이 포아송 회귀모형의 가정이 충족되지 않았다고 가정하는 경우의 표준오차는 0.05로 나타납니다. 즉 포아송 회귀모형의 가정이 충족되지 않았는데도 충족했다고 가정할 경우, 표준오차의 값은 약 1/5로 대폭 감소하며, 이는 모형추정 결과 해석에도 매우 큰 영향을 미친다는 것을 확인할 수 있습니다.

포아송 회귀모형의 분포모수 가정이 데이터에 부합하지 않을 경우(즉 과대분포 상황)에 대처하는 방법들[2)]로는 방금 앞에서 제시한 준-포아송 회귀모형을 활용하는 방법도 있지만, 일반적으로 가장 많이 활용되는 방법은 '음이항 회귀모형'(negative binomial regression)을 활용하는 것입니다. 음이항 회귀모형에서는 과대분포로 인한 분포모수 가정 위배를 조정하기 위한 목적으로 1개의 모수를 추가로 추정합니다. 추정함수와 문헌에 따라 음이항 회귀모형에서 과대분포 조정을 위해 사용하는 모수를 지칭하는 표현이 조금씩 다릅니다. 예를 들어 추가 모수를 지칭할 때, MASS::glm.nb() 함수의 경우 Theta라는 표현을,[3)] 와 나중에 살펴볼 pscl::zeroinfl() 함수와 pscl::hurdle() 함수에서는 log(theta)라는 표현을 사용하며, brm() 함수의 경우 shape라는 용어를 사용합니다. 그러나 이들은 표현이 다를 뿐 정확하게 동일한 기능을 수행합니다.

이번 장에서 살펴보는 volunt 변수의 경우, 육안으로도 분포모수 가정이 위배되었다는 것을 명확하게 알 수 있습니다. 그러나 전통적 분석방법에서는 포아송 회귀모형 추정결과와 음이항 회귀모형 추정결과를 로그우도비 테스트를 이용하여 비교하는 방법으로 분포모수 가정이 위배되었는지, 그리고 가정위배를 교정하기 위해 음이항 회귀모형을 통해 모수를 추가하는 것이 과연 필요한지 여부를 살펴보는 것이 일반적입니다.

2) 모형추정과 모형비교

이제 전통적 분석방법으로 포아송 회귀모형과 음이항 회귀모형을 추정해 봅시다. 이번 섹션에서 두 가지 회귀모형으로 추정하려는 모형은 다음의 '주효과 모형'과 '상호작용효과 모형'입니다.

---

2) 매우 드물기는 하지만, 횟수형 결과변수의 분산값을 대폭 감소시킬 수 있는 예측변수를 알고 있는 경우라면, 해당 예측변수를 회귀모형에 투입하는 방식으로 분포모수 가정을 충족할 수도 있습니다. 그러나 이러한 상황은 매우 드물기 때문에 본문에 언급하지 않았습니다.

3) SAS, STATA, SPSS 등과 같은 상업용 패키지에서 음이항 회귀모형에서 추가되는 모수를 지칭하는 명칭이 어떻게 다르며, 표현방식이 어떻게 다른지에 대해서는 백영민(2019)의 308-309쪽을 참조하시기 바랍니다.

- 주효과 모형: volunt~sex+age10MC+log10incMC+numedu6MC
- 상호작용효과 모형: volunt~sex+age10MC+log10incMC+numedu6MC+sex:numedu6MC

먼저 주효과 모형과 상호작용효과 모형의 공식을 지정한 후, 포아송 회귀모형을 추정하면 아래와 같습니다. glm() 함수의 family 옵션에 poisson() 함수를 지정하면 됩니다. 여기서는 링크함수로 poisson() 함수의 디폴트인 link="log"를 그대로 사용하였습니다.

```
> form_count_m <- as.formula(volunt~sex+age10MC+log10incMC+numedu6MC)
> form_count_i <- as.formula(volunt~sex+age10MC+log10incMC+numedu6MC+sex:numedu6MC)
> mypois_m <- glm(form_count_m,data=df,family=poisson())
> mypois_i <- glm(form_count_i,data=df,family=poisson())
```

다음으로 주효과 모형과 상호작용효과 모형의 음이항 회귀모형을 추정하면 아래와 같습니다. MASS 패키지의 glm.nb() 함수의 경우 음이항 회귀모형을 전용으로 추정하는 함수이기 때문에 별도로 family 옵션을 지정할 필요는 없습니다. 다만 포아송 회귀모형에서 poisson() 함수의 링크함수를 "log"가 아닌 다른 링크함수로 지정하였다면, 이에 맞도록 glm.nb() 함수의 link 옵션을 별도 지정하시면 됩니다(디폴트는 로그함수). 여기서는 포아송 회귀모형과 음이항 회귀모형 모두 링크함수로 디폴트 함수인 로그함수를 활용하였습니다.

```
> mynegbin_m <- glm.nb(form_count_m,data=df)
> mynegbin_i <- glm.nb(form_count_i,data=df)
```

이제 포아송 회귀모형의 분포모수 가정이 적절한지 로그우도비 테스트를 실시해 봅시다. 우선 주효과 모형을 대상으로 포아송 회귀모형과 음이항 회귀모형 추정결과를 비교하는 로그우도비 테스트를 진행하면 아래와 같습니다. 로그우도비 테스트 결과 주효과 모형을 추정할 때, 음이항 회귀모형이 포아송 회귀모형보다 통계적으로 유의미하게($p < .001$) 더 나은 방식의 회귀모형이라는 판단을 내릴 수 있었습니다.

```
> lrtest(mypois_m,mynegbin_m)
Likelihood ratio test
Model 1: volunt ~ sex + age10MC + log10incMC + numedu6MC
Model 2: volunt ~ sex + age10MC + log10incMC + numedu6MC
```

```
  #Df   LogLik Df Chisq Pr(>Chisq)
1  5  -11089.7
2  6  -3224.7   1 15730   < 2.2e-16 ***
---
Signif. codes:  0 '***' 0.001 '**' 0.01 '*' 0.05 '.' 0.1 ' ' 1
```

다음으로 상호작용효과 모형을 대상으로 포아송 회귀모형과 음이항 회귀모형 추정결과를 비교하는 로그우도비 테스트를 진행하면 아래와 같습니다. 로그우도비 테스트 결과 상호작용효과 모형을 추정할 때도 음이항 회귀모형이 포아송 회귀모형보다 통계적으로 유의미하게($p < .001$) 더 나은 방식의 회귀모형이라는 판단을 내릴 수 있었습니다.

```
> lrtest(mypois_i,mynegbin_i)
Likelihood ratio test
Model 1: volunt ~ sex + age10MC + log10incMC + numedu6MC + sex:numedu6MC
Model 2: volunt ~ sex + age10MC + log10incMC + numedu6MC + sex:numedu6MC
  #Df   LogLik Df Chisq Pr(>Chisq)
1  6  -11036.8
2  7  -3222.6   1 15628   < 2.2e-16 ***
---
Signif. codes:  0 '***' 0.001 '**' 0.01 '*' 0.05 '.' 0.1 ' ' 1
```

이제 동일한 음이항 회귀모형을 사용한 주효과 모형과 상호작용효과 모형을 비교해 봅시다. 로그우도비 테스트 결과 상호작용효과 모형이 주효과 모형보다 통계적으로 유의미하게($p = .04$) 분석대상 데이터를 더 잘 설명한다고 판단할 수 있습니다.

```
> lrtest(mynegbin_m,mynegbin_i)
Likelihood ratio test

Model 1: volunt ~ sex + age10MC + log10incMC + numedu6MC
Model 2: volunt ~ sex + age10MC + log10incMC + numedu6MC + sex:numedu6MC
  #Df LogLik Df  Chisq Pr(>Chisq)
1  6  -3224.7
2  7  -3222.6   1 4.0458    0.04428 *
---
Signif. codes:  0 '***' 0.001 '**' 0.01 '*' 0.05 '.' 0.1 ' ' 1
```

통계적 유의도 테스트 방식이 아니라, 네 가지 회귀모형 추정결과에 대해 AIC와 BIC의 정보지수를 비교해 봅시다. 아래의 추정결과에서 확인할 수 있듯, AIC 지수를 기준으로 할 경우, 음이항 회귀모형으로 추정한 상호작용효과 모형이 가장 적절하지만, BIC 지수를 기준으로 한다면 음이항 회귀모형으로 추정한 주효과 모형이 가장 적절하다고 볼 수 있습니다.

```
> bind_rows(glance(mypois_m) |> select(AIC,BIC),
+           glance(mypois_i) |> select(AIC,BIC),
+           glance(mynegbin_m) |> select(AIC,BIC),
+           glance(mynegbin_i) |> select(AIC,BIC)
+           ) |>
+ mutate(model=c('Poisson-main','Poisson-interaction',
+                'Negative binomial-main',
+                'Negative binomial-interaction'))
# A tibble: 4 × 3
    AIC   BIC model
  <dbl> <dbl> <chr>
1 22189. 22214. Poisson-main
2 22086. 22115. Poisson-interaction
3  6461.  6491. Negative binomial-main
4  6459.  6494. Negative binomial-interaction
```

여기서는 로그우도비 테스트 결과와 AIC 지수를 기반으로 음이항 회귀모형 기반 상호작용효과 모형을 최종모형으로 선택하였습니다. 모형추정결과는 아래와 같습니다.

```
> summary(mynegbin_i)

Call:
glm.nb(formula = form_count_i, data = df, init.theta = 0.3773368408,
    link = log)

Coefficients:
             Estimate Std. Error z value Pr(>|z|)
(Intercept)   2.16361    0.07861  27.525  < 2e-16 ***
sexW          0.40232    0.10818   3.719  0.00020 ***
age10MC       0.14236    0.04598   3.096  0.00196 **
```

```
log10incMC       -0.45042     0.18260   -2.467   0.01363 *
numedu6MC        -0.10859     0.06128   -1.772   0.07641 .
sexW:numedu6MC  0.16206      0.07935    2.042   0.04111 *
---
Signif. codes:  0 '***' 0.001 '**' 0.01 '*' 0.05 '.' 0.1 ' ' 1

(Dispersion parameter for Negative Binomial(0.3773) family taken to be 1)

    Null deviance: 1159.9  on 1011  degrees of freedom
Residual deviance: 1116.8  on 1006  degrees of freedom
AIC: 6459.3

Number of Fisher Scoring iterations: 1


              Theta:  0.3773
          Std. Err.:  0.0188

 2 x log-likelihood:  -6445.2800
```

추정결과 맨 마지막에 제시된 Theta는 분포모수 가정을 교정하기 위해 추가로 투입된 모수를 의미합니다. 아울러 제시된 절편과 회귀계수의 경우, 로그함수를 링크함수로 활용했다는 점에서 모형추정결과를 해석할 때 지수함수를 활용해야 합니다. 예를 들어 평균연령, 평균소득, 평균 교육수준을 갖는 남성의 자원봉사 참여횟수 기댓값은 $8.70 \approx e^{2.16}$이며, 평균연령, 평균소득, 평균 교육수준을 갖는 여성의 자원봉사 참여횟수 기댓값은 $13.01 \approx e^{(2.16+0.40)}$입니다. 그리고 sexW 회귀계수에서 알 수 있듯($b = 0.40$, $p < .001$), 평균연령, 평균소득, 평균 교육수준을 가정할 때, 남성과 여성의 자원봉사 참여횟수 기댓값은 통계적으로 유의미하게 다릅니다.

이제는 brm() 함수를 이용하여 베이지언 분석방식으로 포아송 회귀모형과 음이항 회귀모형을 추정해 봅시다. 분량 조절을 위하여 베이지언 로지스틱 회귀모형 추정과정에서 활용했던 이용자정의 함수인 wrapper_brm_model() 함수를 이용하겠습니다. 베이지언 포아송 회귀모형의 경우, glm() 함수에서 활용한 poisson() 함수와 동일하게 brm() 함수의 family 옵션을 지정하면 됩니다. 베이지언 음이항 회귀모형의 경우, brm() 함수의 family 옵션에 negbinomial() 함수를 지정하시면 됩니다. brms 패키지의 poisson() 함수와 negbinomial() 함수 모두 디폴트 링크함수는 로그함수입니다.

```
> brm_pois_m <- wrapper_brm_model( form_count_m, df, poisson() )
Compiling Stan program...
Start sampling
> brm_pois_i <- wrapper_brm_model( form_count_i, df, poisson() )
Compiling Stan program...
Start sampling
> brm_negbin_m <- wrapper_brm_model( form_count_m, df, negbinomial() )
Compiling Stan program...
Start sampling
> brm_negbin_i <- wrapper_brm_model( form_count_i, df, negbinomial() )
Compiling Stan program...
Start sampling
> # 추정과정 확인
> # summary() # 출력결과 역시 직접 확인해 보시기 바랍니다
> # plot() # 함수 출력결과 역시 직접 확인해 보시기 바랍니다
```

포아송 회귀모형으로 주효과 모형과 상호작용효과 모형을, 음이항 회귀모형으로 주효과 모형과 상호작용효과 모형을 추정한 후, 저는 summary() 함수와 plot() 함수를 이용하여 MCMC 추정과정에 별다른 문제가 없다는 것을 확인하였습니다. 분량 조절을 위해 summary() 함수와 plot() 함수 출력결과를 제시하지 않았지만, 반드시 꼭 확인절차를 밟기 바랍니다.

이후 베이스지수(BF, Bayes factor)와 LOO 지수를 기반으로 베이지언 모형비교를 진행하였습니다. 먼저 주효과 모형을 대상으로 추정한 포아송 회귀모형 대비 음이항 회귀모형의 BF를 계산하면, 양의 무한대 값의 BF를 얻게 됩니다. 즉 포아송 회귀모형 보다 음이항 회귀모형으로 추정한 주효과 모형이 분석대상 데이터를 훨씬 더 잘 설명합니다.

```
> # 모형비교
> set.seed(1)
```

```
> BF_brm_negbin_pois_m <- bayes_factor(brm_negbin_m, brm_pois_m)
                    [분량조절을 위해 Iteration 과정은 제시하지 않았음]
> BF_brm_negbin_pois_m
Estimated Bayes factor in favor of brm_negbin_m over brm_pois_m:   Inf
```

다음으로 상호작용효과 모형을 대상으로 추정한 포아송 회귀모형 대비 음이항 회귀모형의 BF를 계산해도, 동일하게 양의 무한대 값의 BF를 얻게 됩니다. 즉 포아송 회귀모형보다 음이항 회귀모형으로 추정한 상호작용효과 모형이 분석대상 데이터를 훨씬 더 잘 설명합니다.

```
> BF_brm_negbin_pois_i <- bayes_factor(brm_negbin_i, brm_pois_i)
                    [분량조절을 위해 Iteration 과정은 제시하지 않았음]
> BF_brm_negbin_pois_i
Estimated Bayes factor in favor of brm_negbin_i over brm_pois_i:   Inf
```

끝으로 음이항 회귀모형으로 추정한 주효과 모형 대비 상호작용효과의 BF를 계산하면, 약 1.54의 값을 얻을 수 있습니다. 다시 말해 음이항 회귀모형을 적용할 때, 상호작용효과 모형은 주효과 모형에 비해 분석대상 데이터를 약 1.54배 더 잘 설명하는 데 머무르고 있습니다. 통상적 기준(Jeffreys, 1961)에 비추어 볼 때 BF가 매우 작다는 점에서, 상호작용효과 모형과 주효과 모형은 큰 차이가 없다고 볼 수도 있습니다.

다음으로 네 가지 추정결과에 대한 LOO 지수를 계산해 봅시다. 먼저 포아송 회귀모형으로 추정한 주효과 모형의 경우 아마도 아래와 같은 경고메시지를 만나실 것입니다.

```
> brm_pois_m <- add_criterion(brm_pois_m, c("loo"))
경고메시지(들):
Found 3 observations with a pareto_k > 0.7 in model 'brm_pois_m'. We recommend to
set 'moment_match = TRUE' in order to perform moment matching for problematic
observations.
```

이전까지 살펴보았던 LOO 지수의 경우, 모두 파레토 k값이 통상적 기준치인 0.7을 넘지 않았습니다. 그러나 경고메시지를 읽어보시면 알 수 있듯, 이번 경우 통상적 기준치를 넘는 파레토 k값을 보인 사례들이 3개가 존재하는 것을 알 수 있습니다. 경고메시지를 잘 읽어보시면, 패키지 개발자들은 LOO 지수를 계산할 때 문제가 되는 사례들에 대한 '모먼트매칭(moment-matching)[4)]을 실시할 것을 권하고 있습니다.

우선 표본의 전체사례수가 1,012라는 점을 감안할 때, 통상적 기준치를 넘는 파레토 *k*값에서 벗어난 사례수는 매우 미미하다고 볼 수 있습니다. 즉 극소수(0.3%)에 불과한 사례들에 대한 것이라고 판단하고 계산된 LOO 지수를 그냥 활용하는 방법도 고려할 수 있습니다(물론 문제가 되는 사례들이 발생했으며, 어느 정도로 발생했는지는 꼭 밝히셔야 합니다). 그러나 일단 문제 소지가 큰 파레토 *k*값을 갖는 사례들이 발생했다는 점, 그리고 모먼트 매칭이라는 교정방법이 추천된다는 점에서 가급적 모먼트 매칭을 활용하여 LOO 지수를 재계산하는 것이 좋습니다.

모먼트 매칭을 활용해 LOO 지수를 다시 계산하기 위해서는 먼저 계산된 LOO 지수를 제거한 후, `add_criterion()` 함수에 `moment_match` 옵션을 `TRUE`로 변경한 후 LOO 지수를 다시 계산하면 됩니다.

```
> # LOO 지수 제거
> brm_pois_m$criteria$loo <- NULL
> # Moment matching 활용 LOO 지수 재계산
> brm_pois_m <- add_criterion(brm_pois_m,c("loo"),moment_match=TRUE)
```

이제는 경고메시지가 뜨지 않는 것을 확인할 수 있습니다. 여기서 한 가지 질문을 던져봅시다. 왜 `add_criterion()` 함수에서는 `moment_match` 옵션을 `TRUE`로 설정하지 않고, `FALSE`로 설정해 두었을까요? 위의 과정을 실습해 보신 독자라면 그 이유를 짐작하실 수 있을 것입니다. 모먼트 매칭 기법을 실시하면 LOO 지수 계산시간이 더 많이 소요됩니다. 위의 사례를 기준으로 할 때, 제 PC 환경을 기준으로 디폴트 `moment_match` 옵션(`FALSE`)인 경우 계산시간이 26초가량 소요되었지만, 모먼트 매칭 기법을 사용할 경우 1분 34초 정도의 계산시간이 소요되었습니다. 만약 데이터의 규모가 더 크거나 혹은 웜업 이후 반복계산수를 더 크게 설정한 경우, 혹은 파레토 *k*가 0.7을 넘는 사례들이 매우 많을 경우 더 많은 시간이 소요됩니다.

아무튼 다른 세 가지 모형들에 대한 LOO 지수를 계산하면 아래와 같습니다. 포아송 회귀모형 기반 상호작용효과 모형의 경우에도 경고메시지가 발생하였기 때문에, 아래와 같이 모먼트 매칭기법을 활용하여 LOO 지수를 계산하였습니다. 이후 모형들의 LOO 지수들을 비교한

---

4) 모먼트 매칭 기법에서 말하는 '모먼트(moment)'는 기댓값(mean)과 산포(dispersion)를 의미합니다. 쉽게 설명하기 어렵지만, 모먼트 매칭 기법은 문제가 되는 사례값 대신 전체 표본의 모수 패턴을 왜곡시키지 않는 다른 값을 대치하는 기법입니다.

결과는 아래와 같습니다.

```
> brm_negbin_m <- add_criterion(brm_negbin_m, c("loo"))
> brm_pois_i <- add_criterion(brm_pois_i, c("loo"),moment_match=TRUE)
> brm_negbin_i <- add_criterion(brm_negbin_i, c("loo"))
> loo_compare(brm_pois_m,brm_pois_i,
+             brm_negbin_m,brm_negbin_i,
+             criterion="loo") |>
+   data.frame() |>
+   select(elpd_diff,se_diff,looic,se_looic)
               elpd_diff    se_diff     looic    se_looic
brm_negbin_i    0.000000   0.000000  6459.513   108.0316
brm_negbin_m   -1.024814   2.064686  6461.562   108.3513
brm_pois_i  -7898.059898 523.850970 22255.632  1097.4839
brm_pois_m  -7936.401878 533.569437 22332.316  1116.7717
```

LOO 지수 계산결과 음이항 회귀모형 기반 상호작용효과 모형이 가장 적절한 모형이라고 판단할 수 있습니다. 그러나 LOO 지수의 표준오차값을 보면 짐작하실 수 있듯, 음이항 회귀모형 기반 상호작용효과 모형과 주효과 모형은 예측정확도 측면에서 큰 차이가 없다고 볼 수도 있습니다. 여기서는 제시하지 않았지만, 원하신다면, bayes_R2(), loo_R2() 함수를 활용하여 베이지언 R^2나 LOO-조정 R^2 등을 계산할 수도 있습니다. 물론 로지스틱 회귀모형에서도 설명드렸듯, OLS 회귀모형 상황이 아닌 경우 베이지언 R^2나 LOO-조정 R^2은 결과변수의 전체분산 중 모형에 의해 설명된 분산의 비율을 의미하지 않습니다.

일단 여기서 저는 음이항 회귀모형 기반 상호작용효과 모형을 가장 적절한 모형으로 선택하겠습니다. 모형추정결과는 아래와 같습니다.

```
> summary(brm_negbin_i)
 Family: negbinomial
  Links: mu = log; shape = identity
Formula: volunt ~ sex + age10MC + log10incMC + numedu6MC + sex:numedu6MC
   Data: mydata (Number of observations: 1012)
  Draws: 4 chains, each with iter = 11000; warmup = 1000; thin = 1;
         total post-warmup draws = 40000
```

```
Regression Coefficients:
                  Estimate Est.Error l-95% CI u-95% CI Rhat Bulk_ESS Tail_ESS
Intercept             2.17      0.08     2.02     2.33 1.00    37227    27445
sexW                  0.40      0.11     0.19     0.61 1.00    36410    27785
age10MC               0.14      0.05     0.06     0.23 1.00    36659    28684
log10incMC           -0.46      0.18    -0.82    -0.10 1.00    35976    26842
numedu6MC            -0.11      0.06    -0.23     0.01 1.00    27083    26585
sexW:numedu6MC        0.16      0.08     0.00     0.32 1.00    29137    28040

Further Distributional Parameters:
      Estimate Est.Error l-95% CI u-95% CI Rhat Bulk_ESS Tail_ESS
shape     0.38      0.02     0.34     0.41 1.00    38270    28313

Draws were sampled using sampling(NUTS). For each parameter, Bulk_ESS
and Tail_ESS are effective sample size measures, and Rhat is the potential
scale reduction factor on split chains (at convergence, Rhat = 1).
```

추정결과의 shape는 전통적 분석방법으로 추정한 음이항 회귀모형 추정결과의 Theta에 해당됩니다. 추정결과에서 확인할 수 있듯, brms 패키지의 디폴트 사전분포인 약한 사전분포를 기반으로 한 베이지언 모형추정 결과는 전통적 분석방법으로 얻은 모형추정결과와 매우 비슷한 것을 확인할 수 있습니다. 또한 제시된 회귀계수에 대한 해석은 전통적 분석이든 베이지언 분석이든 동일합니다(즉 평균연령, 평균소득, 평균교육수준을 가정할 때, 남성의 자원봉사 참여횟수 기댓값의 점추정치는 $8.75 \approx e^{2.17}$회, 여성의 자원봉사 참여횟수 기댓값의 점추정치는 $13.07 \approx e^{(2.17+0.40)}$회). 다만 전통적 분석방법의 경우 통계적 유의도 테스트를 통한 해석을, 반면 베이지언 분석방법의 경우 사후분포를 기반으로 한 해석을 제공한다는 점은 명확하게 구분됩니다.

3) 모형추정결과 시각화

여기서는 성별과 교육수준간 상호작용효과 패턴을 시각화해 보도록 하겠습니다. conditional_effects() 함수를 기반으로 conditions에 지정된 조건에서 얻을 수 있는 brm() 함수 추정결과의 사후분포 예측값의 점추정치와 95% 신용구간을 계산하면 아래와 같습니다. 여기서는 음이항 회귀모형으로 추정한 상호작용효과 패턴과 포아송 회귀모형으로 추정한 상호작용효과 패턴을 비교해 보겠습니다. 여기서는 상호작용효과항에 포함된 성별과 교육수준 변수가 아닌 다른 예측변수들(age10MC, log10incMC)을 표본의 평균으로 통제하였습니다.

```
> # 예측값 추정 및 시각화
> newdata <- tibble(
+   age10MC=0,
+   log10incMC=0
+ )
> fig_age_pois <- conditional_effects(brm_pois_i,effects='numedu6MC:sex',
+                                     conditions=newdata)
> fig_age_negbin <- conditional_effects(brm_negbin_i,effects='numedu6MC:sex',
+                                       conditions=newdata)
```

이제 추정된 사후분포 점추정치와 95% 신용구간을 시각화하면 아래의 〈그림 2-8-2〉와 같습니다.

```
> bind_rows(
+   fig_age_pois$`numedu6MC:sex` |>
+     mutate(model='Poisson'),
+   fig_age_negbin$`numedu6MC:sex` |>
+     mutate(model='Negative binomial')
+ ) |>
+   mutate(
+     sex=factor(sex,labels=c('남성','여성')),
+     model=fct_relevel(model, 'Poisson','Negative binomial'),
+     numedu6=numedu6MC+mean(df$numedu6)
+   ) |>
+   ggplot(aes(x=numedu6,y=estimate__,color=sex,fill=sex))+
+   geom_line()+
+   geom_ribbon(aes(ymin=lower__,ymax=upper__),alpha=0.3)+
+   scale_x_continuous(breaks=1:6)+
+   labs(x="교육수준",
+        y="자원봉사 참여횟수",
+        color='성별',fill='성별',
+        caption="주: 연령수준과 소득수준은 표본의 평균으로 통제함")+
```

```
+ theme_bw()+
+ theme(legend.position='bottom')+
+ facet_grid(model~.,scales='free')
```

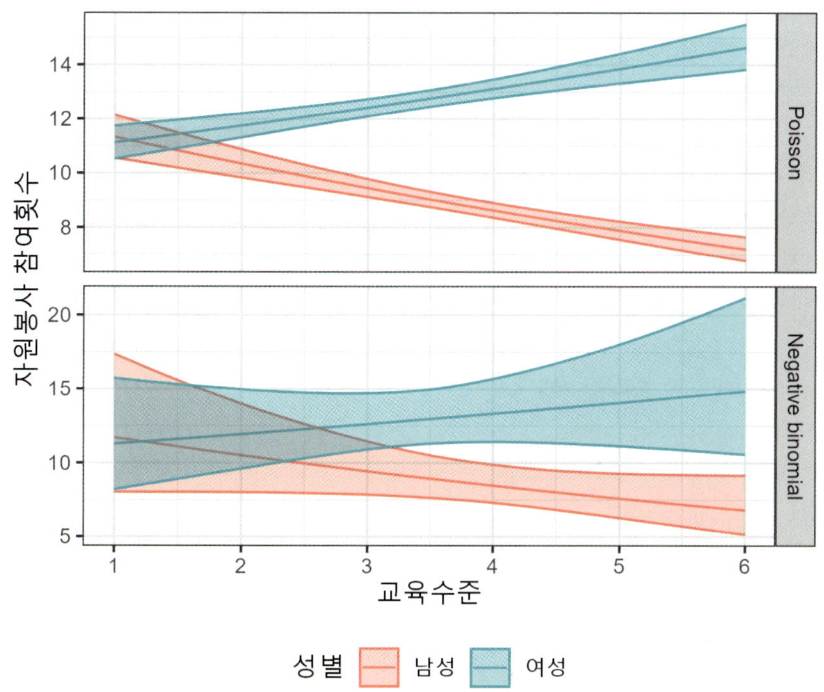

주: 연령수준과 소득수준은 표본의 평균으로 통제함

그림 2-8-2. 자원봉사 참여횟수에 대한 성별과 교육수준의 상호작용효과 패턴 비교

〈그림 2-8-2〉에서 확인할 수 있듯, 과대분포 상황에서 포아송 회귀모형을 활용한 모형추정 결과를 제시할 경우, 95% 신용구간이 비현실적으로 좁게 추정된다는 것(즉 과대분포를 고려하지 않은 것)을 쉽게 확인할 수 있습니다.

다음으로 〈그림 2-8-2〉에서 나타난 자원봉사 참여횟수에서 교육수준별 남성과 여성 사이의 집단 차이를 살펴보고자 할 경우, hypothesis() 함수를 활용하면 됩니다. OLS 회귀모형과 로지스틱 회귀모형에서와 마찬가지로 아래와 같은 이용자정의 함수를 설정한 후, 각 교육수준별 남녀간 결과변수의 기댓값 차이의 점추정치와 95% 신용구간을 계산하면 다음과 같습니다.

```
> # 교육수준별 집단비교
> vector_edu6MC <- 1:6 - mean(df$numedu6)
> wrapper_sexdiff_edu <- function(i){
+  mypoint <- round(vector_edu6MC[i],3) |> format(nsmall=3)
+  mypoint <- ifelse(str_detect(mypoint,'-'),mypoint,paste0('+',mypoint))
+  form <- paste0('b_sexW',mypoint,'*b_sexW:numedu6MC = 0')
+  result_hypothesis <- hypothesis(brm_negbin_i,form,
+                                  class=NULL)$hypothesis |>
+   data.frame() |>
+   mutate(numedu6=i) |>
+   select(numedu6,Estimate,CI.Lower,CI.Upper,Star)
+  return(result_hypothesis)
+ }
> result_sexdiff_edu <- tibble()
> for (i in 1:6){
+  result_sexdiff_edu <- bind_rows(
+   result_sexdiff_edu,
+   wrapper_sexdiff_edu(i)
+  )
+ }
> result_sexdiff_edu
# A tibble: 6 × 5
  numedu6 Estimate CI.Lower CI.Upper Star
    <int>    <dbl>    <dbl>    <dbl> <chr>
1       1  -0.0352  -0.513     0.437 ""
2       2   0.128   -0.212     0.467 ""
3       3   0.292    0.0550    0.527 "*"
4       4   0.455    0.237     0.675 "*"
5       5   0.618    0.321     0.920 "*"
6       6   0.782    0.357     1.21  "*"
```

추정결과에서 확인할 수 있듯, 교육수준이 1 혹은 2인 집단(초등졸 혹은 중졸)의 경우 남녀 간 자원봉사 참여횟수의 기댓값 차이의 참값 사후분포의 95%에는 0이 포함되고 있습니다. 반면 3 이상의 교육수준(고졸 이상)을 보이는 집단들의 경우, 남녀 간 자원봉사 참여횟수의 기댓값 차이의 참값 사후분포의 95%에는 0이 포함되지 않습니다. 예를 들어 교육수준이 3인 집단의 경우, 여성의 자원봉사 참여횟수의 자연로그변환값이 남성의 자원봉사 참여횟수의 자연로그변환값보다 약 0.06 이상 약 0.53 이하의 범위에 놓일 확률이 약 95%입니다.

4) 강한 사전분포 설정

이번에는 디폴트 사전분포인 약한 사전분포가 아닌 강한 사전분포를 기반으로 베이지언 음이항 회귀모형을 추정해 봅시다. 먼저 default_prior() 함수를 활용하여 사전분포 설정에 필요한 모수들이 무엇인지 확인해 보도록 합시다.

```
# 강한 사전분포
> default_prior(brm_negbin_i)

                 prior     class               coef group resp dpar nlpar lb ub      source
                (flat)         b                                                    default
                (flat)         b           age10MC                              (vectorized)
                (flat)         b        log10incMC                              (vectorized)
                (flat)         b         numedu6MC                              (vectorized)
                (flat)         b              sexW                              (vectorized)
                (flat)         b sexW:numedu6MC                                 (vectorized)
 student_t(3, 1.4, 2.5) Intercept                                                   default
   inv_gamma(0.4, 0.3)     shape                                       0            default
```

이제는 출력결과를 이해하고 해석하는 것이 매우 익숙하고 친숙할 것입니다. 지금까지는 절편이나 회귀계수의 사전분포를 설정하였지만, 이번에는 class 변수의 shape 값, 즉 음이항 회귀모형의 Theta 모수에 대한 사전분포를 변경해 보겠습니다. 여기 제시된 inv_gamma(0.4, 0.3)이라는 사전분포는 역(逆)-감마분포(Inverse Gamma distribution)을 의미합니다. 역-감마분포로 설정된 이유는 Theta 모수의 값은 0이하인 값이 나올 수 없기 때문입니다. 약한 사전분포에서는 Theta 모수의 값이 (0, +Inf)의 범위를 가지며, 사전분포로 얻은 대부분의 값은 0에 매우 가까운 값입니다. 아울러 lb라는 변수는 사전분포의 하한(lower bound)을 의미하며, shape의 lb를 0으로 설정한다는 의미입니다. inv_gamma(0.4, 0.3)이라는 사전분포를 시각화하면 〈그림 2-8-3〉과 같습니다.

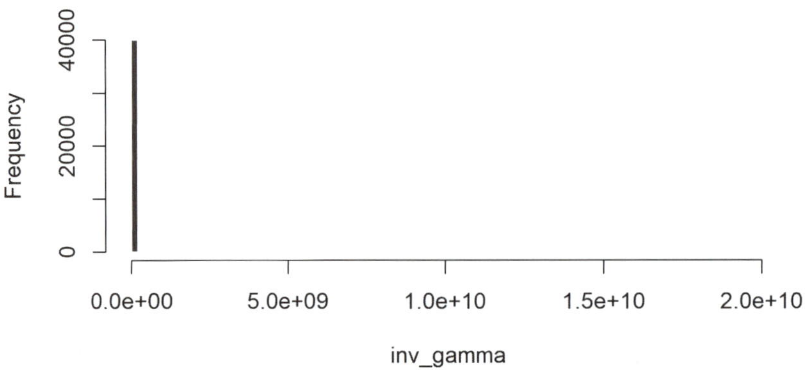

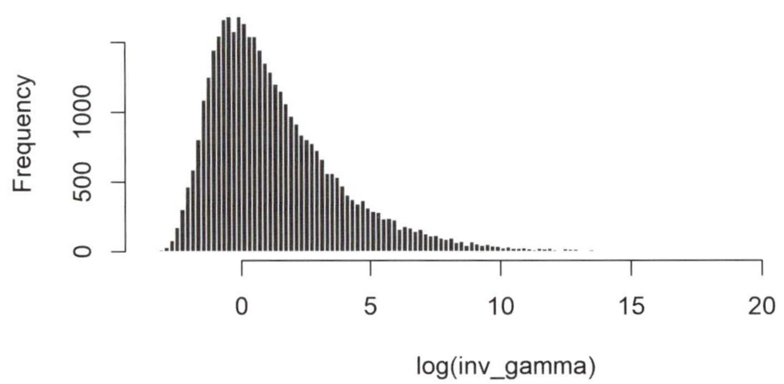

그림 2-8-3. shape 모수의 사전분포로 설정된 `inv_gamma(0.4, 0.3)` 분포의 시각화[5)]

앞서 전통적 분석방식으로 추정한 음이항 회귀모형의 Theta와 Theta의 표준오차를 활용하여 shape 모수에 대한 강한 사전분포를 설정해 봅시다. 당시 Theta는 0.38, Theta의 표준

5) 시각화 방법은 아래와 같습니다.

```
> # 40,000 draws from Inv-Gamma(0.4, 0.3)
> set.seed(1234)
> inv_gamma <- 1/rgamma(40000, shape=0.4, rate=0.3)
> table(inv_gamma > 0) #모든값은 0보다 큼
 TRUE
40000
> par(mfrow=c(2,1))
> hist(inv_gamma, breaks = 100,
+      main='Theta, based on inv_gamma(0.4,0.3)',
+      border=F,col='blue')
> hist(log(inv_gamma), breaks = 100,
+      main='log(Theta), based on inv_gamma(0.4,0.3)',
+      border=F,col='blue')
```

오차는 0.02로 나타났습니다. 즉 shape의 사전분포는 아래와 같이 설정할 수 있습니다. prior() 함수 내부에 lb=0을 설정한 것에 주목하시기 바랍니다.

```
> brm_negbin_i_Sprior <- brm(
+   bf(volunt~sex+age10MC+log10incMC+numedu6MC+sex:log10incMC),
+   data=df,
+   family=negbinomial(),
+   prior=prior(normal(0.38,0.02),class=shape,lb=0),
+   sample_prior = "yes",
+   control = list(adapt_delta = 0.99),
+   save_pars = save_pars(all = TRUE),
+   chains = 4,
+   iter = 11000,
+   warmup = 1000,
+   cores = 4,
+   seed = 1234
+ )
Compiling Stan program...
Start sampling
> # summary(brm_negbin_i_Sprior) # 출력결과 역시 직접 확인해 보시기 바랍니다
> # plot(brm_negbin_i_Sprior)     # 출력결과 역시 직접 확인해 보시기 바랍니다
```

summary() 함수와 plot() 함수 출력결과의 경우 분량 조절을 위하여 제시하지 않았지만, 반드시 확인해 보시기 바랍니다. 제가 확인한 바로는 MCMC 추정과정에서 별다른 문제는 발견되지 않았습니다.

약한 사전분포와 강한 사전분포의 shape 모수의 사후분포 점추정치와 95% 신용구간만 살펴보겠습니다. 아래의 결과에서 확인할 수 있듯, 약한 사전분포를 가정했을 때에 비해 강한 사전분포를 가정했을 때, 사후분포의 95% 신용구간이 조금 더 좁아진 것을 확인하실 수 있습니다(즉 불확실성이 조금 더 감소).

```
> summary(brm_negbin_i)$spec_pars
       Estimate  Est.Error  l-95% CI u-95% CI     Rhat Bulk_ESS Tail_ESS
shape 0.3753508 0.01878593 0.3396764 0.413112 1.000071 38270.17 28313.16
> summary(brm_negbin_i_Sprior)$spec_pars
```

```
          Estimate  Est.Error  l-95% CI u-95% CI       Rhat Bulk_ESS Tail_ESS
shape 0.3779073  0.01384326  0.3508693 0.405234 0.9999888 37270.81 26866.15
```

2 0포화 회귀모형과 허들 회귀모형

1) 횟수형 변수와 '0'의 의미

앞서 살펴본 포아송 회귀모형과 음이항 회귀모형의 경우 0과 양의 정수가 횟수에 차이가 있을 뿐 질적으로 다르다고 구분하지 않습니다. 그러나 횟수형 변수에서 0과 양의 정수는 질적인 의미가 다른 경우가 적지 않습니다. 예를 들어 '자원봉사 참여횟수가 0인 사람과 1인 사람의 차이'와 '자원봉사 참여횟수가 1인 사람과 2인 사람의 차이'가 동등하다고 볼 수 있을까요? 데이터의 수집 상황과 이론적 관점에 따라 이 질문에 대한 답은 달라질 수 있습니다. 그러나 자원봉사 참여 경험이 전혀 없는 사람과 최소 1회라도 참여 경험이 있는 사람은 질적으로 다른 존재라고 볼 수도 있습니다.

이번에 살펴볼 0포화 회귀모형과 허들 회귀모형은 횟수형 결과변수에서 0과 양의 정수의 관계를 추정하는 회귀식과, 양의 정수의 기댓값을 추정하는 회귀식을 각각 구성한 후 동시에 추정하는 모형입니다. 그러나 0포화 회귀모형과 허들 회귀모형은 유사하지만, 절대 동일한 모형은 아닙니다. 두 모형은 '0'을 바라보는 관점에서 결정적으로 구분됩니다. 먼저 허들 회귀모형의 경우 0과 양의 정수의 관계를 '완전절단(truncation)' 관점에서 개념화하는 반면, 0포화 회귀모형에서는 0과 양의 정수의 관계를 '부분절단(censoring)' 관점에서 개념화합니다. 즉 허들 회귀모형의 경우 양의 정수 기댓값을 추정하는 회귀식을 추정할 때, 0이 완전절단되었다고 가정하는 반면, 0포화 회귀모형의 경우 0이 부분절단되었다고 가정합니다. 분석대상 데이터 배경에서 구체적으로 예를 들자면, 허들 회귀모형의 경우 자원봉사 참여횟수가 0인 사람들을 비참여자로, 그리고 자원봉사 참여횟수가 1이상인 사람들을 참여자를 완전히 구분합니다. 반면 0포화 회귀모형의 경우, 자원봉사 참여횟수가 0인 사람들 중 일부는 비참여자이지만, 나머지 일부는 참여자일 가능성도 있지만 측정과정에서 단순히 참여횟수가 0으로 나타났을 뿐인 사람으로 간주합니다.

0포화 회귀모형과 허들 회귀모형은 횟수형 결과변수에서 0의 빈도가 과도하게 많을 경우 주로 사용합니다. 그렇다면 얼마나 0의 빈도가 많아야 포아송 회귀모형이나 음이항 회귀모형이 아닌 0포화 회귀모형 혹은 허들 회귀모형을 사용하는 것이 더 낫다고 볼 수 있을까요?

전통적 분석방법의 경우 뷩 테스트(Vuong test)를 기반으로 0포화 회귀모형 혹은 허들 회귀모형을 사용하는 것이 더 나은지 통계적 유의도 테스트를 진행합니다. 포아송 회귀모형이나 음이항 회귀모형과 0포화 회귀모형 혹은 허들 회귀모형의 관계는 배속관계(nested relationship)가 아니기 때문에, 통상적인 로그우도비 테스트를 사용할 수 없기 때문입니다. 그러나 AIC, BIC와 같은 정보지수의 경우는 배속관계가 아니기 때문에 사용이 불가능합니다. 반면 베이지언 분석방법의 경우 베이스지수(BF)와 LOO 지수를 그대로 사용하는데 아무런 문제가 없습니다.

2) 모형추정과 모형비교

이제 0포화 회귀모형과 허들 회귀모형을 추정해 봅시다. 결과변수는 `volunt`이며, 예측변수는 `sex`, `age10MC`, `log10incMC`, `numedu6MC`이며, 연속형 변수의 고차항이나 상호작용효과는 고려하지 않았습니다. 여기서 아래와 같은 세 가지 모형을 설정한 후, 0포화 회귀모형과 허들 회귀모형으로 각 모형을 추정하였습니다(총 6개 모형).

- '양의 정수' 모형: 결과변수의 양의 정수 기댓값을 추정할 때는 네 개의 예측변수들을 모두 고려하였으며, 0 혹은 양의 정수 여부를 추정할 때는 예측변수들을 고려하지 않는 모형
- '0' 모형: 결과변수의 양의 정수 기댓값을 추정할 때는 예측변수들을 고려하지 않지만, 0 혹은 양의 정수 여부를 추정할 때는 네 개의 예측변수들을 모두 고려한 모형
- '0과 양의 정수' 모형: 결과변수의 양의 정수 기댓값을 추정할 때, 그리고0 혹은 양의 정수 여부를 추정할 때 네 개의 예측변수들을 모두 고려한 모형

먼저 `pscl::zeroinfl()` 함수를 사용하여 0포화 회귀모형으로 세 가지 모형을 추정해 보겠습니다. `pscl` 패키지의 경우, '|' 기호를 사용하여 양의 정수 기댓값을 추정하는 회귀방정식을 '|' 기호의 앞에, 0 혹은 양의 정수 여부를 추정하는 회귀방정식을 '|' 기호의 뒤에 배치하는 방식으로 모형 추정 공식을 지정합니다. 세 모형의 모형을 지정하면 다음과 같습니다.

```
> # 전통적 분석방법: 0포화 모형
> form_cnt <- as.formula(volunt ~ sex+age10MC+log10incMC+numedu6MC | 1)
> form_zero <- as.formula(volunt ~ 1 | sex+age10MC+log10incMC+numedu6MC)
> form_cnt_zero <- as.formula(volunt ~ sex+age10MC+log10incMC+numedu6MC |
+                                      sex+age10MC+log10incMC+numedu6MC)
```

여기서 저는 0 혹은 양의 정수 여부를 추정할 때는 이분형 로지스틱 회귀모형을 (link='logit' 참조), 양의 정수의 기댓값을 추정할 때는 음이항 회귀모형을 (dist="negbin" 참조) 사용하도록 하겠습니다. 활동분과의 관례 혹은 연구자의 연구목적에 따라 얼마든지 다른 모형을 사용할 수도 있습니다. 예를 들어 0 혹은 양의 정수 여부를 추정할 때 이분형 프로빗 회귀모형을 사용하실 수 있습니다. 무엇보다 양의 정수의 기댓값을 추정할 경우는 보통 포아송 회귀모형과 음이항 회귀모형을 모두 추정한 후, 과대분포 현상이 명확할 경우에는 음이항 회귀모형을, 과대분포 현상이 나타나지 않을 경우에는 포아송 회귀모형을 사용하는 것이 보통입니다. 여기서 저는 분량을 조절하기 위해 0포화 포아송 회귀모형과 0포화 음이항 회귀모형의 모형비교 결과를 제시하지는 않았습니다(직접 해 보시면 0포화 포아송 회귀모형보다 0포아송 음이항 회귀모형이 분석대상 데이터를 더 잘 설명한다는 것을 확인할 수 있습니다)[6].

세 모형에 대해 0포화 음이항 회귀모형을 추정한 결과를 저장하면 아래와 같습니다.

```
> myZI_cnt <- zeroinfl(form_cnt,data=df,
+                         dist="negbin",link='logit')
> myZI_zero <- zeroinfl(form_zero,data=df,
+                         dist="negbin",link='logit')
> myZI_cnt_zero <- zeroinfl(form_cnt_zero,data=df,
+                         dist="negbin",link='logit')
```

로그우도비 테스트를 통해 모형비교를 실시하면, '0과 양의 정수' 모형이 세 모형 중 가장 타당한 모형이라는 것을 확인할 수 있습니다.

```
> lrtest(myZI_cnt,myZI_cnt_zero)
Likelihood ratio test
Model 1: volunt ~ sex + age10MC + log10incMC + numedu6MC | 1
Model 2: volunt ~ sex + age10MC + log10incMC + numedu6MC | sex + age10MC +
   log10incMC + numedu6MC
```

---

6) 예를 들어 '0과 양의 정수' 모형의 경우, 아래를 실시해 보시면 0포화 포아송 회귀모형 보다 0포화 음이항 회귀모형이 더 타당한 모형이라는 결과를 확인하실 수 있습니다. 구체적 추정결과는 직접 확인해 보시기 바랍니다.

```
# lrtest(zeroinfl(form_cnt_zero,data=df,
#                 dist="poisson",link='logit'),
#         myZI_cnt_zero)
```

```
 #Df LogLik Df  Chisq Pr(>Chisq)
1   7 -3202.9
2  11 -3184.8  4 36.206  2.624e-07 ***
---
Signif. codes:  0 '***' 0.001 '**' 0.01 '*' 0.05 '.' 0.1 ' ' 1
> lrtest(myZI_zero,myZI_cnt_zero)
Likelihood ratio test
Model 1: volunt ~ 1 | sex + age10MC + log10incMC + numedu6MC
Model 2: volunt ~ sex + age10MC + log10incMC + numedu6MC | sex + age10MC +
    log10incMC + numedu6MC
 #Df LogLik Df  Chisq Pr(>Chisq)
1   7  -3198.5
2  11 -3184.8    4   27.292    1.735e-05 ***
```

그렇다면 위에서 선택한 최종모형인 `myZI_cnt_zero`은 앞에서 추정한 음이항 회귀모형과 비교해 더 나은 모형이라고 할 수 있을까요? 상호작용효과를 추정하지 않은 음이항 회귀모형 주효과 모형(mynegbin_m)과의 모형비교를 위해 뷩(Vuong) 테스트를 실시한 결과는 아래와 같습니다. 결과에서 명확하게 알 수 있듯, '0포화 음이항 회귀모형'은 '음이항 회귀모형'에 비해 분석대상 데이터를 통계적으로 유의미하게 더 잘 설명하는 것을 확인할 수 있습니다.

```
> vuong(myZI_cnt_zero,mynegbin_m)
Vuong Non-Nested Hypothesis Test-Statistic:
(test-statistic is asymptotically distributed N(0,1) under the
 null that the models are indistinguishible)
-------------------------------------------------------------
              Vuong z-statistic             H_A    p-value
Raw                    4.967811 model1 > model2 3.3857e-07
AIC-corrected          4.344446 model1 > model2 6.9814e-06
BIC-corrected          2.811066 model1 > model2  0.0024689
```

다음으로 AIC, BIC를 기반으로 세 가지 모형 중 어떤 모형이 가장 적절한 모형인지 살펴봅시다. 아쉽게도 `pscl` 패키지 모형추정 결과의 경우 `broom::glance()` 함수가 작동하지 않습니다만, `AIC()` 함수와, `BIC()` 함수를 이용하면 어렵지 않게 AIC와 BIC를 계산할 수 있습니다.

```
> data.frame(
+  model=c('Count','Zero','Count and Zero'),
+  aic=c(AIC(myZI_cnt),AIC(myZI_zero),AIC(myZI_cnt_zero)),
+  bic=c(BIC(myZI_cnt),BIC(myZI_zero),BIC(myZI_cnt_zero))
+ )
          model      aic      bic
1         Count 6419.839 6454.277
2          Zero 6410.925 6445.363
3 Count and Zero 6391.633 6445.749
```

AIC 지수를 기준으로 할 경우, '0과 양의 정수' 모형이 가장 적절한 것을 확인할 수 있습니다. BIC 지수를 기준으로 할 경우, '0' 모형과 '0과 양의 정수' 모형이 거의 동일한 BIC 지수값을 보이는 것으로 나타났습니다.

로그우도비 테스트 결과와 AIC 지수들을 기반으로 저는 '0과 양의 정수' 모형을 최종모형으로 선정하였습니다.

0포화 회귀모형을 살펴보았으니, 이번에는 허들 회귀모형을 추정해 봅시다. `pscl::hurdle()` 함수를 이용해 '양의 정수' 모형, '0' 모형, '0과 양의 정수' 모형들에 대해 허들 회귀모형을 추정하는 과정은 아래와 같습니다. `pscl::zeroinfl()` 함수와 달리 `pscl::hurdle()` 함수에서는 `zero.dist`옵션이 더 추가되는데, 여기서는 디폴트 분포인 `'binomial'`을 설정하였습니다. 또한 0포화 회귀모형에서와 마찬가지로 양의 정수 기댓값을 추정할 때 음이항 회귀모형을 적용하였습니다(여기서는 분량 조절을 위해 허들 포아송 회귀모형과 허들 음이항 회귀모형을 비교하지는 않았지만, 비교해 보시면 과대분포 현상이 명확하게 나타나는 것을 확인하실 수 있습니다).[7]

```
> myHD_cnt <- hurdle(form_cnt,data=df,
+                    dist="negbin",
+                    zero.dist='binomial',link='logit')
```

7) 예를 들어 '0과 양의 정수' 모형의 경우, 아래를 실시해 보시면 허들 포아송 회귀모형 보다 허들 음이항 회귀모형이 더 타당한 모형이라는 결과를 확인하실 수 있습니다.

```
# lrtest(hurdle(form_cnt_zero,data=df,
#              dist="poisson",zero.dist='binomial',link='logit'),
#        myHD_cnt_zero)
```

```
> myHD_zero <- hurdle(form_zero,data=df,
+                          dist="negbin",
+                          zero.dist='binomial',link='logit')
> myHD_cnt_zero <- hurdle(form_cnt_zero,data=df,
+                          dist="negbin",
+                          zero.dist='binomial',link='logit')
```

허들 회귀모형 추정결과를 토대로 로그우도비 테스트를 실시한 결과, 0포화 회귀모형에서와 마찬가지로 '0과 양의 정수' 모형이 다른 두 모형 보다 분석대상 데이터를 더 잘 설명하는 것으로 나타났습니다.

```
> lrtest(myHD_cnt,myHD_cnt_zero)
Likelihood ratio test
Model 1: volunt ~ sex + age10MC + log10incMC + numedu6MC | 1
Model 2: volunt ~ sex + age10MC + log10incMC + numedu6MC | sex + age10MC +
   log10incMC + numedu6MC
  #Df  LogLik Df  Chisq Pr(>Chisq)
1   7 -3206.9
2  11 -3184.3  4 45.045  3.892e-09 ***
---
Signif. codes:  0 '***' 0.001 '**' 0.01 '*' 0.05 '.' 0.1 ' ' 1
> lrtest(myHD_zero,myHD_cnt_zero)
Likelihood ratio test
Model 1: volunt ~ 1 | sex + age10MC + log10incMC + numedu6MC
Model 2: volunt ~ sex + age10MC + log10incMC + numedu6MC | sex + age10MC +
   log10incMC + numedu6MC
  #Df  LogLik Df  Chisq Pr(>Chisq)
1   7 -3197.5
2  11 -3184.3  4 26.209  2.872e-05 ***
```

0포화 회귀모형에서와 마찬가지로 븽 테스트 결과 역시 허들 음이항 회귀모형이 음이항 회귀모형모다 더 설명력이 높다는 것을 보여 줍니다.

```
> vuong(myHD_cnt_zero,mynegbin_m)
Vuong Non-Nested Hypothesis Test-Statistic:
```

```
(test-statistic is asymptotically distributed N(0,1) under the
 null that the models are indistinguishible)
-------------------------------------------------------------
              Vuong z-statistic             H_A     p-value
Raw                   5.016231 model1 > model2 2.6348e-07
AIC-corrected         4.394117 model1 > model2 5.5612e-06
BIC-corrected         2.863815 model1 > model2  0.0020929
```

끝으로 세 가지 모형의 AIC, BIC 지수들을 계산한 결과는 아래와 같습니다. AIC 지수를 기준으로 택할 경우 '0과 양의 정수' 모형이, BIC 지수를 기준으로 택할 경우 '0' 모형이 더 적절한 모형이라고 판단할 수 있습니다. 일단 여기서 저는 로그우도비 테스트 결과와 AIC 지수를 기준으로 '0과 양의 정수' 모형을 최종모형으로 판단하였습니다.

이제 0포화 회귀모형과 허들 회귀모형으로 추정한 최종모형('0과 양의 정수' 모형)의 추정결과를 살펴보겠습니다. 여기서 한 가지 유의할 점이 있습니다. 0포화 회귀모형의 `'Zero-inflation model coefficients'`는 양의 정수 대비 0의 로짓을 예측한 결과인 반면, 허들 회귀모형의 `'Zero hurdle model coefficients'`는 0 대비 양의 정수의 로짓을 예측한 결과입니다. 이 점을 유념하면서 두 모형의 추정결과를 비교해 보면 분석결과가 거의 유사하다는 것을 확인하실 수 있습니다. 두 모형 모두 0 혹은 양의 정수 여부를 추정한 결과는 로지스틱 회귀모형 추정결과와 동일한 방식으로 해석할 수 있으며, 양의 정수의 기댓값을 추정한 결과는 음이항 회귀모형 추정결과와 동일한 방식으로 해석할 수 있습니다.

이제는 `brm()` 함수를 이용하여 베이지언 0포화 회귀모형과 베이지언 허들 회귀모형을 추정해 보겠습니다. `brm()` 함수의 경우도 0 혹은 양의 정수 여부를 추정하는 방정식과 양의 정수의 기댓값을 추정하는 방정식을 구분하여 정의합니다. 다만 베이지언 0포화 회귀모형의 경우 양의 정수 대비 0을 예측하는 방정식의 경우 `zi`를, 베이지언 허들 회귀모형의 경우 0대비 양의 정수를 예측하는 방정식의 경우 `hu`를 별도로 지정한다는 점이 다릅니다. 우선 베이지언 0포화 회귀모형 추정을 위한 공식을 지정하면 아래와 같습니다.

```
> # 0포화 회귀모형 공식지정
> bf_zi_cnt <- bf(volunt ~ sex+age10MC+log10incMC+numedu6MC,
+                 zi ~ 1)
> bf_zi_zero <- bf(volunt ~ 1,
+                  zi ~ sex+age10MC+log10incMC+numedu6MC)
```

```
> bf_zi_cnt_zero <- bf(volunt ~ sex+age10MC+log10incMC+numedu6MC,
+                      zi ~ sex+age10MC+log10incMC+numedu6MC)
```

이제 앞에서 사용했던 brm() 함수를 응용한 이용자정의 함수인 wrapper_brm_model() 함수를 활용하여 0포화 음이항 회귀모형을 추정하면 됩니다. 0포화 음이항 회귀모형 추정을 위해서는 family 옵션에 zero_inflated_negbinomial() 함수를 지정하면 됩니다.[8] 전통적 분석방법에서와 마찬가지로 베이지언 분석방법에서도 일반적으로 0포화 포아송 회귀모형과 0포화 음이항 회귀모형을 추정한 후, 베이스지수(BF)나 LOO 지수 등을 비교하여 과대분포 현상이 심각한지 아니면 경미한지를 판단하는 것이 좋습니다. 그러나 여기서는 분량조절을 위하여 0포화 포아송 회귀모형과 0포화 음이항 회귀모형을 비교하는 과정 및 결과는 제시하지 않았습니다. 이 부분은 독자께서 직접 진행해 보시기 바랍니다.

아무튼 세 가지 모형을 대상으로 베이지언 0포화 회귀모형을 추정하는 과정은 아래와 같습니다.

```
> brm_zi_cnt <- wrapper_brm_model( bf_zi_cnt, df,
>                                   zero_inflated_negbinomial() )
Compiling Stan program...
Start sampling
> brm_zi_zero <- wrapper_brm_model( bf_zi_zero, df,
>                                    zero_inflated_negbinomial() )
Compiling Stan program...
Start sampling
> brm_zi_cnt_zero <- wrapper_brm_model( bf_zi_cnt_zero, df,
>                                        zero_inflated_negbinomial() )
Compiling Stan program...
Start sampling
> # summary() # 출력결과 역시 직접 확인해 보시기 바랍니다
> # plot()    # 출력결과 역시 직접 확인해 보시기 바랍니다
```

세 가지 모형을 대상으로 summary() 함수와 plot() 함수 출력결과를 확인해 보시면 MCMC 추정과정에서 큰 문제가 없다는 것을 확인하실 수 있습니다. 이제 세 모형을 대상으로

8) 만약 0포화 포아송 회귀모형을 추정하고자 할 경우 family 옵션을 zero_inflated_poisson()으로 바꾸면 됩니다.

베이스지수(BF)와 LOO 지수를 이용하여 베이지언 모형비교를 실시해 보겠습니다. 우선 베이스지수의 경우 아래와 같습니다. 즉 '양의 정수' 모형에 비해 '0과 양의 정수' 모형이 약 백만배, '양의 정수' 모형에 비해 '0과 양의 정수' 모형이 약 510배 분석대상 데이터를 더 잘 설명하는 것을 확인할 수 있습니다.

```
> # 모형비교
> set.seed(1)
> BF_zi_both_cnt <- bayes_factor(brm_zi_cnt_zero,brm_zi_cnt)
                    [분량조절을 위해 Iteration 과정은 제시하지 않았음]
> BF_zi_both_zero <- bayes_factor(brm_zi_cnt_zero,brm_zi_zero)
                    [분량조절을 위해 Iteration 과정은 제시하지 않았음]
> BF_zi_both_cnt
Estimated Bayes factor in favor of brm_zi_cnt_zero over brm_zi_cnt: 1008513.00641
> BF_zi_both_zero
Estimated Bayes factor in favor of brm_zi_cnt_zero over brm_zi_zero: 510.27015
```

세 모형의 LOO 지수를 계산하여 비교하면 다음과 같습니다. LOO 지수값 자체는 '0과 양의 정수' 모형이 가장 나았습니다(즉, 가장 작은 LOO 지수값). 그러나 표준오차를 고려한다면 '0' 모형보다 다소 나은 편이며 보수적으로 판단한다면 '0과 양의 정수' 모형과 '0' 모형은 엇비슷하다고도 볼 수 있습니다.

추정모형들의 베이스지수와 LOO 지수를 점검해 본 후, 저는 '0과 양의 정수' 모형을 최종모형으로 선택하였습니다. 모형추정 결과는 아래와 같습니다.

```
> # 모형추정 결과
> summary(brm_zi_cnt_zero)
 Family: zero_inflated_negbinomial
  Links: mu = log; shape = identity; zi = logit
Formula: volunt ~ sex + age10MC + log10incMC + numedu6MC
         zi ~ sex + age10MC + log10incMC + numedu6MC
   Data: mydata (Number of observations: 1012)
  Draws: 4 chains, each with iter = 11000; warmup = 1000; thin = 1;
         total post-warmup draws = 40000
```

```
Regression Coefficients:
               Estimate Est.Error l-95% CI u-95% CI Rhat Bulk_ESS Tail_ESS
Intercept          2.48      0.07     2.34     2.62 1.00    31892    29570
zi_Intercept      -1.11      0.18    -1.50    -0.79 1.00    24250    22481
sexW               0.30      0.09     0.11     0.48 1.00    40332    30618
age10MC            0.13      0.04     0.06     0.21 1.00    34976    31302
log10incMC        -0.31      0.15    -0.61    -0.02 1.00    38412    29583
numedu6MC          0.05      0.04    -0.03     0.13 1.00    32414    29574
zi_sexW           -0.34      0.20    -0.74     0.06 1.00    35773    28587
zi_age10MC        -0.02      0.08    -0.18     0.14 1.00    38032    30573
zi_log10incMC      0.40      0.35    -0.28     1.11 1.00    37043    27600
zi_numedu6MC       0.34      0.09     0.17     0.54 1.00    28853    23989

Further Distributional Parameters:
      Estimate Est.Error l-95% CI u-95% CI Rhat Bulk_ESS Tail_ESS
shape     0.74      0.06     0.62     0.87 1.00    24731    23816

Draws were sampled using sampling(NUTS). For each parameter, Bulk_ESS
and Tail_ESS are effective sample size measures, and Rhat is the potential
scale reduction factor on split chains (at convergence, Rhat = 1).
```

모형추정 결과에서 회귀계수 추정항의 앞에 'zi_'라는 표현이 붙어 있는 경우는 0과 양의 정수 여부를 추정한 방정식의 추정결과이며, 'zi_'라는 표현이 붙지 않은 경우는 결과변수의 양의 정수 기댓값을 추정한 방정식 추정결과입니다. 각 회귀계수의 해석방법은 pscl::zeroinfl() 함수를 이용하여 전통적 분석방법으로 추정한 0포화 회귀모형 해석방법과 동일합니다.

brm() 함수로 추정한 0포화 회귀모형에서 성별(sex) 관련 회귀계수 두 가지를 구체적으로 해석해 보겠습니다. 성별을 제외한 다른 변수들의 경우 표본의 평균값(여기서는 평균중심화변환을 시도했기 때문에 '0')으로 통제한 후 해석을 진행하겠습니다.

먼저 sexW라고 표시된 회귀계수 0.30을 해석하면 다음과 같습니다: "자원봉사에 참여한 남성의 경우 자원봉사 참여횟수의 기댓값은 약 11.94이며, 자원봉사에 참여한 여성의 경우 자원봉사 참여횟수의 기댓값은 약 16.12이다.[9] 자원봉사 참여횟수 기댓값의 남녀 간 차이 참값이 0

9) 각 성별 집단의 자원봉사 참여시 참여횟수 기댓값은 아래와 같이 계산할 수 있습니다.

```
> # 자원봉사 참여시 참여횟수 기대값
> exp(2.48)   # 남성(기준집단): Intercept
```

을 포함할 가능성은 95%보다 낮다."

반면 zi_sexW라고 표시된 회귀계수 −0.34를 해석하면 다음과 같습니다. "남성이 자원봉사에 참여할 확률은 약 0.75이며, 여성이 자원봉사에 참여할 확률은 약 0.81다.[10] 자원봉사 참여 확률의 성별 차이의 기댓값 참값이 0을 포함할 가능성은 95%보다 낮다"

만약 자원봉사 참여 여부를 고려하지 않고 각 성별 집단의 자원봉사 참여횟수 기댓값을 계산하고자 한다면, '자원봉사 참여자 확률'에 '자원봉사 참여시 참여횟수 기댓값'을 곱하는 방식으로 수계산할 수 있습니다. 즉 남성의 자원봉사 참여횟수 기댓값은 8.96회이며, 여성의 경우 13.06회입니다.[11] 만약 자원봉사 참여 여부를 고려하지 않았을 때, 두 집단의 자원봉사 참여횟수 기댓값 차이의 사후분포가 어떻게 다른지 살펴보고자 한다면, as_draws_df() 함수를 이용하여 사후분포를 추출한 후, 수계산을 진행해야 합니다. 수계산 과정은 아래와 같습니다.

```
> post_zi_df <- as_draws_df(brm_zi_cnt_zero) |>
+  mutate(
+   prob_m=1 - plogis(b_zi_Intercept),
+   prob_w=1 - plogis(b_zi_Intercept+b_zi_sexW),
+   freq_m=exp(b_Intercept),
+   freq_w=exp(b_Intercept+b_sexW),
+   overallfreq_m=prob_m*freq_m,
+   overallfreq_w=prob_w*freq_w,
+   diff_w_m=overallfreq_w-overallfreq_m
+  ) |> select(ends_with('_m'),ends_with('_w')) |>
+  pivot_longer(cols=everything())
```

```
[1] 11.94126
> exp(2.48+0.30)  # 남성(기준집단): Intercept+sexW
[1] 16.11902
```

10) 각 성별 집단의 자원봉사 참여확률은 아래와 같이 계산할 수 있습니다.

```
> # 자원봉사 참여확률
> 1- plogis(-1.11)  # 남성(기준집단): zi_Intercept
[1] 0.7521291
> 1- plogis(-1.11-0.34)  # 여성: zi_Intercept+sexW
[1] 0.8099984
```

11) 각 성별 집단의 자원봉사 참여횟수 기댓값은 아래와 같이 계산할 수 있습니다.

```
> # 자원봉사 참여횟수 기대값
> 0.75*11.94
[1] 8.955
> 0.81*16.12
[1] 13.0572
```

```
> post_zi_df |>
+   group_by(name) |>
+   summarise(
+     pe=mean(value),
+     lb=quantile(value,prob=0.025),
+     ub=quantile(value,prob=0.975)
+   ) |> data.frame()
            name         pe         lb         ub
1         diff_w_m  4.0608034  2.0595060  6.1206796
2           freq_m 11.9951655 10.3634389 13.7825562
3           freq_w 16.1431562 14.2439672 18.2660997
4 overallfreq_m  8.9911512  7.8075585 10.3369230
5 overallfreq_w 13.0519546 11.5461552 14.7468582
6           prob_m  0.7503385  0.6877078  0.8172074
7           prob_w  0.8089652  0.7577786  0.8610728
```

출력결과에서 확인할 수 있듯, 남성 대비 여성의 자원봉사 참여횟수 기댓값의 차이는 2.06부터 6.12의 범위에 놓일 가능성이 95%입니다. 즉 두 집단의 자원봉사 참여횟수가 같다고 보기 어렵습니다. 코딩의 번거로움이 있기는 하지만, '유연성'이라는 베이지언 분석의 특성을 활용하면 다양한 연구문제에 대해 답할 수 있는 분석결과를 얻을 수 있습니다.

다음으로는 허들 회귀모형을 추정해 보겠습니다. 0포화 회귀모형과 동일하게 '양의 정수' 모형, '0' 모형, '0과 양의 정수' 모형을 대상으로 허들 회귀모형을 추정하면 아래와 같습니다. 공식을 지정할 때, zi 대신 hu를 지정하시고, family 옵션을 hurdle_negbinomial() 함수로 설정하는 것이 달라진 것을 확인하시기 바랍니다.

```
> ## 허들 모형 공식지정
> bf_hu_cnt <- bf(volunt ~ sex+age10MC+log10incMC+numedu6MC,
>                 hu ~ 1)
> bf_hu_zero <- bf(volunt ~ 1,
>                  hu ~ sex+age10MC+log10incMC+numedu6MC)
> bf_hu_cnt_zero <- bf(volunt ~ sex+age10MC+log10incMC+numedu6MC,
>                      hu ~ sex+age10MC+log10incMC+numedu6MC)
> brm_hd_cnt <- wrapper_brm_model( bf_hu_cnt, df, hurdle_negbinomial() )
Compiling Stan program...
```

```
Start sampling
> brm_hd_zero <- wrapper_brm_model( bf_hu_zero, df, hurdle_negbinomial() )
Compiling Stan program...
Start sampling
> brm_hd_cnt_zero <- wrapper_brm_model( bf_hu_cnt_zero, df, hurdle_negbinomial() )
Compiling Stan program...
Start sampling
> # summary() # 출력결과 역시 직접 확인해 보시기 바랍니다
> # plot()     # 출력결과 역시 직접 확인해 보시기 바랍니다
```

세 가지 모형에 대한 summary() 함수와 plot() 함수 출력결과의 경우 분량 조절을 위해 제시하지 않았습니다. 꼭 직접 확인해 보시기 바랍니다. MCMC 추정과정에서 큰 문제가 발생하지 않은 것을 확인하실 수 있습니다.

베이지언 0포화 회귀모형에서와 마찬가지로 세 가지 모형에 대한 베이스지수와 LOO 지수를 계산해 보겠습니다. 먼저 베이스지수(BF)를 계산한 결과 모두 뚜렷하게 '0과 양의 정수' 모형이 '0' 모형 혹은 '양의 정수' 모형에 비해 분석대상 데이터를 월등하게 더 잘 설명하는 것을 확인할 수 있습니다.

```
> # 모형비교
> set.seed(1)
> BF_hd_both_cnt <- bayes_factor(brm_hd_cnt_zero,brm_hd_cnt)
                    [분량조절을 위해 Iteration 과정은 제시하지 않았음]
> BF_hd_both_zero <- bayes_factor(brm_hd_cnt_zero,brm_hd_zero)
                    [분량조절을 위해 Iteration 과정은 제시하지 않았음]
> BF_hd_both_cnt
Estimated Bayes factor in favor of brm_hd_cnt_zero over brm_hd_cnt: 26952248.39564
> BF_hd_both_zero
Estimated Bayes factor in favor of brm_hd_cnt_zero over brm_hd_zero: 326.73809
```

다음으로 LOO 지수를 살펴보면 다음과 같습니다. 0포화 회귀모형과 전반적으로 비슷한 결과를 보였습니다. 즉 LOO 지수 기준 가장 좋은 모형은 베이지언 허들 회귀모형으로 추정한 '0과 양의 정수' 모형이지만, 표준오차를 고려하여 상당히 보수적인 해석기준을 적용한다면 '0' 모형과 '0과 양의 정수' 모형은 거의 비슷한 예측정확도를 보인다고 판단할 수도 있습니다.

```
> brm_hd_cnt <- add_criterion(brm_hd_cnt, c("loo"))
> brm_hd_zero <- add_criterion(brm_hd_zero, c("loo"))
> brm_hd_cnt_zero <- add_criterion(brm_hd_cnt_zero, c("loo"))
> loo_compare(brm_hd_cnt,brm_hd_zero,brm_hd_cnt_zero,
+              criterion="loo")|>
+  data.frame() |>
+  select(elpd_diff,se_diff,looic,se_looic)
                 elpd_diff  se_diff   looic    se_looic
brm_hd_cnt_zero   0.000000  0.000000  6392.226  110.5270
brm_hd_zero      -8.363584  5.837128  6408.953  109.9069
brm_hd_cnt      -18.532356  6.528052  6429.291  109.6016
```

여기서는 0포화 회귀모형과 마찬가지로 허들 회귀모형에서도 '0과 양의 정수' 모형을 최종모형으로 선정하겠습니다. 모형추정결과는 아래와 같습니다.

```
> # 모형추정 결과
> summary(brm_hd_cnt_zero)
 Family: hurdle_negbinomial
  Links: mu = log; shape = identity; hu = logit
Formula: volunt ~ sex + age10MC + log10incMC + numedu6MC
         hu ~ sex + age10MC + log10incMC + numedu6MC
   Data: mydata (Number of observations: 1012)
  Draws: 4 chains, each with iter = 11000; warmup = 1000; thin = 1;
         total post-warmup draws = 40000

Regression Coefficients:
             Estimate Est.Error l-95% CI u-95% CI Rhat Bulk_ESS Tail_ESS
Intercept        2.49      0.07     2.35     2.63 1.00    42532    29559
hu_Intercept    -0.60      0.10    -0.80    -0.41 1.00    48609    30028
sexW             0.29      0.09     0.10     0.47 1.00    47820    29460
age10MC          0.13      0.04     0.06     0.21 1.00    36107    30712
log10incMC      -0.33      0.15    -0.63    -0.04 1.00    43063    30061
numedu6MC        0.05      0.04    -0.02     0.13 1.00    33858    30975
```

```
hu_sexW         -0.37    0.14   -0.65   -0.09    1.00   45553   28900
hu_age10MC      -0.05    0.06   -0.17    0.07    1.00   43491   32057
hu_log10incMC    0.30    0.25   -0.19    0.79    1.00   43966   30510
hu_numedu6MC     0.24    0.06    0.12    0.36    1.00   37684   31734

Further Distributional Parameters:
      Estimate Est.Error l-95% CI u-95% CI Rhat Bulk_ESS Tail_ESS
shape   0.75      0.06     0.63     0.88   1.00    39955    29216

Draws were sampled using sampling(NUTS). For each parameter, Bulk_ESS
and Tail_ESS are effective sample size measures, and Rhat is the potential
scale reduction factor on split chains (at convergence, Rhat = 1).
```

여기서 'hu_'로 시작하는 회귀계수는 0 혹은 양의 정수 여부를 추정하는 로지스틱 회귀모형 추정결과입니다. 여기서 'hu_'로 시작하는 회귀계수를 해석하실 때 주의할 점이 있습니다. 앞서 pscl::hurdle() 함수를 이용하여 전통적 분석방법으로 추정한 허들 회귀모형의 경우 '0 대비 양의 정수'에 대한 추정결과이지만, brm() 함수를 이용하여 베이지언 분석방법 추정한 허들 회귀모형의 경우 '양의 정수 대비 0'에 대한 추정결과입니다.

구체적으로 예를 들자면 pscl::hurdle() 함수의 '0 혹은 양의 정수' 추정부분 로지스틱 회귀모형의 추정계수가 양의 값을 보인다면 '양의 정수'(여기서는 자원봉사 참여자)의 발생확률이 더 높아진다고 해석해야 하지만, brm() 함수로 추정한 허들 회귀모형에서 '0 혹은 양의 정수' 추정부분 로지스틱 회귀모형의 추정계수가 양의 값을 보인다면 '0'(다시 말해 자원봉사 비참여자)의 발생확률이 더 높다고 해석해야 합니다. 회귀계수의 방향성을 혼동하시는 일이 없도록 주의하여 주시길 부탁드립니다.

허들 회귀모형의 추정결과에 대한 해석방법은 0포화 회귀모형 추정결과의 해석방법과 동일합니다. 앞에서와 마찬가지로 as_draw_df() 함수를 기반으로 남성과 여성의 자원봉사 참여확률, 자원봉사 참여시 참여횟수 기댓값, 자원봉사 참여여부를 고려하지 않을 경우 참여횟수 기댓값의 점추정치와 95% 신용구간을 계산해 보면 아래와 같습니다.

```
> post_hu_df <- as_draws_df(brm_hd_cnt_zero) |>
+   mutate(
```

```
+   prob_m=1 - plogis(b_hu_Intercept),
+   prob_w=1 - plogis(b_hu_Intercept+b_hu_sexW),
+   freq_m=exp(b_Intercept),
+   freq_w=exp(b_Intercept+b_sexW),
+   overallfreq_m=prob_m*freq_m,
+   overallfreq_w=prob_w*freq_w,
+   diff_w_m=overallfreq_w-overallfreq_m
+  ) |> select(ends_with('_m'),ends_with('_w')) |>
+  pivot_longer(cols=everything())
> post_hu_df |>
+  group_by(name) |>
+  summarise(
+   pe=mean(value),
+   lb=quantile(value,prob=0.025),
+   ub=quantile(value,prob=0.975)
+  ) |> data.frame()
           name         pe         lb         ub
1      diff_w_m  3.8694405  1.9557545  5.8368673
2        freq_m 12.1188100 10.5082232 13.8987138
3        freq_w 16.1259246 14.2170149 18.1700316
4 overallfreq_m  7.8321501  6.6742771  9.1116084
5 overallfreq_w 11.7015907 10.2062445 13.3188076
6        prob_m  0.6462914  0.6006717  0.6908566
7        prob_w  0.7256553  0.6859202  0.7639033
```

추정결과를 살펴보면 0포화 회귀모형과 허들 회귀모형의 추정결과가 꽤 유사하지만 무시하기 어려운 차이가 존재한다는 것도 발견하실 수 있습니다. 두 회귀모형으로 얻은 사후분포를 통합한 후, 시각화를 통해 두 회귀모형의 모형추정 결과가 어떻게 달라지는지 비교해 보겠습니다. 우선 post_zi_df와 post_hu_df을 통합한 후, 자원봉사 참여확률, 참여 시 참여횟수 기댓값, 참여횟수 기댓값의 사후분포를 시각화한 후, 그 결과를 시각화하면 〈그림 2-8-4〉와 같습니다.

```
> post_zi_hu_df <- bind_rows(
+   post_zi_df |> mutate(model='Zero-inflated'),
+   post_hu_df |> mutate(model='Hurdle')
+ ) |> filter(name != 'diff_w_m') |>
+   separate(name,c('src','sex'),sep='_') |>
+   mutate(
+     sex=factor(sex,labels=c('남성','여성'))
+   )
> f1 <- post_zi_hu_df |> filter(src=='prob') |>
+   ggplot(aes(x=value,fill=model,color=model))+
+   stat_histinterval(alpha=0.5)+
+   labs(x='참여확률',y='밀도')+
+   theme_bw()+
+   theme(legend.position='bottom')+
+   facet_grid(~sex,scales='free')
> f2 <- post_zi_hu_df |> filter(src=='freq') |>
+   ggplot(aes(x=value,fill=model,color=model))+
+   stat_histinterval(alpha=0.5)+
+   labs(x='참여시 참여횟수 기댓값',y='밀도')+
+   theme_bw()+
+   theme(legend.position='bottom')+
+   facet_grid(~sex,scales='free')
> f3 <- post_zi_hu_df |> filter(src=='overallfreq') |>
+   ggplot(aes(x=value,fill=model,color=model))+
+   stat_histinterval(alpha=0.5)+
+   labs(x='참여횟수 기댓값',y='밀도')+
+   theme_bw()+
+   theme(legend.position='bottom')+
+   facet_grid(~sex,scales='free')
> (f1/f2/f3)+
+   plot_layout(guides="collect") & theme(legend.position='bottom')
```

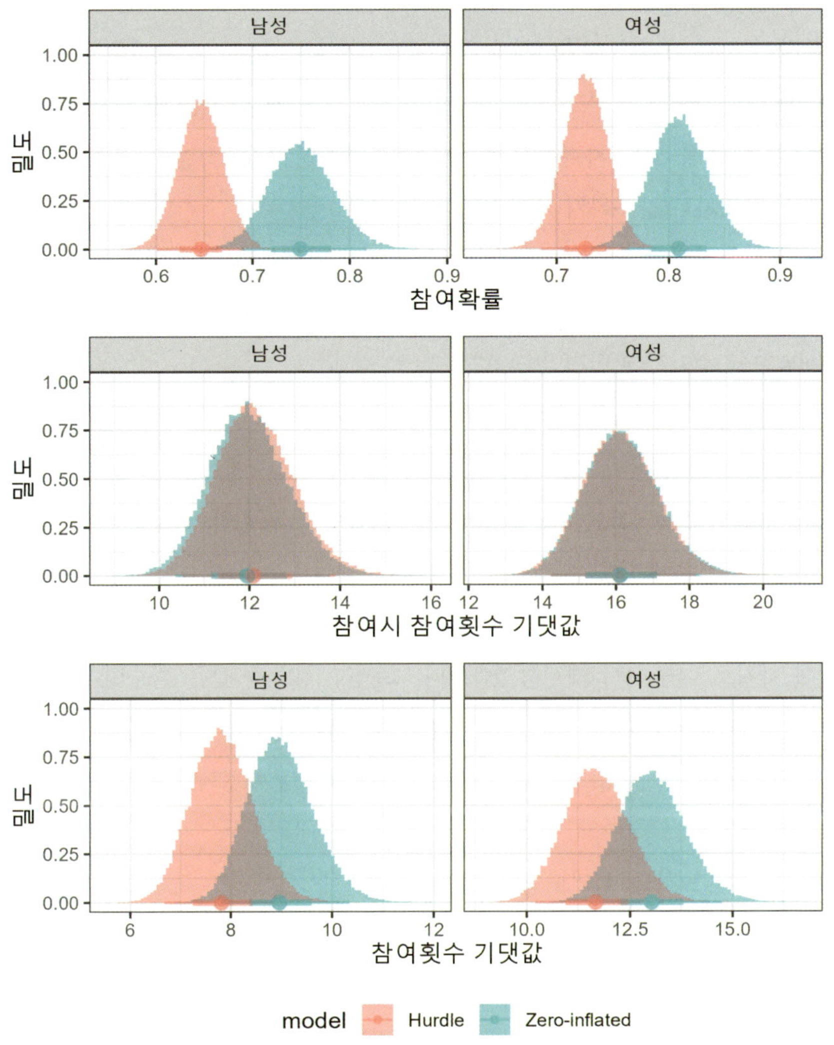

그림 2-8-4. 0포화 회귀모형과 허들 회귀모형의 비교(성별 비교)

우선 〈그림 2-8-4〉의 중간 그림, 즉 자원봉사 참여 시 참여횟수 기댓값의 사후분포를 살펴봅시다. 두 모형의 추정결과는 구분하기 어려울 정도로 동일한 것을 확인할 수 있습니다. 그러나 〈그림 2-8-4〉의 맨 위 그림, 즉 자원봉사 참여확률의 사후분포를 살펴보면 두 가지 모형의 추정결과가 상당히 다른 것을 확인하실 수 있습니다. 구체적으로 남성이든 여성이든 허들 회귀모형에 비해 0포화 회귀모형에서 추정한 참여확률이 상당히 높습니다. 참여확률이 높게 추정됨에 따라 〈그림 2-8-4〉의 맨 아래 그림, 즉 자원봉사 참여횟수 기댓값의 사후분포 역시 두 모형의 추정결과가 꽤 다르게 나타나는 것을 확인할 수 있습니다.

〈그림 2-8-4〉는 횟수형 결과변수에서 '0'을 어떻게 개념화하고 접근하는지가 왜 중요한지

를 잘 보여 줍니다. 앞에서 말씀드렸듯, 허들 회귀모형의 경우 0에 대해 완전절단(truncation) 관점을 적용하는 반면, 0포화 회귀모형의 경우 중도절단(censoring) 관점을 적용합니다. 즉 허들 회귀모형에 비해 0포화 회귀모형에서 참여확률을 더 높게 추정한 이유는 자원봉사 참여횟수가 0이었던 사람들을 모두 자원봉사 비참여자로 간주하지 않고, 참여할 수 있었으나 0으로 측정된 잠재적 참여자로 간주하기 때문입니다.

'0'이 빈번하게 등장하는 횟수형 결과변수를 어떻게 가정하고 접근해야 하는지, 그리고 0포화 회귀모형과 허들 회귀모형 중 무엇을 활용할 것인지에 대한 최종판단은 현상을 어떻게 이론적으로 개념화할 것인가에 달려있습니다.

3) 모형추정결과 시각화

앞서 제시한 〈그림 2-8-4〉는 as_draws_df() 함수를 활용하여 사후분포를 추출하고, 추정결과로 얻은 회귀계수에 대한 수계산을 적용하는 방식으로 모형추정결과를 시각화하였습니다. 이 과정에서 모형추정결과를 자원봉사 '참여확률', '참여시 참여횟수 기댓값', '참여횟수 기댓값'으로 세 가지로 나누어서 제시하였습니다. 그러나 성별과 같은 범주형 변수의 경우 as_draws_df() 함수를 활용하는 것이 그리 복잡하지는 않지만, 연속형 변수의 효과를 시각화하고자 할 경우 매우 번거로운 코딩작업을 진행해야 하기 때문에 그리 권장할 만한 방법은 아닙니다.

0포화 회귀모형이나 허들 회귀모형의 모형추정결과를 시각화할 경우에도 conditional_effects() 함수를 이용할 수 있습니다. 그러나 conditional_effects() 함수를 이용할 경우, 오직 '결과변수의 발생빈도 기댓값'만 시각화할 수 있습니다. 다시 말해 만약 연구자가 '0 혹은 양의 정수 발생확률'이나 '양의 정수의 발생빈도 기댓값'을 구분하여 시각화해야 한다면 conditional_effects() 함수가 아닌 posterior_epred() 함수를 활용해야 합니다.

우선 conditional_effects() 함수를 이용하여, 다른 예측변수들을 통제한 후 연령 변화에 따른 자원봉사 참여횟수 기댓값 변화를 시각화해 보겠습니다. 먼저 성별은 남성으로, 소득수준과 교육수준은 표본의 평균값으로 통제한 후, 연령수준별 자원봉사 참여횟수 기댓값의 점추정치와 95% 신용구간을 계산한 후, 이에 대한 시각화 결과를 제시하면 〈그림 2-8-5〉와 같습니다.

```
> # 예측값 추정 및 시각화
> newdata <- tibble(
+   sex='M',
```

```
+  log10incMC=0,
+  numedu6MC=0
+)
> # 영포화 음이항 모형
> # conditional_effects() 함수 활용: 제한적
> fig_zi <- conditional_effects(brm_zi_cnt_zero,effects='age10MC',
+                              conditions=newdata)
> fig_zi$age10MC |>
+  mutate(
+    age=10*( age10MC+mean(df$age10) )
+  ) |>
+  ggplot(aes(x=age,y=estimate__))+
+  geom_line()+
+  geom_ribbon(aes(ymin=lower__,ymax=upper__),alpha=0.4)+
+  scale_x_continuous(breaks=10*(2:8))+
+  labs(x='Age',y='Predicted value and 95% Credible Interval',
+       caption="주: 성별은 남성, 소득수준과 교육수준은 표본의 평균으로 통제함")+
+  theme_bw()
```

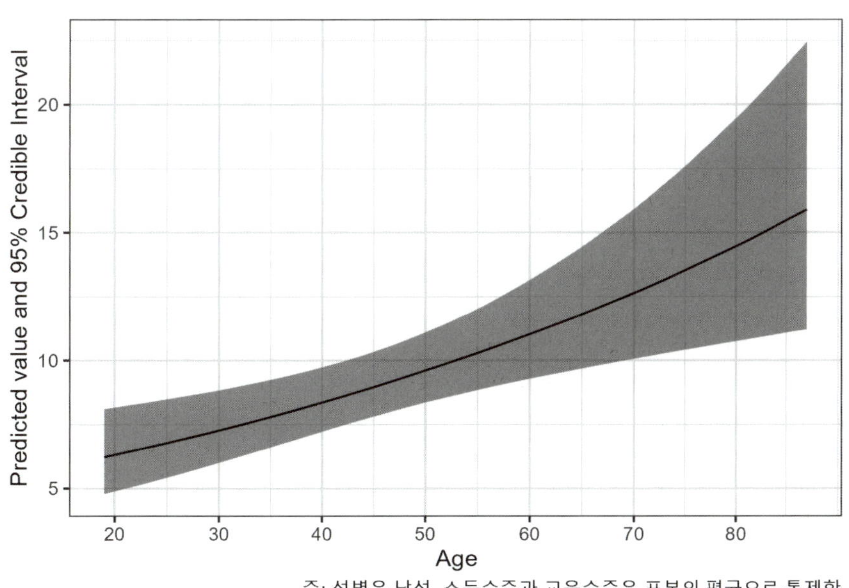

그림 2-8-5. 0포화 회귀모형 기반 연령변화에 따른 자원봉사 참여횟수 기댓값 변화

〈그림 2-8-5〉를 posterior_epred() 함수를 활용하여 시각화하면 다음과 같습니다. 먼

저 연령변화를 반영한 데이터 프레임을 하나 생성합니다. 이후 이 데이터 프레임을 posterior_epred() 함수의 newdata 옵션에 지정한 후, 행렬형태로 추정된 결과물을 데이터 프레임으로 바꾸어서 저장합니다.

```
> # posterior_epred() 함수 활용
> ages <- (19:87)/10
> agesMC <- (ages - mean(df$age10))
> newdata <- tibble(
+   sex='M',
+   age10MC=agesMC,
+   numedu6MC=0,
+   log10incMC=0
+ )
> # 앞서 conditional_effects() 함수로 추출한 결과는 다음과 같이
> post_zi_all <- posterior_epred(brm_zi_cnt_zero,newdata=newdata)
> post_zi_all <- as_tibble( t(post_zi_all) )
> post_zi_all <- post_zi_all |>
+   mutate(
+     age=10*( agesMC+mean(df$age10) )
+   ) |>
+   pivot_longer(cols=1:40000,  #웜업이후 40,000 (4 chains x 10,000)
+                names_to='ndraw',
+                values_to='p_all')
```

posterior_epred() 함수의 장점은 '참여확률' 혹은 '참여시 참여횟수 기댓값'의 사후분포를 추출할 수 있다는 점입니다. 즉 posterior_epred() 함수에 dpar 옵션을 'zi'로 설정하면, 0의 발생확률 사후분포를 추출할 수 있습니다. 반면 dpar 옵션을 'mu'로 설정하면 참여 시 참여횟수 기댓값 사후분포를 얻을 수 있습니다. 각각의 사후분포를 추정하면 아래와 같습니다.

```
> # 만약 0과 양의 정수 구분 파트: dpar='zi'
> post_zi_zero <- posterior_epred(brm_zi_cnt_zero,newdata=newdata,
+                                  dpar='zi')
> post_zi_zero <- as_tibble( t(post_zi_zero) )
> post_zi_zero <- post_zi_zero |>
```

```
+ mutate(
+   age=10*( agesMC+mean(df$age10) )
+ ) |>
+ pivot_longer(cols=1:40000,
+              names_to='ndraw',
+              values_to='p_zero')
> # 만약 양의 정수 예측값: dpar='mu'
> post_zi_cnt <- posterior_epred(brm_zi_cnt_zero,newdata=newdata,
+                                 dpar='mu')
> post_zi_cnt <- as_tibble( t(post_zi_cnt) )
> post_zi_cnt <- post_zi_cnt |>
+ mutate(
+   age=10*( agesMC+mean(df$age10) )
+ ) |>
+ pivot_longer(cols=1:40000,
+              names_to='ndraw',
+              values_to='p_cnt')
```

세 가지 추정결과를 통합한 후, 연령 변화에 따른 참여횟수 기댓값과 함께, 참여 시 참여횟수 기댓값과 참여확률을 동시에 시각화하면 〈그림 2-8-6〉과 같습니다.

```
> post_zi <- full_join(post_zi_zero,post_zi_all,
+                      by=c('age','ndraw')) |>
+ full_join(post_zi_cnt,
+           by=c('age','ndraw')) |>
+ mutate(p_pos=1-p_zero) |> # 양의 정수 확률(즉, 참여확률)
+ select(-p_zero)
> fig_post_zi <- post_zi |>
+ pivot_longer(cols=c(p_all,p_cnt,p_pos)) |>
+ group_by(name,age) |>
+ summarise(
+   pe=mean(value),
+   lb=quantile(value,prob=0.025),
+   ub=quantile(value,prob=0.975)
+ ) |> ungroup() |>
+ mutate(name=factor(name,labels=c('Predicted count\n(y ≥ 0)',
```

```
+                                   'Predicted count\n(y > 0)',
+                                   'Predicted \nnon-zero probability')))
`summarise()` has grouped output by 'name'. You can override using the `.groups`
argument.
> fig_post_zi |>
+ ggplot(aes(x=age,y=pe))+
+ geom_line()+
+ geom_ribbon(aes(ymin=lb,ymax=ub),alpha=0.4)+
+ scale_x_continuous(breaks=10*(2:8))+
+ labs(x='Age',y='Predicted value and 95% Credible Interval',
+      caption="주: 성별은 남성, 소득수준과 교육수준은 표본의 평균으로 통제함")+
+ theme_bw()+
+ facet_grid(name~., scales='free')
```

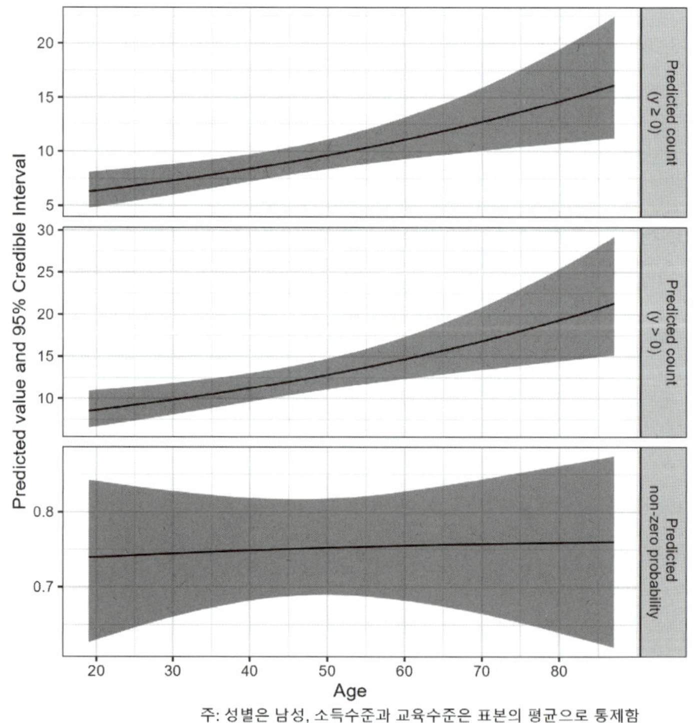

그림 2-8-6. 0포화 회귀모형 기반 연령변화에 따른 자원봉사 참여횟수 기댓값, 참여시 참여횟수 기댓값, 참여확률 변화

허들 회귀모형 추정결과 시각화 방법 역시 0포화 회귀모형 추정결과 시각화 방법과 비슷합니다. 한 가지 다른 점이 있다면, 0의 발생확률을 추정할 때, dpar='zi'가 아닌 dpar='hu'를 사용한다는 점입니다. 다른 부분들은 본질적으로 동일합니다. 분량 조절을 위해 허들 회귀

모형 추정결과 시각화의 코딩과정은 본문에 제시하지는 않았습니다(직접 실행해 보시거나, 혹은 온라인 첨부파일을 확인해 보시기 바랍니다).

```
> # 허들모형과 0포화모형의 비교
> bind_rows(
+   fig_post_zi |> mutate(model='Zero-inflated'),
+   fig_post_hu |> mutate(model='Hurdle')
+ ) |>
+   ggplot(aes(x=age,y=pe,fill=model,color=model))+
+   geom_line()+
+   geom_ribbon(aes(ymin=lb,ymax=ub),alpha=0.4)+
+   scale_x_continuous(breaks=10*(2:8))+
+   labs(x='Age',y='Predicted value and 95% Credible Interval',
+        color='Model',fill='Model',
+        caption="주: 성별은 남성, 소득수준과 교육수준은 표본의 평균으로 통제함")+
+   theme_bw()+
+   theme(legend.position='bottom')+
+   facet_grid(name~., scales='free')
```

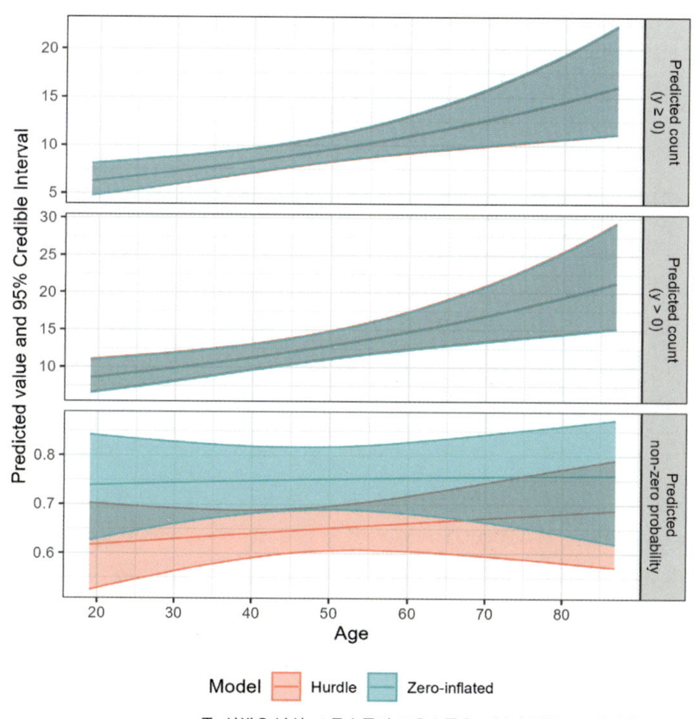

그림 2-8-7. 0포화 회귀모형과 허들 회귀모형의 연령효과 시각화결과 비교

〈그림 2-8-7〉에서 확인할 수 있듯, 0포화 회귀모형과 허들 회귀모형의 추정결과는 자원봉사 참여확률을 예측할 때는 조금 다릅니다(약 0.10 정도의 차이 발생). 그러나 참여 시 참여횟수 기댓값이나 참여횟수 기댓값의 경우, 두 모형의 모형추정결과는 전반적으로 매우 유사한 것을 확인할 수 있습니다.

0포화 회귀모형이든 허들 회귀모형이든, 만약 연구자가 집단비교 혹은 기울기 분석을 실시하고자 할 경우라면, hypothesis() 함수를 이용하시면 됩니다. hypothesis() 함수를 이용방법은 로지스틱 회귀모형, 포아송 회귀모형 및 음이항 회귀모형에서 예시하였던 hypothesis() 함수 활용방식과 동일합니다. zi_ 혹은 hu_ 표식이 붙었는지 여부를 잘 구분하여 적절한 방식으로 집단비교 혹은 기울기 분석에 응용하시기 바랍니다.

4) 강한 사전분포 반영

끝으로 0포화 회귀모형과 허들 회귀모형에 강한 사전분포를 반영하는 방법을 살펴봅시다. 강한 사전분포 설정방법은 앞에서 소개했던 방법과 개념적으로 전혀 다르지 않습니다. 그러나 0 혹은 양의 정수 여부를 추정하는 모수인지, 아니면 양의 정수의 기댓값을 추정하는 모형인지 명확하게 구분해야 한다는 점은 유념하시기 바랍니다. 여기서는 brm() 함수에 강한 사전분포를 반영한 허들 회귀모형을 추정하는 방법을 살펴보겠습니다. 먼저 default_prior() 함수를 이용하여, 디폴트 사전분포(즉, 약한 사전분포)가 어떻게 설정되었는지 먼저 살펴봅시다.

```
> # 강한 사전분포
> default_prior(brm_hd_cnt_zero)
                prior     class        coef group resp dpar nlpar lb ub       source
               (flat)         b                                              default
               (flat)         b    age10MC                              (vectorized)
               (flat)         b log10incMC                              (vectorized)
               (flat)         b  numedu6MC                              (vectorized)
               (flat)         b       sexW                              (vectorized)
               (flat)         b                          hu                  default
               (flat)         b    age10MC               hu             (vectorized)
               (flat)         b log10incMC               hu             (vectorized)
               (flat)         b  numedu6MC               hu             (vectorized)
               (flat)         b       sexW               hu             (vectorized)
 student_t(3, 1.4, 2.5) Intercept                                            default
        logistic(0, 1) Intercept                         hu                  default
```

```
gamma(0.01, 0.01)    shape                                0       default
```

여기서 주목할 점은 출력결과의 dpar 변수가 공란인지, 아니면 hu라는 값이 부여되어 있는지 여부입니다. 짐작하시듯, hu라는 값이 부여되어 있을 경우는 0 혹은 양의 정수 여부를 예측한 로지스틱 회귀모형 추정계수라는 점을 의미하며, 공란일 경우는 음이항 회귀모형 추정계수라는 점을 의미합니다.

만약 자원봉사 참여 여부와 참여 시 참여횟수에 미치는 성별의 효과가 0이었다는 선행연구들이 누적적으로 보고되었으며, 각각의 회귀계수의 표준오차(SE)가 0.10 정도였다고 가정해 봅시다(강한 사전분포 반영을 위한 가정일 뿐이니, 오해 없으시기 바랍니다). sexW 회귀계수 두 가지에 대한 사전분포를 반영한 후, 모형을 추정한 결과는 아래와 같습니다.

```
> brm_hd_cnt_zero_Sprior <- brm(
+  bf(volunt ~ sex + age10MC + log10incMC + numedu6MC,
+     hu ~ sex + age10MC + log10incMC + numedu6MC),
+  data=df,
+  family=hurdle_negbinomial(),
+  prior=prior(normal(0.00,0.10),class=b,coef=sexW)+    # 참여횟수(음이항 회귀모형)
+    prior(normal(0.00,0.10),class=b,coef=sexW,dpar=hu),  # 0/양의 정수(로지스틱 회귀모형)
+  sample_prior = "yes",
+  control = list(adapt_delta = 0.99),
+  save_pars = save_pars(all = TRUE),
+  chains = 4,
+  iter = 11000,
+  warmup = 1000,
+  cores = 4,
+  seed = 1234
+ )
Compiling Stan program...
Start sampling
> summary(brm_hd_cnt_zero_Sprior)
 Family: hurdle_negbinomial
  Links: mu = log; shape = identity; hu = logit
Formula: volunt ~ sex + age10MC + log10incMC + numedu6MC
         hu ~ sex + age10MC + log10incMC + numedu6MC
   Data: df (Number of observations: 1012)
```

```
Draws: 4 chains, each with iter = 11000; warmup = 1000; thin = 1;
         total post-warmup draws = 40000

Regression Coefficients:
                  Estimate Est.Error l-95% CI u-95% CI Rhat Bulk_ESS Tail_ESS
Intercept             2.57      0.06     2.45     2.69 1.00    42699    29860
hu_Intercept         -0.73      0.08    -0.89    -0.57 1.00    48343    29195
sexW                  0.15      0.07     0.02     0.29 1.00    46547    28435
age10MC               0.12      0.04     0.05     0.20 1.00    41074    30474
log10incMC           -0.33      0.15    -0.63    -0.03 1.00    44502    28366
numedu6MC             0.04      0.04    -0.03     0.12 1.00    40453    30658
hu_sexW              -0.12      0.08    -0.28     0.04 1.00    48046    28972
hu_age10MC           -0.03      0.06    -0.15     0.09 1.00    40864    31506
hu_log10incMC         0.31      0.25    -0.18     0.80 1.00    43453    29742
hu_numedu6MC          0.26      0.06     0.14     0.38 1.00    36592    30255

Further Distributional Parameters:
      Estimate Est.Error l-95% CI u-95% CI Rhat Bulk_ESS Tail_ESS
shape     0.75      0.06     0.63     0.88 1.00    45927    31031

Draws were sampled using sampling(NUTS). For each parameter, Bulk_ESS
and Tail_ESS are effective sample size measures, and Rhat is the potential
scale reduction factor on split chains (at convergence, Rhat = 1).
> # plot(brm_hd_cnt_zero_Sprior) # 출력결과 직접 확인해 보시기 바랍니다
```

사전분포를 약하게 설정한 경우와 강하게 설정한 경우, 성별 효과가 어떻게 달라지는지 시각화해 살펴보면 〈그림 2-8-8〉과 같습니다. 그림에서 잘 나타나듯, 약한 사전분포에 비해 강한 사전분포를 설정할 경우, 참여확률 사후분포의 남녀 간 차이는 상당히 줄어들지만, 참여 시 참여횟수 기댓값의 남녀 간 차이는 약간 줄어들 뿐입니다.

```
> post_hu_Sprior_df <- as_draws_df(brm_hd_cnt_zero_Sprior) |>
+   mutate(
+     prob_m=1 - plogis(b_hu_Intercept),
+     prob_w=1 - plogis(b_hu_Intercept+b_hu_sexW),
+     freq_m=exp(b_Intercept),
+     freq_w=exp(b_Intercept+b_sexW),
```

```
+    overallfreq_m=prob_m*freq_m,
+    overallfreq_w=prob_w*freq_w
+  ) |> select(ends_with('_m'),ends_with('_w')) |>
+  pivot_longer(cols=everything())
> post_hu_df_prior <- bind_rows(
+  post_hu_Sprior_df |> mutate(prior='Strong prior distribution'),
+  post_hu_df |> mutate(prior='Weak prior distribution')) |>
+  filter(name!='diff_w_m') |>
+  separate(name,c('src','sex'),sep='_') |>
+  mutate(
+    성별=factor(sex,labels=c('남성','여성'))
+  )
> f1 <- post_hu_df_prior |> filter(src=='prob') |>
+  ggplot(aes(x=value,fill=성별,color=성별))+
+  stat_histinterval(alpha=0.5)+
+  labs(x='참여확률',y='밀도')+
+  theme_bw()+
+  theme(legend.position='bottom')+
+  facet_grid(~prior,scales='free')
> f2 <- post_hu_df_prior |> filter(src=='freq') |>
+  ggplot(aes(x=value,fill=성별,color=성별))+
+  stat_histinterval(alpha=0.5)+
+  labs(x='참여시 참여횟수 기댓값',y='밀도')+
+  theme_bw()+
+  theme(legend.position='bottom')+
+  facet_grid(~prior,scales='free')
> f3 <- post_hu_df_prior |> filter(src=='overallfreq') |>
+  ggplot(aes(x=value,fill=성별,color=성별))+
+  stat_histinterval(alpha=0.5)+
+  labs(x='참여횟수 기댓값',y='밀도')+
+  theme_bw()+
+  theme(legend.position='bottom')+
+  facet_grid(~prior,scales='free')
> (f1/f2/f3)+
+  plot_layout(guides="collect") & theme(legend.position='bottom')
```

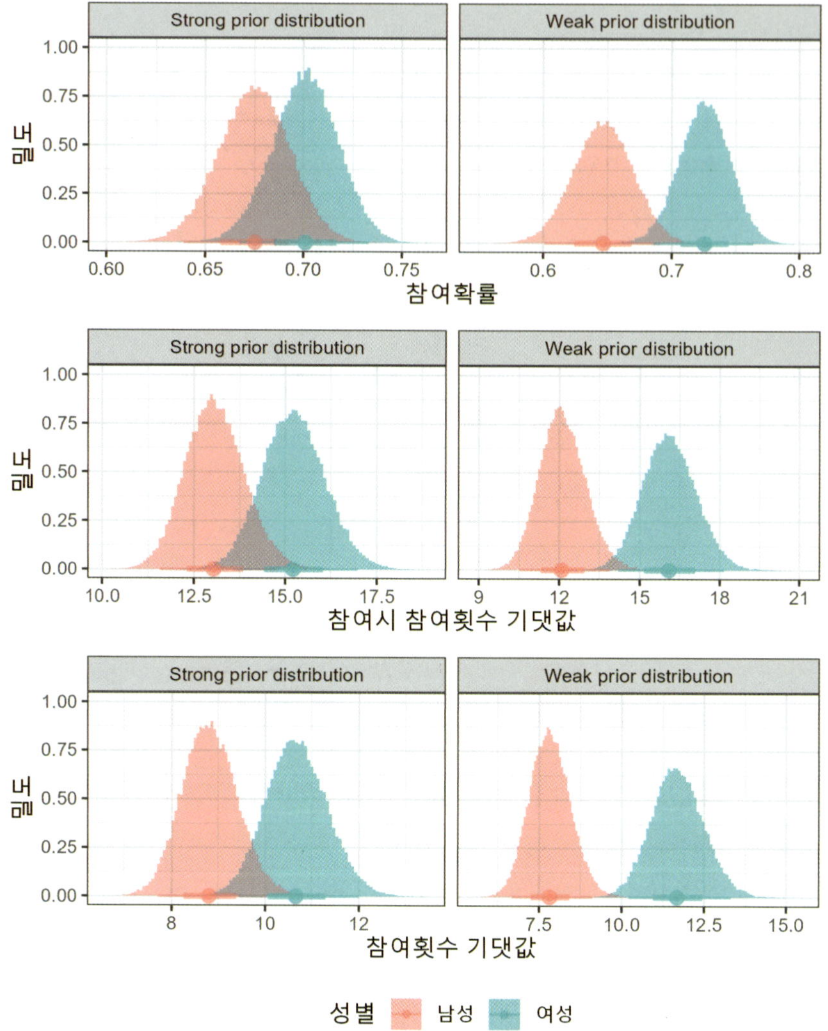

그림 2-8-8. 허들 회귀모형 추정시 강한 사전분포와 약한 사전분포 설정 시 사후분포 비교

지금까지 횟수형 결과변수 상황에서 많이 활용되는 포아송 회귀모형과 음이항 회귀모형, 그리고 0의 발생빈도가 매우 높은 횟수형 결과변수에 대해 활용할 수 있는 0포화 회귀모형과 허들 회귀모형을 `brm()` 함수를 이용해 어떻게 베이지언 분석방법으로 추정할 수 있는지 살펴보았습니다. 다음 장에서는 베이지언 분석방법으로 다층모형을 추정하는 방법을 살펴 보겠습니다.

CHAPTER 9

혼합모형

1. 반복측정 시계열 데이터를 위한 혼합모형
2. 집단내 군집화된 개인 데이터를 위한 혼합모형
3. 횟수형 결과변수 상황 군집 데이터를 위한 혼합모형

지금까지 살펴본 회귀모형들의 경우 측정사례의 관측치 사이의 독립성을 가정할 수 있었습니다(independence assumed). 그러나 연구문제와 데이터 수집 상황에 따라 독립성 가정이 유효하지 않은 상황들은 종종 발생합니다. 예를 들어 동일 개체 대상 반복측정을 실시한 시계열 데이터(longitudinal data)의 경우, 측정시점 간 관측치들은 상관관계를 보이는 것이 보통입니다(이를테면, 오늘의 생각은 어제의 생각과 비슷할 가능성이 높습니다). 또한 개체들이 특정한 조직이나 지역에 군집된 경우(clustered data), 동일한 조직이나 지역에 속한 개체들은 비슷한 특성을 갖는 것이 보통입니다(이를테면, 한국인 철수와 영수의 사고방식 사이의 유사도는 철수와 네덜란드인 얀의 사고방식 사이의 유사도보다 높을 가능성이 큽니다). 이러한 방식으로 수집된 데이터는 흔히 위계적 데이터(hierarchical data)로 불리며, 위계적 데이터의 경우 다층모형(multilevel model) 혹은 혼합모형(mixed model)을 활용하면 효과적 데이터 분석이 가능합니다.

이번 장에서는 베이지언 분석방법으로 어떻게 위계적 데이터에 대한 다층모형(혼합모형)을 적용할 수 있는지 실습해 보겠습니다. 보다 구체적으로 반복측정 방식의 위계적 데이터와 개인들이 조직 내부에 군집된 방식의 위계적 데이터를 대상으로, ① 랜덤절편(random intercept) 혼합모형, ② 랜덤기울기(random slope) 혼합모형 추정방법을 살펴본 후, ③ '0'의 등장 빈도가 매우 높은 위계적 데이터 대상 영포화 음이항(zero-inflated negative binomial) 혼합모형 추정방법도 살펴보겠습니다.

앞서와 마찬가지로 이 혼합모형들은 전통적 분석방법으로도 추정할 수 있습니다. 정규분포가 가정된 결과변수를 대상으로 한 랜덤절편 및 랜덤기울기 회귀모형을 적용하는 경우, `lme4` 패키지의 `lmer()`, `glmer()`, `glmer.nb()` 함수 등을 이용하여 분석할 수 있습니다. 0포화(혹은 허들) 포아송 혹은 음이항 혼합모형을 적용할 경우라면 `glmmTMB` 패키지의 `glmmTMB()` 함수를 활용하시면 됩니다. `brms` 패키지의 `brm()` 함수를 이용하면 베이지언 분석방식으로 이 모형들을 분석할 수 있습니다.

이번 장에서 살펴볼 예시데이터는 총 세 가지입니다. 먼저 `level2_repeat.csv` 데이터는 100명의 응답자 대상 5시점에 걸쳐 반복측정된 시계열 데이터이며, `level2_cluster.csv` 데이터는 500명의 응답자들이 80개 집단에 배속된 형태의 군집 데이터입니다. 이 데이터들은 모두 2개의 측정수준을 갖습니다(시계열 데이터의 경우, 시간수준과 개인수준; 군집데이터의 경우, 개인수준과 집단수준). 아울러 `level2_cluster_count.csv` 데이터는 결과변수(behavior)가 횟수형 변수 형태인 군집데이터입니다(1,890명의 응답자가 50개 집단에 배속된 형태).

여기서는 베이지언 분석을 위한 brms 패키지와 함께, 데이터 관리 및 사전처리 목적으로 tidyverse 패키지와 tidybayes 패키지, 그리고 patchwork 패키지를 활용하였습니다. 추가적으로 혼합모형을 추정하는 전통적 분석방법으로 lme4 패키지, lmerTest 패키지와 함께, 0포화 혼합모형 추정이 가능한 glmmTMB 패키지를 사용하였습니다.

분석에 앞서 베이지언 분석방식과 전통적 분석방식에 맞는 혼합모형 추정에 필요한 R 패키지들을 다음과 같이 구동하였습니다.

```
> # 패키지 구동
> library(tidyverse)
> library(brms)
> library(tidybayes)
> library(patchwork)
> library(lme4)
> library(lmerTest)
> library(glmmTMB)
```

1 반복측정 시계열 데이터를 위한 혼합모형

1) 데이터의 특성과 사전처리

아래와 같이 반복측정 시계열 데이터를 불러봅시다. 이 예시데이터에는 총 4개의 변수들이 존재합니다. 우선 id 변수는 개인 응답자를 식별하기 위한 아이디 변수입니다. time 변수는 측정시점을 나타내며, attitude 변수는 측정시점별 플랫폼 서비스 수준에 대한 개인 응답자 태도를 측정한 것입니다. 그리고 engage 변수는 플랫폼 서비스에 대한 응답자의 심리적 개입 수준을 의미하며, 1차 시점에만 측정하였습니다. 즉 예시데이터는 100명의 개인 응답자들을 5번에 걸쳐 반복측정하였으며, 여기서 attitude는 측정시점에 따라 값이 변하는 변수이지만, engage 변수는 측정시점이 달라져도(time-invariant) 변하지 않는 변수입니다.

```
> df2_repeat <- read_csv("level2_repeat.csv")
> df2_repeat |> print(n=7)
# A tibble: 500 × 4
   id attitude  time engage
```

```
  <dbl>  <dbl> <dbl> <dbl>
1  1      2     1     3
2  1      2     2     3
3  1      2     3     3
4  1      2     4     3
5  1      3     5     3
6  2      3     1     3
7  2      2     2     3
# i 493 more rows
# i Use 'print(n = ...)' to see more rows
```

여기서는 attitude 변수를 결과변수로, time과 engage 변수를 예측변수로 활용하여 고정효과를 추정하고 동시에 id 변수를 이용하여 랜덤효과를 추정할 예정입니다. 이를 위해 여기서는 다음의 네 가지 모형을 구성하였습니다.

- 기저모형: 예측변수 투입없이 랜덤효과만 추정한 모형
- 랜덤절편모형: 측정시점 예측변수의 고정효과를 추가투입한 모형
- 랜덤기울기모형: 측정시점 예측변수의 기울기 랜덤효과를 추가투입한 모형
- 설명모형: 랜덤절편 모형 혹은 랜덤기울기 모형 중 데이터에 적합한 모형에 응답자의 심리적 개입수준과 측정시점과 심리적 개입수준의 상호작용효과를 추가투입한 모형

서술한 네 가지 모형을 추정하기 전, 측정시점(time) 변수의 경우, 0−1의 범위를 갖는 리스케일링(재척도화, re−scaling)과 평균중심화(mean−centering) 변환을 적용하였으며, 심리적 개입수준(engage) 변수의 경우 개인수준 표본을 기준으로 평균중심화 변환을 실시하였습니다. 이를 보다 명확하게 보여 주기 위해, 아래와 같이 분석대상 데이터를 시점수준 데이터(lvl1)와 개인수준 데이터(lvl2)로 구분한 후, 두 데이터를 합치는(merging) 방식으로 분석대상 데이터를 생성하였습니다.

```
> # 사전처리
> lvl1 <- df2_repeat |>
+   mutate(grndmc_time = (time-3)/(5-1)) # 평균중심화 변환 및 0-1로 리스케일링
> lvl2 <- df2_repeat |>
+   group_by(id) |>
```

```
+ summarise(engage=mean(engage)) |>
+ mutate(grpmc_engage=engage-mean(engage)) |>
+ select(id,grpmc_engage)
> df_tm <- full_join(lvl1,lvl2,by='id')
> df_tm|> print(n=7)
# A tibble: 500 × 6
     id attitude  time engage grndmc_time grpmc_engage
  <dbl>    <dbl> <dbl>  <dbl>       <dbl>        <dbl>
1     1        2     1      3       -0.5         -0.41
2     1        2     2      3       -0.25        -0.41
3     1        2     3      3        0           -0.41
4     1        2     4      3        0.25        -0.41
5     1        3     5      3        0.5         -0.41
6     2        3     1      3       -0.5         -0.41
7     2        2     2      3       -0.25        -0.41
# i 493 more rows
# i Use 'print(n = ...)' to see more rows
```

2) 혼합모형 추정과 혼합모형 비교

먼저 전통적 분석방식으로 혼합모형을 추정하겠습니다. 다음과 같은 순서에 따라 혼합모형을 추정하였습니다. 기저모형, 랜덤절편 모형, 랜덤기울기 모형의 세 가지를 먼저 추정한 후, 모형비교를 통해 랜덤절편 모형과 랜덤기울기 모형 중 어떤 모형이 더 적합한지 판단하였으며, 이를 토대로 설명모형을 추정하였습니다. 먼저 기저모형, 랜덤절편 모형, 랜덤기울기 모형을 추정하는 과정은 아래와 같습니다. 본서에서는 brm() 함수를 이용한 베이지언 혼합모형 추정과정을 이해하기 위한 목적으로 전통적 분석방식을 제시할 뿐입니다. lmer() 함수의 공식설정 부분의 경우 고정효과 추정방식은 lm() 혹은 glm() 함수의 공식 설정 방식과 동일하며, 랜덤효과 추정의 경우 소괄호, 즉 (|)을 이용하여 설정합니다. lme4 패키지를 이용하여 전통적 분석방식으로 혼합모형을 추정하는 과정과 방법에 대한 내용은 다른 교재(백영민, 2018; Bates, 2015)를 참조하시기 바랍니다.

```
> # 전통적 접근방법
> # Null model
> mlm2_tm_null <- lmer(attitude~1+(1|id),data=df_tm)
> # 랜덤절편 모형(Random intercept model)
```

```
> mlm2_tm_RI <- lmer(attitude~grndmc_time+(1|id),
+                          data=df_tm)
> # 랜덤기울기 모형(Random slope model)
> mlm2_tm_RS <- lmer(attitude~grndmc_time+(grndmc_time|id),
+                    data=df_tm)
```

혼합모형의 경우 제한적 최대우도(REML, REstricted Maximum Likelihood) 추정법을 사용하기 때문에, 모형비교를 위한 로그우도비 테스트가 불가능합니다. 전통적 분석방식을 기반으로 한 혼합모형 추정의 경우 AIC, BIC의 정보지수를 활용하여 데이터를 가장 잘 설명하는 모형을 선택합니다. 모형비교 결과는 아래와 같습니다.

```
> # 모형비교
> mlm2_tm_ICs <- bind_rows(
+  data.frame(model='Null',aic=AIC(mlm2_tm_null),bic=BIC(mlm2_tm_null)),
+  data.frame(model='Random intercept',aic=AIC(mlm2_tm_RI),bic=BIC(mlm2_tm_RI)),
+  data.frame(model='Random slope',aic=AIC(mlm2_tm_RS),bic=BIC(mlm2_tm_RS))
+ ) |> print()
             model      aic      bic
1             Null 1122.227 1134.871
2 Random intercept 1115.010 1131.868
3     Random slope 1114.726 1140.013
```

모형비교 결과 AIC 지수의 경우 랜덤절편 모형과 랜덤기울기 모형이 거의 비슷하며(약 0.3 정도의 차이), BIC 지수를 기준으로 평가한다면 랜덤기울기 모형에 비해 랜덤절편 모형이 더 적합한 모형이라고 판단할 수 있습니다. 이에 따라 랜덤절편 모형에 심리적 개입수준과 측정시점과 심리적 개입수준 상호작용효과를 추가하는 방식으로 설명모형을 구성하였습니다. 설명모형 추정결과와, 배속관계의 다른 모형들(기저모형, 랜덤절편 모형)과의 모형비교 결과는 아래와 같습니다.

```
> # Adding person-level predictor
> mlm2_tm_RS_int <- lmer(attitude~grndmc_time*grpmc_engage+(1|id),
+                              data=df_tm)
> # 모형비교
> mlm2_tm_ICs <- bind_rows(
```

```
+ data.frame(model='Null',aic=AIC(mlm2_tm_null),bic=BIC(mlm2_tm_null)),
+ data.frame(model='Random intercept',aic=AIC(mlm2_tm_RI),bic=BIC(mlm2_tm_RI)),
+ data.frame(model='Interaction',aic=AIC(mlm2_tm_RS_int),bic=BIC(mlm2_tm_RS_int))
+ ) |> print()
             model      aic      bic
1             Null 1122.227 1134.871
2 Random intercept 1115.010 1131.868
3      Interaction 1057.721 1083.009
```

모형비교 결과 설명모형이 가장 적절한 모형이라고 판단할 수 있습니다. 설명모형 추정결과를 살펴보기 전에, 먼저 랜덤효과의 의미와 기저모형 랜덤효과를 활용하여 계산된 급내상관계수(ICC, intra-class correlation)를 먼저 살펴봅시다.

```
> # 기저모형, 랜덤효과와 ICC
> summary(mlm2_tm_null)
                                [분량조절을 위해 해당부분은 제시하지 않았음]
Random effects:
 Groups   Name        Variance Std.Dev.
 id       (Intercept) 0.6421   0.8013
 Residual             0.3400   0.5831
Number of obs: 500, groups:  id, 100
Fixed effects:
            Estimate Std. Error       df t value Pr(>|t|)
(Intercept)  3.13800    0.08426 98.99999   37.24   <2e-16 ***
---
Signif. codes:  0 '***' 0.001 '**' 0.01 '*' 0.05 '.' 0.1 ' ' 1
```

기저모형 추정결과에서 `Random effects:` 출력결과를 살펴봅시다. 여기서 `id (Intercept)`에 해당되는 `Variance`는 100명의 응답자들에게서 나타난 분산, 다시 말해 개인수준의 분산을 의미합니다. 반면 `Residual`에 해당되는 `Variance`는 전체 분산 중 개인수준의 분산을 뺀 나머지 분산, 즉 개인간 차이로 설명되지 않은 시간수준의 잔여분산을 의미합니다. 기저모형의 경우, 어떠한 예측변수도 투입하지 않았기 때문에, 랜덤효과 추정으로 얻은 `Variance` 값을 활용하면 '전체분산 중 개인간 차이로 인해 발생한 분산비율', 즉 급내상관계수(*ICC*, intra-class correlation)을 계산할 수 있습니다. 위에서 제시된 출력결과를 바탕으로 *ICC*를 수계산하면 아래와 같습니다.

$$ICC = .65\left(\approx \frac{0.6421}{0.6421 + 0.3400}\right)$$

*ICC*는 아래와 같이 `VarCorr()` 함수를 이용해서 랜덤효과(각 수준별 분산값)을 추출한 후, 계산할 수도 있습니다.

```
> RE_tm_null <- VarCorr(mlm2_tm_null) |> as_tibble()
> RE_tm_null
# A tibble: 2 × 5
  grp      var1        var2  vcov sdcor
  <chr>    <chr>       <chr> <dbl> <dbl>
1 id       (Intercept) NA    0.642 0.801
2 Residual NA          NA    0.340 0.583
> RE_tm_null$vcov[1]/sum(RE_tm_null$vcov)
[1] 0.6537878
```

이제 최종선택 모형의 추정결과를 살펴봅시다. 우선 고정효과 출력결과(`Fixed effects:`) 해석방법은 OLS 회귀모형과 개념적으로 동일합니다. 즉 시간이 지날수록 응답자의 태도점수는 증가하며, 이러한 경향은 응답자의 심리적 개입 정도가 높을수록 더욱 크게 증가합니다.

```
> # 최종선택모형 추정결과
> summary(mlm2_tm_RS_int)
                              [분량조절을 위해 해당부분은 제시하지 않았음]
Random effects:
 Groups   Name        Variance Std.Dev.
 id       (Intercept) 0.3230   0.5683
 Residual             0.3251   0.5702
Number of obs: 500, groups:  id, 100

Fixed effects:
                  Estimate Std. Error        df t value Pr(>|t|)
(Intercept)        3.13800    0.06229  97.99999  50.379  < 2e-16 ***
grndmc_time        0.26000    0.07212 398.00001   3.605 0.000352 ***
```

```
grpmc_engage                0.61193   0.06709  97.99999   9.121  9.8e-15 ***
grndmc_time:grpmc_engage    0.21047   0.07769  398.00001  2.709  0.007036 **
---
Signif. codes: 0 '***' 0.001 '**' 0.01 '*' 0.05 '.' 0.1 ' ' 1
```

[분량조절을 위해 해당부분은 제시하지 않았음]

랜덤효과 추정결과(Random effects:)를 해석하기 위해서는 기저모형의 랜덤효과 추정결과와 비교해 보아야 합니다. 우선 개인간 차이(개인수준의 분산)는 기저모형에서는 0.642였으나, 설명모형에서는 0.323로 감소하였고, 잔여분산(시간수준의 분산)은 기저모형에서 0.340이었으나, 설명모형에서는 0.325로 아주 소폭 감소하였습니다. 예측변수들을 전혀 투입하지 않은 기저모형에 예측변수들을 투입하여, 개인수준에서는 0.319만큼의 분산을 감소시켰으며 시간수준에서는 0.015만큼의 분산을 감소시킨 것을 확인할 수 있습니다. 투입된 예측변수들 중, 심리적 개입수준(grpmc_engage)이 개인수준 변수이며, 측정시점(grndmc_time) 및 측정시점과 심리적 개입수준의 상호작용효과항(grndmc_time:grpmc_engage)은 시간수준의 변수입니다. 다시 말해 고정효과항들을 투입함으로써, 개인수준의 분산중 약 50%($0.497 \approx \left(1-\frac{0.323}{0.642}\right)$), 그리고 시간 수준의 분산중 약 4%를 설명하였다는 것을 확인할 수 있습니다($0.044 \approx \left(1-\frac{0.325}{0.340}\right)$). 기저모 형 대비 설명모형의 랜덤효과 수준별 감소비율을 오차감소비율(PRE, Proportional Reduction in Error)이라고 부르며, 이는 OLS 회귀모형의 R^2와 개념적으로 동일합니다. PRE 계산과정은 아래와 같습니다.

```
> # 최종모형 PRE
> RE_tm_RS_int <- VarCorr(mlm2_tm_RS_int) |> as_tibble()
> # @개인수준
> 1-(RE_tm_RS_int$vcov[1]/RE_tm_null$vcov[1])
[1] 0.4970017
> # @시간수준
> 1-(RE_tm_RS_int$vcov[2]/RE_tm_null$vcov[2])
[1] 0.04383055
```

이제 brm() 함수를 이용하여 베이지언 분석을 실시해 봅시다.[1] brm() 함수의 구성은

1) brms 패키지 개발자의 논문(Bürkner, 2018)을 한번 보시길 권장합니다.

lmer(), glmer() 함수 구성방식과 거의 동일합니다. 앞에서 소개했던 brm() 함수의 옵션들을 그대로 활용한 이용자정의 함수인 wrapper_brm_model() 함수를 그대로 이용하되, 투입되는 공식과 데이터, 결과변수의 분포를 지정한 후, 기저모형, 랜덤절편 모형, 랜덤기울기 모형을 추정하면 다음과 같습니다.

```
> brm_mlm2_tm_null <- wrapper_brm_model( bf(attitude~1+(1|id)),
>                                          df_tm, gaussian() )
> brm_mlm2_tm_RI <- wrapper_brm_model( bf(attitude~grndmc_time+(1|id)),
>                                          df_tm, gaussian() )
> brm_mlm2_tm_RS <- wrapper_brm_model( bf(attitude~grndmc_time+(grndmc_time|id)),
>                                          df_tm, gaussian() )
> # summary()  # 출력결과는 직접 확인해 보시기 바랍니다
> # plot()  # 출력결과는 직접 확인해 보시기 바랍니다
```

MCMC 추정과정의 수렴도를 평가할 수 있는 summary() 함수와 plot() 함수 결과를 꼭 살펴보시기 바랍니다. 무엇보다 다층모형의 랜덤효과가 복잡하게 구성된 경우라면 plot() 함수를 통해 랜덤효과 추정모수에 큰 문제가 없었는지 꼭 확인을 해보시기 바랍니다.

이제는 베이지언 모형비교를 통해 추정된 세 모형들 중 가장 적적한 모형은 무엇인지 살펴보겠습니다. 앞에서 소개했던 회귀모형들과 마찬가지로 베이스지수(BF, Bayes factor)와 LOO 지수를 활용하시면 됩니다. 먼저 베이스지수를 계산하면 다음과 같습니다.

```
> # 모형비교
> set.seed(1)
> BF_RI_null <- bayes_factor(brm_mlm2_tm_RI,brm_mlm2_tm_null)
                    [분량조절을 위해 Iteration 과정은 제시하지 않았음]
> BF_RI_null
Estimated Bayes factor in favor of brm_mlm2_tm_RI over brm_mlm2_tm_null: 98.80924
> BF_RS_RI <- bayes_factor(brm_mlm2_tm_RS,brm_mlm2_tm_RI)
                    [분량조절을 위해 Iteration 과정은 제시하지 않았음]
> BF_RS_RI
Estimated Bayes factor in favor of brm_mlm2_tm_RS over brm_mlm2_tm_RI: 0.30040
```

출력결과에서 확인할 수 있듯, 기저모형에 비해 랜덤절편 모형이 더 설명력이 높지만(약 99배 분석대상 데이터를 잘 설명함), 랜덤기울기 모형은 랜덤절편 모형보다 설명력이 더 떨어집니

다(도리어 랜덤절편 모형이 약 3배[2] 가량 분석대상 데이터를 더 잘 설명함). 즉 BF 계산결과에 따르면 랜덤절편 모형이 가장 적절합니다. 다음으로 LOO 지수를 계산하여 비교해 보겠습니다. 이전 회귀모형에서 소개했던 방법, 즉 `add_criterion()` 함수를 이용해 LOO 지수를 계산한 후, `loo_compare()` 함수를 이용하여 LOO 지수를 비교하는 과정은 동일합니다.

```
> brm_mlm2_tm_null <- add_criterion(brm_mlm2_tm_null, c("loo"))
> brm_mlm2_tm_RI <- add_criterion(brm_mlm2_tm_RI, c("loo"))
> brm_mlm2_tm_RS <- add_criterion(brm_mlm2_tm_RS, c("loo"))
> loo_compare(brm_mlm2_tm_null,brm_mlm2_tm_RI,brm_mlm2_tm_RS,
+             criterion="loo") |>
+   data.frame() |>
+   select(elpd_diff,se_diff,looic,se_looic)
                  elpd_diff se_diff  looic se_looic
brm_mlm2_tm_RS    0.0000000 0.000000 969.3168 32.47175
brm_mlm2_tm_RI   -0.1275147 2.038694 969.5719 32.79276
brm_mlm2_tm_null -6.4983838 4.543912 982.3136 33.60639
```

LOO 지수 계산결과도 BF 계산결과와 비슷합니다. 즉 LOO 지수 자체는 랜덤기울기 모형이 가장 작지만(즉 가장 적절하지만), 그 차이값은 불과 0.26 정도에 불과하며, LOO 지수의 추정된 표준오차를 고려할 때, 지극히 미미한 차이에 불과하다고 판단할 수 있습니다.

BF와 LOO 지수 계산결과를 토대로 랜덤절편 모형이 가장 적절한 모형이라고 판단하였습니다. 이후 랜덤절편 모형을 기반으로 설명모형을 아래와 같이 추정하였습니다.

```
> brm_mlm2_tm_RI_int <- wrapper_brm_model( bf(attitude~grndmc_time*grpmc_engage+(1|id)),
>                                          df_tm, gaussian() )
> # summary(brm_mlm2_tm_RI_int)  # 출력결과는 직접 확인해 보시기 바랍니다
> # plot(brm_mlm2_tm_RI_int)  # 출력결과는 직접 확인해 보시기 바랍니다
```

추정된 설명모형을 앞에서 추정했던 다른 모형들과 비교해 봅시다. 먼저 베이스지수는 아래와 같이 엄청나게 큰 값으로 나타났습니다. 아울러 LOO 지수 비교결과 역시 다른 모형과 비교해 설명모형이 보다 더 적절한 것으로 나타났습니다.

2) 계산된 베이스 지수의 역수를 계산하면 됩니다(1/0.30).

```
> # 모형비교
> set.seed(1)
> BF_RIint_RI <- bayes_factor(brm_mlm2_tm_RI_int,brm_mlm2_tm_RI)
                    [분량조절을 위해 Iteration 과정은 제시하지 않았음]
> BF_RIint_RI
Estimated Bayes factor in favor of brm_mlm2_tm_RI_int over brm_mlm2_tm_RI:
16441977720559.70508
> brm_mlm2_tm_RI_int <- add_criterion(brm_mlm2_tm_RI_int, c("loo"))
> loo_compare(brm_mlm2_tm_null,brm_mlm2_tm_RI,brm_mlm2_tm_RI_int,
+             criterion="loo") |>
+   data.frame() |>
+   select(elpd_diff,se_diff,looic,se_looic)
                     elpd_diff  se_diff   looic    se_looic
brm_mlm2_tm_RI_int    0.000000  0.000000  954.2269 32.18999
brm_mlm2_tm_RI       -7.672461  4.402596  969.5719 32.79276
brm_mlm2_tm_null    -14.043330  5.750648  982.3136 33.60639
```

앞서 전통적 분석방식과 마찬가지로 최종모형 추정결과를 해석하기 전에, 기저모형의 ICC를 계산해 보겠습니다. 먼저 기저모형 추정결과를 살펴보면 아래와 같습니다.

```
> # 기저모형 추정결과
> summary(brm_mlm2_tm_null)
 Family: gaussian
  Links: mu = identity; sigma = identity
Formula: attitude ~ 1 + (1 | id)
   Data: mydata (Number of observations: 500)
  Draws: 4 chains, each with iter = 11000; warmup = 1000; thin = 1;
         total post-warmup draws = 40000

Multilevel Hyperparameters:
~id (Number of levels: 100)
              Estimate Est.Error l-95% CI u-95% CI Rhat Bulk_ESS Tail_ESS
sd(Intercept)     0.81      0.06     0.69     0.95 1.00     7024    11952

Regression Coefficients:
          Estimate Est.Error l-95% CI u-95% CI Rhat Bulk_ESS Tail_ESS
```

```
Intercept    3.14      0.09      2.97     3.31       1.00     4294      8972

Further Distributional Parameters:
      Estimate Est.Error l-95% CI u-95% CI Rhat Bulk_ESS Tail_ESS
sigma    0.58        0.02     0.55     0.63      1.00      34700      30091

Draws were sampled using sampling(NUTS). For each parameter, Bulk_ESS
and Tail_ESS are effective sample size measures, and Rhat is the potential
scale reduction factor on split chains (at convergence, Rhat = 1).
```

모형추정 결과의 Regression Coefficients: 부분은 고정효과 추정결과입니다. 랜덤효과 추정결과는 Multilevel Hyperparameters: 부분(개인수준 분산)과 Further Distributional Parameters: 부분(시간수준 분산)입니다. 즉 ICC 정의에 맞추어 다음과 같이 ICC를 계산할 수도 있습니다.

$$ICC = \frac{sd(Intercept)^2}{(sd(Intercept)^2 + sigma^2)} = \frac{0.81^2}{0.81^2 + 0.58^2} \approx 0.66$$

그러나 위와 같은 방식으로는 ICC의 사후분포에서 나타난 점추정치를 계산할 수 있을 뿐이며, 신용구간 계산은 불가능합니다. ICC의 사후분포를 계산하고자 할 경우, 아래와 같이 as_draws_df() 함수를 기반으로 랜덤효과 추정항을 추출한 후, ICC 공식에 맞게 계산하면 됩니다. ICC 사후분포를 기반으로 점추정치와 95% 신용구간을 계산하면 아래와 같습니다.

```
> # 기저모형의 ICC
> as_draws_df(brm_mlm2_tm_null) |>
+  mutate(
+    var_ind=sd_id__Intercept^2,
+    var_time=sigma^2,
+    ICC=var_ind/(var_ind+var_time)
+  ) |>
+  summarise(
+    pe=mean(ICC),
+    lb=quantile(ICC,0.025),
+    ub=quantile(ICC,0.975)
+  )
```

```
# A tibble: 1 × 3
     pe    lb    ub
  <dbl> <dbl> <dbl>
1 0.655 0.576 0.730
```

베이지언 분석방법으로 얻은 ICC 사후분포의 점추정치는 0.66이며, 95% 신용구간은 [0.58, 0.73]로 나타났습니다. 즉 약한 사전분포를 가정할 때, 분석대상 데이터의 경우 전체 분산 중 개인간 차이로 인한 분산의 비율(ICC)이 약 58%에서 73% 범위에 놓일 가능성이 95%이며, ICC가 0.66으로 나타날 가능성이 가장 높다고 볼 수 있습니다. 이제 최종모형 추정결과를 살펴봅시다.

```
> # 최종모형 추정결과
> summary(brm_mlm2_tm_RI_int)
 Family: gaussian
  Links: mu = identity; sigma = identity
Formula: attitude ~ grndmc_time * grpmc_engage + (1 | id)
   Data: mydata (Number of observations: 500)
  Draws: 4 chains, each with iter = 11000; warmup = 1000; thin = 1;
         total post-warmup draws = 40000

Multilevel Hyperparameters:
~id (Number of levels: 100)
              Estimate Est.Error l-95% CI u-95% CI Rhat Bulk_ESS Tail_ESS
sd(Intercept)     0.58      0.05     0.48     0.68 1.00    11285    18150

Regression Coefficients:

                         Estimate Est.Error l-95% CI u-95% CI Rhat Bulk_ESS Tail_ESS
Intercept                    3.14      0.06     3.01     3.26 1.00     8658    14906
grndmc_time                  0.26      0.07     0.12     0.40 1.00    67179    29216
grpmc_engage                 0.61      0.07     0.48     0.74 1.00     9125    16461
grndmc_time:grpmc_engage     0.21      0.08     0.06     0.36 1.00    61687    28915

Further Distributional Parameters:
      Estimate Est.Error l-95% CI u-95% CI Rhat Bulk_ESS Tail_ESS
```

```
sigma    0.57         0.02      0.53     0.61       1.00      36705      29831

Draws were sampled using sampling(NUTS). For each parameter, Bulk_ESS
and Tail_ESS are effective sample size measures, and Rhat is the potential
scale reduction factor on split chains (at convergence, Rhat = 1).
```

고정효과에 대한 해석방법은 동일합니다. 즉 시간이 흐를수록 응답자의 태도점수는 상승하며, 이러한 상승효과는 응답자의 심리적 개입수준이 높을수록 더 강하게 나타나고 있습니다. 고정효과 패턴은 모형추정결과 시각화 결과를 제시할 때 다시 살펴보겠습니다.

랜덤효과의 경우, 측정수준별 오차감소비율(PRE) 계산을 통해 해석할 수 있습니다. 우선 `as_draws_df()` 함수를 이용하여 기저모형과 설명모형의 랜덤효과 추정결과 사후분포를 추출하여 측정수준별 PRE를 계산한 후, PRE의 점추정치와 95% 신뢰구간을 계산한 결과는 아래와 같습니다.

```
> # PRE
> post_null <- as_draws_df(brm_mlm2_tm_null) |>
+   select(sd_id__Intercept,sigma)
> post_RIint <- as_draws_df(brm_mlm2_tm_RI_int) |>
+   select(sd_id__Intercept,sigma)
> post_PRE_ind <- 1-(post_RIint$sd_id__Intercept^2/post_null$sd_id__Intercept^2)
> post_PRE_time <- 1-(post_RIint$sigma^2/post_null$sigma^2)
> tibble(var_lvl2=post_PRE_ind,var_lvl1=post_PRE_time) |>
+   pivot_longer(cols=everything()) |>
+   group_by(name) |>
+   summarise(
+     pe=mean(value),
+     lb=quantile(value,0.025),
+     ub=quantile(value,0.975)
+   )
# A tibble: 2 × 4
  name          pe     lb     ub
  <chr>      <dbl>  <dbl>  <dbl>
1 var_lvl1 0.0384 -0.165  0.217
2 var_lvl2 0.482   0.205  0.683
```

출력결과에서 확인할 수 있듯, 고정효과 추정항을 투입한 후 시간수준의 분산은 거의 감소하지 않았지만, 개인수준 분산은 매우 크게 감소한 것을 확인할 수 있습니다. 구체적으로 시간수준에서의 오차감소비율(PRE)은 −0.17부터 0.22에 놓일 가능성이 95%이며, 시간수준 PRE의 참값이 0을 포함할 가능성은 매우 높습니다. 반면 개인수준에서의 PRE는 0.21부터 0.68 사이에 놓일 가능성이 95%로 고정효과 추정항을 투입하였을 때 PRE가 대폭 감소했다고 볼 수 있습니다.

끝으로 설명모형의 상호작용효과에 대한 기울기 분석(보다 구체적으로 응답자의 심리적 개입수준별 시간의 기울기 분석)을 실시해 보겠습니다. `hypothesis()` 함수를 활용하면 어렵지 않게 기울기 분석을 실시할 수 있습니다. 응답자의 심리적 개입수준 변수는 아래와 같이 총 5개 수준입니다.

```
> # 시간기울기분석
> sort( unique(df_tm$grpmc_engage) )
[1] -2.41 -1.41 -0.41  0.59  1.59
```

심리적 개입수준이 가장 낮은 경우(−2.41의 값) 기울기 분석결과는 아래와 같습니다. 앞에서 살펴본 다른 회귀모형과 마찬가지로 테스트 공식 부분을 기울기 분석에 맞도록 정의하면 됩니다.

```
> # @engage = 1, grpmc_engage=-2.41
> hypothesis(brm_mlm2_tm_RI_int,
+             c('b_grndmc_time -2.41*b_grndmc_time:grpmc_engage = 0'),
+             class=NULL)$hypothesis |>
+  select(Estimate,CI.Lower,CI.Upper)
   Estimate  CI.Lower CI.Upper
1 -0.2475103 -0.6415942 0.1454075
```

심리적 개입수준이 두 번째로 낮은 수준(−1.41)일 경우와 세 번째 수준(−0.41)의 기울기 분석결과는 다음과 같습니다.

```
> # @engage = 2, grpmc_engage=-1.41
> hypothesis(brm_mlm2_tm_RI_int,
+            c('b_grndmc_time -1.41*b_grndmc_time:grpmc_engage = 0'),
+            class=NULL)$hypothesis |>
+  select(Estimate,CI.Lower,CI.Upper)
   Estimate  CI.Lower  CI.Upper
1 -0.03689329 -0.2954882 0.2203422
> # @engage = 3, grpmc_engage=-0.41
> hypothesis(brm_mlm2_tm_RI_int,
+            c('b_grndmc_time -0.41*b_grndmc_time:grpmc_engage = 0'),
+            class=NULL)$hypothesis |>
+  select(Estimate,CI.Lower,CI.Upper)
  Estimate  CI.Lower CI.Upper
1 0.1737237  0.01798003 0.3285706
```

출력결과에서 확인할 수 있듯, 심리적 개입수준이 세 번째 수준인 경우부터는 시간의 기울기의 참값이 0을 포함할 가능성이 95%보다 훨씬 더 낮아집니다. 즉 심리적 개입수준 원변수 측정값을 기준으로 3 이상일 경우부터 시간변화에 따른 응답자 태도의 증가효과는 뚜렷하게 증가하는 모습을 보인다고 판단할 수 있습니다.

3) 모형추정결과 시각화

이번에는 설명모형의 상호작용효과를 시각화해 봅시다. 여기서는 고정효과 추정결과만 시각화하는 방법부터 살펴봅시다(랜덤효과 추정결과 시각화의 경우, 집단내 군집화된 개인 데이터에 대한 혼합모형에서 살펴보겠습니다). 앞에서 살펴본 다른 회귀모형들과 마찬가지로 brms 패키지의 conditional_effects() 함수를 활용하면 베이지언 모형추정 결과를 어렵지 않게 시각화할 수 있습니다. 상호작용효과로 투입된 시간변수(b_grndmc_time)와 심리적 개입수준 변수(grpmc_engage) 이외의 다른 예측변수는 존재하지 않기 때문에, 다음과 같이 conditional_effects() 함수의 effects 옵션을 활용하면, grpmc_engage 변수의 세 수준($M-SD$, M, $M+SD$)별 시간효과를 시각화할 수 있습니다.

```
> # 시각화
> # 만약 M-SD/M/M+SD 세시점을 원할 경우
> fig_RIint <- conditional_effects(brm_mlm2_tm_RI_int,
```

```
+                              effects='grndmc_time:grpmc_engage')
> fig_RIint
```

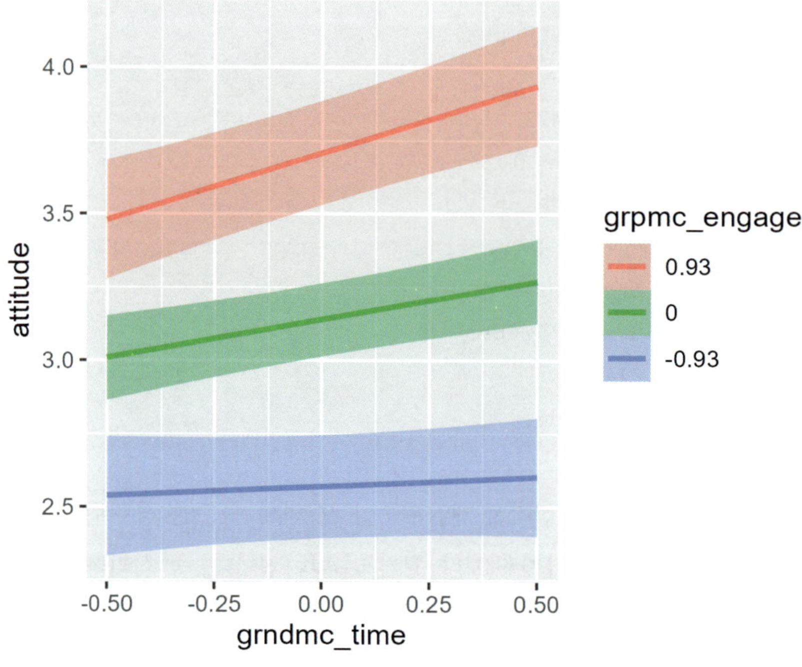

그림 2-9-1. 혼합모형에서 나타난 상호작용효과 시각화

만약 개인의 심리적 개입수준별 시간효과를 시각화하고자 할 경우, 아래와 같이 conditional_effects() 함수의 conditions 옵션에 연구자가 원하는 심리적 개입수준을 지정하는 방식으로 시간효과를 추정하시면 됩니다.

```
> # 조건변수 모든 수준들을 고려
> newdata <- df_tm |> count(grpmc_engage) |> select(-n)
> newdata
# A tibble: 5 × 1
  grpmc_engage
         <dbl>
1        -2.41
2        -1.41
3        -0.41
4         0.59
5         1.59
```

```
> fig_RIint <- conditional_effects(brm_mlm2_tm_RI_int,
+                                  effects='grndmc_time',
+                                  conditions=newdata)
> fig_RIint$grndmc_time |>
+   mutate(
+     engage=factor(grpmc_engage,labels=1:5), # 원측정치로 환원
+     time=4*(grndmc_time+0.5)+1 # 원측정치로 환원
+   ) |>
+   ggplot(aes(x=time,y=estimate__,color=engage,fill=engage))+
+   geom_line()+
+   geom_ribbon(aes(ymin=lower__,ymax=upper__),alpha=0.6)+
+   labs(x="Time",y="Predicted attitude",
+        color="Engagement level",fill="Engagement level")+
+   theme_bw()+
+   theme(legend.position='bottom')
```

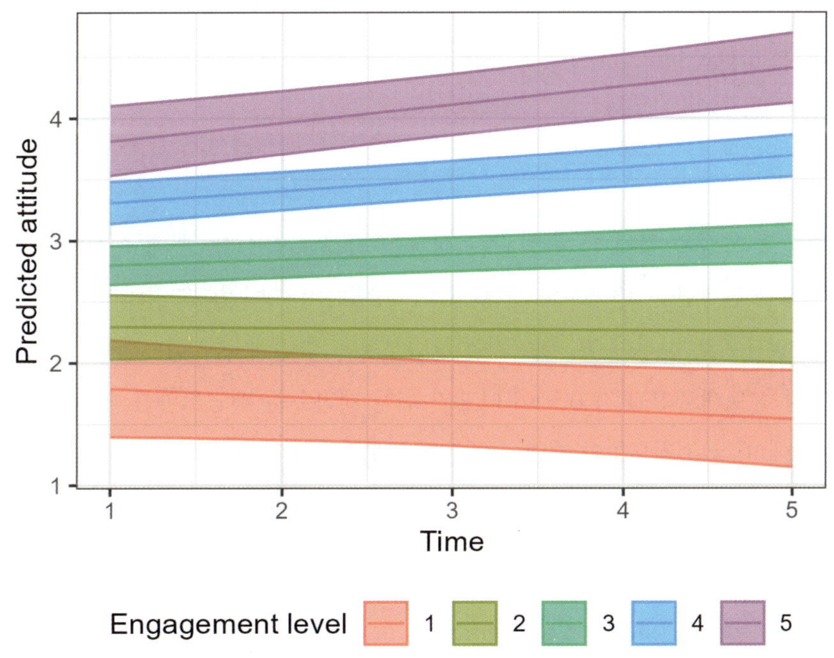

그림 2-9-2. 혼합모형에서 나타난 상호작용효과 시각화(모든 조건변수의 수준별 시간효과)

4) 강한 사전분포 설정

앞에서 다루었던 내용과 마찬가지로 혼합모형에서도 강한 사전분포를 설정할 수 있습니다. 혼합모형의 고정효과에 대한 강한 사전분포는 앞에서 소개했던 사전분포 설정방식과 완전히 동일합니다. 여기서는 랜덤효과에 대한 강한 사전분포를 설정해 보도록 하겠습니다. 앞에서와 마찬가지로 default_prior() 함수를 활용하여, 혼합모형에서 추정하는 모수들이 어떻게 정해져 있는지 먼저 확인해 봅시다.

```
> # 강한 사전분포
> default_prior(brm_mlm2_tm_RI_int)
                prior     class                        coef group resp dpar nlpar lb ub       source
               (flat)         b                                                              default
               (flat)         b                grrndmc_time                                 (vectorized)
               (flat)         b grndmc_time:grpmc_engage                                    (vectorized)
               (flat)         b                grpmc_engage                                 (vectorized)
 student_t(3, 3, 2.5) Intercept                                                              default
 student_t(3, 0, 2.5)        sd                                                 0            default
 student_t(3, 0, 2.5)        sd                                id               0           (vectorized)
 student_t(3, 0, 2.5)        sd                   Intercept    id               0           (vectorized)
 student_t(3, 0, 2.5)     sigma                                                 0            default
```

강한 사전분포 설정을 위해 다음과 같은 상황을 가정해 봅시다. 현재 예시데이터와 동일한 방식으로 수집된 선행연구에 따르면, 개인수준의 PRE가 0.30이었다고 합니다. 만약 이 선행연구 결과를 사전분포로 설정한 후, 베이지언 혼합모형을 추정해 봅시다. 기저모형에서 얻은 랜덤효과 추정항을 토대로 PRE가 0.30이 나오기 위한 개인수준 랜덤효과를 역산해 보도록 합시다. PRE 공식에 따라 기저모형의 개인수준 랜덤효과 추정결과를 토대로 0.30의 PRE가 나오는 개인수준 랜덤효과를 추정하면 다음과 같이 계산할 수 있습니다.

$$0.30 = \frac{Var(Intercept, null) - Var(Intercept, model)}{Var(Intercept, null)}$$
$$= \frac{0.81 - Var(Intercept, model)}{0.81}$$

위의 식을 역산하여 계산하면, 사전분포로 가정되는 개인수준 랜덤효과는 분산값을 기준으로 약 0.459이며, 표준편차를 기준으로 할 경우 0.68 정도의 값이 나옵니다.[3] 기저모형에서 얻은 표준편차 기준 개인수준 랜덤효과의 표준오차인 0.06을 활용하여, 평균이 0.68, 표준편차가 0.06인 정규분포를 갖는 강한 사전분포를 설정한 후 혼합모형을 추정하였습니다.

```
> brm_mlm2_tm_RI_int_Sprior <- brm(
+  bf(attitude~grndmc_time*grpmc_engage+(1|id)),
+  data=df_tm,
+  family=gaussian(),
+  prior=prior(normal(0.68,0.06),class=sd,coef=Intercept,group=id),
+  sample_prior = "yes",
+  control = list(adapt_delta = 0.99),
+  save_pars = save_pars(all = TRUE),
+  chains = 4,
+  iter = 11000,
+  warmup = 1000,
+  cores = 4,
+  seed = 1234
+ )
> # summary(brm_mlm2_tm_RI_int_Sprior) # 출력결과는 직접 확인해 보시기 바랍니다
> # plot(brm_mlm2_tm_RI_int_Sprior) # 출력결과는 직접 확인해 보시기 바랍니다
```

그렇다면 혼합모형 추정결과는 약한 사전분포를 설정했을 때와, 강한 분포를 설정했을 때 어떻게 다르게 나타날까요? 디폴트 사전분포인 약한 사전분포를 가정하였을 때 개인수준 랜덤효과의 95% 신용구간 범위는 [0.48, 0.68]인 반면, 강한 사전분포 가정 시 계산된 개인수준 랜덤효과의 95% 신용구간 범위는 [0.54, 0.70]로 나타났습니다[이 결과는 `summary(brm_mlm2_tm_RI_int_Sprior)`를 통해 확인하실 수 있습니다].

그렇다면 PRE는 어떻게 달라졌을까요? 기저모형에서 추정된 랜덤효과를 기반으로 강한 사전분포 가정 시 PRE의 사전분포 점추정치와 95% 신용구간을 계산하면 아래와 같습니다.

---

3) 정확한 값은 아래와 같습니다.

```
> 0.81^2-(0.30*(0.81^2))
[1] 0.45927
> sqrt(0.45927)
[1] 0.6776946
```

```
> post_RIint_Sprior <- as_draws_df(brm_mlm2_tm_RI_int_Sprior) |>
+  select(sd_id__Intercept,sigma)
> post_PRE_ind_Sprior <- 1-(post_RIint_Sprior$sd_id__Intercept^2/post_null$sd_id__Intercept^2)
> post_PRE_time_Sprior <- 1-(post_RIint_Sprior$sigma^2/post_null$sigma^2)
> tibble(var_lvl2=post_PRE_ind_Sprior,var_lvl1=post_PRE_time_Sprior) |>
+  pivot_longer(cols=everything()) |>
+  group_by(name) |>
+  summarise(
+   pe=mean(value),
+   lb=quantile(value,0.025),
+   ub=quantile(value,0.975)
+ )
# A tibble: 2 × 4
  name         pe     lb    ub
  <chr>     <dbl>  <dbl> <dbl>
1 var_lvl1 0.0433 -0.159 0.218
2 var_lvl2 0.402   0.129 0.612
```

약한 사전분포를 가정할 경우 개인수준의 PRE 사후분포의 점추정치는 0.48, 95% 신용구간은 [0.21, 0.68]이었지만, 강한 사전분포(선행연구결과 개인수준의 PRE가 0.30이었을 경우)에서의 PRE 사후분포의 점추정치는 0.42, 95% 신용구간은 [0.13, 0.61]인 것으로 나타났습니다. 강한 사전분포를 설정하였을 경우, PRE가 상당히 낮아지는 것을 확인하실 수 있습니다.

2 집단내 군집화된 개인 데이터를 위한 혼합모형

1) 데이터의 특성과 사전처리

앞에서는 반복측정 시계열 데이터를 대상으로 혼합모형을 추정하는 방법을 살펴보았습니다. 이번에는 집단내 군집화된 개인(이를테면, 학급의 학생, 혹은 회사내의 노동자 등) 데이터에 대한 혼합모형을 추정해 보겠습니다. 우선 데이터 사전처리 진행을 위해 예시데이터를 불러와 봅시다.

```
> # Clustered data
> df2_cluster <- read_csv('level2_cluster.csv')
> df2_cluster
# A tibble: 500 × 4
    gid behavior attitude cohesion
   <dbl>   <dbl>   <dbl>   <dbl>
 1   1       2       5       1
 2   1       3       3       1
 3   1       1       4       1
 4   1       2       4       1
 5   1       3       3       1
 6   1       2       3       1
 7   1       2       4       1
 8   1       2       4       1
 9   1       1       6       1
10   2       5       5       3
```

예시데이터는 총 500명의 응답자(노동자)로 구성되어 있습니다. gid 변수는 개별 응답자가 속한 집단(기업)의 식별아이디 변수이며, behavior 변수는 개별 응답자의 행동의향을 측정한 개인수준 변수이고, attitude 변수는 조직에 대한 응답자의 태도(호감수준)를 측정한 개인수준 변수이며, cohesion 변수는 집단의 결속력을 측정한 집단수준 변수입니다. 여기서는 behavior를 결과변수로 attitude를 개인수준 예측변수로 cohesion을 집단수준 예측변수로 투입하는 혼합모형을 추정해 보겠습니다. 혼합모형 추정을 위해 예측변수를 측정수준에 맞도록 평균중심화 변환을 실시하면 아래와 같습니다.

```
> # 사전처리
> lvl1 <- df2_cluster |>
+   group_by(gid) |>
+   mutate(
+     grpmc_att=attitude-mean(attitude)
+   ) |> ungroup()
> lvl2 <- df2_cluster |>
+   group_by(gid) |>
+   summarise(cohesion=mean(cohesion)) |>
+   mutate(grnd_cohesion=cohesion-mean(cohesion)) |>
+   select(gid,grnd_cohesion)
> df_cl <- full_join(lvl1,lvl2,by='gid')
```

이번 섹션에서는 다음의 네 가지 혼합모형을 추정하고 비교해 보겠습니다.

- 기저모형: 예측변수 투입없이 랜덤효과만 추정한 모형
- 랜덤절편 모형: 개인수준 예측변수(grpmc_att)의 고정효과만 추가투입한 모형
- 랜덤기울기 모형: 개인수준 예측변수(grpmc_att)의 기울기 랜덤효과를 추가투입한 모형
- 설명모형: 랜덤절편 모형 혹은 랜덤기울기 모형 중 데이터에 적합한 모형에 추가로 개인수준 예측변수(grpmc_att)와 집단수준 예측변수(grnd_cohesion)의 상호작용효과를 추정한 모형

2) 혼합모형 추정과 혼합모형 비교

먼저 전통적 분석방법으로 집단 내 군집화된 개인 데이터에 대한 혼합모형을 추정해 보겠습니다. lme4 패키지의 lmer() 함수를 활용하여, 기저모형, 랜덤절편 모형, 랜덤기울기 모형을 추정하면 아래와 같습니다.

```
> # Null model
> mlm2_cl_null <- lmer(behavior~1+(1|gid),
+                      data = df_cl)
> # Random intercept model
> mlm2_cl_RI <- lmer(behavior~grpmc_att+(1|gid),
+                    data = df_cl)
> # Random slope model
```

```
> mlm2_cl_RS <- lmer(behavior~grpmc_att+(grpmc_att|gid),
+                        data = df_cl)
```

세 혼합모형들 중 분석대상 데이터를 가장 잘 설명하는 모형을 찾기 위해 정보지수(AIC, BIC)를 계산한 후, 모형비교를 실시하면 아래와 같습니다.

```
> # 모형비교
> mlm2_cl_ICs <- bind_rows(
+   data.frame(model='Null',aic=AIC(mlm2_cl_null),bic=BIC(mlm2_cl_null)),
+   data.frame(model='Random intercept',aic=AIC(mlm2_cl_RI),bic=BIC(mlm2_cl_RI)),
+   data.frame(model='Random slope',aic=AIC(mlm2_cl_RS),bic=BIC(mlm2_cl_RS))
+ ) |> print()
             model      aic      bic
1             Null 1368.758 1381.402
2 Random intercept 1375.395 1392.253
3     Random slope 1257.598 1282.886
```

모형비교 결과에서 잘 나타나듯, 랜덤기울기 모형이 가장 적절한 모형입니다. 즉 개인의 태도가 행동의지에 미치는 효과(기울기)는 집단에 따라 달라진다고 볼 수 있습니다. 이제 랜덤기울기 모형을 기반으로 설명모형을 추정하고, 설명모형을 다른 모형들과 비교한 후, 최종모형을 선택해 봅시다.

```
> # Adding group-level predictor
> mlm2_cl_RS_int <- lmer(behavior~grpmc_att*grnd_cohesion+(grpmc_att|gid),
+                        data = df_cl)
> # 모형비교
> mlm2_cl_ICs <- bind_rows(
+   data.frame(model='Null',aic=AIC(mlm2_cl_null),bic=BIC(mlm2_cl_null)),
+   data.frame(model='Random intercept',aic=AIC(mlm2_cl_RI),bic=BIC(mlm2_cl_RI)),
+   data.frame(model='Random slope',aic=AIC(mlm2_cl_RS),bic=BIC(mlm2_cl_RS)),
+   data.frame(model='Interaction',aic=AIC(mlm2_cl_RS_int),bic=BIC(mlm2_cl_RS_int))
+ ) |> print()
             model      aic      bic
1             Null 1368.758 1381.402
2 Random intercept 1375.395 1392.253
```

```
3      Random slope   1257.598  1282.886
4       Interaction   1183.177  1216.894
```

모형비교 결과에서 확인할 수 있듯, 설명모형이 가장 적절합니다. `lme4::lmer()` 함수로 얻은 설명모형 추정결과를 살펴보면 아래와 같습니다.

```
> # 최종모형 선택
> summary(mlm2_cl_RS_int)
                                  [분량조절을 위해 해당부분은 제시하지 않았음]
Random effects:
 Groups   Name        Variance Std.Dev. Corr
 gid      (Intercept) 0.30255  0.5500
          grpmc_att   0.09608  0.3100   -0.32
 Residual             0.39744  0.6304
Number of obs: 500, groups:  gid, 80
Fixed effects:
                         Estimate Std. Error       df t value Pr(>|t|)
(Intercept)               3.99888    0.06815 79.15923  58.674  < 2e-16 ***
grpmc_att                 0.03605    0.04789 80.32239   0.753    0.454
grnd_cohesion             0.48211    0.06507 79.15259   7.409 1.21e-10 ***
grpmc_att:grnd_cohesion   0.38669    0.04547 81.61936   8.504 7.20e-13 ***
---
Signif. codes:  0 '***' 0.001 '**' 0.01 '*' 0.05 '.' 0.1 ' ' 1
```

우선 고정효과의 경우 통상적 회귀모형과 동일한 방식으로 해석하면 됩니다. 즉, 개인의 태도가 호의적일수록 행동의향이 높게 나타나는데, 이러한 관계는 조직의 결속력이 높을수록 더욱 강하게 나타납니다.

랜덤효과를 해석하기 위해서는 기저모형 추정결과를 먼저 확인해야 하며, 랜덤기울기항을 포함한 설명모형의 경우 랜덤기울기 모형의 추정결과 역시도 같이 살펴보아야 합니다. 우선 기저모형의 랜덤효과 추정항을 추출한 후, 측정수준별 분산과 ICC를 계산하면 아래와 같습니다.

```
> # 기저모형 ICC
> RE_cl_null <- VarCorr(mlm2_cl_null) |> as_tibble()
> RE_cl_null
```

```
# A tibble: 2 × 5
  grp      var1        var2  vcov  sdcor
  <chr>    <chr>       <chr> <dbl> <dbl>
1 gid      (Intercept) NA    0.513 0.716
2 Residual NA          NA    0.677 0.823
> RE_cl_null$vcov[1]/sum(RE_cl_null$vcov)
[1] 0.4312747
```

ICC 계산결과 0.43의 값을 얻었습니다. 즉 전체 분산 중 집단간 차이로 인한 분산이 약 43% 가량을 차지하는 것을 확인할 수 있었습니다. 다음으로 설명모형의 토대가 된 랜덤기울기 모형에서 나타난 랜덤효과를 살펴봅시다.

```
> # 랜덤기울기 모형 랜덤효과
> RE_cl_RS <- VarCorr(mlm2_cl_RS) |> as_tibble()
> RE_cl_RS
# A tibble: 4 × 5

  grp      var1        var2        vcov  sdcor
  <chr>    <chr>       <chr>       <dbl> <dbl>
1 gid      (Intercept) NA          0.560 0.748
2 gid      grpmc_att   NA          0.272 0.522
3 gid      (Intercept) grpmc_att   0.168 0.430
4 Residual NA          NA          0.395 0.628
```

출력결과에서 확인할 수 있듯, 개인수준 랜덤효과 추정항(분산, Residual)은 하나이지만, 집단수준 랜덤효과 추정항은 총 3개입니다. 랜덤기울기 모형의 경우, 예측변수의 수준에 따라 기울기의 분산, 그리고 기울기와 절편의 공분산이 변합니다. 이를테면 집단내 평균중심화 적용 개인의 태도(grpmc_att) 변수를 0으로 가정할 경우, 기울기의 분산과 기울기와 절편의 공분산은 그 값이 어떠하든 0으로 설정됩니다. 다시 말해 집단내에서 평균수준의 개인을 가정한다면, ICC의 값은 아래와 같이 계산됩니다.

```
> RE_cl_RS$vcov[1]/(RE_cl_RS$vcov[1]+RE_cl_RS$vcov[4])
[1] 0.5864523
```

그러나 집단내에서 평균보다 1표준편차가 높은 개인의 태도를 가정한다면, 이 경우의 ICC는 아래의 공식을 따라 조금 더 복잡한 계산과정을 거치게 됩니다.

$$ICC = \frac{Var(Intercept) + 2 \times att_{grpmc} \times Cov(Intercept, Slope) + att_{grpmc}^2 \times Var(Slope)}{(Var(Intercept) + 2 \times att_{grpmc} \times Cov(Intercept, Slope) + att_{grpmc}^2 \times Var(Slope)) + Var(Residual)}$$

```
> V_int <- RE_cl_RS$vcov[1]  # Var(Intercept)
> V_slp <- RE_cl_RS$vcov[2]  # Var(Slope)
> Cov_is <- RE_cl_RS$vcov[3]  #Cov(Intercept,Slope)
> V_resid <- RE_cl_RS$vcov[4]  # Var(Residual)
> (V_int+2*sd(df_cl$grpmc_att)*Cov_is+(sd(df_cl$grpmc_att)^2)*V_slp) /
+  (V_int+2*sd(df_cl$grpmc_att)*Cov_is+(sd(df_cl$grpmc_att)^2)*V_slp+V_resid)
[1] 0.7401193
```

반면 집단내에서 평균보다 1표준편차가 낮은 개인의 태도를 가정할 경우라면, ICC는 아래와 같습니다.

```
> (V_int-2*sd(df_cl$grpmc_att)*Cov_is+(sd(df_cl$grpmc_att)^2)*V_slp) /
+  (V_int-2*sd(df_cl$grpmc_att)*Cov_is+(sd(df_cl$grpmc_att)^2)*V_slp+V_resid)
[1] 0.5521527
```

ICC 추정결과에서 확인할 수 있듯, 집단내에서 개인의 태도가 점점 커질수록 ICC의 값이 증가하는 것을 확인할 수 있습니다($M-SD$일 경우, $ICC \approx 0.55$, M일 경우, $ICC \approx 0.59$; $M+SD$일 경우, $ICC \approx 0.74$).

즉 랜덤절편 모형일 경우 추정된 랜덤효과가 예측변수 수준에 따라 달라지지 않지만, 랜덤기울기 모형의 경우 기울기가 추정되는 예측변수 수준에 따라 달라집니다. 이는 설명모형의 오차비율감소(PRE)에서도 마찬가지로 적용됩니다. 다시 말해 설명모형의 PRE 역시 집단내 평균중심화 변환 개인의 태도 수준에 따라 PRE의 값이 상이하게 계산됩니다. 구체적으로 집단내 평균중심화 변환 개인의 태도 수준에 따라 설명모형의 개인수준과 집단수준 PRE값이 어떻게 변하는지 살펴보겠습니다. 먼저 집단내 평균중심화 변환 개인의 태도 수준의 경우 상위 25%부터 하위 25%까지의 수준을 상정하도록 하겠습니다.

```
> # PRE
> quantile(df_cl$grpmc_att)
   0%   25%   50%   75%  100%
-2.75 -0.75  0.00  0.75  2.50
> # 25% ~ 75%
> lvl_grpmc_att <- seq(from=-0.75,to=0.75,by=0.01)
```

다음으로 VarCorr() 함수를 이용하여 랜덤효과 추정항을 이끌어 낸 후, 예측변수의 수준별 랜덤기울기 모형에서 추정된 각 수준별 분산 추정결과를 계산하기 위해 아래와 같은 이용자정의 함수를 설정하였습니다.

```
> RE_cl_RS_int <- VarCorr(mlm2_cl_RS_int) |> as_tibble()
> # 공식설정
> wrapper_reduce <- function(x){
+   V_int <- RE_cl_RS_int$vcov[1]
+   V_slp <- RE_cl_RS_int$vcov[2]
+   Cov_is <- RE_cl_RS_int$vcov[3]
+   V_resid <- RE_cl_RS_int$vcov[4]
+   Between_Var <- V_int+ 2*x*Cov_is + (x^2)*V_slp
+   Reduced <- tibble(mod=x,grp=c('gid','Resid'),
+                     vcov=c(Between_Var,V_resid))
+   return(Reduced)
+ }
```

이제 설정된 집단내 평균중심화 변환된 개인의 태도 수준에 따라 집단수준 및 개인수준에서의 오차감소비율의 변화를 시각화하면 〈그림 2-9-3〉과 같습니다.

```
> df_PRE <- tibble()
> for (i in 1:length(lvl_grpmc_att)){
+   df_PRE <- bind_rows(df_PRE, bind_rows(wrapper_reduce(lvl_grpmc_att[i])) )
+ }
> df_PRE |>
+   mutate(
+     null_Var=ifelse(grp=='gid',RE_cl_null$vcov[1],RE_cl_null$vcov[2]),
+     PRE = 1 - vcov/null_Var,
```

```
+   lvl=ifelse(grp=='gid','Group-level','Individual-level')
+ ) |>
+ ggplot(aes(x=mod, y=PRE))+
+ geom_line()+
+ labs(x="Individual's attitude (group-mean centering)",
+      y="Proportional reduction in error (PRE)")+
+      scale_y_continuous(breaks=c(0.15,0.41,0.47))+
+ theme_bw()+
+ facet_grid(lvl~.,scales='free')
```

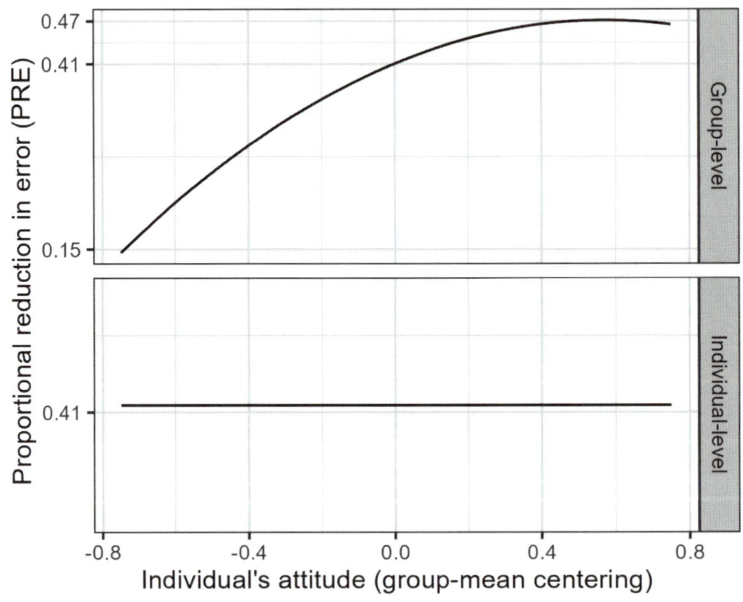

그림 2-9-3. 측정수준별 집단내 개인의 태도변화에 따른 오차감소비율 변화

〈그림 2-9-3〉에서 확인할 수 있듯, 개인수준의 PRE의 경우 약 0.41으로 일정하지만, 집단수준의 PRE의 경우 집단내 개인의 태도 변화에 따라 0.15부터 0.47까지 증가하는 패턴을 보입니다. 즉 조직내 개인의 행동의도의 경우, 집단내 개인의 태도수준에 따라 설명모형의 설명력이 달라집니다. 보다 구체적으로 집단내 개인이 비호의적 태도를 형성하고 있을 경우 집단수준에서 설명모형의 설명력은 상대적으로 낮지만, 집단내 개인이 호의적 태도를 형성하고 있는 경우라면 집단수준에서 설명모형의 설명력이 상대적으로 더 높아진다고 볼 수 있습니다. 반면 개인수준에서는 집단내 개인의 태도수준이 달라져도 설명모형의 설명력이 일정하게 나타났습니다.

이제는 brm() 함수를 활용하여 베이지언 분석방법으로 혼합모형을 추정해 봅시다. 전통적 분석방법과 마찬가지로 기저모형, 랜덤절편 모형, 랜덤기울기 모형을 아래와 같이 추정하였습니다.

```
> # Bayesian approach
> brm_mlm2_cl_null <- wrapper_brm_model( bf(behavior~1+(1|gid)),
>                                         df_cl, gaussian() )
> brm_mlm2_cl_ri <- wrapper_brm_model( bf(behavior~grpmc_att+(1|gid)),
>                                       df_cl, gaussian() )
> brm_mlm2_cl_rs <- wrapper_brm_model( bf(behavior~grpmc_att+(grpmc_att|gid)),
>                                       df_cl, gaussian() )
> # summary()  # 출력결과는 직접 확인해 보시기 바랍니다
> # plot()  # 출력결과는 직접 확인해 보시기 바랍니다
```

summary() 함수와 plot() 함수를 통해 MCMC 추정과정에서 별 문제가 없다는 것을 확인한 후, 베이스지수(BF)와 LOO 지수를 이용하여 어떤 모형이 가장 적합한지 살펴보겠습니다. 먼저 BF의 경우, 랜덤기울기 모형이 가장 분석대상 데이터를 잘 설명하는 것으로 나타났습니다(계산된 BF값은 해석이 어려울 정도로 엄청나게 큰 값을 보여 주고 있습니다).

```
> # 모형비교
> set.seed(1)
> BF_ri_null <- bayes_factor(brm_mlm2_cl_ri,brm_mlm2_cl_null)
                    [분량조절을 위해 Iteration 과정은 제시하지 않았음]
> BF_ri_null
Estimated Bayes factor in favor of brm_mlm2_cl_ri over brm_mlm2_cl_null: 0.09878
> BF_rs_ri <- bayes_factor(brm_mlm2_cl_rs,brm_mlm2_cl_ri)
                    [분량조절을 위해 Iteration 과정은 제시하지 않았음]
> BF_rs_ri
Estimated Bayes factor in favor of brm_mlm2_cl_rs over brm_mlm2_cl_ri:
1246952248747995751868246.00000
> BF_ri_null <- bayes_factor(brm_mlm2_cl_rs,brm_mlm2_cl_null)
                    [분량조절을 위해 Iteration 과정은 제시하지 않았음]
> BF_ri_null
Estimated Bayes factor in favor of brm_mlm2_cl_rs over brm_mlm2_cl_null:
121726740670261321792046.00000
```

LOO 지수의 경우, 랜덤절편 모형과 랜덤기울기 모형의 경우, add_criterion() 함수의 moment_match 옵션을 TRUE로 변경하여 설정하였습니다(디폴트 옵션으로 계산할 경우, 받아들이기 어려운 파레토 k값이 나타나는 것을 발견하실 수 있을 것입니다. 모멘트매칭 기법에 대해서는 앞서 횟수형 결과변수 대상 회귀모형을 소개하면서 설명드린 바 있습니다). 세 베이지언 혼합모형의 LOO 지수들을 비교한 결과 랜덤기울기 모형이 가장 적절한 모형이라는 것을 명확하게 확인할 수 있었습니다.

```
> brm_mlm2_cl_null <- add_criterion(brm_mlm2_cl_null, c("loo"))
> brm_mlm2_cl_ri <- add_criterion(brm_mlm2_cl_ri, c("loo"),
+                                 moment_match=TRUE)
> brm_mlm2_cl_rs <- add_criterion(brm_mlm2_cl_rs, c("loo"),
+                                 moment_match=TRUE)
> loo_compare(brm_mlm2_cl_null,brm_mlm2_cl_ri,brm_mlm2_cl_rs,
+             criterion="loo") |>
+   data.frame() |>
+   select(elpd_diff,se_diff,looic,se_looic)
                  elpd_diff  se_diff   looic  se_looic
brm_mlm2_cl_rs      0.00000   0.00000 1110.197 31.39967
brm_mlm2_cl_null -94.64440  16.97401 1299.486 42.63121
brm_mlm2_cl_ri   -96.10004  17.10725 1302.397 42.86832
```

이제 랜덤기울기 모형을 토대로 설명모형을 추정하겠습니다. 설명모형 추정과정에서 MCMC 추정과정에 문제가 없었다는 것을 확인한 후, 경쟁 모형들과 모형비교를 실시하는 과정은 아래와 같습니다.

```
> brm_mlm2_cl_rs_int <- wrapper_brm_model(
+   bf(behavior~grpmc_att*grnd_cohesion+(grpmc_att|gid)),
+   df_cl, gaussian() )
> # summary(brm_mlm2_tm_RI_int)  # 출력결과는 직접 확인해 보시기 바랍니다
> # plot(brm_mlm2_tm_RI_int)     # 출력결과는 직접 확인해 보시기 바랍니다
> # 모형비교
> set.seed(1)
> BF_rsint_rs <- bayes_factor(brm_mlm2_cl_rs_int,brm_mlm2_cl_rs)
                [분량조절을 위해 Iteration 과정은 제시하지 않았음]
```

```
> BF_rsint_rs
Estimated Bayes factor in favor of brm_mlm2_cl_rs_int over brm_mlm2_cl_rs:
105017626503195328.00000
> brm_mlm2_cl_rs_int <- add_criterion(brm_mlm2_cl_rs_int, c("loo"),
+                                     moment_match=TRUE)
> loo_compare(brm_mlm2_cl_null,brm_mlm2_cl_ri,
+             brm_mlm2_cl_rs,brm_mlm2_cl_rs_int,
+             criterion="loo") |>
+   data.frame() |>
+   select(elpd_diff,se_diff,looic,se_looic)
                    elpd_diff   se_diff    looic se_looic
brm_mlm2_cl_rs_int    0.00000  0.000000 1084.399 31.67275
brm_mlm2_cl_rs      -12.89903  5.300211 1110.197 31.39967
brm_mlm2_cl_null   -107.54342 16.418023 1299.486 42.63121
brm_mlm2_cl_ri     -108.99907 16.556507 1302.397 42.86832
```

모형비교 결과 랜덤기울기 모형 대비 설명모형의 베이스지수(BF)는 엄청나게 큰 숫자가 나타났으며, LOO 지수를 기준으로 할 때도 설명모형이 가장 적절한 모형이라는 사실을 확인할 수 있었습니다. 모형비교 결과를 토대로 설명모형이 어떻게 추정되었는지 살펴보기 전에, 랜덤효과 해석을 위해 기저모형의 랜덤효과 추정치와 ICC가 어떠한지 먼저 살펴보겠습니다.

```
> # 기저모형의 ICC
> post_null <- as_draws_df(brm_mlm2_cl_null) |>
+   mutate(
+     var_grp=sd_gid__Intercept^2,
+     var_ind=sigma^2,
+     ICC=var_grp/(var_grp+var_ind)
+   )
> post_null |> pivot_longer(cols=c(var_grp,var_ind,ICC)) |>
+   group_by(name) |>
+   summarise(
+     pe=mean(value),
+     lb=quantile(value,0.025),
+     ub=quantile(value,0.975)
+   )
# A tibble: 3 × 4
```

```
  name       pe    lb    ub
  <chr>     <dbl> <dbl> <dbl>
1 ICC       0.436 0.338 0.539
2 var_grp 0.533 0.358 0.769
3 var_ind 0.681 0.595 0.779
```

예측변수들을 전혀 투입하지 않은 기저모형 추정결과에 따르면, 전체 분산 중 집단수준의 분산비율은 약 34~54%의 범위에 놓일 가능성이 95% 가량인 것으로 나타났습니다. 아울러 집단수준의 분산과 개인수준의 분산의 사후분포에서 나타난 점추정치와 95% 신용구간도 확인할 수 있습니다.

이제 최종모형인 설명모형의 추정결과를 살펴봅시다.

```
> # 최종모형 추정결과
> summary(brm_mlm2_cl_rs_int)
 Family: gaussian
  Links: mu = identity; sigma = identity
Formula: behavior ~ grpmc_att * grnd_cohesion + (grpmc_att | gid)
   Data: mydata (Number of observations: 500)
  Draws: 4 chains, each with iter = 11000; warmup = 1000; thin = 1;
         total post-warmup draws = 40000

Multilevel Hyperparameters:
~gid (Number of levels: 80)
                          Estimate Est.Error l-95% CI u-95% CI Rhat Bulk_ESS Tail_ESS
sd(Intercept)                 0.56      0.06     0.46     0.68 1.00    12736    23250
sd(grpmc_att)                 0.32      0.05     0.23     0.41 1.00    18139    25840
cor(Intercept,grpmc_att)     -0.31      0.16    -0.61     0.02 1.00    16069    24854

Regression Coefficients:
                        Estimate Est.Error l-95% CI u-95% CI Rhat Bulk_ESS Tail_ESS
Intercept                   4.00      0.07     3.86     4.14 1.00     8786    17089
grpmc_att                   0.04      0.05    -0.06     0.13 1.00    21265    27033
grnd_cohesion               0.48      0.07     0.35     0.61 1.00    10775    18770
grpmc_att:grnd_cohesion     0.39      0.05     0.30     0.48 1.00    22806    27236
```

```
Further Distributional Parameters:
      Estimate Est.Error l-95% CI u-95% CI Rhat Bulk_ESS Tail_ESS
sigma    0.63      0.02     0.59     0.68 1.00    29643    31014

Draws were sampled using sampling(NUTS). For each parameter, Bulk_ESS
and Tail_ESS are effective sample size measures, and Rhat is the potential
scale reduction factor on split chains (at convergence, Rhat = 1).
```

고정효과와 랜덤효과 추정결과를 문장으로 서술하는 방법은 전통적 방식의 혼합모형 추정결과 해석방식과 동일합니다(물론 베이지언 혼합모형의 경우 통계적 유의도 테스트가 적용되지 않습니다). 베이지언 모형추정결과의 경우 사후분포를 추출하여 시각화하는 것이 훨씬 더 효과적이며, 무엇보다 더 많은 함의를 갖는 분석결과를 전달해 줄 수 있습니다. 시각화에 대해서는 다음 섹션에서 보다 자세하게 살펴보기로 하고, 간단하게 기울기 분석, 즉 집단내 개인의 태도가 행동의향에 미치는 효과가 집단의 결속력 수준에 따라 어떻게 다르게 나타나는지 `hypothesis()` 함수를 이용해 살펴보겠습니다. 집단수준 예측변수인 결속력 수준은 총 6개입니다. 아래와 같은 방식으로 평균중심화 변환 이전과 이후의 집단수준 예측변수를 설정한 후, 이에 따라 `hypothesis()` 함수에 투입될 테스트 공식을 설정하였습니다. 이후, 결속력 수준별 개인의 태도 기울기의 사후분포 점추정치와 95% 신용구간을 계산하면 아래와 같습니다.

```
> # 시간기울기분석
> df_form <- tibble(std_cohesion=sort( unique(df_cl$grnd_cohesion) ),
+       raw_cohesion=sort( unique(df2_cluster$cohesion) )) |>
+  mutate(
+    wgt=round(std_cohesion,2),
+    wgt=ifelse(wgt<0,wgt,paste0('+',wgt)),
+    form=paste0('b_grpmc_att',wgt,'*b_grpmc_att:grnd_cohesion = 0')
+  )
> for(i in 1:6){
+  print(paste0('Slope for Cohesion = ',df_form$raw_cohesion[i]))
+  hypothesis(brm_mlm2_cl_rs_int,df_form$form[i],
+                class=NULL)$hypothesis |>
+    select(Estimate,CI.Lower,CI.Upper) |> print()
+ }
[1] "Slope for Cohesion = 1"
```

```
   Estimate  CI.Lower  CI.Upper
1 -0.7558748  -0.9580968  -0.5517821
[1] "Slope for Cohesion = 2"
   Estimate  CI.Lower  CI.Upper
1 -0.3692102  -0.4999202  -0.2381143
[1] "Slope for Cohesion = 3"
   Estimate   CI.Lower CI.Upper
1 0.01745449  -0.07847316  0.1149158
[1] "Slope for Cohesion = 4"
  Estimate CI.Lower CI.Upper
1 0.4041191  0.2701928  0.5388368
[1] "Slope for Cohesion = 5"
  Estimate CI.Lower  CI.Upper
1 0.7907838   0.58415  0.9990523
[1] "Slope for Cohesion = 6"
  Estimate  CI.Lower CI.Upper
1 1.177448   0.8883121  1.469946
```

출력결과에서 확인할 수 있듯, 집단수준의 결속력이 3점 이하일 경우, 집단내 개인 태도의 기울기 참값의 95% 신용구간에 0이 포함되는 것으로 나타나는 반면, 4점 이상일 경우 개인 태도의 기울기 참값이 0을 포함하지 않을 확률이 95% 이상인 것으로 나타났습니다.

3) 모형추정결과 시각화

먼저 상대적으로 시각화 작업이 용이한 고정효과 추정결과를 시각화해 보겠습니다. 집단수준의 결속력 변수값 중 2, 3, 4, 5의 값에서 나타난 집단내 개인의 태도 기울기를 시각화해 보겠습니다. 먼저 conditional_effect() 함수의 conditions 옵션에 지정할 집단수준 결속력 변수의 수준을 지정한 데이터 프레임을 설정한 후, effects 옵션에 집단내 개인의 태도 기울기를 시각화하기 위한 오브젝트를 아래와 같이 설정하였습니다. 이를 토대로 계산된 개인의 태도와 집단 결속력간 상호작용효과 시각화 결과는 〈그림 2-9-4〉와 같습니다.

```
> # 시각화
> # cohesion이 2,3,4,5일 경우(1과 6은 제외)
> newdata <- tibble(grnd_cohesion=sort(unique(df_cl$grnd_cohesion))[2:5])
> fig_rsint <- conditional_effects(brm_mlm2_cl_rs_int,
```

```
+                             effects='grpmc_att',
+                             conditions=newdata)
> fig_rsint$grpmc_att |>
+ mutate(
+   cohesion=factor(grnd_cohesion,labels=2:5)
+ ) |>
+ ggplot(aes(x=grpmc_att,y=estimate__,color=cohesion,fill=cohesion))+
+ geom_line()+
+ geom_ribbon(aes(ymin=lower__,ymax=upper__),alpha=0.6)+
+ labs(x="Individual's attitude",y="Predicted behavioral intention",
+      color="Group cohesion level",fill="Group cohesion level")+
+ theme_bw()+
+ theme(legend.position='bottom')
```

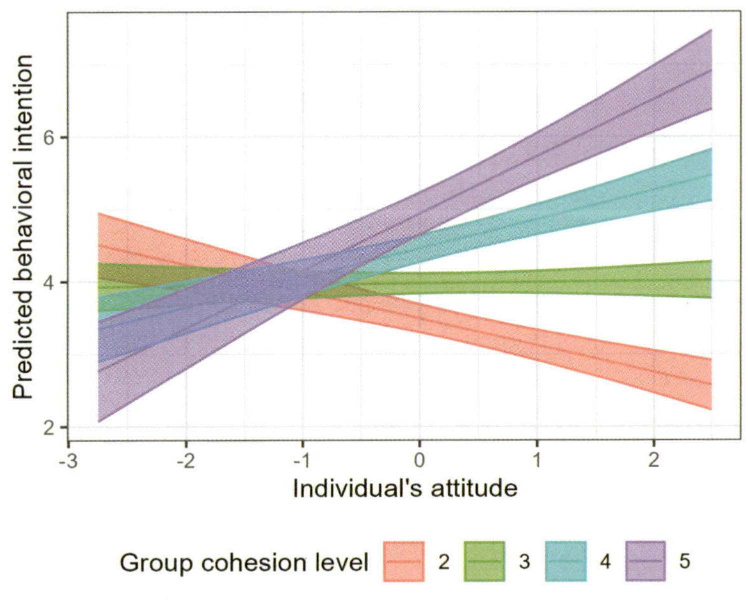

그림 2-9-4. 집단내 개인의 태도와 집단 결속력의 상호작용효과 시각화

랜덤효과의 경우 집단수준과 개인수준별 설명모형의 PRE을 시각화해 보겠습니다. 앞에서 말씀드렸듯, 랜덤기울기 모형의 경우 예측변수 수준에 따라 집단수준 랜덤효과 추정치(분산)가 달라진다는 점을 반드시 유념합시다. 우선 랜덤효과의 사후분포를 추출하면 아래와 같습니다. brm() 함수를 이용한 랜덤기울기 모형 추정결과의 경우, 기울기와 절편 사이의 상관계수가 추정됩니다. 따라서 절편과 기울기 사이의 공분산은 기울기 분산과 절편의 분산을 활용하여 계

산해야 합니다.

```
> # PRE
> post_rsint <- as_draws_df(brm_mlm2_cl_rs_int) |>
+ select(sd_gid__Intercept,sd_gid__grpmc_att,cor_gid__Intercept__grpmc_att,sigma) |>
+ mutate(
+   var_grp=sd_gid__Intercept^2,
+   var_slp=sd_gid__grpmc_att^2,
+   Cov_is=cor_gid__Intercept__grpmc_att*(sd_gid__Intercept*sd_gid__grpmc_att),
+   var_ind=sigma^2,
+ )
```

집단내 평균중심화변환된 개인 태도의 범위는 앞에서와 마찬가지로 25~75% 분위수를 활용하도록 하겠습니다. 기저모형에서 추출된 랜덤효과와 설명모형에서 추출된 랜덤효과 결과들을 활용하여, 예측변수 수준에 따라 집단수준과 개인수준별 랜덤효과를 저장하였습니다. 이후 기저모형과 설명모형에서 추출된 랜덤효과를 바탕으로 PRE를 계산한 후, PRE의 사후분포 점추정치와 95% 신용구간을 계산하기 위한 이용자정의 함수를 설정하였습니다.

```
> # 이용자정의 함수 설정
> wrapper_post_reduce <- function(x){
+ VarGid1 <- post_rsint$var_grp+2*x*post_rsint$Cov_is+(x^2)*post_rsint$var_slp
+ VarInd1 <- post_rsint$var_ind
+ VarGid0 <- post_null$var_grp
+ VarInd0 <- post_null$var_ind
+ PRE_Gid <- 1-(VarGid1/VarGid0)
+ PRE_Ind <- 1-(VarInd1/VarInd0)
+ pe_PRE_Gid <- mean(PRE_Gid)
+ lb_PRE_Gid <- quantile(PRE_Gid,prob=0.025)
+ ub_PRE_Gid <- quantile(PRE_Gid,prob=0.975)
+ pe_PRE_Ind <- mean(PRE_Ind)
+ lb_PRE_Ind <- quantile(PRE_Ind,prob=0.025)
+ ub_PRE_Ind <- quantile(PRE_Ind,prob=0.975)
+ result <- tibble(mod=x,lvl=c('gid','ind'),
+                  pe=c(pe_PRE_Gid,pe_PRE_Ind),
+                  lb=c(lb_PRE_Gid,lb_PRE_Ind),
```

```
+                   ub=c(ub_PRE_Gid,ub_PRE_Ind))
+  return(result)
+}
```

이제 예측변수 수준별 PRE 사후분포의 점추정치와 95% 신용구간을 반복계산한 결과를 시각화하면 〈그림 2-9-5〉와 같습니다. 〈그림 2-9-5〉에 나타난 PRE의 점추정치 변화(실선 부분)는 전통적 분석방법으로 얻은 결과와 거의 비슷합니다. 그러나 베이지언 분석기법의 경우 기저모형 대비 설명모형의 설명력(즉 PRE)이 어느 정도의 예측변수 수준에서 어떤 확률로 분포되었는지를 확인할 수 있다는 점입니다. 다시 말해 집단수준 전체 분산에 대한 설명모형의 설명력의 참값이 0보다 크게 나타날 확률이 95% 이상이 되는 집단내 개인 태도 변수의 수준은 0.11 이상입니다. 보다 구체적으로 표현하면, 집단내 개인의 태도가 소속집단 구성원의 평균보다 최소 0.11 정도가 클 경우 설명모형은 집단수준 전체 분산 중 일부를 95% 이상의 확률로 확실하게 설명할 수 있다고 해석할 수 있습니다.

```
> df_post_PRE <- tibble()
> for (i in 1:length(lvl_grpmc_att)){
+  df_post_PRE <- bind_rows(df_post_PRE,
+                           wrapper_post_reduce(lvl_grpmc_att[i]))
+}
> df_post_PRE |>
+  mutate(lvl=ifelse(lvl=='gid','Group-level','Individual-level')) |>
+  ggplot(aes(x=mod, y=pe))+
+  geom_line()+
+  geom_ribbon(aes(ymin=lb, ymax=ub),alpha=0.4)+
+  geom_hline(aes(yintercept=0),color='red')+
+  labs(x="Individual's attitude (group-mean centering)",
+       y="Proportional reduction in error (PRE)")+
+  scale_x_continuous(breaks=c(-0.75,0,0.11,0.75))+
+  theme_bw()+
+  facet_grid(lvl~.,scales='free')
```

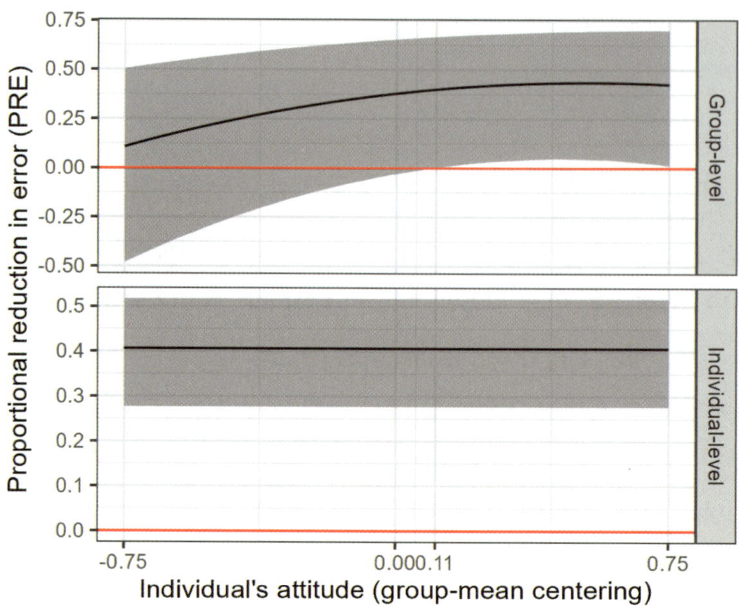

그림 2-9-5. 집단내 개인 태도 수준에 따른 오차감소비율(PRE) 변화

끝으로 고정효과와 함께 랜덤효과도 같이 시각화해 봅시다. 앞서 제시한 고정효과 모형추정 결과 시각화 결과인 〈그림 2-9-4〉는 랜덤효과를 고려하지 않은 결과입니다. 고정효과와 랜덤효과를 모두 시각화하는 것은 상황에 따라 상당히 복잡합니다. 왜냐하면 집단수준 변수인 결속감은 집단별로 그 수준이 제각각 다르기 때문입니다.

고정효과와 랜덤효과를 모두 시각화하기 위해서는 conditional_effects() 함수가 아닌 posterior_epred() 함수를 활용해야 합니다. 만약 오차포함 예측값의 사후분포를 얻고자 할 경우 posterior_predict() 함수를 이용하면 됩니다. 아래와 같이 베이지언 분석방식으로 추정한 혼합모형을 이용해서 예측값의 사후분포를 추출합니다.

```
> # 만약 집단별 랜덤효과를 반영하고자 할 경우
> post_cl_RSint <- posterior_epred(brm_mlm2_cl_rs_int,newdata=df_cl)
> post_cl_RSint <- as_tibble( t(post_cl_RSint) )
> fig_post_cl_RSint <- post_cl_RSint |>
+  mutate(
+    gid=factor(df_cl$gid),
+    grpmc_att=df_cl$grpmc_att,
+    grnd_cohesion=df_cl$grnd_cohesion,
+    cohesion=factor(grnd_cohesion,labels=1:6)
+  ) |>
```

```
+ pivot_longer(cols=1:40000) |>
+ group_by(gid,grpmc_att,cohesion) |>
+ summarise(
+   pe=mean(value),
+   lb=quantile(value,0.025),
+   ub=quantile(value,0.975)
+ ) |> ungroup()
`summarise()` has grouped output by 'gid', 'grpmc_att'. You can override using the
`.groups` argument.
```

이후 집단 결속감의 수준별 해당 집단들별로 개인의 태도가 행동의도에 미치는 효과를 시각화한 결과는 〈그림 2-9-6〉과 같습니다.

```
> wrapper_pattern_by_group <- function(cohesion_number,mylabel){
+ result_fig <- fig_post_cl_RSint |>
+   filter(cohesion==cohesion_number) |>
+   mutate(cohesion_lbl=mylabel) |>
+   ggplot(aes(x=grpmc_att,y=pe,color=gid,fill=gid))+
+   geom_line()+
+   geom_ribbon(aes(ymin=lb,ymax=ub),alpha=0.3)+
+   labs(x="Individual's attitude",y="Predicted behavioral intention")+
+   coord_cartesian(ylim=c(0,8),xlim=c(-3,3))+
+   scale_y_continuous(breaks=0:8)+
+   theme_bw()+
+   theme(legend.position='none')+
+   facet_grid(~cohesion_lbl)
+ return(result_fig)
+}
> ( wrapper_pattern_by_group(1,"Group Cohesion, Very low")+
+   wrapper_pattern_by_group(2,"Group Cohesion, Low")+
+   wrapper_pattern_by_group(3,"Group Cohesion, Slightly low")
+ ) /
+ ( wrapper_pattern_by_group(4,"Group Cohesion, Slightly high")+
+ wrapper_pattern_by_group(5,"Group Cohesion, High")+
+ wrapper_pattern_by_group(6,"Group Cohesion, Very high") )
```

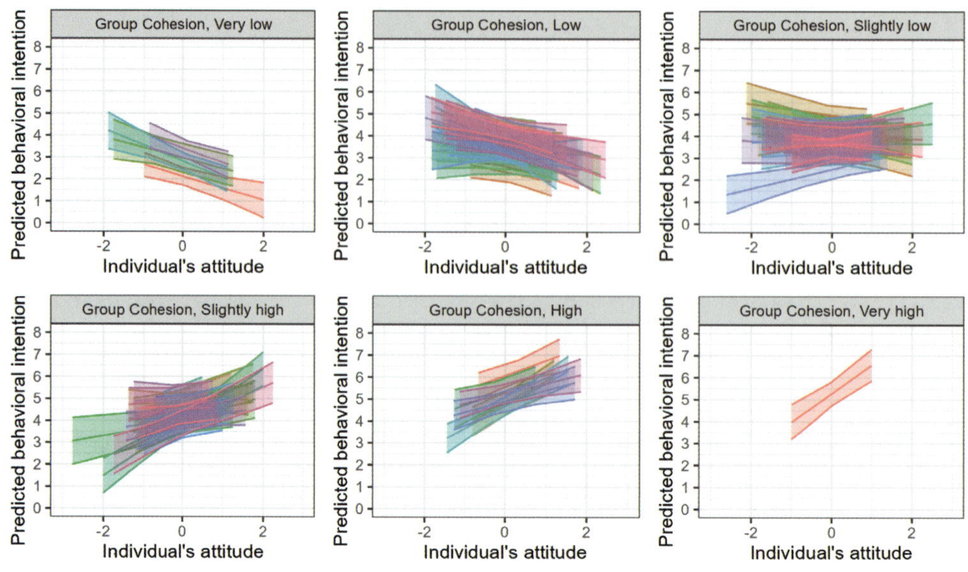

그림 2-9-6. 집단결속감 수준별 개인 태도 수준에 따른 오차감소비율(PRE) 변화

〈그림 2-9-6〉을 〈그림 2-9-4〉와 비교해 보시면, 고정효과와 랜덤효과를 모두 같이 시각화하는 것의 장·단점이 무엇인지 쉽게 이해하실 수 있습니다. 〈그림 2-9-4〉의 경우 랜덤효과를 고려하지 않은 상황에서 고정효과 패턴만 시각화한 결과라는 점에서 랜덤효과는 도외시했다는 단점이 존재합니다. 그러나 만약 연구자의 연구목적이 고정효과를 테스트하고 설명하는 것이라면, 〈그림 2-9-4〉은 연구결과의 핵심을 간결하게 담는다는 장점이 존재합니다. 반면 〈그림 2-9-6〉은 혼합모형 추정결과의 특징인 고정효과와 랜덤효과를 모두 전달할 수 있다는 분명한 장점이 존재합니다. 그러나 시각화 작업이 다소 복잡하다는 점, 그리고 제시된 그래프 결과도 상당히 복잡하기 때문에 청중 혹은 독자의 입장에서 결과를 빠르게 이해하기 어렵다는 단점도 존재합니다.

4) 강한 사전분포 설정

분량 조절을 위해 군집 데이터 형태에 대한 베이지언 혼합모형 추정 시 강한 사전분포를 설정하는 방법은 다루지 않겠습니다. 그러나 `default_prior()` 함수를 통해 `brm()` 함수를 통한 베이지언 혼합모형에서 어떠한 모수가 어떻게 지정되는지 확인한 후, 연구자가 원하는 방식으로 고정효과와 랜덤효과에 대해 강한 사전분포를 설정하는 방법은 전혀 다르지 않습니다.

3 횟수형 결과변수 상황 군집 데이터를 위한 혼합모형

1) 데이터의 특성과 사전처리

앞에서 결과변수가 횟수형(count) 변수인 경우 활용할 수 있는 회귀모형들로 포아송 회귀모형, 음이항 회귀모형, 0포화 회귀모형과 허들 회귀모형 등을 살펴 보았습니다. 횟수형 결과변수 대상 혼합모형을 추정하는 경우도 마찬가지입니다. 다시 말해, 횟수형 결과변수에서 0의 등장빈도가 너무 많지 않다면, 포아송 혼합모형 혹은 음이항 혼합모형을 활용할 수 있습니다. 또한 과대분포 현상이 없을 경우라면 포아송 혼합모형을, 과대분포 현상이 뚜렷할 경우라면 음이항 혼합모형을 활용할 수 있습니다. 반면 횟수형 결과변수에서 0의 등장빈도가 매우 높으며 0과 양의 정수를 구분할 필요가 있다면, 0포화 혼합모형 혹은 허들 혼합모형을 활용할 수 있습니다. 마찬가지로 과대분포 현상이 발생한 경우라면 0포화(혹은 허들) 음이항 모형을 반대로 과대분포 현상이 없다고 가정할 수 있는 경우라면 0포화(혹은 허들) 포아송 모형을 사용하면 됩니다.

이번 섹션에서 살펴볼 예시데이터는 총 4개의 변수들로 구성된 군집 데이터(clustered data), 즉 집단내 개인들이 군집을 이루는 형태의 데이터입니다. 예시데이터는 총 50개의 집단들과 1,890명의 개인 응답자들로 구성되어 있습니다. gid는 개인이 배속된 집단의 식별아이디 변수이며, behavior는 개인의 행동빈도를, attitude는 개인의 태도를, 그리고 loyalty는 집단구성원들에게서 나타난 조직에 대한 충성도를 의미합니다. 이번 섹션에서는 behavior를 횟수형 결과변수로, attitude를 개인수준 예측변수로, loyalty를 집단수준 예측변수로 하는 혼합모형 추정방법을 실습하겠습니다.

```
> df2_cluster_count <- read_csv("level2_cluster_count.csv")
> df2_cluster_count
# A tibble: 1,890 × 4
    gid behavior attitude loyalty
  <dbl>    <dbl>    <dbl>   <dbl>
1     1        0        2       4
2     1        2        4       4
3     1        0        5       4
4     1       45        5       4
5     1        6        5       4
6     1        9        4       4
```

```
7  1     0    3    4
8  1     0    4    4
9  1     0    5    4
10 1     0    4    4
# i 1,880 more rows
# i Use `print(n = ...)` to see more rows
```

먼저 예시데이터의 횟수형 결과변수의 분포를 살펴봅시다. 군집 데이터 특성에 맞도록 집단별 횟수형 결과변수의 분포를 살펴본 결과는 〈그림 2-9-7〉과 같습니다. 〈그림 2-9-7〉에서 잘 나타나듯, 예시데이터의 결과변수에는 0의 발생빈도가 매우 높으며, 포아송 혹은 음이항 혼합모형보다 0포화 혹은 허들 혼합모형이 더 적합해 보입니다. 여기서는 분량 조절을 위해 '0포화 음이항 혼합모형'만을 살펴보도록 하겠습니다. 지금까지 소개한 내용을 충실하게 학습하였다면 적용 가능한 다른 베이지언 혼합모형들의 추정방법과 모형비교 역시 어렵지 않게 수행하실 수 있을 것으로 생각합니다.

```
> df2_cluster_count|>
+  ggplot(aes(x=behavior))+
+  geom_histogram(alpha=0.8)+
+  theme_bw()+
+  labs(x="Behavior",y='Frequency')+
+  facet_wrap(~gid,ncol=5)
```

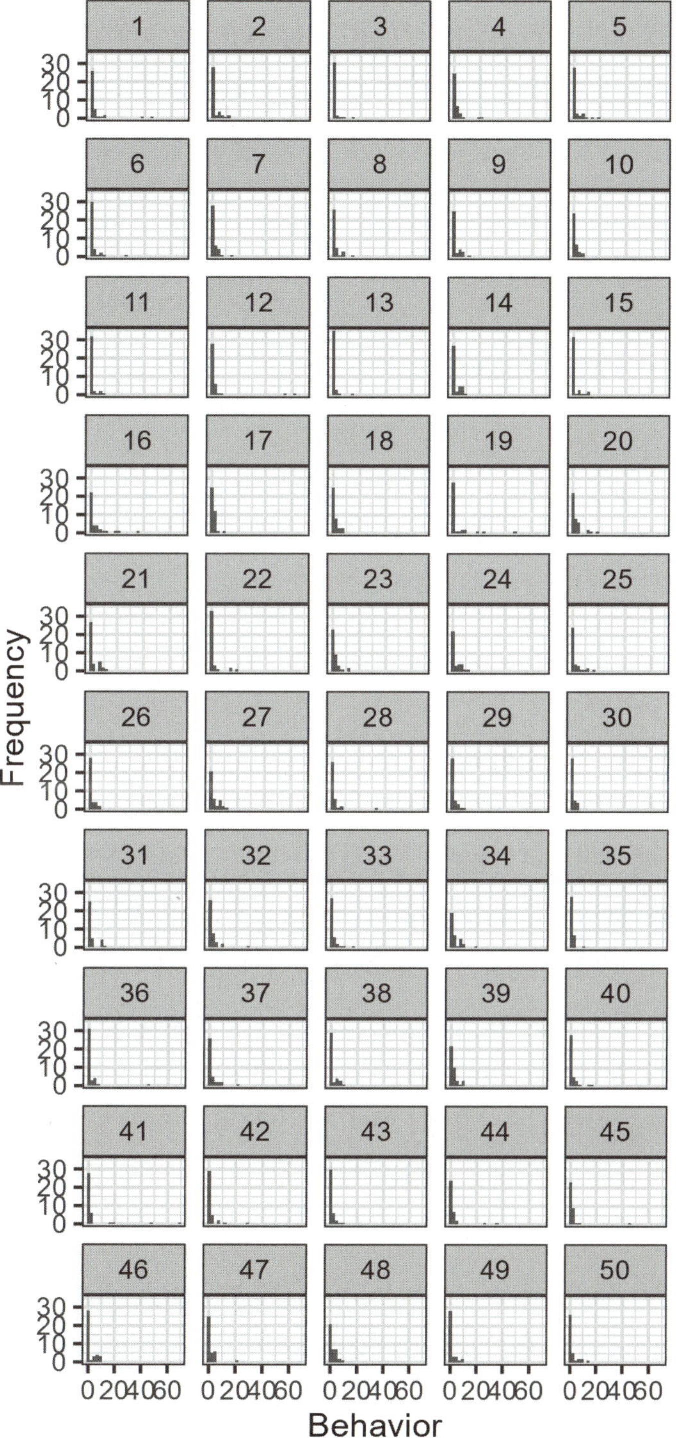

그림 2-9-7. 집단별 횟수형 결과변수의 분포

본격적으로 0포화 혼합모형을 추정하기에 앞서, 데이터에 대한 사전처리를 실시하겠습니다. 즉 개인수준 예측변수의 경우, 집단내 평균중심화(group-mean-centering) 변환을 적용하였으며, 집단수준 예측변수의 경우, 집단수준에서의 평균중심화 변환을 실시하였습니다. 사전처리 작업은 아래와 같습니다.

```
> # 0포화 혼합모형
> lvl1 <- df2_cluster_count |>
+  group_by(gid) |>
+  mutate(grpmc_att=attitude-mean(attitude)) |>
+  ungroup()
> lvl2 <- df2_cluster_count |>
+  group_by(gid) |>
+  summarise(loyalty=mean(loyalty)) |>
+  mutate(grndmc_loyal=loyalty-mean(loyalty)) |>
+  select(gid,grndmc_loyal)
> df <- full_join(lvl1,lvl2,by='gid')
```

2) 혼합모형 추정과 혼합모형 비교

먼저 전통적 분석방식으로 0포화 혼합모형을 추정해 보겠습니다. glmmTMB 패키지의 glmmTMB() 함수를 활용하면 0포화 혼합모형을 추정할 수 있습니다. lme4 패키지와 구성이 비슷하지만, 0포화 혼합모형을 추정할 경우 0 및 양의 정수 여부를 설명하는 방정식(zi =~ 파트)과 양의 정수의 빈도를 설명하는 방정식(R의 통상적 공식지정 파트)을 구분해 지정합니다. 또한 음이항 혼합모형을 적용하기 위해 family 옵션을 nbinom2() 함수[4]로 지정하였습니다. 앞서 말씀드렸듯, 분량 조절을 위하여 여기서는 예측변수를 전혀 투입하지 않은 '기저모형'과 0과 양의 정수 여부를 설명하는 방정식과 양의 정수 발생빈도 설명 방정식에 두 예측변수의 주효과와 상호작용효과를 고정효과로 투입한 '설명모형' 두 가지만을 살펴보겠습니다.[5] 설명모형

---

4) 음이항 혼합모형 추정 시 family 옵션에 nbinom1() 함수를 지정할 수도 있습니다. 횟수형 결과변수의 평균과 분산 사이의 관계에 따라 nbinom1() 함수나 nbinom2() 함수를 사용할 수 있으며, 어떤 함수를 지정해야 하는지 결정할 때 데이터에 더 적합한 함수를 선택하는 것이 보통입니다(즉 동일한 테스트 모형을 대상으로 AIC나 BIC의 값이 더 작게 나타나는 함수). 평균변화보다 분산변화가 더 급격하다고 판단하는 경우라면 nbinom1() 함수보다 nbinom2() 함수를 사용하는 것이 더 적절합니다. 참고로 제시된 0포화 음이항 혼합모형의 경우, nbinom1() 함수를 적용하면 AIC = 6125, BIC = 6197로 나타나는 반면, nbinom2() 함수를 적용할 경우 AIC = 6065, BIC = 6137의 값을 얻을 수 있습니다.

5) 다른 대안적 모형들로 단순 포아송 혼합모형(brm_mlm2_zi_pois), 단순 음이항 혼합모형(brm_mlm2_zi_negbin), 0 혹은 양의 정수 여부를 설명하는 방정식에 대해 기저모형을 가정한 혼합 음이항 혼합모형(brm_mlm2_zi_NB_cnt), 양의 정수 발생빈도를 설명하는 방정식에 대해 기저모형을 가정한 혼합 음이항 혼합모형(brm_mlm2_zi_NB_zero) 등을 대상으로

의 랜덤효과를 추정할 때는 양의 정수 발생빈도를 설명하는 방정식에 랜덤기울기 추정항을 반영하였습니다.

0포화 음이항 혼합모형을 기반으로 glmmTMB() 함수를 이용해 기저모형과 설명모형을 추정한 결과는 아래와 같습니다.

```
> # glmmTMB 이용 전통적 접근
> # 분량조절 문제로 대안적 경쟁모델은 제시하지 않음
> mlm2_zi_null <- glmmTMB(
+   behavior~1+(1|gid),
+   zi=~1+(1|gid),
+   family = nbinom2(),
```

LOO 지수를 기반으로 모형비교를 실시한 결과는 아래와 같습니다.

```
> brm_mlm2_zi_pois <- wrapper_brm_model( bf(behavior~grpmc_att*grndmc_loyal+(1+grpmc_att|gid)),
+                                        df, poisson() )
> brm_mlm2_zi_negbin <- wrapper_brm_model( bf(behavior~grpmc_att*grndmc_loyal+(1+grpmc_att|gid)),
+                                        df, negbinomial() )
> brm_mlm2_zi_NB_zero <- wrapper_brm_model( bf(behavior~1+(1|gid),
+                                        zi~grpmc_att*grndmc_loyal+(1|gid)),
+                                    df, zero_inflated_negbinomial() )
> brm_mlm2_zi_NB_cnt <- wrapper_brm_model( bf(behavior~grpmc_att*grndmc_loyal+(1+grpmc_att|gid),
+                                        zi~1+(1|gid)),
+                                    df, zero_inflated_negbinomial() )
> brm_mlm2_zi_pois <- add_criterion(brm_mlm2_zi_pois, c("loo"),
+                           moment_match=TRUE,reloo=TRUE)
> brm_mlm2_zi_negbin <- add_criterion(brm_mlm2_zi_negbin, c("loo"))
> brm_mlm2_zi_NB_zero <- add_criterion(brm_mlm2_zi_NB_zero, c("loo"),
+                                  moment_match=TRUE)
> brm_mlm2_zi_NB_cnt <- add_criterion(brm_mlm2_zi_NB_cnt, c("loo"),
+                                  moment_match=TRUE)
> brm_mlm2_zi_NB_null <- add_criterion(brm_mlm2_zi_NB_null, c("loo"))
> brm_mlm2_zi_NB_int <- add_criterion(brm_mlm2_zi_NB_int, c("loo"))
> loo_compare(brm_mlm2_zi_pois,brm_mlm2_zi_negbin,
+             brm_mlm2_zi_NB_zero,brm_mlm2_zi_NB_cnt,
+             brm_mlm2_zi_NB_null,brm_mlm2_zi_NB_int,
+             criterion="loo") |>
+   data.frame() |>
+   select(elpd_diff,se_diff,looic,se_looic)
                     elpd_diff    se_diff      looic    se_looic
brm_mlm2_zi_NB_int     0.00000    0.00000   6042.166   133.2814
brm_mlm2_zi_NB_cnt   -37.69844    8.60839   6117.563   131.9363
brm_mlm2_zi_negbin   -58.07018   10.33691   6158.307   132.6728
brm_mlm2_zi_NB_zero -103.88883   15.19002   6249.944   141.9108
brm_mlm2_zi_NB_null -109.68862   15.28675   6261.544   140.7161
brm_mlm2_zi_pois   -2928.53054  251.98972  11899.227   566.8508
```

```
+  data = df,
+  REML = TRUE
+ )
> summary(mlm2_zi_null)
 Family: nbinom2  ( log )
Formula:          behavior ~ 1 + (1 | gid)
Zero inflation:          ~1 + (1 | gid)
Data: df

     AIC      BIC    logLik deviance df.resid
      NA       NA       NA       NA     1886

Random effects:

Conditional model:
 Groups Name        Variance Std.Dev.
 gid    (Intercept) 0.04843  0.2201
Number of obs: 1890, groups:  gid, 50

Zero-inflation model:
 Groups Name        Variance Std.Dev.
 gid    (Intercept) 2.871    1.694
Number of obs: 1890, groups:  gid, 50

Dispersion parameter for nbinom2 family (): 0.259

Conditional model:
            Estimate Std. Error z value Pr(>|z|)
(Intercept)   0.6747     3.7205   0.181    0.856

Zero-inflation model:
            Estimate Std. Error z value Pr(>|z|)
(Intercept)  -4.0003     0.1122  -35.66   <2e-16 ***
---
Signif. codes:  0 '***' 0.001 '**' 0.01 '*' 0.05 '.' 0.1 ' ' 1
```

먼저 기저모형 추정결과를 살펴보겠습니다. 먼저 Conditional model:은 양의 정수 발생 빈도를 추정한 모형추정결과이며, Zero-inflation model:은 양의 정수 대비 0의 발생 가능성을 예측한 모형추정결과입니다. Random effects: 출력결과에서 확인할 수 있듯, 횟수형 결과변수는 정규분포를 가정할 수 없기 때문에 개인수준의 랜덤효과(분산)는 추정되지 않습니다. 제시된 랜덤효과는 절편의 분산[(Intercept)의 Variance]입니다.

다음으로 설명모형을 추정한 결과는 아래와 같습니다.

```
> mlm2_zi_negbin <- glmmTMB(
+   behavior~grpmc_att*grndmc_loyal+(1+grpmc_att|gid),
+   zi=~grpmc_att*grndmc_loyal+(1|gid),
+   family = nbinom2(),
+   data = df,
+   REML = TRUE
+ )
> summary(mlm2_zi_negbin)
 Family: nbinom2  ( log )
Formula:          behavior ~ grpmc_att * grndmc_loyal + (1 + grpmc_att | gid)
Zero inflation:             ~grpmc_att * grndmc_loyal + (1 | gid)
Data: df

     AIC      BIC   logLik deviance df.resid
  6064.5   6136.6  -3019.2   6038.5     1881

Random effects:

Conditional model:
 Groups Name        Variance Std.Dev. Corr
 gid    (Intercept) 0.02389  0.1546
        grpmc_att   0.03985  0.1996   -0.62
Number of obs: 1890, groups:  gid, 50

Zero-inflation model:
 Groups Name        Variance  Std.Dev.
 gid    (Intercept) 2.071e-08 0.0001439
Number of obs: 1890, groups:  gid, 50
```

```
Dispersion parameter for nbinom2 family (): 0.773

Conditional model:
                            Estimate Std. Error z value Pr(>|z|)
(Intercept)                  0.98304    0.06649  14.785   <2e-16 ***
grpmc_att                    0.56565    0.05665   9.985   <2e-16 ***
grndmc_loyal                -0.06428    0.04874  -1.319    0.187
grpmc_att:grndmc_loyal       0.43094    0.05087   8.472   <2e-16 ***
---
Signif. codes:  0 '***' 0.001 '**' 0.01 '*' 0.05 '.' 0.1 ' ' 1

Zero-inflation model:
                            Estimate Std. Error z value Pr(>|z|)
(Intercept)                 -0.65643    0.17785  -3.691 0.000224 ***
grpmc_att                    0.76863    0.11725   6.556 5.54e-11 ***
grndmc_loyal                -0.13863    0.09655  -1.436 0.151043
grpmc_att:grndmc_loyal       0.18944    0.08974   2.111 0.034766 *
---
Signif. codes:  0 '***' 0.001 '**' 0.01 '*' 0.05 '.' 0.1 ' ' 1
```

우선 AIC와 BIC의 값을 비교해 보면 확인할 수 있듯, 기저모형보다 설명모형이 더 적절한 모형입니다. 이제 설명모형의 고정효과를 해석해 봅시다. 고정효과에 대한 해석은 0포화 음이항 회귀모형의 추정결과를 해석할 때와 동일합니다. `Zero-inflation model`: 출력결과의 고정효과 추정항은 양수일 경우 양의 정수 발생 가능성이 높게 나타난다는 것을 의미하며, 음수일 경우에는 0의 발생 가능성이 높게 나타난다는 것을 뜻합니다. 즉 집단내 개인의 태도점수가 높아질수록 행동을 하지 않을 확률 대비 행동을 할 확률이 증가하는 관계가 나타나는데($b = 0.77$, $p < .001$), 이는 조직 구성원 전반의 충성도가 높은 조직일수록 더욱 뚜렷하게 나타납니다($b = 0.19$, $p = .03$). 회귀계수에 대한 구체적 해석을 시도할 경우, OR로 변환하여 해석할 수 있습니다.

다음으로 `Conditional model`: 출력결과의 고정효과 추정항은 행동을 취한 개인의 행동 빈도를 설명한 결과입니다. 고정효과 추정결과를 해석하면, 집단내 개인의 태도점수가 높아질수록 행동을 더욱 빈번하게 하는데($p < .001$, $p < .001$), 이 관계는 조직 구성원 전반의 충성도가 높은 조직일수록 더욱 뚜렷하게 나타납니다($b = 0.43$, $p < .001$). 회귀계수에 대한 구체적 해석을 시도할 경우, 지수함수를 활용하여 해석할 수 있습니다.

기저모형의 랜덤효과 추정결과와 달리 Random effects: 출력결과에서 기울기의 분산(grpmc_att의 Variance)과 절편-기울기의 상관계수(Corr 부분)가 추가로 추정된 것을 확인할 수 있습니다. 앞서 랜덤절편 모형과 랜덤기울기 모형 추정결과에 대한 랜덤효과를 해석하였을 때와 마찬가지로 오차감소비율(PRE)을 활용하면 됩니다. 개인수준 예측변수의 평균을 가정하고 '0 및 양의 정수 여부' 그리고 '양의 정수 발생빈도'에서 나타난 집단수준의 PRE를 계산하겠습니다. 랜덤효과 추정결과는 VarCorr() 함수를 이용해서 추출할 수 있으며, 추출된 오브젝트의 경우, '0 및 양의 정수 여부'에 대한 랜덤효과는 $zi에서 '양의 정수 발생빈도'에 대한 랜덤효과는 $cond에서 확인할 수 있습니다. PRE 계산방법은 아래와 같습니다.

```
> # PRE (개인수준 예측변수의 평균 가정)
> zi_int <- data.frame(VarCorr(mlm2_zi_negbin)$zi)[1,1]
> null_zi_int <- data.frame(VarCorr(mlm2_zi_null)$zi)[1,1]
> cond_int <- data.frame(VarCorr(mlm2_zi_negbin)$cond)[1,1]
> null_cond_int <- data.frame(VarCorr(mlm2_zi_null)$cond)[1,1]
> 1 - zi_int/null_zi_int
[1] 1
> 1 - cond_int/null_cond_int
[1] 0.5068205
```

출력결과에서 확인할 수 있듯, 설명모형을 활용하여 0 및 양의 정수 여부의 집단수준 분산을 거의 대부분 설명할 수 있었으며, 양의 정수 발생빈도의 집단수준 분산 중 약 51% 가량을 설명할 수 있다는 것을 확인할 수 있었습니다.

이제 brm() 함수를 이용하여 기저모형과 설명모형에 대한 0포화 음이항 혼합모형을 적용해 보겠습니다. 추정방법은 아래와 같습니다. family 옵션에 zero_inflated_negbinomial() 함수를 적용하면 0포화 음이항 혼합모형을 추정할 수 있습니다.[6] 참고로 모형추정에 시간이

6) 허들 음이항 혼합모형을 추정한다면 아래와 같습니다. 공식지정 부분에서 zi~ 가 아닌 hu~를, family 옵션을 허들 음이항 분포에 맞도록 지정하시면 됩니다. 허들 음이항 혼합모형을 원하시는 독자께서는 직접 모형추정결과를 살펴보시기 바랍니다. BF와 LOO 지수를 기반으로 판단할 때, 허들 음이항 혼합모형에 비해 0포화 음이항 혼합모형이 더 적절하였기 때문에 0포화 음이항 혼합모형 추정결과를 중심으로 본문을 저술하였습니다.

```
> brm_mlm2_hd_NB_int <- wrapper_brm_model(
+                          bf(behavior~grpmc_att*grndmc_loyal+(1+grpmc_att|gid),
+                            hu~grpmc_att*grndmc_loyal+(1|gid)),
+                            df, hurdle_negbinomial() )
```

꽤 많이 소요됩니다. 제 경우 기저모형과 설명모형 두 가지를 추정하는 데 약 40분의 시간이 소요되었습니다.

```
> brm_mlm2_zi_NB_null <- wrapper_brm_model( bf(behavior~1+(1|gid),
+                                              zi~1+(1|gid)),
+                                           df, zero_inflated_negbinomial() )
> brm_mlm2_zi_NB_int <- wrapper_brm_model(
+                       bf(behavior~grpmc_att*grndmc_loyal+(1+grpmc_att|gid),
+                          zi~grpmc_att*grndmc_loyal+(1|gid)),
+                       df, zero_inflated_negbinomial() )
> # summary()  # 출력결과는 직접 확인해 보시기 바랍니다
> # plot()     # 출력결과는 직접 확인해 보시기 바랍니다
```

summary() 함수와 plot() 함수를 통해 MCMC 추정과정에 별 문제가 없다는 것을 확인하였습니다. 베이스지수(BF)와 LOO 지수를 이용하여 모형비교를 실시해 보겠습니다. 먼저 BF의 경우 아래에서 확인할 수 있듯, 설명모형이 기저모형보다 상상할 수 없을 정도로 분석대상 데이터를 더 잘 설명합니다.

```
> # 모형비교 : Bayes Factor, LOO index
> BF_ZINB_int_null <- bayes_factor(brm_mlm2_zi_NB_int,brm_mlm2_zi_NB_null)
                [분량조절을 위해 Iteration 과정은 제시하지 않았음]
> BF_ZINB_int_null
Estimated Bayes factor in favor of brm_mlm2_zi_NB_int over brm_mlm2_zi_NB_null:
4321833916372758695680460822428006004246220.00000
```

다음으로 LOO 지수를 비교하면 아래와 같습니다. LOO 지수 계산과정 역시 상당한 시간이 소요됩니다. 제 경우 대략 30분 정도의 시간이 소요되네요. 출력결과를 살펴보면 확인하실 수 있듯, 설명모형은 기저모형과 비교해 명백하게 예측정확도가 높게 나타납니다.

```
> brm_mlm2_zi_NB_null <- add_criterion(brm_mlm2_zi_NB_null, c("loo"))
> brm_mlm2_zi_NB_int <- add_criterion(brm_mlm2_zi_NB_int, c("loo"))
> loo_compare(brm_mlm2_zi_NB_null,brm_mlm2_zi_NB_int,
+             criterion="loo") |>
+   data.frame() |>
```

```
+ select(elpd_diff,se_diff,looic,se_looic)
                        elpd_diff se_diff   looic se_looic
brm_mlm2_zi_NB_int       0.0000  0.00000  6042.166 133.2814
brm_mlm2_zi_NB_null -109.6886 15.28675   6261.544 140.7161
```

베이지언 0포화 음이항 혼합모형 추정결과에 대한 추가분석으로 집단비교(범주형 예측변수의 경우) 혹은 기울기 분석을 실시할 수도 있습니다. 앞에서와 마찬가지로 hypothesis() 함수를 활용하면 됩니다. 여기서는 집단수준 예측변수인 grndmc_loyal에 따라 개인수준 예측변수인 grpmc_att의 기울기 분석을 실시해 보겠습니다. 추정된 0포화 혼합모형의 경우, 기울기는 0과 양의 정수 여부에 대한 추정결과와 양의 정수의 빈도에 대한 추정결과 두 가지에 대해 실시할 수 있습니다. 먼저 집단수준 예측변수의 수준을 설정한 후, 예측변수 수준에 따라 테스트하고자 하는 기울기 분석의 테스트 가설을 설정하였습니다. 이후 5개의 집단수준 예측변수 수준에 따른 개인변수의 기울기 분석을 실시한 결과는 아래와 같습니다.

```
> df_hypothesis <- tibble(loyalty=sort( unique(df$loyalty) ),
+      grndmc_loyal=sort( unique(df$grndmc_loyal) ) ) |>
+ mutate(
+   wgt=ifelse(grndmc_loyal>0,paste0('+',grndmc_loyal),grndmc_loyal),
+   form_cnt=paste('b_grpmc_att',wgt,'*b_grpmc_att:grndmc_loyal = 0'),
+   form_zero=paste('b_zi_grpmc_att',wgt,'*b_zi_grpmc_att:grndmc_loyal = 0')
+ )
> result_hypothesis <- tibble(loyalty=rep(1:5,each=2),
+                             type=rep(c('count','zero'),each=5),
+                             slope_pe=NA,slope_lb=NA,slope_ub=NA)
> for (i in 1:5){
+  result_hypothesis[i,3:5] <- hypothesis(brm_mlm2_zi_NB_int,
+                                        df_hypothesis$form_cnt[i],
+                                        class=NULL)$hypothesis |>
+   data.frame() |> select(Estimate,CI.Lower,CI.Upper)
+  result_hypothesis[i+5,3:5] <- hypothesis(brm_mlm2_zi_NB_int,
+                                         df_hypothesis$form_zero[i],
+                                         class=NULL)$hypothesis |>
+   data.frame() |> select(Estimate,CI.Lower,CI.Upper)
+ }
> result_hypothesis
```

```
# A tibble: 10 × 5
  loyalty type  slope_pe slope_lb slope_ub
    <int> <chr>    <dbl>    <dbl>    <dbl>
1       1 count   -0.226  -0.442   -0.0127
2       1 count    0.210   0.0730   0.345
3       2 count    0.645   0.533    0.761
4       2 count    1.08    0.914    1.25
5       3 count    1.52    1.26     1.78
6       3 zero     0.468   0.138    0.850
7       4 zero     0.661   0.432    0.937
8       4 zero     0.855   0.609    1.16
9       5 zero     1.05    0.687    1.48
10      5 zero     1.24    0.723    1.85
```

출력결과에서 확인할 수 있듯, 개인수준 예측변수 기울기의 참값은 95% 이상의 확률로 0을 포함하지 않습니다. 다만 흥미로운 점은 집단수준 예측변수가 가장 낮은 수준(1)일 경우, 개인수준 예측변수의 기울기는 음수인 반면(태도점수가 높을수록 행동을 취한 사람의 행동빈도는 낮아지는 모습) 다른 경우에는 개인수준 예측변수의 기울기가 뚜렷한 양수로 나타났습니다(태도점수가 높을수록 행동을 취한 사람의 행동빈도가 높아지는 모습).

3) 모형추정결과 시각화

0포화 음이항 혼합모형 추정결과를 시각화해 봅시다. 0포화 혼합모형의 시각화 방법은, 모형추정 결과가 두 가지로 나뉘어져 있다는 점이 다를 뿐, 앞서 소개했던 혼합모형 시각화 방법과 개념적으로 동일합니다. 만약 랜덤효과를 고려하지 않고, 0과 양의 정수 여부, 양의 정수의 발생빈도를 구분하지 않는다면, 아래와 같이 conditional_effects() 함수를 활용할 수 있습니다. 집단수준 예측변수의 모든 수준별 개인수준 예측변수 기울기의 점추정치와 95% 신용구간을 추정하여 시각화한 결과는 〈그림 2-9-8〉과 같습니다.

```
> # conditional_effects() 함수의 경우, 0발생확률과 양의 정수 기댓값을 각각 시각화 할 수 없음
> newdata <- df |> count(grndmc_loyal) |> select(-n)
> fig_mlm2_zi_NB_int <- conditional_effects(brm_mlm2_zi_NB_int,
+                                            effects='grpmc_att',
+                                            conditions=newdata)
> fig_mlm2_zi_NB_int
```

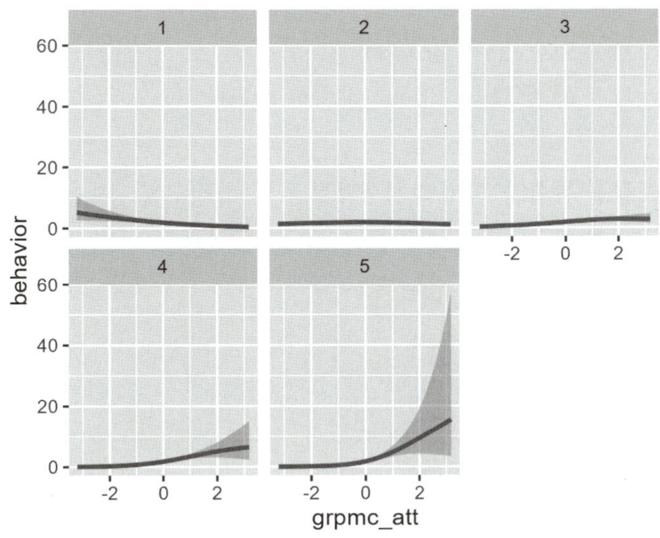

그림 2-9-8. 0포화 음이항 혼합모형에서 나타난 상호작용효과 시각화

만약 양의 정수 확률, 양의 정수의 기대빈도, 횟수형 결과변수의 기대빈도 세 가지를 모두 시각화하는 것은 물론, 고정효과와 랜덤효과까지 모두 시각화하고자 한다면 아래와 같이 posterior_epred() 함수를 활용하면 됩니다. 먼저 0의 발생확률 사후분포를 추정하는 방법은 아래와 같습니다. posterior_epred() 함수의 dpar 옵션을 'zi'으로 지정하시면 됩니다.

```
> # 0 발생확률
> newdata <- df |> count(gid,grpmc_att,grndmc_loyal) |> select(-n)
> post_zi_zero <- posterior_epred(brm_mlm2_zi_NB_int,newdata=newdata,dpar='zi')
> post_zi_zero <- as_tibble( t(post_zi_zero) )
```

다음으로 양의 정수일 경우의 기댓값 사후분포를 구하려면 posterior_epred() 함수의 dpar 옵션을 'mu'로 바꾸어야 합니다.

```
> # 양의 정수일 경우 기댓값
> post_zi_cnt <- posterior_epred(brm_mlm2_zi_NB_int,newdata=newdata,dpar='mu')
> post_zi_cnt <- as_tibble( t(post_zi_cnt) )
```

끝으로 횟수형 결과변수의 기댓값 사후분포를 추정하는 방법은 아래와 같습니다. posterior_epred() 함수의 디폴트를 그대로 활용하면 됩니다.

```
> # 결과변수의의 기댓값
> post_zi_overall <- posterior_epred(brm_mlm2_zi_NB_int,newdata=newdata)
> post_zi_overall <- as_tibble( t(post_zi_overall) )
```

세 가지 사후분포들을 통합한 후, 0의 발생확률은 양의 정수 발생확률로 변환하였으며, 개인 수준 예측변수와 집단수준 예측변수의 수준에 따라 사후분포의 점추정치와 95% 신용구간을 계산하여 정리한 결과는 아래와 같습니다.

```
> # 3가지 통합
> post_zi_3type <- bind_rows(post_zi_zero |> mutate(type='zi'),
+                            post_zi_cnt |> mutate(type='cnt'),
+                            post_zi_overall |> mutate(type='overall')) |>
+ mutate(
+   gid=rep(newdata$gid,3),
+   grpmc_att=rep(newdata$grpmc_att,3),
+   loyalty=rep(newdata$grndmc_loyal,3)
+ ) |>
+ pivot_longer(cols=1:40000,
+              names_to='ndraw',
+              values_to='post') |>
+ mutate(
+   type=ifelse(type=='zi','nonzero',type),
+   post=ifelse(type=='nonzero',1-post,post)
+ )
> fig_post_zi <- post_zi_3type |>
+ mutate(loyalty=factor(loyalty,labels=1:5)) |>
+ group_by(type,gid,grpmc_att,loyalty) |>
+ summarise(
+   pe=mean(post),
+   lb=quantile(post,prob=0.025),
+   ub=quantile(post,prob=0.975)
+ ) |> ungroup() |>
+ mutate(
+   type=fct_relevel(type,'nonzero','cnt','overall'),
+   type=factor(type,labels=c('Predicted \nnon-zero probability',
+                             'Predicted count\n(y > 0)',
```

```
+                                  'Predicted count\n(y ≥ 0)'))
+ )
```

이제 집단수준 예측변수의 수준에 따라 개인수준 예측변수와 사후분포의 점추정치와 95% 신용구간을 시각화하면 〈그림 2-9-9〉와 같습니다. 아래에서 확인할 수 있듯, 이용자정의 함수를 통해 집단수준 예측변수의 수준별 시각화 과정을 별도로 저장한 후, 5개의 집단수준 예측변수 수준별로 얻은 시각화 결과물들을 연결시키는 방법을 활용하였습니다.

```
> wrapper_pattern_by_group <- function(loyalty_number,mylabel){
+  result_fig <- fig_post_zi |>
+   filter(loyalty==loyalty_number) |>
+   mutate(loyalty_lbl=mylabel,gid=factor(gid)) |>
+   ggplot(aes(x=grpmc_att,y=pe,color=gid,fill=gid))+
+   geom_line()+
+   geom_ribbon(aes(ymin=lb,ymax=ub),alpha=0.3)+
+   labs(x="Individual's attitude",y="Predicted behavior")+
+   coord_cartesian(xlim=c(-2,2))+
+   theme_bw()+
+   theme(legend.position='none')+
+   facet_grid(type~loyalty_lbl,scales='free')
+  return(result_fig)
+ }
> wrapper_pattern_by_group(1,"Group loyalty, Very low")+
+   wrapper_pattern_by_group(2,"Group loyalty, Low")+
+   wrapper_pattern_by_group(3,"Group loyalty, Moderate")+
+   wrapper_pattern_by_group(4,"Group loyalty, High")+
+   wrapper_pattern_by_group(5,"Group loyalty, Very high")
```

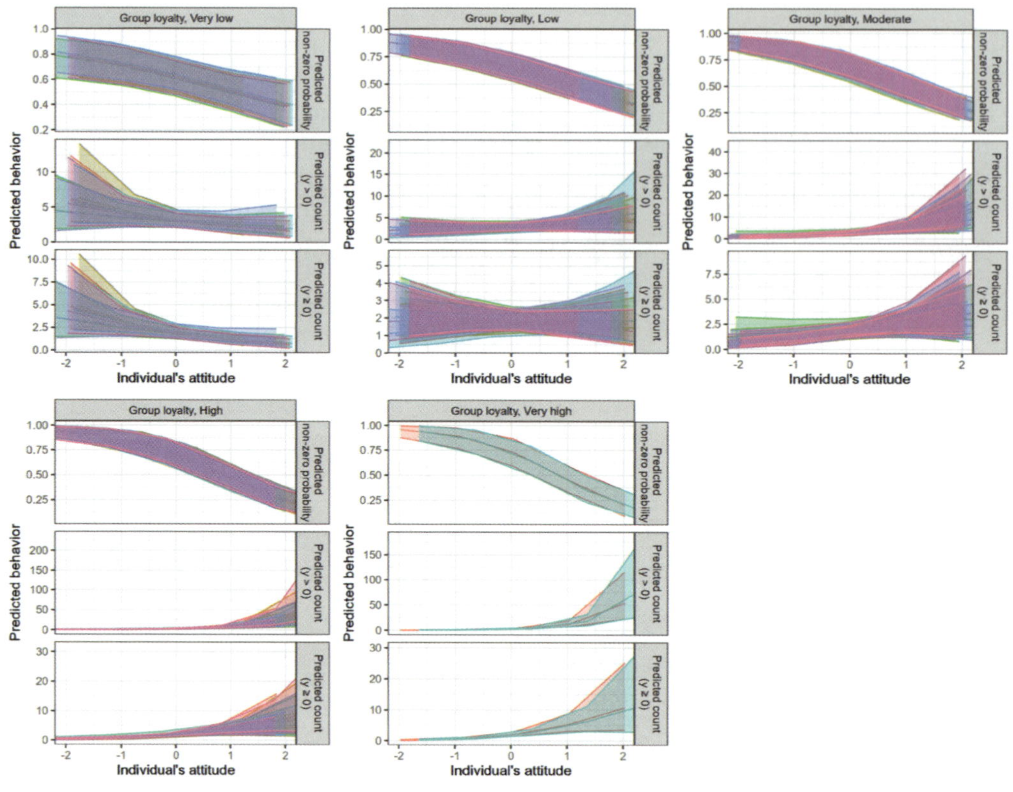

그림 2-9-9. 0포화 음이항 혼합모형에서 나타난 상호작용효과의 세부적 시각화

지금까지 위계적 데이터를 대상으로 혼합모형을 추정하는 방법을 살펴보았습니다. 구체적으로 동일한 개인에게서 여러 측정시점에서 반복적으로 측정치를 수집한 시계열 데이터(시간수준과 개인수준), 동일 집단내 개인들의 측정치를 수집한 군집 데이터(개인수준과 집단수준)를 대상으로 한 2층(two-level) 혼합모형 추정방법, 그리고 0의 발생빈도가 매우 높은 횟수형 결과변수를 대상으로 한 2층 0포화 음이항 혼합모형 추정방법을 살펴보았습니다. 아쉽지만 분량조절 문제로 다음과 같은 혼합모형 추정방법들의 경우 실습방법을 제시하지 못하였습니다.

- 3층(three-level) 혼합모형
- 교차수준(cross-level) 혼합모형
- (이분형/순위형/다항) 로지스틱 혼합모형
- 포아송 혼합모형과 음이항 혼합모형
- 다변량(multivariate) 혼합모형

그러나 이번 장에서 다루지 못한 혼합모형들의 경우도 전통적 분석방식으로 추정한 혼합모형 추정방식을 `brm()` 함수 설정방식에 맞도록 조정하시면 어렵지 않게 베이지언 분석방식을 적용할 수 있을 것입니다. 다음 장에서는 베이지언 분석방법으로 결측데이터 분석을 어떻게 진행하는지 살펴보겠습니다.

CHAPTER 10

결측데이터 분석

1. 전통적 결측데이터 분석기법
2. 베이지언 결측데이터 분석기법

데이터 분석과정에서 결측데이터 문제를 피하기는 어렵습니다. 분석대상 데이터에서 결측데이터가 그리 많지 않다면, '제거(deletion)', 보다 구체적으로 분석대상 변수 중 결측값을 포함된 분석사례들을 제거(listwise deletion)하는 것이 일반적입니다. 그러나 결측데이터 분석관련 문헌에 따르면 결측데이터를 제거할 경우, 데이터 분석결과의 불편향성(unbiasedness; 현실을 타당하게 반영하는 왜곡되지 않은 모수추정결과)과 효율성(efficiency; 통계적 검증력)이 훼손될 가능성이 높아집니다(Enders, 2010; Little & Rubin, 2020; Van Buuren, 2018).

이번 장에서는 베이지언 분석방법 관점에서 결측데이터에 어떻게 대처할 수 있는지 살펴보겠습니다. 전통적 분석 관점에서 결측데이터에 대처하는 방법은 '다중투입(MI, multiple imputation)' 기법과 '최대우도(ML, maximum likelihood)' 기법, 두 가지입니다. MI와 ML 기법에 대한 보다 포괄적인 소개와 설명은 관련 참고문헌(백영민·박인서, 2021)을 참고하시기 바랍니다. 여기서는 전통적 분석방법에서 활발하게 소개된 MI 기법과 ML 기법을 기반으로, `brm()` 함수를 활용한 베이지언 분석방법의 실습에 집중하겠습니다.

베이지언 결측데이터 분석을 실시할 때 유념할 사항들에 대해 살펴보도록 합시다. 첫째, 베이지언 결측데이터 분석에서도 MI 기법과 ML 기법과 마찬가지로 결측데이터 발생은 '완전무작위 결측발생 가정(MCAR, missing completely at random, assumption)' 혹은 '확률적 결측발생 가정(MAR, missing at random, assumption)'이 요구됩니다. MAR 가정은 특정 변수에서 나타난 결측값을 다른 변수(들)의 정보를 토대로 확률적으로 추정할 수 있다는 가정을 의미합니다. MAR 가정은 지금까지 알려진 모든 결측데이터 분석기법들에게서 요구되는 가정이며, 이는 베이지언 결측데이터 분석에서도 마찬가지입니다.

둘째, `brm()` 함수를 이용하는 베이지언 결측데이터 분석의 경우, ML 기법과 마찬가지로 정규분포를 가정할 수 있는 결측데이터의 경우 베이지언 결측데이터 분석을 직접 적용할 수 있습니다. 그러나 범주형 변수나 횟수형 변수 형태의 결측데이터를 분석할 경우 MI 기법에 활용되는 `mice` 패키지로 대표되는 다중투입 결측 데이터 기법을 활용해야 합니다(이 부분에 대해서는 실습과정에서 다시 말씀드리겠습니다). 즉 분석하고자 하는 결측데이터의 특성이 무엇인지에 따라 분석전략을 구분하여 세워야 합니다.

셋째, MI기법이나 ML 기법에 비해 베이지언 결측데이터 분석의 경우 상당히 긴 시간이 소요됩니다. 모형추정에 긴 시간이 소요된다는 점은 베이지언 분석방식에서 흔히 언급되는 단점이지만, 베이지언 결측데이터 분석의 경우 다른 결측데이터 분석과 비교해 모형추정에 소요되는 시간이 훨씬 더 깁니다. 특히 분석대상 모형이 복잡하고, 결과변수의 공분산을 가정하는 경우[구체적으로 `set_rescor()` 함수의 `rescor` 옵션을 `TRUE`로 설정할 경우]에는 모형추정에 소요되는 시간이 매우 길다는 점을 염두에 두기 바랍니다.

이번 장에서 다룰 예시데이터(anes2008_example.csv)는 R을 이용한 ML 기법과 MI 기법을 소개한 백영민·박인서(2021)에서 사용했던 예시데이터입니다. 이 데이터는 2008년도 미국 대통령 선거를 배경으로 수집된 설문조사 데이터로, 총 2,322명의 응답자로 구성되어 있습니다. 여기서 살펴볼 베이지언 결측데이터 분석방법은 2가지입니다. 첫 번째는 brms 패키지의 mi() 함수를 이용하는 방법입니다. 이 방법은 분석대상 데이터에서 결측값이 나타난 변수들이 모두 정규분포를 가정할 때 사용할 수 있습니다. 두 번째는 brms 패키지의 brm_multiple() 함수를 이용하여, mice 패키지로 다중투입된 오브젝트를 이용하는 방법입니다. 만약 결측값이 발생한 변수가 범주형 변수 혹은 횟수형 변수가 포함된 경우라면 이 방법을 활용하여 베이지언 결측데이터 분석을 진행할 수 있습니다.

여기서는 베이지언 결측데이터 분석을 위한 brms 패키지와 함께, 최대우도(ML) 기법기반 결측데이터 분석을 위해 lavaan 패키지를, 그리고 다중투입(MI) 기반 결측데이터 분석을 위해 mice 패키지를 활용하였습니다. 아울러 관리 및 사전처리 목적으로 tidyverse 패키지도 활용하였습니다.

분석에 앞서 베이지언 분석방식과 전통적 분석방식에 맞는 결측데이터 분석에 필요한 R 패키지들을 다음과 같이 구동한 후, 예시데이터를 호출하였습니다. 이번 장에서는 예시데이터에서 응답자의 성별(female), 연령(ageyr), 가구소득(hhinc), 교육수준(educ) 등을 예측변수로, 그리고 대선후보였던 오바마 후보와 매케인 후보에 대한 감정온도 변수(FT_obama, FT_mccain)를 결과변수로 다룰 예정입니다. 여기서 연령과 감정온도 변수의 경우 다른 변수들에 비해 측정단위가 크기 때문에 아래와 같이 10을 나누어주는 방식으로 스케일을 조정하였습니다.

```
> #패키지구동
> library(tidyverse)
> library(brms)
> library(mice)
> library(lavaan)
> df <- read_csv("anes2008_example.csv")
> df <- df|>
+  mutate(ageyr10=ageyr/10,
+          FT_obama10=FT_obama/10,
+          FT_mccain10=FT_mccain/10,
+          rid=row_number()) |> #응답자아이디생성
```

```
+ select(rid,female,ageyr10,hhinc,educ,FT_obama10,FT_mccain10)
```

본격적인 결측데이터 분석에 앞서 예시데이터의 변수별 결측값의 비율이 어느 정도인지 살펴보겠습니다. 여기서는 분량 조절을 위해 자세한 결측데이터 사전점검을 실시하지는 못하였습니다. 결측데이터 사전점검에 대한 보다 자세한 분석방법에 대해서는 백영민·박인서(2021)의 3장을 참조하시기 바랍니다.

```
> df |> select(-rid) |>
+ mutate(across(
+   .cols=everything(),
+   .fns=function(x){ifelse(is.na(x),1,0)}
+ )) |>
+ pivot_longer(cols=everything()) |>
+ group_by(name) |>
+ summarise(prop_NA=mean(value)) |>
+ arrange(prop_NA)
# A tibble: 6 × 2
  name       prop_NA
  <chr>        <dbl>
1 female       0
2 educ         0.00603
3 FT_obama10   0.0125
4 FT_mccain10  0.0168
5 ageyr10      0.0194
6 hhinc        0.0788
> nrow(df) - nrow(df |> drop_na())
[1] 256
> (nrow(df) - nrow(df |> drop_na()))/nrow(df)
[1] 0.1102498
```

출력결과에서 알 수 있듯, 분석대상 변수들 중 성별 변수만 결측값이 없고, 다른 변수들에서는 1~8%의 결측값이 존재한다는 것을 확인할 수 있습니다. 아울러 만약 리스트 단위 결측제거(listwise deletion)를 적용할 경우, 256명의 응답자가 제거되며 이들은 전체 응답자 중 약 11%를 차지하는 것을 확인할 수 있습니다.

1 전통적 결측데이터 분석기법

1) 다중투입(MI, multiple imputation) 기법

결측데이터 분석기법 중 가장 널리 활용되는 기법은 다중투입 기법입니다. 앞에서 말씀드렸듯 MI 기법을 적용하여 결측데이터를 분석할 때는 결측데이터가 MAR 가정(MCAR 가정 포함)을 따른다고 가정할 수 있어야 합니다.

가장 널리 활용되는 다중투입(MI) 기법은 연쇄방정식 기반 다중투입(MICE, multiple imputation using chained equations) 알고리즘을 활용한 MI 기법입니다. R의 `mice` 패키지의 내장함수들을 이용하면 MICE 알고리즘을 활용할 수 있습니다. MICE MI 기법은 크게 투입단계(imputing), 분석단계(analyzing, model estimation), 통합단계(pooling)의 3단계로 진행됩니다.

첫째, 투입단계에서는 결측값이 포함된 변수들의 측정수준을 지정한 후, 결측값에 대한 대체투입 횟수(m)를 지정하여, 대체투입 횟수만큼의 대체투입 데이터(imputed data)를 생성합니다. 일반적으로 m은 최소 5회 이상을 설정하며, 20회 정도면 충분하다고 알려져 있습니다(Graham et al., 2007). 둘째, 분석단계에서는 m회 생성된 대체투입 데이터별 모형을 적용하여 m개의 분석결과를 도출합니다. 셋째, 통합단계에서는 m개의 분석결과들을 1개의 분석결과로 통합합니다.

각 후보자에 대한 감정온도 변수를 결과변수로 하고, 성별, 연령, 소득, 교육수준을 예측변수로 하는 OLS 회귀모형을 적용한 MI 기법 적용 모형추정결과를 얻어 봅시다. 투입단계에서는 `mice()` 함수를 활용하면 됩니다. 대체투입 횟수는 $m = 20$을 적용하였습니다.

```
> #MI기법 결측데이터분석
> #Imputing
> mice_imp <- mice(data=df,m=20,seed=1234,print=FALSE)
```

두 번째 분석단계에서는 `with()` 함수를 이용하여 총 20개의 대체투입 데이터에 대한 각각 OLS 회귀모형을 추정한 후, 20개의 모형추정 결과를 저장하였습니다.

```
> #Analyzing단계: OLS 회귀모형 추정
> mice_ols1 <- with(mice_imp,lm(FT_obama10~female+ageyr10+hhinc+educ))
> mice_ols2 <- with(mice_imp,lm(FT_mccain10~female+ageyr10+hhinc+educ))
```

끝으로 20개의 모형추정 결과들을 pool() 함수를 이용하여 통합한 후, 모형추정결과를 summary() 함수를 이용하여 확인하면 됩니다.

```
> #Pooling단계
> pool_mice_ols1 <- pool(mice_ols1)
> pool_mice_ols2 <- pool(mice_ols2)
> summary(pool_mice_ols1,conf.int=TRUE)|>as_tibble()
# A tibble: 5 × 10
  term        estimate std.error statistic    df  p.value `2.5 %` `97.5 %` conf.low
conf.high
  <fct>          <dbl>     <dbl>     <dbl> <dbl>     <dbl>   <dbl>    <dbl>    <dbl>     <dbl>
1 (Interce…    8.29      0.254       32.6   1818.  6.27e-184  7.79      8.79     7.79      8.79
2 female       0.360     0.117        3.07  2167.  2.16e-  3  0.130     0.591    0.130     0.591
3 ageyr10     -0.194     0.0340      -5.69  1516.  1.49e-  8 -0.261    -0.127   -0.261    -0.127
4 hhinc       -0.0903    0.0104      -8.65  1536.  1.30e- 17 -0.111    -0.0698  -0.111    -0.0698
5 educ         0.0200    0.0422       0.473 1463.  6.36e-  1 -0.0628    0.103   -0.0628    0.103
> summary(pool_mice_ols2,conf.int=TRUE)|>as_tibble()
# A tibble: 5 × 10
  term      estimate std.error statistic    df p.value `2.5 %` `97.5 %` conf.low conf.high
  <fct>          <dbl>     <dbl>     <dbl> <dbl>    <dbl>   <dbl>    <dbl>    <dbl>     <dbl>
1 (Intercep…    3.41      0.239      14.2  1373.  5.20e-43  2.94      3.88     2.94      3.88
2 female       -0.198     0.109      -1.81 2024.  7.00e- 2 -0.413     0.0162  -0.413     0.0162
3 ageyr10       0.139     0.0316      4.41 1533.  1.12e- 5  0.0772    0.201    0.0772    0.201
4 hhinc         0.0570    0.00983     5.80 1134.  8.66e- 9  0.0377    0.0763   0.0377    0.0763
5 educ          0.0306    0.0387      0.790 1805. 4.29e- 1 -0.0453    0.106   -0.0453    0.106
```

MICE 알고리즘 기반 MI 기법 적용방법과 과정에 대해 알고 계신 분이라면 위의 과정을 어렵지 않게 이해하고 활용하실 수 있을 것입니다. MI 기반 결측데이터 분석을 적용한 OLS 회귀모형 추정결과는 통상적인 OLS 회귀모형 추정결과 해석과 동일합니다.

2) 최대우도(ML, maximum likelihood) 기법

다음으로 최대우도 기법을 적용하여 결측데이터 분석을 실시해 봅시다. MI 기법과 마찬가지로 ML 기법에서도 결측데이터에 대해 MAR 가정(MCAR 가정 포함)을 적용할 수 있어야 하며, 추가로 결측값이 발생한 변수(들)의 경우 반드시 정규분포를 가정할 수 있어야 합니다. 다시 말해 범주형 변수나 횟수형 변수의 경우 ML 기법을 적용할 수 없습니다.

ML 기법 기반 결측데이터 분석은 구조방정식 모형(SEM, structural equation modeling) 추정 프로그램을 활용하면 됩니다. 여기서는 R에서 가장 널리 사용되는 SEM 패키지인 lavaan 패키지를 활용하여 ML 기법 기반 결측데이터 분석을 진행하도록 하겠습니다. lavaan 패키지를 이용한 구조방정식 모형 추정과정은 모형구성, 모형추정, 추정결과 확인의 3단계로 요약할 수 있습니다.

첫째, 모형구성 단계에서는 분석대상 모형을 문자형으로 지정합니다. lavaan 패키지의 공식 지정 방식을 따라 예측변수들이 두 결과변수에 미치는 효과를 추정함과 동시에, 이번에는 두 결과변수 오차항 사이의 공분산(상관계수)를 추가로 추정하였습니다.

```
> #ML기법 결측데이터분석
> #모형구성
> ML_path <- "
+ FT_obama10~female+ageyr10+hhinc+educ
+ FT_mccain10~female+ageyr10+hhinc+educ
+ #오차항상관계수추정
+ FT_mccain10~~FT_obama10
+ "
```

둘째, 모형추정 단계에서는 지정된 분석대상 모형을 sem() 함수를 이용하여 추정합니다. ML 기법 기반 결측데이터 분석을 적용할 때는 반드시 missing 옵션을 완전정보 최대우도("FIML")로 지정해야 하며, 추가로 fixed.x 옵션을 FALSE로 바꾸어 주어야 합니다. 끝으로 절편값 추정을 위하여 meanstructure 옵션을 TRUE로 설정하였습니다.

```
> #모형추정
> ML_fit <- sem(model=ML_path,data=df,
+               missing="FIML",
+               fixed.x=FALSE,meanstructure=TRUE)
```

끝으로 summary() 함수를 이용하여 모형추정결과를 확인합니다. 여기서 저는 95% 신뢰구간을 제시하는 옵션(ci=TRUE)과, 표준화 모수추정결과를 제시하는 옵션(stand=TRUE)을 지정하였습니다. 분량 조절을 위해 OLS 회귀모형 추정결과에 부합하는 결과들만 제시하고, 나머지 부분의 경우 삭제하였습니다. 모든 추정결과를 확인하시고 싶은 분들은 직접 확인해 보시기 바랍니다.

```
> #추정결과 확인
> summary(ML_fit,ci=TRUE)
                    [분량조절을 위해 해당부분은 제시하지 않았음]
Regressions:
                 Estimate Std.Err z-value P(>|z|) ci.lower ci.upper Std.lv Std.all
 FT_obama10 ~
  female            0.361   0.117   3.091   0.002    0.132    0.590  0.361   0.063
  ageyr10          -0.192   0.034  -5.705   0.000   -0.258   -0.126 -0.192  -0.118
  hhinc            -0.090   0.011  -8.541   0.000   -0.111   -0.069 -0.090  -0.201
  educ              0.019   0.041   0.451   0.652   -0.063    0.100  0.019   0.010
 FT_mccain10 ~
  female           -0.198   0.109  -1.823   0.068   -0.411    0.015 -0.198  -0.038
  ageyr10           0.139   0.031   4.457   0.000    0.078    0.200  0.139   0.093
  hhinc             0.058   0.010   5.904   0.000    0.039    0.077  0.058   0.141
  educ              0.030   0.038   0.769   0.442   -0.046    0.105  0.030   0.018

Covariances:
                 Estimate Std.Err z-value P(>|z|) ci.lower ci.upper Std.lv Std.all
 .FT_obama10 ~~
  .FT_mccain10     -3.129   0.161 -19.395   0.000   -3.445   -2.812 -3.129  -0.446
                    [분량조절을 위해 해당부분은 제시하지 않았음]
Intercepts:
                 Estimate Std.Err z-value P(>|z|) ci.lower ci.upper
  .FT_obama10       8.288   0.253  32.816   0.000    7.793    8.783  8.288   2.927
  .FT_mccain10      3.399   0.235  14.469   0.000    2.939    3.860  3.399   1.311
                    [분량조절을 위해 해당부분은 제시하지 않았음]
Variances:
                 Estimate Std.Err z-value P(>|z|) ci.lower ci.upper
  .FT_obama10       7.568   0.224  33.751   0.000    7.129    8.008  7.568   0.944
  .FT_mccain10      6.511   0.193  33.750   0.000    6.132    6.889  6.511   0.968
                    [분량조절을 위해 해당부분은 제시하지 않았음]
```

ML 기반 결측데이터 분석을 적용한 OLS 회귀모형 추정결과에 대한 해석방법은 MI 기반 결측데이터 분석을 적용한 OLS 회귀모형 추정결과는 물론 통상적인 OLS 회귀모형 추정결과에 대한 해석방식과도 동일합니다. 그러나 위의 추정결과는 통상적 OLS 회귀모형이나 MI 기반 결측데이터 분석 기반 OLS 회귀모형과 한 가지 다른 점이 있습니다. 즉 ML 기반 분석결과에서는 두 결과변수 오차항 간 공분산(상관계수)을 추정하였습니다. 출력결과에서 확인할 수 있듯, 두 결과변수의 오차항은 약 –.45의 상관계수를 갖고 있습니다.

이렇듯 모형추정 과정에서 결과변수 사이의 오차항 상관계수를 추정하는 모형추정방법을 '오차상관통제 회귀분석(SUR, seemingly unrelated regression)'이라고 부릅니다.

2 베이지언 결측데이터 분석기법

1) mi() 함수 활용

brms 패키지의 mi() 함수는 추정모형에 포함된 변수에 결측값이 존재한다는 것을 지정할 때 사용합니다. 앞에서 살펴보았듯, 예시데이터의 변수들 중 성별(female) 변수를 제외한 모든 변수들에는 결측값이 포함되어 있습니다. mi() 함수를 이용하여 공식을 지정할 때, 첫 번째 결과변수인 오바마 후보에 대한 응답자의 감정온도 점수를 추정하는 회귀모형은 아래와 같이 지정할 수 있습니다. 여기서 결과변수의 경우 mi() 함수를 설정하는 방법이 조금 독특합니다.

```
bf(FT_obama10|mi()~female+mi(ageyr10)+mi(hhinc)+mi(educ))
```

그러나 여기서 주의할 것이 하나 있습니다. 위의 공식으로는 결과변수인 FT_obama10 변수의 결측값을 다룰 수 있을 뿐입니다. 예를 들어 educ 변수와 같이 예측변수에도 결측값이 존재합니다. 그렇다면 educ 변수의 결측값은 어떻게 처리해야 할까요? 예측변수에 포함된 결측값은 MAR 가정에 따라 실측데이터를 통해 대체추정되어야 합니다. 여기서 ageyr10, hhinc, educ의 세 변수의 결측값을 대체추정하기 위해 사용할 수 있는 변수로는 female 변수를 고려할 수 있습니다. 만약 순차적으로 female 변수의 정보를 이용하여, ageyr10 변수의 결측값을 대체추정하고, 다음으로는 female과 ageyr10 변수를 이용하여 hhinc 변수의 결측값을 대체추정하고, 끝으로 female, ageyr10, hhinc 변수를 이용하여 educ 변수의 결측값을 대체추정하는 방식을 취하면 예시데이터에서 결측값이 포함된 모든 변수들에 대한 대체추정이 가능합니다. 이는 앞에서 소개한 MICE 알고리즘과 개념적으로 유사한 방법입니다.[1] 위와 같은 연쇄적 대체투입을 brms 패키지의 공식 표현방식에 따라 정의하면 아래와 같습니다. 아울러 또 다른 결과변수인 FT_mccain10 변수에 대한 공식도 추가하였습니다.

```
> #Bayesian approach
> form_brms <- bf(FT_obama10|mi()~female+mi(ageyr10)+mi(hhinc)+mi(educ))+
+  bf(FT_mccain10|mi()~female+mi(ageyr10)+mi(hhinc)+mi(educ))+
+  bf(ageyr10|mi()~female)+
+  bf(hhinc|mi()~female+mi(ageyr10))+
+  bf(educ|mi()~female+mi(ageyr10)+mi(hhinc))
```

위와 같이 공식을 지정한 후, brm() 함수를 활용하여 mi() 함수를 활용한 베이지언 결측데이터 분석을 진행해 봅시다. MI 기법 사례와 마찬가지로 우선은 두 결과변수의 오차항들이 서로 무관하다(독립적이다)는 가정을 취하였습니다. 앞서 정의한 공식 오브젝트인 form_brms 뒤에 set_rescor(FALSE)를 추가지정한 것을 확인하시기 바랍니다. 참고로 brm() 함수의 경우 여러 방정식들이 지정된 경우 set_rescor() 함수의 디폴트는 FALSE입니다. 다시 말해 여기서는 set_rescor(FALSE)를 추가지정하지 않아도 추정결과는 동일합니다. 모형추정에 꽤 긴 시간이 소요되니,[2] 이 부분은 유념하시고 코드를 작동시키시기 바랍니다.

```
> brm_obama_mccain <- brm(form_brms+set_rescor(FALSE),
+                         data=df,
+                         family=gaussian(),
+                         control=list(adapt_delta=0.99),
+                         save_pars=save_pars(all=TRUE),
+                         chains=4,
+                         iter=11000,
+                         warmup=1000,
+                         cores=4,
+                         seed=1234)
Compiling Stan program...
```

1) 물론 완전히 동일하지는 않습니다. 왜냐하면 brm() 함수의 경우, 분석자가 지정한 순서에 따라 결측값의 대체투입 순서가 결정되지만, mice() 함수의 경우 어느 한 변수의 결측값은 다른 모든 변수들의 결측값을 기반으로 대체투입되기 때문입니다.

2) 제 경우 20분이 조금 넘는 시간이 소요되었습니다.

```
Start sampling
```

summary() 함수를 활용한 모형추정결과는 아래와 같습니다. 아래에서 확인할 수 있듯, 분석결과가 매우 길게 나옵니다.

```
> summary(brm_obama_mccain)   # 출력결과는 직접 확인해 보시기 바랍니다
 Family: MV(gaussian, gaussian, gaussian, gaussian, gaussian)
  Links: mu = identity; sigma = identity
         mu = identity; sigma = identity
         mu = identity; sigma = identity
         mu = identity; sigma = identity
         mu = identity; sigma = identity
Formula: FT_obama10 | mi() ~ female + mi(ageyr10) + mi(hhinc) + mi(educ)
         FT_mccain10 | mi() ~ female + mi(ageyr10) + mi(hhinc) + mi(educ)
         ageyr10 | mi() ~ female
         hhinc | mi() ~ female + mi(ageyr10)
         educ | mi() ~ female + mi(ageyr10) + mi(hhinc)
   Data: df (Number of observations: 2322)
  Draws: 4 chains, each with iter = 11000; warmup = 1000; thin = 1;
         total post-warmup draws = 40000

Regression Coefficients:
                      Estimate Est.Error l-95% CI u-95% CI Rhat Bulk_ESS Tail_ESS
FTobama10_Intercept       8.28      0.25     7.79     8.78 1.00    33560    30344
FTmccain10_Intercept      3.33      0.23     2.86     3.78 1.00    31832    28709
ageyr10_Intercept         4.68      0.06     4.57     4.79 1.00    65518    30226
hhinc_Intercept          15.18      0.43    14.35    16.02 1.00    33182    30260
educ_Intercept            2.61      0.12     2.38     2.84 1.00    32600    29624
FTobama10_female          0.36      0.12     0.13     0.59 1.00    59244    30938
FTmccain10_female        -0.19      0.11    -0.40     0.03 1.00    61783    28772
ageyr10_female            0.10      0.07    -0.05     0.24 1.00    65622    29499
hhinc_female             -1.20      0.27    -1.73    -0.66 1.00    64136    31360
educ_female               0.16      0.06     0.04     0.27 1.00    64119    31146
FTobama10_miageyr10      -0.19      0.03    -0.26    -0.12 1.00    39674    31077
FTobama10_mihhinc        -0.09      0.01    -0.11    -0.07 1.00    48175    31345
FTobama10_mieduc          0.03      0.04    -0.05     0.11 1.00    46591    29821
```

```
FTmccain10_miageyr10   0.15          0.03     0.09        0.21 1.00     37152     31389
FTmccain10_mihhinc     0.06          0.01     0.04        0.08 1.00     46255     31259
FTmccain10_mieduc      0.02          0.04    -0.05        0.10 1.00     43856     30800
hhinc_miageyr10       -0.18          0.08    -0.34       -0.03 1.00     30884     29083
educ_miageyr10        -0.05          0.02    -0.08       -0.01 1.00     37548     30526
educ_mihhinc           0.11          0.00     0.10        0.12 1.00     50659     32397

Further Distributional Parameters:
                 Estimate Est.Error l-95% CI u-95% CI Rhat Bulk_ESS Tail_ESS
sigma_FTobama10      2.75      0.04     2.67     2.83 1.00    73571    28408
sigma_FTmccain10     2.55      0.04     2.48     2.63 1.00    70779    30328
sigma_ageyr10        1.74      0.03     1.69     1.79 1.00    71183    29994
sigma_hhinc          6.27      0.10     6.08     6.46 1.00    58047    30796
sigma_educ           1.40      0.02     1.36     1.45 1.00    67913    31160

Draws were sampled using sampling(NUTS). For each parameter, Bulk_ESS
and Tail_ESS are effective sample size measures, and Rhat is the potential
scale reduction factor on split chains (at convergence, Rhat = 1).
> # plot(brm_obama_mccain)    # 출력결과는 직접 확인해 보시기 바랍니다
```

출력결과를 꼼꼼하게 살펴보시면 느끼시겠지만, 위의 결과에서 결과변수의 이름으로 시작하지 않는 회귀계수들(이를테면, ageyr10_Intercept)과 결과변수의 이름으로 끝나지 않는 오차항의 표준편차(이를테면, sigma_educ)는 예측변수의 결측값을 대체추정하면서 얻은 추정결과입니다. 즉 앞에서 전통적 분석방법으로 얻은 분석결과와 mi() 함수를 이용하여 추정한 베이지언 분석결과를 비교할 때는 결과변수의 이름으로 시작하는 회귀계수들과 결과변수의 이름으로 끝나는 오차항의 표준편차 추정결과에 주목하시면 됩니다.

MI 기법 결측데이터 분석을 적용하여 얻은 OLS 회귀모형 추정결과와 mi() 함수를 이용하여 베이지언 결측데이터 분석을 적용해 얻은 OLS 회귀모형 추정결과를 비교한 결과는 〈표 2-10-1〉과 같습니다.

표 2-10-1. MI 기법과 mi() 함수 활용 베이지언 결측데이터 분석 비교

	MI (multiple imputation) 기법 기반		mi() 함수 활용 베이지언 결측데이터 분석 기법 기반	
	FT_obama10	FT_mccain10	FT_obama10	FT_mccain10
절편	8.290 [7.791, 8.789]	3.409 [2.940, 3.879]	8.277 [7.785, 8.778]	3.326 [2.863, 3.784]
female	0.360 [0.130, 0.591]	-0.198 [-0.413, 0.016]	0.361 [0.133, 0.590]	-0.186 [-0.401, 0.029]
ageyr10	-0.194 [-0.261,-0.127]	0.139 [0.077, 0.201]	-0.190 [-0.256,-0.123]	0.146 [0.086, 0.207]
hhinc	-0.090 [-0.111,-0.070]	0.057 [0.038, 0.076]	-0.092 [-0.113,-0.072]	0.062 [0.042, 0.081]
educ	0.020 [-0.063, 0.103]	0.031 [-0.045, 0.106]	0.027 [-0.054, 0.108]	0.025 [-0.051, 0.100]

주. MI 기법 기반 추정결과($m = 20$)의 경우 회귀계수와 95% 신뢰구간(confidence interval)을 제시하였으며, mi() 함수 활용 베이지언 결측데이터 분석 기법 기반 추정결과의 경우 추정된 모수 사후분포의 점추정치와 95% 신용구간(credible interval)을 제시하였음.

〈표 2-10-1〉을 살펴보시면 확인하실 수 있듯, 두 가지 추정결과는 동일하지는 않지만 크게 다르지 않습니다. 물론 MI 기법으로 얻은 모형추정결과에 대한 해석방법은 베이지언 방식의 모형추정결과에 대한 해석방법과 동일하지는 않습니다.

다음으로 두 결과변수 오차항 사이의 상관관계를 가정하여, 즉 SUR으로 베이지언 결측데이터 분석을 진행해 봅시다. brm() 함수의 공식지정 부분을 form_brms+set_rescor(TRUE)로 교체한 후, 베이지언 결측데이터 분석을 진행하면 됩니다. 만약 아래 제시된 코드를 실행하고자 하신다면, 반드시 시간을 넉넉하게 준비하시기 바랍니다(해보셔도 좋지만, 굳이 해 볼 필요는 없을 것으로 저는 생각합니다). 제 PC로는 6시간이 넘는 시간이 소요되었기 때문입니다. 긴 시간이 소요되는 이유는 추정해야 하는 공분산이 상당히 많기 때문입니다. MCMC 추정과정에서 말씀드렸듯, 공분산을 가정할 경우에는 MCMC 추정과정에 많은 시간이 소요되며, 무엇보다 수렴도에 문제가 발생할 가능성이 높습니다.

```
> brm_simultaneous <- brm(form_brms+set_rescor(TRUE),
+                         data=df,
+                         family=gaussian(),
```

```
+                    control=list(adapt_delta=0.99),
+                    save_pars=save_pars(all=TRUE),
+                    chains=4,
+                    iter=11000,
+                    warmup=1000,
+                    cores=4,
+                    seed=1234)
Compiling Stan program...
Start sampling
> summary(brm_simultaneous)
 Family: MV(gaussian, gaussian, gaussian, gaussian, gaussian)
  Links: mu = identity; sigma = identity
         mu = identity; sigma = identity
         mu = identity; sigma = identity
         mu = identity; sigma = identity
         mu = identity; sigma = identity
Formula: FT_obama10 | mi() ~ female + mi(ageyr10) + mi(hhinc) + mi(educ)
         FT_mccain10 | mi() ~ female + mi(ageyr10) + mi(hhinc) + mi(educ)
         ageyr10 | mi() ~ female
         hhinc | mi() ~ female + mi(ageyr10)
         educ | mi() ~ female + mi(ageyr10) + mi(hhinc)
   Data: df (Number of observations: 2322)
  Draws: 4 chains, each with iter = 11000; warmup = 1000; thin = 1;
         total post-warmup draws = 40000

Regression Coefficients:
                      Estimate Est.Error l-95% CI u-95% CI Rhat Bulk_ESS Tail_ESS
FTobama10_Intercept       1.67      3.32    -4.11     9.36 1.00     3879     4556
FTmccain10_Intercept      0.91      2.83    -4.53     6.97 1.00     4342     5035
ageyr10_Intercept         4.68      0.06     4.57     4.79 1.00     7887    15375
hhinc_Intercept           3.56      4.10    -2.74    13.98 1.00     1652     1505
educ_Intercept            1.17      2.14    -3.00     5.49 1.00     2937     4211
FTobama10_female          0.38      0.49    -0.56     1.30 1.00     1386     1406
FTmccain10_female        -0.17      0.40    -0.97     0.63 1.00     1666     2424
ageyr10_female            0.10      0.07    -0.04     0.24 1.00     6837    12898
hhinc_female             -1.44      0.34    -2.14    -0.79 1.00     5394    10330
educ_female               0.18      0.19    -0.21     0.58 1.00     1773     2587
```

```
FTobama10_miageyr10       0.52      0.82     -1.00     2.25 1.00     1355     1954
FTobama10_mihhinc        -0.01      0.33     -0.65     0.63 1.00     1298     1351
FTobama10_mieduc          0.55      1.21     -1.72     3.03 1.00     1741     1530
FTmccain10_miageyr10      0.39      0.68     -0.97     1.74 1.01     1498     2891
FTmccain10_mihhinc        0.10      0.27     -0.45     0.67 1.00     1579     1953
FTmccain10_mieduc         0.19      1.04     -1.94     2.27 1.00     1785     1793
hhinc_miageyr10           2.30      0.87      0.07     3.65 1.00     1647     1501
educ_miageyr10            0.14      0.43     -0.71     1.04 1.00     1683     2959
educ_mihhinc              0.15      0.13     -0.11     0.41 1.00     1771     2289

Further Distributional Parameters:
                  Estimate Est.Error l-95% CI u-95% CI Rhat Bulk_ESS Tail_ESS
sigma_FTobama10      4.09      1.15     2.91     6.74 1.00     1786     1360
sigma_FTmccain10     3.42      0.86     2.61     5.80 1.00     2329     2119
sigma_ageyr10        1.74      0.03     1.69     1.79 1.00    11453    19384
sigma_hhinc          7.73      0.74     6.33     9.16 1.00     1799     2220
sigma_educ           1.78      0.41     1.41     2.92 1.00     2578     2371

Residual Correlations:
                               Estimate Est.Error l-95% CI u-95% CI Rhat Bulk_ESS Tail_ESS
rescor(FTobama10,FTmccain10)      -0.17      0.24    -0.59     0.34 1.00     2858     3640
rescor(FTobama10,ageyr10)         -0.28      0.31    -0.78     0.35 1.00     1541     3069
rescor(FTmccain10,ageyr10)        -0.12      0.31    -0.66     0.49 1.00     1697     3512
rescor(FTobama10,hhinc)           -0.03      0.38    -0.72     0.70 1.00     1389     2278
rescor(FTmccain10,hhinc)          -0.03      0.38    -0.72     0.69 1.01     1588     2532
rescor(ageyr10,hhinc)             -0.55      0.16    -0.73    -0.07 1.00     1653     1525
rescor(FTobama10,educ)            -0.08      0.38    -0.74     0.65 1.00     2223     2849
rescor(FTmccain10,educ)           -0.02      0.37    -0.70     0.69 1.00     2030     3109
rescor(ageyr10,educ)              -0.16      0.36    -0.76     0.56 1.00     1759     3670
rescor(hhinc,educ)                -0.02      0.42    -0.77     0.76 1.00     1467     2136

Draws were sampled using sampling(NUTS). For each parameter, Bulk_ESS
and Tail_ESS are effective sample size measures, and Rhat is the potential
scale reduction factor on split chains (at convergence, Rhat = 1).
> # plot(brm_simultaneous)    # 출력결과는 직접 확인해 보시기 바랍니다
```

모형추정 결과를 보면 오차항 사이의 상관계수가 추정된 것을 확인할 수 있습니다. 그런데

여기서 Rhat 출력결과와 Bulk_ESS, Tail_ESS를 주의깊게 살펴봅시다. set_rescor(FALSE)를 설정하였을 때와 비교해서 Rhat의 값에서 1.00이 아닌 결과가 일부 나타나며(물론 통상적 기준인 1.01을 넘는 결과는 없다는 점에서 큰 문제가 없다고 볼 수 있습니다), 무엇보다 유효표본수(ESS)의 값이 대폭 감소한 것을 확인할 수 있습니다. 이러한 결과는 오차항의 상관관계를 추정할 경우에 매우 빈번하게 나타납니다.

그렇다면 회귀계수 추정결과는 어떻게 달라졌을까요? 〈표 2-10-3〉을 보시면 결과변수 오차항 사이의 상관계수 설정여부에 따라 회귀계수 추정결과가 어떻게 달라졌는지 확인하실 수 있습니다.

표 2-10-2. set_rescor() 옵션 설정방식에 따른 회귀계수 추정결과 비교

	set_rescor(FALSE)		set_rescor(TRUE)	
	FT_obama10	FT_mccain10	FT_obama10	FT_mccain10
절편	8.277 [7.785, 8.778]	3.326 [2.863, 3.784]	1.674 [-4.112, 9.360]	0.909 [-4.534, 6.973]
female	0.361 [0.133, 0.590]	-0.186 [-0.401, 0.029]	0.378 [-0.558, 1.295]	-0.168 [-0.966, 0.630]
ageyr10	-0.190 [-0.256,-0.123]	0.146 [0.086, 0.207]	0.523 [-0.999, 2.248]	0.391 [-0.971, 1.739]
hhinc	-0.092 [-0.113,-0.072]	0.062 [0.042, 0.081]	-0.009 [-0.649, 0.630]	0.104 [-0.448, 0.667]
educ	0.027 [-0.054, 0.108]	0.025 [-0.051, 0.100]	0.553 [-1.720, 3.028]	0.195 [-1.943, 2.274]

주. 베이지언 결측데이터 분석 기법을 통해 얻은 모수 사후분포의 점추정치와 95% 신용구간(credible interval)을 제시하였음.

분석결과를 보면 결측값이 포함된 예측변수의 회귀계수가 상당히 다른 것을 발견할 수 있습니다. 회귀계수의 점추정치가 다른 것은 물론이고, 무엇보다 set_rescor(TRUE)로 설정한 후 추정한 결측값이 포함된 예측변수의 회귀계수에서는 95% 신용구간이 모두 0을 포함하는 것으로 나타나고 있습니다. 이런 결과가 나타난 이유는 바로 Residual Correlations: 추정결과에서 찾을 수 있습니다. 예를 들어 rescor(FTobama10,ageyr10) 추정결과와 Regression Coefficients: 추정결과의 FTobama10_miageyr10는 모두 결과변수인 FT_obama10과 예측변수인 ageyr10의 연관관계를 추정한 것입니다. 바로 이런 특성으로 인해 set_rescor(TRUE)로 설정하여 모형을 추정하는 것은 그리 바람직한 접근이라고 볼 수 없습니다.

만약 결측데이터 상황에서 두 결과변수의 오차항 상관관계만 추정하고 싶다면 어떻게 해야 할까요? 아쉽게도 set_rescor() 함수의 경우 특정 상관계수만 추정하는 기능을 제공하지 않습니다. 만약 두 결과변수의 오차항 상관관계만 추정하고자 한다면, 다음에 소개할 mice 패키지의 대체투입 데이터를 활용하는 방법을 고려할 수 있습니다.

2) mice 패키지의 대체투입 데이터를 활용한 brm_multiple() 함수 활용

MI 기법에서는 결측데이터에 대처하기 위해 m개의 대체투입 데이터를 생성하는 전략을 사용합니다. 여기서 소개하는 베이지언 결측데이터 분석 방법은 mice 패키지의 대체투입 데이터를 활용하여 m회의 베이지언 모형을 추정한 후, 그 결과를 통합하는 방법이라고 이해할 수 있습니다. mice 패키지의 대체투입 데이터를 투입하며, 베이지언 분석에 활용하는 함수 이름이 brm()이 아닌 brm_multiple()이라는 점이 다를 뿐 활용방법은 크게 다르지 않습니다. 여기서는 MI 기법을 소개할 때 추정해 둔 mice 패키지의 대체투입 데이터를 활용하여 모형을 추정하겠습니다. 꽤 시간이 많이 소요되니(제 경우 약 45분 소요), 직접 분석할 경우 시간 여유를 충분히 갖고 실습하시기 바랍니다.

```
> # mice 오브젝트 활용
> brm_mi_simultaneous <- brm_multiple(bf(FT_obama10~female+ageyr10+hhinc+educ)+
+                                     bf(FT_mccain10~female+ageyr10+hhinc+educ)+
+                                     set_rescor(TRUE),
+                                     data=mice_imp,
+                                     family=gaussian(),
+                                     control=list(adapt_delta=0.99),
+                                     save_pars=save_pars(all=TRUE),
+                                     chains=4,
+                                     iter=11000,
+                                     warmup=1000,
+                                     cores=4,
+                                     seed=1234)
Compiling the C++ model
Fitting imputed model 1
                    [분량조절을 위해 해당부분은 제시하지 않았음]
Fitting imputed model 20
Start sampling
> summary(brm_mi_simultaneous)
```

```
 Family: MV(gaussian, gaussian)
  Links: mu = identity; sigma = identity
         mu = identity; sigma = identity
Formula: FT_obama10 ~ female + ageyr10 + hhinc + educ
           FT_mccain10 ~ female + ageyr10 + hhinc + educ
   Data: mice_imp (Number of observations: 2322)
  Draws: 80 chains, each with iter = 11000; warmup = 1000; thin = 1;
         total post-warmup draws = 800000

Regression Coefficients:
                      Estimate Est.Error l-95% CI u-95% CI Rhat Bulk_ESS Tail_ESS
FTobama10_Intercept       8.29      0.25     7.79     8.79 1.02     2132    11028
FTmccain10_Intercept      3.41      0.24     2.94     3.88 1.03     1284     5697
FTobama10_female          0.36      0.12     0.13     0.59 1.01     5046    38814
FTobama10_ageyr10        -0.19      0.03    -0.26    -0.13 1.03     1490     6758
FTobama10_hhinc          -0.09      0.01    -0.11    -0.07 1.03     1514     4933
FTobama10_educ            0.02      0.04    -0.06     0.10 1.03     1381     6436
FTmccain10_female        -0.20      0.11    -0.41     0.02 1.01     3188    14204
FTmccain10_ageyr10        0.14      0.03     0.08     0.20 1.03     1511     5529
FTmccain10_hhinc          0.06      0.01     0.04     0.08 1.04     1003     4094
FTmccain10_educ           0.03      0.04    -0.05     0.11 1.02     2083     8828

Further Distributional Parameters:
                 Estimate Est.Error l-95% CI u-95% CI Rhat Bulk_ESS Tail_ESS
sigma_FTobama10      2.76      0.04     2.68     2.84 1.01     5158    56312
sigma_FTmccain10     2.56      0.04     2.48     2.63 1.01     6510   171132

Residual Correlations:
                              Estimate Est.Error l-95% CI u-95% CI Rhat Bulk_ESS Tail_ESS
rescor(FTobama10,FTmccain10)     -0.45      0.02    -0.48    -0.41 1.01     2995    17642

Draws were sampled using sampling(NUTS). For each parameter, Bulk_ESS
and Tail_ESS are effective sample size measures, and Rhat is the potential
scale reduction factor on split chains (at convergence, Rhat = 1).
경고메시지(들):
The displayed Rhat and ESS estimates should not be trusted for brm_multiple
models. Please see ?brm_multiple for how to assess convergence of such models.
```

```
> # plot(brm_mi_simultaneous)    # 80개 연쇄가 나타남.
```

모형추정결과의 맨하단을 보면 경고메시지를 확인할 수 있습니다. 경고메시지를 해석하면, 다음과 같습니다: "제시된 Rhat과 ESS 추정치는 brm_multiple 모형의 경우 신뢰해서는 안 된다. 이러한 모형의 수렴도를 평가하는 방법에 대해서는 ?brm_multiple을 보라".

경고메시지를 따라 콘솔창에 ?brm_multiple을 타이핑하신 후 도움창(Help tab)을 살펴보실 것을 권합니다. 개념적으로 mice_imp에 포함된 대체투입 데이터의 개수는 총 20개입니다. 그리고 brm_multiple() 함수에서 설정한 MCMC 연쇄의 개수는 4개입니다. 즉 여기서 우리가 기대할 수 있는 개별 연쇄 개수는 20개 데이터 대상 4개의 MCMC 연쇄를 기반 총 80회입니다. 다시 말해 Rhat이나 ESS 추정치를 살펴본다면, 4개씩 한 세트로 총 20번에 걸친 결과를 살펴보는 것이 타당합니다. 콘솔창에 ?brm_multiple을 타이핑하시면 지금 제가 드린 말씀에 따라 Rhat, ESS를 점검하는 방법을 lapply() 함수를 이용해 소개하고 있습니다.[3]

예를 들어 첫 번째 대체투입 데이터에 대한 첫 번째 연쇄에서 Rhat, ESS를 가 어떻게 나타났는지 살펴보겠습니다. 먼저 as_draws_df() 함수를 이용하여 사후분포를 추출합니다.

```
> # Rhat, ESS 점검방법
> post_df <- as_draws_df(brm_mi_simultaneous)
```

추출된 사후분포에서 MCMC 연쇄의 개수를 살펴봅시다. 아래에서 확인할 수 있듯, 총 80개의 연쇄가 나타납니다. 왜냐하면 $m = 20$이고, 대체투입 데이터당 4개의 연쇄를 가정했기 때문입니다.

```
> # 20회 대체투입, 4개 연쇄
> post_df |> count(.chain)
# A tibble: 80 × 2
  .chain   n
```

3) ?brm_multiple을 타이핑하면, brms 패키지 개발자 제안 방법을 직접 확인할 수 있습니다. 아래는 현재의 분석맥락에 맞도록 brms 패키지 개발자 제안 방법을 변경한 것입니다. R 베이스 이용자라면 아래의 방법이 더 쉽다고 느낄 수도 있지만, 본문에서 저는 tidyverse 접근방법에 맞는 코드를 제시하였습니다.

```
> # mychains <- 1:4; mym <- 20
> # draws <- as_draws_array(brm_mi_simultaneous)
> # draws_per_dat <- lapply(1:mym, \(mychains) subset_draws(draws, chain=mychains))
> # lapply(draws_per_dat, summarise_draws, default_convergence_measures())
```

```
   <int> <int>
 1     1 10000
 2     2 10000
 3     3 10000
 4     4 10000
 5     5 10000
 6     6 10000
 7     7 10000
 8     8 10000
 9     9 10000
10    10 10000
# i 70 more rows
# i Use `print(n = ...)` to see more rows
```

이제 아래와 같이 대체투입 데이터의 번호를 지정한 후, 1번째 대체투입 데이터별 베이지언 분석결과의 진단지표($\hat{R}$, ESS)를 살펴보면 아래와 같습니다.

```
> post_df <- post_df |>
+   mutate(m=rep(1:20, each=40000))
> post_df |> filter(m==1) |>
+   summarise_draws() |>
+   print(n=Inf)
# A tibble: 22 × 10
   variable             mean  median      sd     mad       q5     q95  rhat ess_bulk ess_tail
   <chr>               <dbl>   <dbl>   <dbl>   <dbl>    <dbl>   <dbl> <dbl>    <dbl>    <dbl>
 1 b_FTobama10_Interc… 8.31e+0 8.31e+0 0.252 0.253  7.89e+0 8.72e+0 1.00 42566. 32928.
 2 b_FTmccain10_Inter… 3.38e+0 3.38e+0 0.231 0.230  3.00e+0 3.76e+0 1.00 40613. 31208.
 3 b_FTobama10_female  3.62e-1 3.62e-1 0.117 0.117  1.70e-1 5.56e-1 1.00 34326. 29517.
 4 b_FTobama10_ageyr10 -2.02e-1 -2.02e-1 0.0331 0.0332 -2.56e-1 -1.47e-1 1.00 38264. 31506.
 5 b_FTobama10_hhinc   -9.20e-2 -9.20e-2 0.0101 0.0101 -1.09e-1 -7.55e-2 1.00 34309. 30975.
 6 b_FTobama10_educ    2.95e-2 2.95e-2 0.0407 0.0408 -3.74e-2 9.64e-2 1.00 33999. 31239.
 7 b_FTmccain10_female -1.66e-1 -1.67e-1 0.108 0.107 -3.43e-1 1.07e-2 1.00 33556. 29193.
 8 b_FTmccain10_ageyr… 1.40e-1 1.40e-1 0.0307 0.0305 8.93e-2 1.90e-1 1.00 37599. 30781.
 9 b_FTmccain10_hhinc  6.16e-2 6.15e-2 0.00943 0.00945 4.62e-2 7.72e-2 1.00 34143. 31154.
10 b_FTmccain10_educ   1.82e-2 1.82e-2 0.0377 0.0378 -4.38e-2 8.02e-2 1.00 33795. 30388.
11 sigma_FTobama10     2.76e+0 2.76e+0 0.0406 0.0403 2.69e+0 2.82e+0 1.00 39924. 30837.
```

```
12 sigma_FTmccain10       2.56e+0  2.56e+0 0.0376  0.0374  2.50e+0  2.62e+0 1.00  36896. 28194.
13 Intercept_FTobama10    6.42e+0  6.42e+0 0.0569  0.0569  6.32e+0  6.51e+0 1.00  35236. 30352.
14 Intercept_FTmccain…    4.86e+0  4.86e+0 0.0528  0.0526  4.77e+0  4.95e+0 1.00  35851. 30621.
15 rescor__FTobama10_…   -4.40e-1 -4.41e-1 0.0166  0.0166 -4.68e-1 -4.13e-1 1.00  36759. 30325.
16 lprior                -8.66e+0 -8.66e+0 0.0194  0.0194 -8.69e+0 -8.63e+0 1.00  34348. 29777.
17 lp__                  -1.09e+4 -1.09e+4 2.56    2.45   -1.09e+4 -1.09e+4 1.00  18973. 26377.
18 Lrescor[1,1]           1    e+0  1   e+0 0       0       1    e+0 1    e+0 NA    NA     NA
19 Lrescor[2,1]          -4.40e-1 -4.41e-1 0.0166  0.0166 -4.68e-1 -4.13e-1 1.00  36759. 30325.
20 Lrescor[1,2]           0        0        0       0       0        0       NA    NA     NA
21 Lrescor[2,2]           8.98e-1  8.98e-1 0.00814 0.00812 8.84e-1  9.11e-1 1.00  36759. 30325.
22 m                      1    e+0  1   e+0 0       0       1    e+0 1    e+0 NA    NA     NA
```

적어도 1번째 대체투입 데이터의 경우 MCMC 추정과정에서 수렴도에 별 문제가 없다는 것을 확인하실 수 있습니다. 이제 이를 20개의 대체투입 데이터들 모두에 대해 적용해 봅시다. 아래와 같이 이용자 함수를 설정한 후, 20개 대체투입 데이터에 대하여 반복계산을 적용한 후, 각 진단지표($\hat{R}$, ESS)의 범위를 구하면 아래와 같습니다.

```
> wrapper_rhat_ess <- function(input_m){
+  diagnostic_chain <- post_df |> filter(m==input_m) |>
+   summarise_draws() |>
+   select(rhat,ess_bulk,ess_tail) |>
+   pivot_longer(cols=everything()) |>
+   group_by(name) |>
+   summarise(
+     MIN=min(value,na.rm=T),
+     MAX=max(value,na.rm=T)
+   ) |> mutate(m=input_m)
+  return(diagnostic_chain)
+ }
> result_diagnostic <- tibble()
> for (i in 1:20){
+  result_diagnostic <- bind_rows(result_diagnostic,
+                                 wrapper_rhat_ess(i) )
+ }
> result_diagnostic |>
+  group_by(name) |>
```

```
+ summarise(
+   MIN_MIN=min(MIN),
+   MAX_MIN=max(MIN),
+   MIN_MAX=min(MAX),
+   MAX_MAX=max(MAX)
+ )
# A tibble: 3 × 5
  name      MIN_MIN MAX_MIN MIN_MAX MAX_MAX
  <chr>       <dbl>   <dbl>   <dbl>   <dbl>
1 ess_bulk 17239.  19112.  39114.  50494.
2 ess_tail 24124.  26726.  31870.  33077.
3 rhat         1.00    1.00    1.00    1.00
```

출력결과에서 쉽게 확인할 수 있듯, MCMC 추정과정 시 수렴도에 전혀 문제가 없다는 것을 확인할 수 있습니다.

모형추정 결과를 정리하여 살펴보면 〈표 2-10-3〉과 같습니다.[4] SUR 방식으로 두 결과변수 오차항 사이의 상관계수를 추정했던 ML 기법 기반 전통적 결측데이터 분석결과와, mice 패키지의 대체투입 데이터를 활용한 베이지언 결측데이터 분석결과가 매우 유사한 것을 확인할 수 있습니다.

---

4) 아래와 같은 과정을 거쳐 얻은 추정결과를 정리하여 제시한 것이 〈표2-10-3〉입니다.

```
> post_df |>
+   select(starts_with('b_FT')) |>
+   pivot_longer(cols=everything()) |>
+   group_by(name) |>
+   summarise(
+     pe=mean(value),
+     lb=quantile(value,prob=0.025),
+     ub=quantile(value,prob=0.975)
+   )
```

표 2-10-3. MI 기법과 mice 패키지의 대체투입 데이터 활용 베이지언 결측데이터 분석 비교

	MI (multiple imputation) 기법 기반		mice 패키지의 대체투입 데이터 활용 기법	
	FT_obama10	FT_mccain10	FT_obama10	FT_mccain10
절편	8.288 [7.793, 8.783]	3.399 [2.939, 3.860]	8.291 [7.793, 8.788]	3.409 [2.941,3.878]
female	-0.192 [-0.258,-0.126]	0.139 [0.078, 0.200]	-0.194 [-0.260,-0.127]	0.139 [0.077,0.201]
ageyr10	0.019 [-0.063, 0.100]	0.030 [-0.046, 0.105]	0.020 [-0.062, 0.102]	0.031 [-0.045,0.106]
hhinc	0.361 [0.132, 0.590]	-0.198 [-0.411, 0.015]	0.360 [0.130, 0.591]	-0.198 [-0.414,0.015]
educ	-0.090 [-0.111,-0.069]	0.058 [0.039, 0.077]	-0.090 [-0.111,-0.070]	0.057 [0.038,0.076]
결과변수 오차 간 상관계수	-0.446 [-0.479, -0.413]		-0.446 [-0.479, -0.413]	

주. MI 기법 기반 추정결과($m = 20$)의 경우 회귀계수와 95% 신뢰구간(confidence interval)을 제시하였으며, mi() 함수 활용 베이지언 결측데이터 분석 기법 기반 추정결과의 경우 추정된 모수 사후분포의 점추정치와 95% 신용구간(credible interval)을 제시하였음.

3) 결측데이터 상황의 모형비교

베이지언 결측데이터 분석을 적용하였을 경우, 베이스지수 혹은 LOO 지수를 활용한 모형비교 과정이 그리 편하지 않고 개념적으로도 명확하지 않은 듯 합니다. 가장 현실적인 문제는 베이스지수나 LOO 지수에 소요되는 계산시간이 너무 길다는 것입니다. 그리고 무엇보다 결측데이터에 대한 설명력 혹은 예측정확도라는 것을 어떻게 적용할 수 있을지에 대한 개념도 명확하게 정립되었다는 느낌은 들지 않습니다. 사실 이 부분은 전통적 분석방법에서의 결측데이터 분석에서도 비슷한 상황이기 때문에 특별히 베이지언 분석방법의 고유한 결점이라고 보기는 어렵지 않나 싶습니다.

우선 베이스지수(BF, Bayes factor)를 살펴보겠습니다. mi() 함수를 이용하여 결측데이터 분석을 실시한 베이지언 모형들을 비교하는 경우, brms 패키지의 bayes_factor() 함수를 사용할 수는 있습니다. 다만 결과변수에 결측값이 존재하는 경우에는 이 방법을 적용하기 어렵습니다. 다시 말해 mi() 함수를 이용할 경우, 예측변수(들)에만 결측값이 존재할 경우라면, bayes_factor() 함수를 사용할 수도 있지만, 결과변수에 결측값이 존재할 경우는 사용이 불가능합니다. 다시 말해 이번 장에서 살펴본 상황과 같이 결과변수에 결측값이 포함된 베이지언 모형의 경우 베이스지수를 계산할 수 없습니다.

m개의 대체투입 데이터들을 대상으로 brm_multiple() 함수를 적용하여 얻은 베이지언 모형의 경우, 각각의 대체투입 데이터를 대상으로 베이스지수를 계산한 후, 이를 통합(pooling)하는 방식으로 베이스지수를 계산할 수도 있습니다. 다만 이 방법 역시도 상당한 시간이 소요됩니다(제 경우 아래 제시된 BF를 얻는데 약 40분 정도 시간이 소요되었습니다). 어떠한 예측변수도 투입하지 않은 모형(아래 제시된 brm_mi_null)과 비교해 앞에서 추정한 베이지언 모형(brm_mi_simultaneous)의 베이스지수를 계산하는 과정과 결과는 아래와 같습니다.

```
> brm_mi_null <- brm_multiple(bf(FT_obama10~1)+bf(FT_mccain10~1)+
+                              set_rescor(TRUE),
+                              data=mice_imp,
+                              family=gaussian(),
+                              control=list(adapt_delta=0.99),
+                              save_pars=save_pars(all=TRUE),
+                              chains=4,
+                              iter=11000,
+                              warmup=1000,
+                              cores=4,
+                              seed=1234)
Compiling the C++ model
Fitting imputed model 1
Start sampling
                    [분량조절을 위해 해당부분은 제시하지 않았음]
Fitting imputed model 20
Start sampling
> BF_mice <- bayes_factor(brm_mi_simultaneous,brm_mi_null)
Recompiling the model with 'rstan'
Recompilation done
Iteration: 1
                 [분량조절을 위해 Iteration 과정은 제시하지 않았음]
Recompiling the model with 'rstan'
Recompilation done
                    [분량조절을 위해 아래부분은 제시하지 않았음]
> BF_mice
Estimated Bayes factor in favor of brm_mi_simultaneous over brm_mi_null:
4503068292943613553282246.00000
```

LOO 지수의 경우도 상황은 비슷합니다. `mi()` 함수를 이용하여 결측데이터 분석을 실시한 베이지언 모형들을 비교하는 경우, LOO 지수를 계산할 수 없습니다. 왜냐하면 LOO 지수는 한계 로그우도(marginal log-likelihood)를 기반으로 계산되는데, 결과변수의 결측값에 대해서는 로그우도를 계산하는 것이 불가능하기 때문입니다.[5]

m개의 대체투입 데이터들을 대상으로 `brm_multiple()` 함수를 적용하여 얻은 베이지언 모형의 경우, LOO 지수 계산이 가능합니다. 다만 계산과정이 상당히 복잡합니다. 이 방법의 핵심 아이디어는 MI 기반 결측데이터 분석방법과 동일합니다. 즉 m개의 대체투입 데이터별 m개의 베이지언 모형추정결과에 대해 m개의 한계 로그우도를 추출합니다. 이후 m개의 한계 로그우도를 기반으로 통합 로그우도 값을 계산한 후, 이를 LOO 지수 형태로 전환한 후 보고합니다.[6] 이 방법으로 통합 LOO 지수를 계산할 경우 꽤 복잡한 계산이 필요하며, 엄청나게 긴 계산시간이 소요됩니다.

4) 강한 사전분포 설정

강한 사전분포를 설정한 후 베이지언 모형 추정의 경우, 앞에서 소개했던 방식과 유사하게 진행하실 수 있습니다. 즉 `default_prior()` 함수를 이용하여, 모형에서 강한 사전분포를 적용하고자 하는 모수가 어떻게 정의되었는지 먼저 살펴본 후, 원하시는 방식으로 강한 사전분포를 설정하고 베이지언 모형을 추정하면 됩니다. 이번 장에서는 강한 사전분포를 설정하는 실습은 생략하도록 하겠습니다.

---

5) 온라인 검색을 해 보시면, 결측데이터 발생시 결측데이터를 제거한 데이터에 대한 LOO 지수를 계산하는 방법들을 접하게 되실 수 있습니다. 물론 이런 접근방법으로는 LOO 지수를 계산하는 것 자체는 가능할 것입니다. 그러나 개념적으로 이 방법이 타당한지에 대해 저는 매우 회의적입니다. 왜냐하면 베이지언 모형을 추정하는 과정에서는 결측데이터를 고려했지만, LOO 지수 계산과정에서는 결측데이터를 배제하였기 때문입니다. 다시 말해 이 경우 연구자가 분석한 데이터와 모형예측도 지수인 LOO 계산을 위한 데이터는 동일하지 않은 데이터라고 보는 것이 타당하지 않을까 싶습니다. 결측데이터가 MCAR 가정을 따른다고 강력하게 가정할 수 있다면 모르겠지만, 이러한 방식의 LOO 지수 계산이 과연 적절할지 저는 의구심이 듭니다.

6) 관심있는 분은 `brms` 패키지의 근간인 Stan 개발자의 포스팅을 참고하시기 바랍니다(https://discourse.mc-stan.org/t/model-comparison-for-multiple-imputation-with-brm-multiple/36666). Stan 개발자의 제안을 원문 그대로 제시하면 아래와 같습니다.
첫째, 개별 투입데이터를 기반으로 교차타당도 지수를 계산한다(1. compute cross-validation with each imputed dataset).
둘째, 계산된 교차타당도 지수 계산결과로부터 점별 ELPD(pointwise expected log predictive density)의 평균을 계산한 후, 그 평균값을 새로운 LOO 지수 혹은 k-fold 객체의 점별 ELPD로 저장한다(2. average pointwise elpd values from these different cross-validations and save them back to a loo/kfold object as pointwise elpd values).
셋째, 계산된 새로운 LOO 지수 혹은 k-fold 객체를 통상적 방식으로 사용한다(3. use that new loo/kfold object as usual).

지금까지 MI 기법 및 ML 기법과 비교해 어떻게 베이지언 결측데이터 분석을 실시할 수 있는지 살펴보았습니다. 결측데이터의 특성, 그리고 결측데이터의 가정(MCAR, MAR 가정)과 분석과정에 대해 사전지식이 있다면, `brm()` 함수와 `brm_multiple()` 함수를 기반으로 어렵지 않게 베이지언 결측데이터 분석을 진행하실 수 있을 것입니다. 다음 장에서는 측정오차(measurement error)를 베이지언 분석맥락에서 어떻게 통제하는지 살펴보겠습니다.

CHAPTER 11

측정오차 통제 모형

1. 측정오차 반영 전통적 분석방법
2. 측정오차 반영 베이지언 분석방법

변수를 측정할 때 '측정오차(measurement error)'는 언제나 발생합니다. 측정도구가 정밀하고 측정과정에서 통제가 잘 진행되었다면, 무시해도 무방할 정도로 측정오차가 작을 수 있습니다. 그러나 적지 않은 연구 상황에서 무시하기 어려운 측정오차가 존재합니다. 특히 논쟁적 개념(contested concept), '자연어'라는 측정도구가 갖는 다의성(polysemy), 응답자의 응답 편의를 위해 측정방식을 단순화(이를테면, 1–5점 척도)하여 측정할 수밖에 없는 설문응답 방식으로 얻은 데이터에서 측정오차는 무시하기 어려운 것이 사실입니다.

이번 장에서는 베이지언 분석방법으로 모형추정과정에서 변수의 측정오차를 어떻게 반영할 수 있는지 살펴보겠습니다. 또한 전통적 분석 관점에서 구조방정식 모형(SEM, structural equation modeling)을 이용한 측정오차 반영 모형과 베이지언 분석방법을 이용한 측정오차 반영 모형을 비교해 보겠습니다.

이번에 예시데이터(DF_Merror.csv)는 y, x1, x2 총 3개의 변수들로 구성되어 있습니다. 변수이름에서 짐작할 수 있듯, 이번 장에서는 y 변수를 결과변수(연속형 변수)로, x1과 x2를 예측변수로 사용할 예정입니다. 측정오차를 반영하기 위해 다음과 같은 상황을 가정하겠습니다. 문항간 내적 일관성(internal consistency)을 측정하는 통계치인 크론바흐 알파(Cronbach's α)는 x1 변수에서 .70이었으며, x2 변수에서 0.55이었습니다. 이번 장에서는 크론바흐 알파 정보를 활용하여 오차분산(오차 표준편차)을 추정한 후, 측정오차 반영 여부에 따라 모형추정 결과가 어떻게 달라지는지 살펴보도록 하겠습니다.

모형추정 과정에서 측정오차를 반영한 베이지언 분석을 위한 brms 패키지를, 전통적 분석을 위해 lavaan 패키지를 활용하였습니다. 아울러 관리 및 사전처리 목적으로 tidyverse 패키지와 tidybayes 패키지, 그리고 patchwork 패키지를 활용하였습니다. R 패키지들을 구동하고 예시데이터를 불러온 결과는 아래와 같습니다.

```
> #패키지구동
> library(tidyverse)
> library(brms)
> library(lavaan)
> library(patchwork)
> # 데이터 불러오기
> df <- read_csv("DF_Merror.csv")
```

크론바흐 알파값을 이용하여 두 예측변수의 오차분산을 계산하면 아래와 같습니다. 개념적으로 크론바흐 알파는 전체 분산 대비 공분산(공유분산) 비율을 뜻합니다. 즉 크론바흐 알파값을 알고 있다면, 전체 분산 대비 오차분산(공유되지 않는 분산)의 비율을 계산할 수 있습니다. 구체적으로 x1의 크론바흐 알파값인 0.70을 활용하면, 아래와 같이 오차분산과 오차의 표준편차(표본이 충분하게 클 경우, 표준오차)를 계산할 수 있습니다.

```
> # 오차분산과 오차 표준편차
> (1 - 0.70) * var(df$x1)
[1] 0.1829472
> sqrt((1 - 0.70) * var(df$x1))
[1] 0.4277233
```

마찬가지로 x2의 오차 분산과 표준편차를 계산하면 다음과 같습니다.

```
> (1 - 0.55) * var(df$x2)
[1] 0.2688241
> sqrt((1 - 0.55) * var(df$x2))
[1] 0.5184825
```

1 측정오차 반영 전통적 분석방법

구조방정식 모형을 활용하면 측정오차를 반영하여 모형을 추정할 수 있습니다. 구조방정식 모형 맥락에서 측정오차를 반영하는 방법에 대해서는 다른 문헌을 통해 보다 구체적 설명을 제시한 바 있습니다(백영민, 2017, 4부 5장). 구조방정식 모형추정 맥락에서는 관측변수의 분산을 잠재변수의 분산(공유분산)과 오차분산의 분산으로 나눌 수 있습니다. 다시 말해 모형추정 과정에서 앞에서 계산했던 오차분산을 설정하여 모형을 추정하면 측정오차를 통제한 모형을 추정할 수 있습니다. lavaan 패키지를 활용하여, 측정오차를 전혀 고려하지 않고 추정한 모형(fit_naive)과 측정오차를 반영하여 추정한 모형(fit_merror)을 추정하면 아래와 같습니다. model_merror에서 x1 변수와 x2 변수의 오차공분산에 각각의 오차분산을 설정하는 부분이 바로 측정오차를 통제하는 부분입니다.

```
> # 전통적 분석방법
> model_naive <- "
```

```
+ Y=~y
+ X1=~x1
+ X2=~x2
+ Y~X1+X2
+ "
> fit_naive <- sem(model_naive,df,
+                meanstructure=T) # 절편추정
> summary(fit_naive,ci=T)
```

[분량조절을 위해 해당부분은 <표 2-119-1>에 제시하였음]

```
> model_merror <- "
+ Y=~y
+ X1=~x1
+ X2=~x2
+ Y~X1+X2
+ x1~~0.18*x1  # 오차분산 설정
+ x2~~0.27*x2  # 오차분산 설정
+ "
> fit_merror <- sem(model_merror,df,
+                      meanstructure=T)  # 절편추정
> summary(fit_merror,ci=T)
```

[분량조절을 위해 해당부분은 <표 2-11-1>에 제시하였음]

두 가지 모형추정결과는 〈표 2-11-1〉과 같습니다. 먼저 절편 추정값의 경우 동일한 결과가 나타난 것을 확인할 수 있습니다. 그러나 결과변수 오차항의 분산값을 살펴보면, 측정오차 고려 여부에 따라 추정된 결과변수의 오차분산이 상당히 다른 것을 확인할 수 있습니다. 분석결과에서 잘 나타나듯, 측정오차를 고려하여 모형을 추정할 경우 결과변수의 오차항 분산값이 대폭 감소하는 것을 확인할 수 있습니다. 다시 말해 측정오차를 고려할 경우, R^2의 값이 더 크게 나타납니다(측정오차 미반영시, $R^2 \approx .668$; 측정오차 반영 시, $R^2 \approx .795$).

흥미로운 점은 측정오차가 발생한 두 예측변수의 회귀계수 추정결과입니다. 측정오차를 반영하여 모형을 추정할 경우, 회귀계수의 값(절댓값 기준)은 더 크게 증가합니다. 반면, 측정오차를 반영할 경우 추정된 회귀계수의 불확실성은 더욱 커지는 모습입니다. 구체적으로 95% 신뢰구간의 범위를 살펴봅시다. 예를 들어 x1 회귀계수의 95% 신뢰구간 범위는 측정오차를 반영하지 않을 경우 0.205이지만, 측정오차를 반영할 경우 0.334으로 나타납니다. x2 회귀계수의 경우 측정오차를 반영하지 않을 경우 0.208이지만, 측정오차를 반영할 경우 0.466으로 나

타납니다. 여기서 두 예측변수의 크론바흐 알파값을 떠올려 보시기 바랍니다. 크론바흐 알파값이 작을수록(즉, 오차분산이 클수록), 측정오차를 반영하였을 때 불확실성 수준이 더 크게 증가하는 것을 확인할 수 있습니다.

표 2-11-1. 측정오차 반영 여부에 따른 모형추정결과 비교(전통적 분석방법)

	측정오차 미반영	측정오차 반영
절편	2.730 [2.627, 2.833]	2.730 [2.627, 2.833]
x1	0.375 [0.272, 0.477]	0.497 [0.330, 0.664]
x2	-0.441 [-0.545,-0.337]	-0.791 [-1.024,-0.558]
결과변수 오차항(분산)	0.332 [0.267, 0.397]	0.205 [0.123, 0.286]

주. 추정된 회귀계수와 95% 신뢰구간(confidence interval)을 제시하였음.

2 측정오차 반영 베이지언 분석방법

1) 베이지언 모형추정

이제 베이지언 분석방법을 이용하여 측정오차를 반영한 회귀모형을 추정해 봅시다. 우선 앞에서 소개한 전통적 방법과 마찬가지로 측정오차를 반영하지 않았을 때의 베이지언 OLS 회귀모형을 추정하면 아래와 같습니다.

```
> brm_me_naive <- brm(
+   formula = y ~ x1 + x2,
+   data = df,
+   family=gaussian(),
+   control = list(adapt_delta = 0.99),
+   save_pars = save_pars(all = TRUE),
+   chains = 4,
+   iter = 11000,
+   warmup = 1000,
```

```
+   cores = 4,
+   seed = 1234
+ )
Compiling Stan program...
Start sampling
> summary(brm_me_naive)
 Family: gaussian
  Links: mu = identity; sigma = identity
Formula: y ~ x1 + x2
   Data: df (Number of observations: 200)
  Draws: 4 chains, each with iter = 11000; warmup = 1000; thin = 1;
         total post-warmup draws = 40000

Regression Coefficients:
          Estimate Est.Error l-95% CI u-95% CI Rhat Bulk_ESS Tail_ESS
Intercept     2.81      0.24     2.34     3.27 1.00    35292    27280
x1            0.38      0.05     0.27     0.48 1.00    38072    27959
x2           -0.44      0.05    -0.55    -0.33 1.00    35475    27314

Further Distributional Parameters:
      Estimate Est.Error l-95% CI u-95% CI Rhat Bulk_ESS Tail_ESS
sigma     0.58      0.03     0.53     0.65 1.00    33355    26158

Draws were sampled using sampling(NUTS). For each parameter, Bulk_ESS
and Tail_ESS are effective sample size measures, and Rhat is the potential
scale reduction factor on split chains (at convergence, Rhat = 1).
> # plot(brm_me)   # 출력결과는 직접 확인해 보시기 바랍니다
```

출력결과를 〈표 2-11-1〉의 전통적 분석방법 기반 측정오차 미반영 회귀모형 추정결과와 비교해 보시기 바랍니다. 약간의 차이가 존재하지만 거의 동일한 모형추정결과를 확인할 수 있습니다. 참고로 `brm()` 함수의 결과변수 오차항은 표준편차 형태로 제시되었습니다. 다시 말해 위의 출력결과에서 제시된 사후분포 점추정치인 0.58을 제곱하면 〈표 2-11-1〉의 결과변수 오차항의 분산값에 해당되는 값을 얻을 수 있습니다.[1)]

---

1) 베이지언 분석결과로 얻은 결과변수 오차항의 분산값 사후분포의 점추정치와 95% 신용구간을 계산하면 아래와 같습니다.

```
> as_draws_df(brm_me_naive) |>
```

brm() 함수에 측정오차를 반영할 경우, me() 함수에 측정오차가 발생한 예측변수를 지정하면 됩니다. 이 때 me() 함수에 투입되는 변수의 측정오차는 표준오차(SE, standard error)를 입력하시면 됩니다. 여기서는 x1, x2의 오차 표준편차의 값(각각, 0.43, 0.52)을 표준오차로 간주하여 투입하였습니다.

```
> brm_me <- brm(
+  bf(y ~ me(x1,0.43) + me(x2,0.52)),
+  df,
+  family=gaussian(),
+  control = list(adapt_delta = 0.99),
+  save_pars = save_pars(all = TRUE),
+  chains = 4,
+  iter = 11000,
+  warmup = 1000,
+  cores = 4,
+  seed = 1234
+ )
Compiling Stan program...
Start sampling
> summary(brm_me)
 Family: gaussian
  Links: mu = identity; sigma = identity
Formula: y ~ me(x1, 0.43) + me(x2, 0.52)
   Data: df (Number of observations: 200)
  Draws: 4 chains, each with iter = 11000; warmup = 1000; thin = 1;
         total post-warmup draws = 40000
```

```
+   mutate(var_resid=sigma^2) |>
+   summarise(
+     pe=mean(var_resid),
+     lb=quantile(var_resid,0.025),
+     ub=quantile(var_resid,0.975)
+   )
# A tibble: 1 × 3
     pe    lb    ub
  <dbl> <dbl> <dbl>
1 0.342  0.281 0.418
```

```
Regression Coefficients:
            Estimate Est.Error l-95% CI u-95% CI Rhat Bulk_ESS Tail_ESS
Intercept       3.43      0.47     2.56     4.40 1.00    14168    18575
mex10.43        0.51      0.09     0.34     0.68 1.00    25146    28829
mex20.52       -0.81      0.13    -1.07    -0.58 1.00     9862    13616

Further Distributional Parameters:
      Estimate Est.Error l-95% CI u-95% CI Rhat Bulk_ESS Tail_ESS
sigma     0.45      0.05     0.35     0.54 1.00     7441     9310

Draws were sampled using sampling(NUTS). For each parameter, Bulk_ESS
and Tail_ESS are effective sample size measures, and Rhat is the potential
scale reduction factor on split chains (at convergence, Rhat = 1).
> # plot(brm_me)    # 출력결과는 직접 확인해 보시기 바랍니다
```

출력결과를 〈표 2-11-1〉의 전통적 분석방법 기반 측정오차 반영 회귀모형 추정결과와 비교해 보시기 바랍니다. 절편을 제외하고 거의 동일한 모형추정 결과를 확인하실 수 있습니다. 전통적 분석방법으로 얻은 결과변수 오차항은 분산으로, 베이지언 분석방법으로 얻은 결과변수 오차항은 표준편차로 다르게 표시되었지만, 본질적으로는 동일합니다.[2)]

전통적 분석방법으로 얻은 절편과 약한 사전분포를 기반으로 베이지언 분석방법으로 얻은 절편이 다르게 추정된 이유는 모형을 추정하는 방식이 다르기 때문입니다. 구조방정식 모형의 경우 관측변수의 전체 분산 중 오차분산을 통제하는 방식으로 모형을 추정하는 반면, 베이지언 분석방법의 경우 측정오차를 반영한 예측변수들의 값을 토대로 회귀모형을 추정합니다. 이를 조금 더 명확하게 살펴보기 위해 측정오차 미반영 상황에서의 추정모수 사후분포와 측정오차 반영 상황에서의 추정모수 사후분포를 비교해 봅시다. 〈그림 2-11-1〉은 측정오차 미반

---

2) 베이지언 분석결과로 얻은 결과변수 오차항의 분산값 사후분포의 점추정치와 95% 신용구간을 계산하면 아래와 같습니다.

```
> as_draws_df(brm_me) |>
+   mutate(var_resid=sigma^2) |>
+   summarise(
+     pe=mean(var_resid),
+     lb=quantile(var_resid,0.025),
+     ub=quantile(var_resid,0.975)
+   )
# A tibble: 1 × 3
     pe    lb    ub
  <dbl> <dbl> <dbl>
1 0.207 0.123  0.297
```

영 상황과 반영 상황에서의 추정모수 사후분포를 비교한 것입니다.

```
> bind_rows(as_draws_df(brm_me_naive) |>
+             mutate('variance of residual'=sigma^2,model='naive') |>
+             select(model,b_Intercept,b_x1,b_x2,'variance of residual'),
+           as_draws_df(brm_me) |>
+             mutate('variance of residual'=sigma^2,model='measurement error',
+                    b_x1=bsp_mex10.43,b_x2=bsp_mex20.52) |>
+             select(model,b_Intercept,b_x1,b_x2,'variance of residual')) |>
+   pivot_longer(cols=c(b_Intercept,b_x1,b_x2,'variance of residual')) |>
+   ggplot(aes(x=value,fill=model))+
+   stat_histinterval(position=position_dodge(0.05),alpha=0.6)+
+   coord_cartesian(ylim=c(-0.01,0.45))+
+   labs(x='',y='')+
+   theme_bw()+
+   theme(legend.position='bottom')+
+   facet_wrap(~name,ncol=2,scales='free')
```

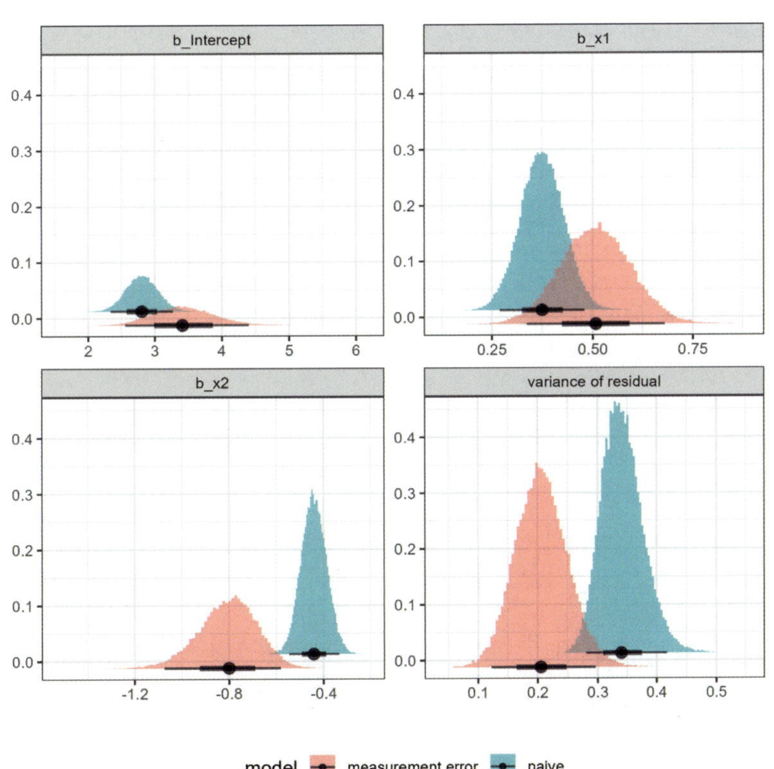

그림 2-11-1. 측정오차 미반영 상황과 반영 상황에서의 추정모수 사후분포 비교

〈그림 2-11-1〉에서 잘 드러나듯, 측정오차를 반영할 경우, x2 변수의 회귀계수의 강도는 매우 강하게 나타나며(음의 계수 절대값이 대폭 증가: 점추정치 기준 0.37 변화), x1 변수의 회귀계수 강도는 다소 강하게 나타납니다(양의 계수 값이 증가: 점추정치 기준 0.13 변화). 즉 예측변수의 기울기가 변함에 따라 절편값의 크기가 다르게 나타난 것입니다.

약한 사전분포를 가정할 때, 측정오차를 반영하지 않은 OLS 회귀모형 추정결과 대비 측정오차를 반영한 OLS 회귀모형 추정결과는 다음과 같은 특징을 갖습니다. 첫째, 측정오차를 반영하면 측정오차가 발생한 예측변수의 기울기 강도(회귀계수의 절댓값)가 증가합니다. 둘째, 측정오차를 반영하면, 측정오차가 발생한 예측변수의 기울기의 불확실성이 증가합니다(사후분포의 범위가 넓어짐). 셋째, 측정오차를 반영하면, 결과변수 오차항의 분산(표준편차)가 감소합니다.

2) 측정오차 반영한 베이지언 모형비교 시 주의사항

측정오차를 반영한 모형의 경우에도 베이스지수(BF, Bayes factor)와 PSIS-LOO 지수 등을 계산할 수 있습니다. 그러나 측정오차를 반영한 모형의 경우 주의할 점이 하나 있습니다. 본질적으로 측정오차는 '불확실성(uncertainty)'입니다. 따라서 측정오차를 반영한 모형과 측정오차를 반영하지 않은 모형을 동일선상에서 비교하는 것은 적절하지 않을 수 있습니다. 구체적으로 예를 들어 보겠습니다. 앞에서 추정한 측정오차 반영 모형 대비 측정오차 미반영 모형의 베이스 지수를 계산하면 아래와 같습니다.

```
> # 모형비교
> set.seed(1)
> BF_me_naive <- bayes_factor(brm_me,brm_me_naive)
                    [분량조절을 위해 Iteration 과정은 제시하지 않았음]
> BF_me_naive
Estimated Bayes factor in favor of brm_me over brm_me_naive: 0.00000
```

추정된 베이스 지수는 명백하게 측정오차를 반영하지 않은 모형이 더 설명력이 높다는 것을 보여 주는 것처럼 보입니다. 그러나 그렇지 않습니다. 왜냐하면 베이스지수는 데이터를 얼마나 더 잘 설명하는지를 보여 주는 수치일 뿐이며, 측정과정에 대한 부분을 평가하는 지수가 아니기 때문입니다. 다시 말해 동일한 데이터를 대상으로 측정과정에 오차가 없다고 가정한 모형과 측정과정에 오차가 존재한다고 가정한 모형을 비교하는 것은 타당하지 않은 비교 방식입니다.

이는 LOO 지수를 이용할 경우에도 마찬가지입니다. 측정오차를 반영하는 경우라면, 측정오차가 모두 반영된 모형들의 LOO 지수를 비교하는 것이 타당합니다.

3) 모형추정결과 시각화

측정오차를 반영한 베이지언 모형의 추정결과를 시각화하는 방법은 앞에서 소개했던 방법과 크게 다르지 않습니다. 즉 conditional_effects() 함수를 이용하여 모형추정 결과를 시각화하면 됩니다. 시각화 과정에서 특별하게 신경쓸 부분은 없지만, 측정오차 미반영 모형추정 결과와 측정오차 반영 모형추정 결과를 비교해 보시면 측정오차가 반영될 경우 모형추정 결과가 어떻게 달라지는지 시각적으로 명확하게 이해할 수 있습니다.

```
> # 모형추정결과 비교
> fig_naive <- conditional_effects(brm_me_naive)
> fig_me <- conditional_effects(brm_me)
> fig_x1 <- bind_rows(fig_naive$x1 |> mutate(model='naive'),
+                     fig_me$x1 |>
+                      mutate(model='measurement error')) |>
+   as_tibble() |>
+   ggplot(aes(x=x1, y=estimate__, color=model, fill=model))+
+   geom_line()+
+   geom_ribbon(aes(ymin=lower__,ymax=upper__),alpha=0.3)+
+   labs(x='Level of x1',y='Predicted level of y')+
+   theme_bw()+
+   theme(legend.position = 'bottom')+
+   facet_grid(~model)
> fig_x2 <- bind_rows(fig_naive$x2 |> mutate(model='naive'),
+                     fig_me$x2 |> mutate(model='measurement error')) |>
+   as_tibble() |>
+   ggplot(aes(x=x2, y=estimate__, color=model, fill=model))+
+   geom_line()+
+   geom_ribbon(aes(ymin=lower__,ymax=upper__),alpha=0.3)+
+   labs(x='Level of x2',y='Predicted level of y')+
+   theme_bw()+
+   theme(legend.position = 'bottom')+
+   facet_grid(~model)
> fig_x1+fig_x2
```

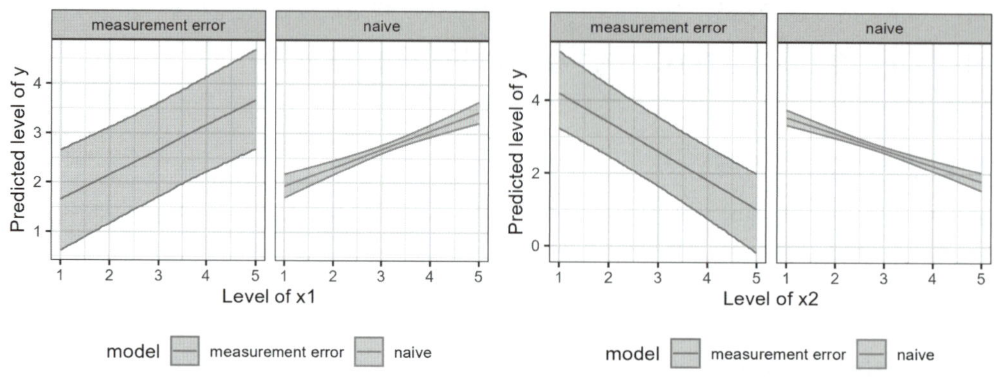

그림 2-11-2. 측정오차 미반영 상황과 반영 상황에서의 예측변수의 기울기와 95% 신용구간

4) 강한 사전분포 설정

측정오차를 반영한 베이지언 모형 추정과정에서 강한 사전분포를 설정하는 방법 역시 앞에서 소개했던 방법과 크게 다르지 않습니다. 우선 `default_prior()` 함수를 기반으로 추정모수들의 디폴트 분포가 어떤 방식으로 정의되는지 확인한 후, 원하는 사전분포를 지정하시면 됩니다.

```
> default_prior(brm_me)
                prior     class      coef group resp dpar nlpar lb ub       source
               (flat)         b                                            default
               (flat)         b mex10.43                              (vectorized)
               (flat)         b mex20.52                              (vectorized)
 student_t(3, 3, 2.5) Intercept                                            default
 lkj_corr_cholesky(1)       Lme                                            default
               (flat)    meanme                                            default
               (flat)    meanme      mex1                             (vectorized)
               (flat)    meanme      mex2                             (vectorized)
               (flat)      sdme                               0            default
               (flat)      sdme      mex1                     0       (vectorized)
               (flat)      sdme      mex2                     0       (vectorized)
 student_t(3, 0, 2.5)     sigma                               0            default
```

이번에는 측정오차에 대한 강한 사전분포를 설정해 보겠습니다. 위의 출력결과 중 두 예측변수의 측정오차 관련 추정모수가 $\alpha = 10$ (shape), $\beta = 1$ (rate)의 역감마분포를 따른다고 가정해 봅시다.[3] 두 예측변수에 대해 사전분포를 설정한 후, 아래와 같은 방식으로 강한 사전분포를 설정한 베이지언 모형을 추정하였습니다.

```
> # 강한 사전분포 설정
> brm_me_Sprior <- brm(
+  bf(y~me(x1,0.43) + me(x2,0.52)),
+  df,
+  family=gaussian(),
+  prior=prior(inv_gamma(10,1),class=sdme,coef=mex1)+
+    prior(inv_gamma(10,1),class=sdme,coef=mex2),
+  control=list(adapt_delta=0.99,max_treedepth = 15), # 옵션변화4)
+  save_pars=save_pars(all=TRUE), # 측정오차 반영 잠재변수
+  chains = 4,
+  iter = 11000,
+  warmup = 1000,
+  cores = 4,
+  seed = 1234
+ )
Compiling Stan program...
Start sampling
> # summary(brm_me_Sprior)   # 출력결과는 직접 확인해 보시기 바랍니다
> # plot(brm_me_Sprior)   # 출력결과는 직접 확인해 보시기 바랍니다
```

강한 사전분포를 설정하여 얻은 사후분포와 디폴트(약한) 사전분포를 기반으로 얻은 사후분포를 비교하면 아래와 같습니다. 앞에서 다루었던 부분들을 측정오차 반영 모형추정 결과에 적용한 것이고, 본질적인 내용은 동일합니다.

---

3) 해당 조건의 역감마분포를 가정할 때, 확률구간은 아래와 같습니다.

```
> set.seed(1)
> (1/rgamma(40000,shape=10,rate=1)) |>
+   quantile(probs=c(0.025,0.5,0.975))
        2.5%         50%       97.5%
0.05819161 0.10322331 0.20834313
```

4) max_treedepth 옵션의 디폴트값을 사용하면 아래와 같은 경고메시지가 나옵니다. 경고메시지가 나올 경우, 그에 맞도록 상황을 재조정하시면 됩니다.

```
# 1: There were 1 transitions after warmup that exceeded the maximum treedepth. Increase max_treedepth above 10.
```

```
> bind_rows(as_draws_df(brm_me_Sprior) |>
+             mutate('variance of residual'=sigma^2,prior='Strong') |>
+             select(prior,b_Intercept,bsp_mex10.43,bsp_mex20.52,
+                    'variance of residual'),
+           as_draws_df(brm_me) |>
+             mutate('variance of residual'=sigma^2,prior='Weak') |>
+             select(prior,b_Intercept,bsp_mex10.43,bsp_mex20.52,
+                    'variance of residual')) |>
+ pivot_longer(cols=c(b_Intercept,bsp_mex10.43,bsp_mex20.52,
+                    'variance of residual')) |>
+ ggplot(aes(x=value,fill=prior))+
+ stat_histinterval(position=position_dodge(0.05),alpha=0.6)+
+ coord_cartesian(ylim=c(-0.01,0.45))+
+ labs(x='',y='')+
+ theme_bw()+
+ theme(legend.position='bottom')+
+ facet_wrap(~name,ncol=2,scales='free')
```

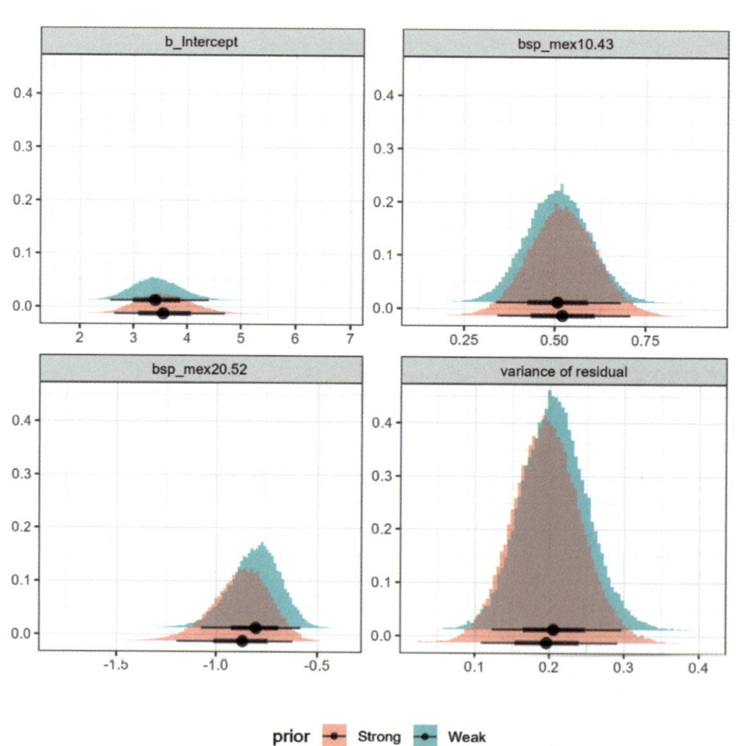

그림 2-11-3. 약한 사전분포와 강한 사전분포 상황에서 측정오차 반영 베이지언 모형 사후분포 비교

지금까지 변수의 측정오차가 알려져 있을 때, 모형추정 과정에서 측정오차를 어떻게 반영하는 방법을 살펴보았습니다. 다음 장에서는 베이지언 분석방법으로 어떻게 확증적 인자분석(CFA, confirmatory factory analysis)과 구조방정식(SEM, structural equation modeling)을 실시할 수 있는지 살펴보겠습니다.

CHAPTER 12

구조방정식 모형

1. 베이지언 경로모형(Bayesian PM, path-modeling)
2. 베이지언 확증적 인자분석(Bayesian CFA, confirmatory factor analysis)
3. 베이지언 구조방정식 모형(Bayesian SEM, structural equation model)
4. 강한 사전분포 설정

이번 장에서 살펴볼 베이지언 분석기법은 베이지언 구조방정식 모형(BSEM, Bayesian Structural Equation Modeling)입니다.[1] BSEM은 구조방정식 모형을 베이지언 분석 맥락에서 추정한 것이기 때문에, 구조방정식 모형에서 등장하는 개념과 지표들은 전통적 구조방정식 모형(Frequentist SEM) 추정에서 사용되는 개념과 지표들과 동일합니다. 본서의 목적은 구조방정식 모형을 소개하고 설명하는 것이 아니라, 전통적 SEM을 베이지언 분석 맥락에서 어떻게 적용할 수 있는지를 살펴보는 것입니다. 따라서 SEM이 낯설거나 관련 지식이 충분하지 않다면 SEM 관련 참고문헌(예: 백영민, 2017)을 먼저 살펴보시고 이번 장을 살펴보시기 바랍니다.

이번 장에서 살펴볼 예시데이터는 DF_sem.csv입니다. 베이지언 SEM 추정을 위한 blavaan 패키지와 함께, LOO 지수 비교를 위해서 brms 패키지[2]를 활용하였습니다. 아울러 데이터 관리 및 사전처리 목적으로 tidyverse 패키지와 tidybayes 패키지, 그리고 patchwork 패키지를 활용하였습니다. R 패키지들을 구동하고 예시데이터를 불러오는 과정은 아래와 같습니다.

```
> # 패키지 구동
> library(tidyverse)
> library(tidybayes)
> library(lavaan)
> library(blavaan)
> library(brms)
> # 데이터 불러오기
> df <- read_csv("DF_sem.csv")
> df
# A tibble: 254 × 9
     x1    x2    x3    m1    m2    m3    y1    y2    y3
  <dbl> <dbl> <dbl> <dbl> <dbl> <dbl> <dbl> <dbl> <dbl>
1     5     4     4     4     6     5     5     4     4
2     4     3     4     6     6     5     4     4     5
3     3     4     2     5     2     5     4     4     3
4     6     6     5     4     3     2     2     4     5
5     3     3     3     3     2     3     2     2     4
```

1) 보다 포괄적인 베이지언 구조방정식 모형 추정을 원하신다면 관련 참고문헌(Lee, 2007)을 참조하시기 바랍니다.

2) 분석목적상 brms 패키지를 구성하는 loo 패키지만 실행하셔도 동일한 결과를 얻을 수 있습니다.

```
6   4    5    3    4    2    5    3    5    5
7   3    1    5    3    6    5    4    6    3
8   4    4    5    5    4    4    4    3    2
9   4    5    5    1    2    2    5    4    5
10  4    3    3    3    4    3    4    2    3
# i 244 more rows
# i Use 'print(n = ...)' to see more rows
```

BSEM을 추정하기 전 예시데이터의 변수들의 상관계수 행렬을 계산하면 아래와 같습니다. 상관계수 행렬에서 짐작할 수 있듯 x1, x2, x3의 세 변수들, m1, m2, m3의 세 변수들, y1, y2, y3의 세 변수들은 서로 밀접하게 연관된 상관계수를 보여주고 있습니다.

```
> cor(df) |> round(3)
      x1    x2    x3    m1    m2    m3    y1    y2    y3
x1 1.000 0.418 0.517 0.280 0.299 0.193 0.227 0.222 0.209
x2 0.418 1.000 0.522 0.269 0.255 0.159 0.150 0.091 0.104
x3 0.517 0.522 1.000 0.286 0.327 0.262 0.219 0.148 0.128
m1 0.280 0.269 0.286 1.000 0.534 0.487 0.252 0.202 0.200
m2 0.299 0.255 0.327 0.534 1.000 0.529 0.178 0.109 0.067
m3 0.193 0.159 0.262 0.487 0.529 1.000 0.255 0.212 0.183
y1 0.227 0.150 0.219 0.252 0.178 0.255 1.000 0.585 0.510
y2 0.222 0.091 0.148 0.202 0.109 0.212 0.585 1.000 0.511
y3 0.209 0.104 0.128 0.200 0.067 0.183 0.510 0.511 1.000
```

1 베이지언 경로모형(Bayesian PM, path-modeling)

lavaan 패키지를 활용하여 전통적 방식의 경로모형을, 그리고 앞에서 소개드렸던 베이지언 OLS 회귀모형을 추정해 본 경험이 있는 분이라면, 베이지언 경로모형을 추정하고 이해하는 것이 그렇게 어렵지는 않을 것입니다.

먼저 전통적 방식의 경로모형을 추정하는 방법은 아래와 같습니다. 모형을 문자형 오브젝트로 정의하고, sem() 함수로 모형을 추정한 후, summary() 함수로 추정된 경로모형을 확인하

시면 됩니다. 여기서는 〈그림 2-12-1〉과 같은 경로모형을 추정하였습니다.[3)]

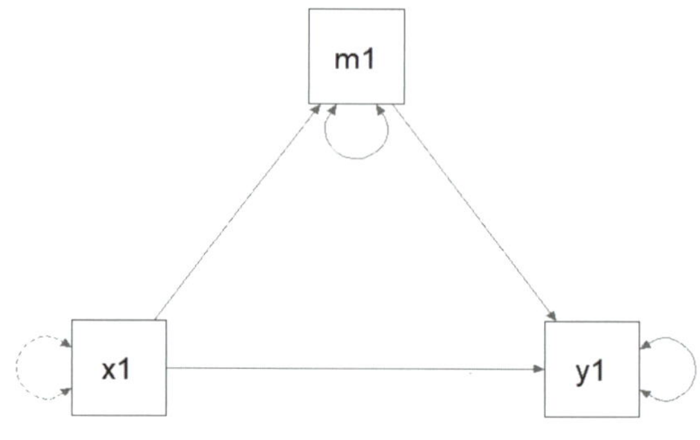

그림 2-12-1. 경로모형

```
> # 1. 모형정의
> pm <- "
+ m1~x1
+ y1~x1+m1
+ "
> # 2. 모형추정
> fit_Fpm <- sem(pm,data=df)
> # 3. 추정결과 확인
lavaan 0.6-19 ended normally after 1 iteration

  Estimator                                 ML
  Optimization method                   NLMINB
  Number of model parameters                 5

  Number of observations                   254
```

3) 〈그림 2-12-1〉은 본문의 fit_Fpm을 활용하여, 아래와 같이 시각화할 수 있습니다.

```
> manual_layout <- matrix(c(
+   2, 2, #m1
+   3, 1, #y1
+   1, 1  #x1
+ ), ncol = 2, byrow = TRUE)
> semPlot::semPaths(fit_Fpm,
+            layout=manual_layout,
+            sizeMan=15)
```

```
Model Test User Model:

  Test statistic                                0.000
  Degrees of freedom                                0

Parameter Estimates:

  Standard errors                             Standard
  Information                                 Expected
  Information saturated (h1) model          Structured

Regressions:
                   Estimate  Std.Err  z-value  P(>|z|)   Std.lv  Std.all
  m1 ~
    x1                0.280    0.060    4.654    0.000    0.280    0.280
  y1 ~
    x1                0.177    0.065    2.731    0.006    0.177    0.170
    m1                0.212    0.065    3.271    0.001    0.212    0.204

Variances:
                   Estimate  Std.Err  z-value  P(>|z|)   Std.lv  Std.all
   .m1                1.382    0.123   11.269    0.000    1.382    0.921
   .y1                1.477    0.131   11.269    0.000    1.477    0.910
```

구조방정식 모형을 학습해 본 분이라면, 위에서 얻은 경로모형 추정결과를 해석하는 것이 어렵지 않을 것입니다.

다음으로 blavaan::bsem() 함수를 이용하여 베이지언 경로모형을 추정해 보겠습니다. lavaan::sem() 함수와 사용방법은 거의 동일합니다. 다른 점이 있다면 베이지언 데이터 분석을 실시한다는 점에서, 마르코프체인 개수(n.chain 옵션), 웜업(warmup, burnin 옵션), 반복계산 횟수(sample 옵션)를 추가로 설정한다는 점입니다. 또한 동일한 결과를 얻고자, seed 옵션으로 랜덤시드(random seed)를 지정하였습니다. 그러나 여기서 한 가지 유의할 점이 있습니다. brms::brm() 함수의 경우, iter 옵션에 지정된 반복계산 횟수는 웜업을 위한 계산 횟수를 포함하고 있습니다. 그러나 blavaan::bsem() 함수의 경우, sample 옵션으로 지정된 반복계산 횟수는 burnin 옵션으로 지정된 웜업을 위한 계산 횟수를 포함하지 않습니다. 다시 말해 brms::brm() 함수에서 iter = 11000, warmup = 1000, chains = 4을 지정하는 것과 동일하게 40,000개 규모의 사후분포를 얻고자 할 경우, blavaan::bsem() 함수에서는 sample = 10000, burnin = 1000, n.chains = 4를 지정해야 합니다.

사전분포의 경우, blavaan::bsem() 함수 역시 brms::brm() 함수와 마찬가지로 디폴트 사전분포는 약한 사전분포입니다. bsem() 함수에 강한 사전분포를 설정하는 방법의 경우, 측정모형과 인과모형을 동시에 추정하는 베이지언 구조방정식 모형(SEM)에서만 살펴보고, 베이지언 경로모형과 베이지언 확증적 인자분석(CFA)에서는 디폴트 사전분포인 약한 사전분포를 설정한 추정결과만 살펴보겠습니다. 〈그림 2-12-1〉의 모형을 베이지언 경로모형으로 추정하는 방법은 아래와 같습니다.

```
> # 2. Bayesian PM 추정
> fit_pm <- bsem(pm,data=df,
+                n.chains=4,
+                burnin=1000,
+                sample=10000,
+                seed=1234)
SAMPLING FOR MODEL 'stanmarg' NOW (CHAIN 1).
Chain 1:
Chain 1: Gradient evaluation took 7e-05 seconds
Chain 1: 1000 transitions using 10 leapfrog steps per transition would take 0.7 seconds.
Chain 1: Adjust your expectations accordingly!
                    [분량조절을 위해 Iteration 과정은 제시하지 않았음]
Chain 4:  Elapsed Time: 0.275 seconds (Warm-up)
Chain 4:                2.869 seconds (Sampling)
Chain 4:                3.144 seconds (Total)
Chain 4:
Computing post-estimation metrics (including lvs if requested)...
```

추정결과는 summary() 함수로 확인할 수 있습니다. lavaan 패키지를 활용한 전통적 방법에서 활용하였던 standardized 옵션을 활용해 표준화 계수도 같이 계산하였습니다.

```
> # 3. Bayesian PM 추정결과 확인
> summary(fit_pm,standardized=TRUE)
blavaan 0.5.8 ended normally after 10000 iterations
```

```
Estimator                                   BAYES
Optimization method                         MCMC
Number of model parameters                     5

Number of observations                       254

Statistic                              MargLogLik      PPP
Value                                    -852.419     0.500

Parameter Estimates:

Regressions:
          Estimate  Post.SD pi.lower pi.upper  Std.lv  Std.all   Rhat    Prior
 m1 ~
  x1         0.280    0.061    0.160    0.399   0.280    0.279   1.000  normal(0,10)
 y1 ~
  x1         0.177    0.065    0.049    0.305   0.177    0.169   1.000  normal(0,10)
  m1         0.213    0.066    0.084    0.342   0.213    0.204   1.000  normal(0,10)

Variances:
          Estimate  Post.SD pi.lower pi.upper  Std.lv  Std.all   Rhat    Prior
 .m1         1.401    0.125    1.175    1.665   1.401    0.922   1.000 gamma(1,.5)[sd]
 .y1         1.504    0.135    1.265    1.793   1.504    0.911   1.000 gamma(1,.5)[sd]
```

분석결과를 이해하는 것은 그리 어렵지 않을 것입니다. 우선 출력결과 앞부분의 모형적합도 관련하여 제시된 출력결과인 MargLogLik, PPP에 대해서 말씀드리겠습니다. MargLogLik은 한계로그우도(marginal log-likelihood)를 의미하며, 지정된 모형(여기서는 경로모형)이 얼마나 데이터에 잘 부합되는지를 보여 주는 수치이며, 통상적 데이터 분석에서 계산되는 로그우도(log-likelihood)와 마찬가지로 모형을 비교하고 모형적합도를 가늠할 때 활용됩니다. PPP는 '사후예측 p값(posterior predictive p-value)'으로 관측데이터의 모형 카이제곱값(χ^2)과 사후분포에서 예측된 데이터에서 계산된 모형 카이제곱값을 비교하여 계산합니다. PPP의 값이 0.50이라는 것은, 분석대상 데이터의 모형 카이제곱값이 위의 분석사례에서 얻은 총 40,000개의 사후표본들에게서 계산된 모형 카이제곱값들의 분포에서 정확하게 중간위치(0.50)에 놓여 있다는 것을 의미합니다. 통상적으로 PPP가 0.50에 가까울수록 베이지언 구조방정식 모형추정 결과가 적합하다는 것(즉 모형적합도가 높음)을 의미하며, 0.50에서 멀어져 0.00 혹은 1.00에 가까울수록 관측 데이터의 모형 카이제곱값이 사후표본에서 얻을 수 있는 전반적 모형 카이제곱값에서 벗어난다는 것(즉 모형적합도가 낮음)을 의미합니다.

다음으로 모수추정 결과, 즉 `Parameter Estimates:`를 살펴봅시다. 제시된 결과는 사후분포의 점추정치(Estimate)와 표준편차(Post.SD), 그리고 95% 신용구간의 범위(`pi.lower`, `pi.upper`)[4]를 의미합니다. 아울러 `Rhat`은 MCMC 알고리즘으로 얻은 결과가 적절하게 수렴되었는지 평가하는 진단통계치인 $\hat{R}$이며, `Prior`는 모형추정과정에서 가정된 사전분포입니다. 추가적으로 각 모수의 유효표본수(ESS, effective sample size)를 살펴보고자 할 경우, 아래를 실행하시면 됩니다. 조금 복잡해 보이지만, `mcmcout`이라는 오브젝트를 구체적으로 살펴본 것이라는 것을 쉽게 확인하실 수 있습니다. 아래의 출력결과에서 확인할 수 있듯, 모든 모수들에게서 통상적인 기준인 400보다 큰 20,000 이상의 ESS를 확보하여 추정결과의 안정성이 확보되었다고 볼 수 있습니다.

```
> # Rhat & Effective sample size
> summary(fit_pm@external$mcmcout)$summary[,c('Rhat','n_eff')]
                    Rhat    n_eff
bet_sign[1]      0.9999919 45789.10
bet_sign[2]      0.9999484 47042.22
bet_sign[3]      0.9999598 43560.24
Psi_var[1]       0.9999523 49113.62
Psi_var[2]       0.9999714 44666.55
log_lik[1]       0.9999799 21156.83
log_lik_sat[1]   0.9999799 21156.83
ppp              0.9999315 31577.83
lp__             0.9999790 21170.66
```

또한 각 MCMC 체인별 수렴과정을 시각화를 통해 살펴보고자 하실 경우, 아래와 같이 `plot()` 함수를 활용하시면 됩니다. <그림 2-12-2>에서 확인할 수 있듯, 4개의 마르코프 체인들의 변동결과가 시각적으로 구분되지 않아, 적절하게 모형이 수렴되었다고 판단할 수 있습니다.

---

4) 여기서 `pi`는 사후구간(poseterior interval)의 약자입니다.

```
> plot(fit_pm)
```

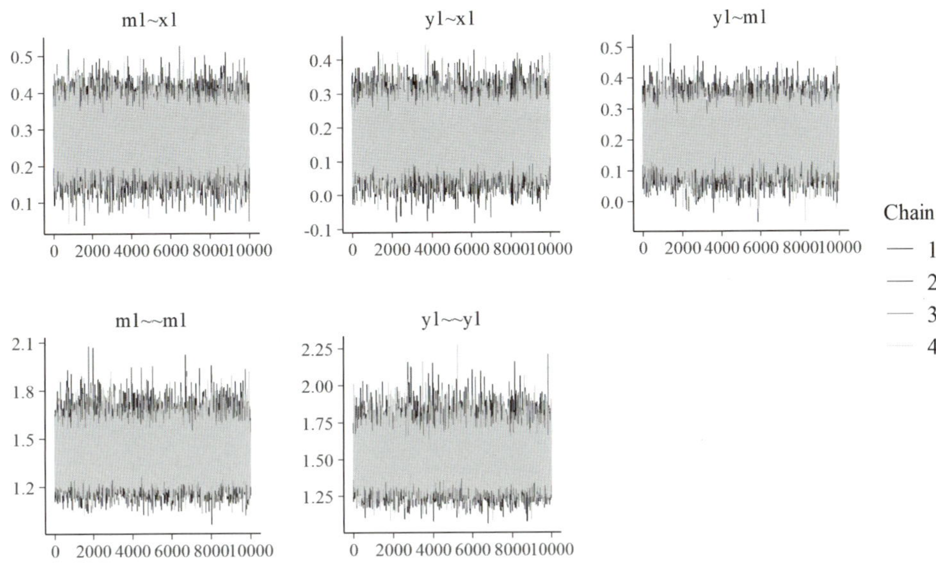

그림 2-12-2. blavaan 패키지의 plot() 함수 시각화 결과

다음으로 모형비교를 진행해 보겠습니다. 앞서 추정한 fit_pm 모형과의 비교대상 모형으로 2가지 모형을 설정하겠습니다. 한 가지 경쟁모형은 변수 간 모든 경로들을 추정하지 않은 기저모형(null model)이며, 다른 한 가지 경쟁모형은 직접효과 경로, 즉 'x1 → y1'의 경로를 0으로 설정한 제약모형(constrained model)입니다. 각 모형은 각각 다음과 같이 정의할 수 있습니다.

```
> # Null model
> pm_null <- "
+ x1~1
+ m1~1
+ y1~1
+ "
> # Constrained model
> pm_constraint <- "
+ m1~x1
+ y1~0*x1+m1
+ m1~~m1
+ "
```

위에서 정의한 두 가지 모형에 대해 bsem() 함수를 이용해 베이지언 경로분석을 실시하면 아래와 같습니다. sample, burnin, n.chains 옵션 등은 연구모형(fit_pm)과 동일하게 설정하였습니다.

```
> fit_pm_null <- bsem(pm_null,data=df,
+                     n.chains=4,
+                     burnin=1000,
+                     sample=10000,
+                     seed=1234)
SAMPLING FOR MODEL 'stanmarg' NOW (CHAIN 1).
                      [분량조절을 위해 Iteration 과정은 제시하지 않았음]
> fit_pm_constraint <- bsem(pm_constraint,data=df,
+                 n.chains=4,
+                 burnin=1000,
+                 sample=10000,
+                 seed=1234)
SAMPLING FOR MODEL 'stanmarg' NOW (CHAIN 1).
                      [분량조절을 위해 Iteration 과정은 제시하지 않았음]
```

큰 의미는 없을 수도 있지만, 추가로 추정된 두 모형의 PPP를 살펴봅시다. 이는 PPP (사후예측 p값) 지수가 어떤 의미인지 구체적으로 이해하기 위한 목적입니다. fitMeasures() 함수를 이용하면, 베이지언 구조방적식 모형 추정결과의 모형적합도 지수들만 추출하여 제시할 수 있습니다.

```
> fitMeasures(fit_pm_null)['ppp'] # 모든 통계치를 원할 경우 ['ppp'] 삭제
ppp
  0
> fitMeasures(fit_pm_constraint)['ppp']
ppp
0.067425
```

연구모형의 PPP는 0.500이었지만, 기저모형(fit_pm_null)은 0에 가까운 값이, 제약모형(fit_pm_constraint)은 0.07로 나타났습니다. 즉 기저모형과 제약모형의 경우 분석대상 데이터의 적합도가 낮은 것을 확인할 수 있습니다. 앞서 설명드렸듯, PPP가 0.50에서 멀어져

0.00이나 1.00에 가까운 값이 나온다면 모형을 제대로 구성하였는지 다시 살펴보시는 것이 좋습니다.

이제 베이지언 모형 비교 관점에서 베이스 지수(Bayes factor)와 PSIS-LOO 지수를 이용하여 연구모형(fit_pm), 기저모형(fit_pm_null), 제약모형(fit_pm_constraint)을 비교해 봅시다. 베이지언 구조방정식 모형을 비교할 때는 blavCompare() 함수를 활용하시면 됩니다. 참고로 blavCompare() 함수는 loo_compare() 함수와 달리, 비교대상 모형이 단 두 개만 입력 가능합니다(왜냐하면, 베이즈지수는 두 개의 모형을 비교하는 것이기 때문입니다).

'연구모형-기저모형', '연구모형-제약모형'을 각각 비교하는 방법과 결과는 아래와 같습니다.

```
> # Model comparison
> Comp_null <- blavCompare(fit_pm,fit_pm_null)

WAIC estimates:
 object1: 1632.794
 object2: 2504.926

 ELPD difference & SE:
 -436.066   15.221

LOO estimates:
 object1: 1632.798
 object2: 2504.93

 ELPD difference & SE:
 -436.066   15.221

Laplace approximation to the log-Bayes factor
(experimental; positive values favor object1): 440.258

> Comp_constraint <- blavCompare(fit_pm,fit_pm_constraint)

WAIC estimates:
 object1: 1632.794
 object2: 1638.047
```

```
ELPD difference & SE:
  -2.626    2.879

LOO estimates:
 object1: 1632.798
 object2: 1638.051

 ELPD difference & SE:
  -2.626    2.879

Laplace approximation to the log-Bayes factor
(experimental; positive values favor object1):  -1.385
```

분석결과를 이해하시는 것은 크게 어렵지 않을 것으로 생각합니다. 먼저 Comp_null 오브젝트 결과에서 확인하실 수 있듯, 기저모형에 비해 연구모형은 데이터를 약 e^{440}배 더 잘 설명하고(출력결과의 베이스지수는 로그값입니다), LOO 지수를 비교한 결과에서도 확인할 수 있듯, 연구모형이 기저모형보다 더 나은 것으로 나타납니다. 그러나 Comp_constraint 오브젝트 결과에서 확인할 수 있듯, 제약모형과 연구모형은 LOO 지수 기준에서 큰 차이가 없다고 볼 수 있으며, 베이스지수 결과에 따르면 제약모형이 연구모형보다 조금 더 낫습니다(약 4배[5]). 참고로 blavCompare() 함수 추정결과에서 베이스지수와 LOO 지수만 살펴보고자 할 경우는 아래와 같습니다.

```
> # Bayes factor
> Comp_null$bf
        bf       mll1       mll2
  440.2577  -831.7963 -1272.0540
> Comp_constraint$bf
        bf       mll1       mll2
  -1.38519 -831.79626 -830.41107
> # PSIS-LOO index
```

5) 아래와 같이 수계산을 할 수 있습니다.

```
> 1 / exp(Comp_constraint$bf)[1]
       bf
3.995586
```

```
> loo_compare(Comp_null$loo[[1]],Comp_null$loo[[2]],
+                Comp_constraint$loo[[2]]) |>
+  data.frame() |> select(elpd_diff,se_diff,looic,se_looic)
         elpd_diff   se_diff   looic se_looic
model1    0.000000  0.000000 1632.798 31.24084
model3   -2.626156  2.878728 1638.051 31.12770
model2 -436.065696 15.221165 2504.930 41.03688
```

연구모형, 기저모형, 제약모형 비교 결과를 살펴볼 때, 기저모형에 비해 연구모형이 월등하게 데이터에 더 잘 부합하지만, 제약모형과 연구모형은 거의 비슷하게 데이터에 부합한다고 해석할 수 있습니다.

여기서 한 가지 질문을 던질 수 있습니다. 제약모형의 PPP 지수는 약 0.07로 0.00에 상당히 가까운 값을 보였습니다. 그러나 베이스지수와 LOO 지수의 경우 제약모형과 연구모형은 실질적으로 큰 차이가 없다는 것을 보여 주고 있습니다. 일반적으로 베이지언 통계학자들(Gelman, 2003; Gelman et al., 2013)은 PPP 지수에 대한 통상적 해석에 너무 큰 비중을 두지 말아야 하며, 베이스지수나 LOO 지수가 모형적합도를 평가하는 보다 적절한 지수라고 주장합니다. PPP 지수를 해석할 때 이 부분 유념하시면 좋을 듯 합니다.

이제 다음으로 모수에 대한 사후분포를 추출한 후, 해석해 봅시다. 여기서 제시하는 사례는 〈그림 2-12-1〉에 제시된 경로모형의 매개효과(mediation effect; 간접효과, indirect effect)를 베이지언 경로모형 관점에서 추정하는 방법입니다. 연구자는 연구상황이나 목적에 따라 아래의 과정을 적절하게 변형·응용하실 수 있습니다.

앞에서 우리는 총 4개의 마르코프 체인을 설정하고, 1000번의 웜업 이후 각 체인별로 10,000번의 반복계산을 실시하였습니다. bsem() 모형추정 결과에서 사후분포를 얻기 위해서는 먼저 blavInspect() 함수를 통해 각 마르코프 체인별 10,000개의 사후표본을 추출해야 합니다. 예를 들어 1번 마르코프 체인의 사후표본은 아래와 같이 얻을 수 있습니다.

```
> # New parameter
> post_parameters <- blavInspect(fit_pm,what="draws")
> post_parameters[[1]] |> dim() # First chain
[1] 10000     5
> post_parameters[[1]] |> colnames()
[1] "m1~x1"  "y1~x1"  "y1~m1"  "m1~~m1" "y1~~y1"
```

이제 모든 마르코프 체인들의 사후표본을 통합한 후, 각 모수를 활용해 간접효과와 총효과를 정의하여, 95% 신용구간을 계산해 보도록 합시다.

```
> # 4개 연쇄 통합
> post_df <- rbind(post_parameters[[1]],
+          post_parameters[[2]],
+          post_parameters[[3]],
+          post_parameters[[4]]) |> as_tibble()
> # 95% Credible interval
> post_df <- post_df |>
+   mutate(
+       IE = 'm1~x1' * 'y1~m1', # indirect effect
+       TE = IE+'y1~x1'        # total effect
+ )
> post_df |>
+ pivot_longer(cols=IE:TE) |>
+ group_by(name) |>
+ summarise(
+   pe=mean(value),
+   lb=quantile(value,prob=0.025),
+   ub=quantile(value,prob=0.975)
+ )
# A tibble: 2 × 4
  name    pe     lb    ub
  <chr> <dbl> <dbl> <dbl>
1 IE    0.0595  0.0203 0.109
2 TE    0.237   0.111  0.363
```

추정결과에서 확인할 수 있듯, 간접효과가 [0.02, 0.11]의 범위에서 나타날 확률이 95%입니다. 만약 간접효과가 0보다 클 확률을 계산하고자 한다면, 아래와 같이 계산할 수 있습니다. 출력결과에서 확인하실 수 있듯, 간접효과가 0보다 클 가능성은 약 99.9%입니다.

```
> # IE > 0?
> post_df |>
+ mutate(IE_cnt0=ifelse(IE>0,1,0)) |>
```

```
+  summarise(mean(IE_cnt0))
# A tibble: 1 × 1
  `mean(IE_cnt0)`
           <dbl>
1          0.999
```

베이지언 경로모형을 마무리하기 전에 `brms::brm()` 함수를 이용하여 간접효과를 추정한 후, 위에서 얻은 결과와 비교해 봅시다. 마르코프 체인의 개수, 웜업과 반복계산 횟수를 동일하게 설정한 후, 간접효과를 계산한 과정과 결과는 아래와 같습니다.

```
> # brm() 함수 추정결과와의 비교
> brm_pm <- brm(bf(m1~x1)+bf(y1~x1+m1)+
+               set_rescor(FALSE),
+               data=df,
+               family=gaussian(),
+               control=list(adapt_delta=0.99),
+               save_pars=save_pars(all=TRUE),
+               chains=4,
+               iter=11000,
+               warmup=1000,
+               cores=4,
+               seed=1234)
> # 95% Credible interval
> post_brm_pm <- as_draws_df(brm_pm) |>
+  mutate(
+   IE = b_m1_x1 * b_y1_m1,
+   TE = b_y1_x1 + IE
+  )
> post_brm_pm |>
+  pivot_longer(cols=IE:TE) |>
+  group_by(name) |>
+  summarise(
+   pe=mean(value),
+   lb=quantile(value,prob=0.025),
+   ub=quantile(value,prob=0.975)
+  )
```

```
# A tibble: 2 × 4
  name     pe     lb     ub
  <chr>  <dbl>  <dbl>  <dbl>
1 IE    0.0593 0.0199  0.108
2 TE    0.237  0.110   0.362
> # IE > 0 일 확률은?
> post_brm_pm |>
+  mutate(IE_cnt0=ifelse(IE>0,1,0)) |>
+  summarise(mean(IE_cnt0))
# A tibble: 1 × 1
  `mean(IE_cnt0)`
            <dbl>
1           0.999
```

bsem() 함수를 활용하여 계산한 결과와 brm() 함수를 통해 얻은 결과가 실질적으로 동일한 것을 확인하실 수 있습니다. 경로모형은 측정모형(measurement model)을 가정하지 않았다는 점에서 사실 베이지언 경로모형과 베이지언 OLS 회귀모형의 추정결과가 실질적으로 동일하게 나온 것입니다.

2 베이지언 확증적 인자분석 (Bayesian CFA, confirmatory factor analysis)

전통적 방식의 구조방정식 모형이든 베이지언 구조방정식 모형이든 '구조방정식 모형'의 가장 큰 매력은 측정모형(measurement model)과 구조모형(structural model; 인과모형, causal model)을 동시에 추정할 수 있다는 점입니다. 여기서는 측정모형의 타당성을 확인할 수 있는 확증적 인자분석(CFA)을 살펴보겠습니다. 실습을 통해 살펴볼 CFA 모형은 〈그림 2-12-3〉과 같이, 9개 관측변수들을 3개의 잠재변수로 설명하는 측정모형입니다.[6]

6) 〈그림 2-12-3〉은 본문의 fit_Fcfa를 활용하여, 아래와 같이 시각화할 수 있습니다.

```
> semPlot::semPaths(fit_Fcfa,
+                           sizeMan=7)
```

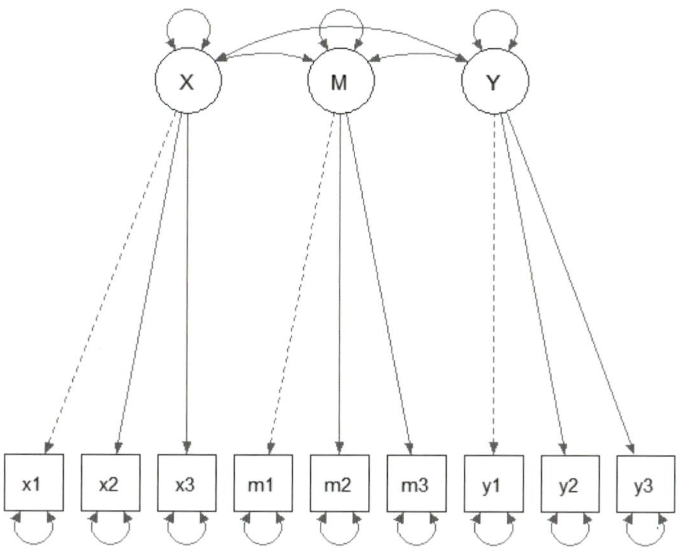

그림 2-12-3. 확증적 인자모형

먼저 전통적 방식으로 CFA 모형을 추정한 결과는 아래와 같습니다. CFA 모형의 모형적합도를 확인하기 위해 summary() 함수에서 fit.measures 옵션을 TRUE로 설정하였습니다.

```
> # 1. CFA 모형 정의
> cfa_model <- "
+ X =~ x1+x2+x3
+ M =~ m1+m2+m3
+ Y =~ y1+y2+y3
+ X ~~ M
+ X ~~ Y
+ M ~~ Y
+ "
> # 2. 모형추정
> fit_Fcfa <- sem(cfa_model, df)
> # 3. 모형추정결과 확인
> summary(fit_Fcfa,fit.measures=TRUE,
+            standardized=TRUE)
lavaan 0.6-19 ended normally after 33 iterations

  Estimator                                  ML
```

```
  Optimization method                          NLMINB
  Number of model parameters                       21

  Number of observations                          254

Model Test User Model:

  Test statistic                            23.701
  Degrees of freedom                            24
  P-value (Chi-square)                       0.479

Model Test Baseline Model:

  Test statistic                           660.541
  Degrees of freedom                            36
  P-value                                    0.000

User Model versus Baseline Model:

  Comparative Fit Index (CFI)                1.000
  Tucker-Lewis Index (TLI)                   1.001

Loglikelihood and Information Criteria:

  Loglikelihood user model (H0)          -3428.623
  Loglikelihood unrestricted model (H1)  -3416.773

  Akaike (AIC)                              6899.247
  Bayesian (BIC)                            6973.531
  Sample-size adjusted Bayesian (SABIC)     6906.957

Root Mean Square Error of Approximation:

  RMSEA                                  0.000
  90 Percent confidence interval - lower    0.000
  90 Percent confidence interval - upper    0.050
  P-value H_0: RMSEA <= 0.050               0.949
```

```
  P-value H_0: RMSEA >= 0.080                    0.000

Standardized Root Mean Square Residual:

  SRMR                                           0.038

Parameter Estimates:

  Standard errors                             Standard
  Information                                 Expected
  Information saturated (h1) model          Structured

Latent Variables:
                   Estimate  Std.Err  z-value  P(>|z|)   Std.lv  Std.all
  X =~
    x1                1.000                               0.814    0.663
    x2                1.013    0.128    7.922    0.000    0.824    0.644
    x3                1.210    0.145    8.328    0.000    0.985    0.790
  M =~
    m1                1.000                               0.881    0.719
    m2                1.123    0.124    9.047    0.000    0.989    0.751
    m3                0.896    0.102    8.753    0.000    0.789    0.687
  Y =~
    y1                1.000                               0.999    0.784
    y2                0.942    0.101    9.310    0.000    0.941    0.751
    y3                0.828    0.093    8.863    0.000    0.827    0.661

Covariances:
                   Estimate  Std.Err  z-value  P(>|z|)   Std.lv  Std.all
  X ~~
    M                 0.373    0.075    5.009    0.000    0.520    0.520
    Y                 0.262    0.073    3.601    0.000    0.322    0.322
  M ~~
    Y                 0.305    0.078    3.905    0.000    0.347    0.347

Variances:
                   Estimate  Std.Err  z-value  P(>|z|)   Std.lv  Std.all
```

```
.x1            0.845      0.101      8.395    0.000     0.845    0.561
.x2            0.959      0.110      8.706    0.000     0.959    0.585
.x3            0.584      0.107      5.478    0.000     0.584    0.376
.m1            0.724      0.095      7.622    0.000     0.724    0.482
.m2            0.759      0.110      6.907    0.000     0.759    0.437
.m3            0.696      0.084      8.260    0.000     0.696    0.528
.y1            0.626      0.104      6.008    0.000     0.626    0.386
.y2            0.685      0.099      6.887    0.000     0.685    0.436
.y3            0.882      0.100      8.793    0.000     0.882    0.563
 X             0.662      0.130      5.114    0.000     1.000    1.000
 M             0.776      0.136      5.710    0.000     1.000    1.000
 Y             0.998      0.160      6.254    0.000     1.000    1.000
```

출력결과에서 확인할 수 있듯, 전통적 방식의 CFA 모형 추정결과, 모형적합도 지수들은 $\chi^2_{ML}(24, N=254)=23.70$, $p=.48$, $CF=1.00$, $TLI=1.00$, $RMSEA<.01$ (90% CI, [<0.01, 0.05]), $SRMR=.04$로 통상적 기준에 매우 잘 부합하고 있습니다. 또한 인자적재치 역시도 잠재변수가 관측변수를 잘 설명한다고 판단할 수 있습니다.

다음으로 blavaan::bsem() 함수를 이용하여 베이지언 CFA를 추정해 보겠습니다. 전통적 방식의 lavaan::sem() 함수와 사용방법은 유사합니다. 앞서 베이지언 경로모형과 마찬가지로 4개의 마르코프 체인, 1,000번의 웜업, 10,000번의 반복계산을 적용하여 베이지언 CFA 모형을 추정하면 아래와 같습니다.

```
> fit_cfa <- bsem(cfa_model,
+                data=df,
+                n.chains=4,
+                burnin=1000,
+                sample=10000,
+                seed=1234)
SAMPLING FOR MODEL 'stanmarg' NOW (CHAIN 1).
                    [분량조절을 위해 Iteration 과정은 제시하지 않았음]
Computing post-estimation metrics (including lvs if requested)...
```

추정결과는 summary() 함수로 확인할 수 있습니다. lavaan::sem() 함수 추정결과를 확인할 때와 마찬가지로 fit.measures 옵션을 TRUE로 설정한 출력결과는 아래와 같습니다.

```
> summary(fit_cfa,fit.measures=TRUE,
+           standardized=TRUE)
blavaan 0.5.8 ended normally after 10000 iterations

  Estimator                                       BAYES
  Optimization method                              MCMC
  Number of model parameters                         21

  Number of observations                            254

  Statistic                               MargLogLik      PPP
  Value                                    -3492.270    0.508

Parameter Estimates:


Latent Variables:
          Estimate  Post.SD pi.lower pi.upper  Std.lv  Std.all   Rhat   Prior
  X =~
    x1       1.000                              0.803    0.652
    x2       1.043    0.140    0.795    1.345   0.837    0.646  1.000 normal(0,10)
    x3       1.257    0.166    0.972    1.621   1.009    0.797  1.000 normal(0,10)
  M =~
    m1       1.000                              0.874    0.711
    m2       1.152    0.137    0.909    1.446   1.007    0.755  1.000 normal(0,10)
    m3       0.916    0.111    0.718    1.154   0.801    0.690  1.000 normal(0,10)
  Y =~
    y1       1.000                              0.996    0.778
    y2       0.961    0.111    0.759    1.198   0.957    0.755  1.000 normal(0,10)
    y3       0.840    0.101    0.653    1.050   0.837    0.662  1.000 normal(0,10)

Covariances:
          Estimate  Post.SD pi.lower pi.upper  Std.lv  Std.all   Rhat   Prior
  X ~~
```

```
   M          0.353   0.075   0.220    0.514   0.503  0.503   1.000  lkj_corr(1)
   Y          0.247   0.075   0.112    0.404   0.309  0.309   1.000  lkj_corr(1)
 M ~~
   Y          0.290   0.081   0.143    0.461   0.333  0.333   1.000  lkj_corr(1)

Variances:
           Estimate Post.SD pi.lower pi.upper Std.lv Std.all  Rhat  Prior
  .x1        0.871   0.106   0.675    1.092   0.871  0.575   1.000 gamma(1,.5)[sd]
  .x2        0.977   0.114   0.767    1.213   0.977  0.582   1.000 gamma(1,.5)[sd]
  .x3        0.584   0.114   0.362    0.811   0.584  0.364   1.000 gamma(1,.5)[sd]
  .m1        0.746   0.100   0.561    0.952   0.746  0.494   1.000 gamma(1,.5)[sd]
  .m2        0.767   0.117   0.550    1.007   0.767  0.431   1.000 gamma(1,.5)[sd]
  .m3        0.707   0.088   0.542    0.889   0.707  0.524   1.000 gamma(1,.5)[sd]
  .y1        0.645   0.112   0.427    0.871   0.645  0.394   1.000 gamma(1,.5)[sd]
  .y2        0.692   0.105   0.494    0.906   0.692  0.430   1.000 gamma(1,.5)[sd]
  .y3        0.897   0.104   0.706    1.117   0.897  0.562   1.000 gamma(1,.5)[sd]
   X         0.644   0.132   0.408    0.925   1.000  1.000   1.000 gamma(1,.5)[sd]
   M         0.764   0.139   0.513    1.055   1.000  1.000   1.000 gamma(1,.5)[sd]
   Y         0.991   0.167   0.690    1.345   1.000  1.000   1.000 gamma(1,.5)[sd]
```

먼저 주목하실 부분은 모형적합도 정보입니다. PPP의 값이 0.508로 나타나 설정한 CFA 모형이 관측데이터에 잘 부합한다고 판단할 수 있습니다. 그러나 전통적 CFA 결과에서 나타나는 모형적합도 지수들이 전혀 제시되지 않는 것을 확인할 수 있습니다. 베이지언 CFA의 모형적합도 지수들을 확인하기 위해서는 `blavFitIndices()` 함수를 활용해야 합니다. `blavFitIndices()` 함수를 활용하기 위해서는 추정된 베이지언 CFA 모형과 다르게 정의된 베이지언 CFA 모형이 필요합니다. `blavFitIndices()` 함수 활용방법은 다른 경쟁 CFA 모형들을 설정한 후 살펴보겠습니다.

다음으로 `Parameter Estimates:` 부분의 결과 해석은 앞서 살펴본 베이지언 경로모형 결과해석과 동일합니다. `Rhat` ($\hat{R}$) 진단치가 1.00으로 나타난 것 확인할 수 있습니다. 앞서 베이지언 경로모형에서 살펴보았듯, 아래와 같이 유효표본수(ESS) 진단치도 살펴보시면 통상적 기준치인 400 보다 월등하게 큰 값을 보여 MCMC 추정과정에서 별 문제가 없다는 것을 확인하실 수 있습니다.

```
> # Rhat & Effective sample size
```

```
> summary(fit_cfa@external$mcmcout)$summary[,c('Rhat','n_eff')] |> data.frame()
                     Rhat    n_eff
ly_sign[1]      0.9999819 32320.28
ly_sign[2]      0.9999859 24886.89
ly_sign[3]      0.9999909 27394.84
ly_sign[4]      0.9999401 29282.28
ly_sign[5]      1.0000761 25615.49
ly_sign[6]      1.0000607 28834.44
Theta_var[1]    1.0000787 35877.68
Theta_var[2]    1.0000010 48215.07
Theta_var[3]    1.0000247 34777.32
Theta_var[4]    1.0000356 36855.00
Theta_var[5]    1.0000053 39913.43
Theta_var[6]    0.9999649 46878.58
Theta_var[7]    1.0001077 28074.98
Theta_var[8]    0.9999612 36448.95
Theta_var[9]    1.0000440 47836.50
Psi_cov[1]      1.0000302 33744.82
Psi_cov[2]      1.0000099 36547.08
Psi_cov[3]      1.0000081 37533.14
Psi_var[1]      1.0000260 30305.79
Psi_var[2]      0.9999799 29862.69
Psi_var[3]      1.0000557 28417.71
log_lik[1]      1.0001585 16217.32
log_lik_sat[1]  1.0001585 16217.32
ppp             0.9999983 30647.47
lp__            1.0001517 16152.70
```

또한 각 MCMC 체인별 수렴과정을 시각화할 경우 plot() 함수를 사용할 수 있습니다. 베이지언 CFA 모형이나 다음에 살펴볼 베이지언 SEM의 경우 모수의 유형에 따라 MCMC 수렴과정을 구분하여 살펴보는 것이 나을 수도 있습니다. 아래와 같이 모형추정 결과의 모수 유형을 구별할 수 있는 별도의 데이터 오브젝트를 저장한 후, plot() 함수의 pars 옵션에 모수의 유형들을 구분하여 지정하면 됩니다. CFA 모형 추정결과에서 인자적재치, 잠재변수의 분산·공분산, 관측변수의 측정오차를 구분하여 MCMC 수렴과정을 별도로 시각화하면 〈그림 2-12-4〉, 〈그림 2-12-5〉, 〈그림 2-12-6〉과 같습니다.

```
> # 인자적재치, 잠재변수 분산과 공분산, 관측변수 측정오차 구분
> dat_parameters <- as_tibble(coef(fit_cfa)) |>
+  mutate(
+    rid=row_number(),
+    lbl=names(coef(fit_cfa)),
+    para=ifelse( str_detect(lbl,"=~"), 'lambda',NA ),
+    para=ifelse( str_detect(lbl,"[[:upper:]]{1,2}~~[[:upper:]]{1,2}"), 'psi',para ),
+   para=ifelse( str_detect(lbl,"[[:lower:]]{1,2}[[:digit:]]{1}~~[[:lower:]]{1,2}[[:digit:]]{1}"),'theta',para)
+  ) |> print(n=Inf)
# A tibble: 21 × 4
    value      rid lbl    para
  <lvn.vctr> <int> <chr>  <chr>
 1 1.0427060     1 X=~x2  lambda
 2 1.2570876     2 X=~x3  lambda
 3 1.1521193     3 M=~m2  lambda
 4 0.9163065     4 M=~m3  lambda
 5 0.9610835     5 Y=~y2  lambda
 6 0.8404233     6 Y=~y3  lambda
 7 0.3530170     7 X~~M   psi
 8 0.2467249     8 X~~Y   psi
 9 0.2899969     9 M~~Y   psi
10 0.8706744    10 x1~~x1 theta
11 0.9766184    11 x2~~x2 theta
12 0.5837521    12 x3~~x3 theta
13 0.7456725    13 m1~~m1 theta
14 0.7667223    14 m2~~m2 theta
15 0.7070557    15 m3~~m3 theta
16 0.6454611    16 y1~~y1 theta
17 0.6919094    17 y2~~y2 theta
18 0.8973301    18 y3~~y3 theta
19 0.6444407    19 X~~X   psi
20 0.7637912    20 M~~M   psi
21 0.9914319    21 Y~~Y   psi
> # 인자적재치
> plot(fit_cfa,pars=dat_parameters$rid[dat_parameters$para=="lambda"])
```

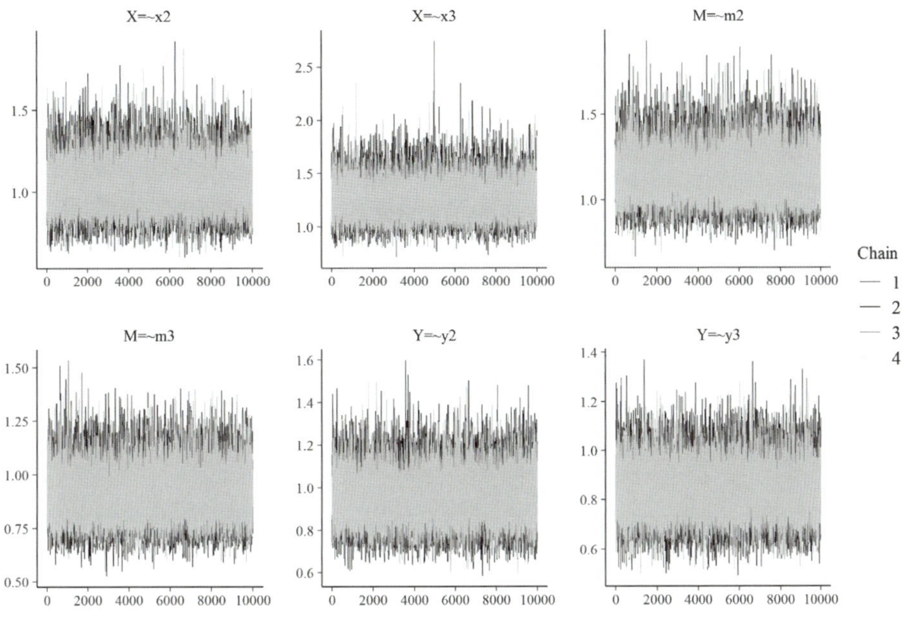

그림 2-12-4. 인자적재치 MCMC 수렴과정 시각화

```
> # 잠재변수 분산과 공분산
> plot(fit_cfa,pars=dat_parameters$rid[dat_parameters$para=="psi"])
```

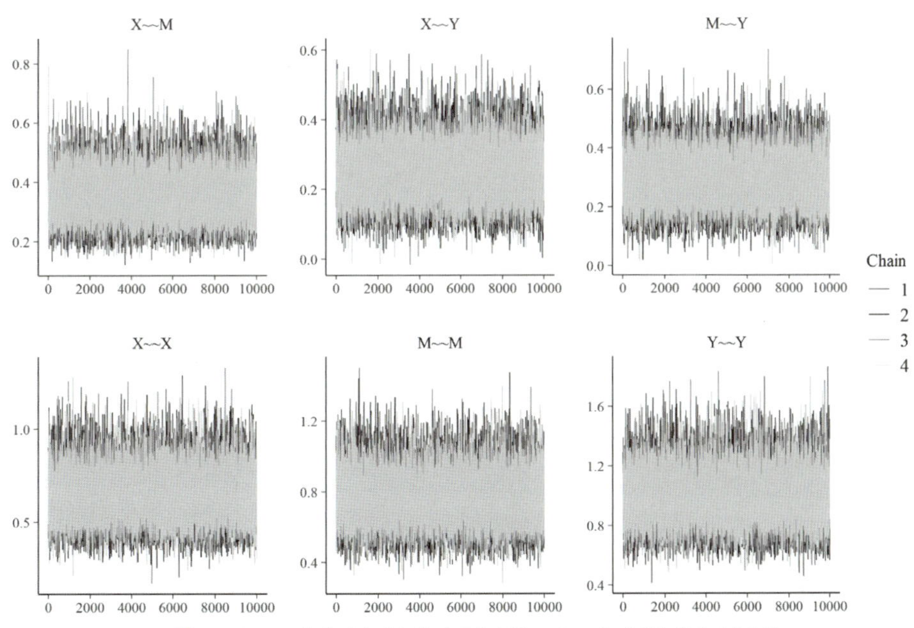

그림 2-12-5. 잠재변수 분산과 공분산 MCMC 수렴과정 시각화

```
> # 관측변수 측정오차
> plot(fit_cfa,pars=dat_parameters$rid[dat_parameters$para=="theta"])
```

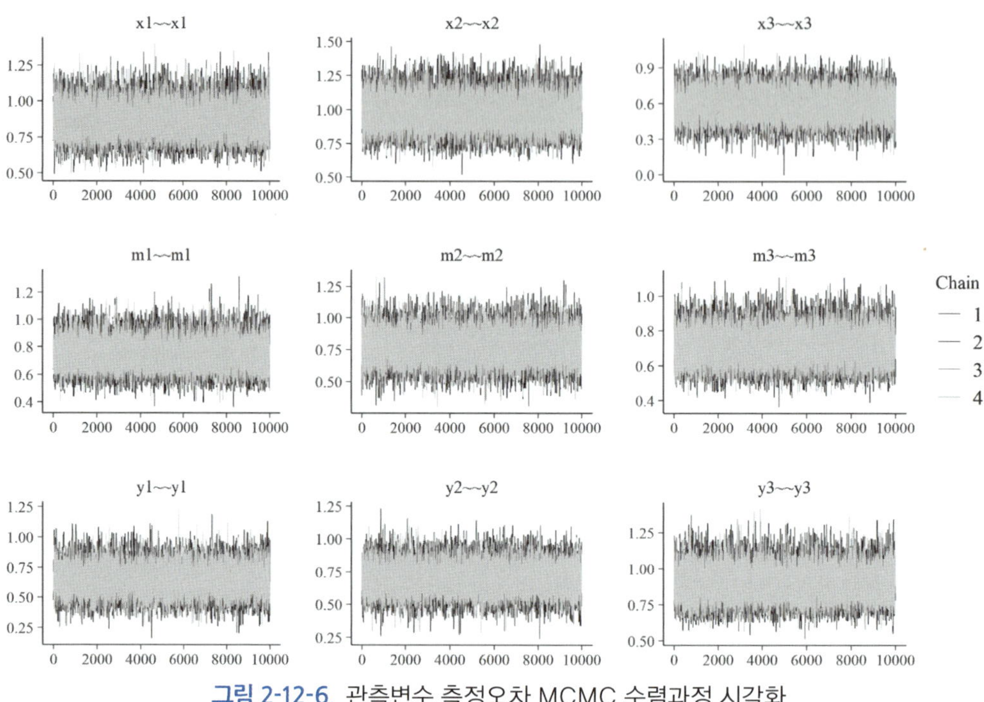

그림 2-12-6. 관측변수 측정오차 MCMC 수렴과정 시각화

〈그림 2-12-4〉, 〈그림 2-12-5〉, 〈그림 2-12-6〉에서 확인할 수 있듯, 모형은 적절하게 수렴되었음을 알 수 있습니다.

이제 모형비교를 실시해 봅시다. 앞에서 추정한 CFA모형(fit_cfa)과의 경쟁모형들로 2가지 모형을 설정하였습니다. 첫 번째 경쟁모형은 9개 관측변수들이 상호 독립적이라고 가정한 기저모형(null model)입니다. 기저모형은 베이지언 CFA의 모형적합도 지수들을 계산하기 위해 꼭 필요한 모형입니다.[7] 두 번째 경쟁모형은 9개 관측변수들을 1개의 잠재변수로 설명하는 단일인자(single-factor) CFA 모형입니다.

7) 전통적 CFA나 구조방정식 모형의 모형적합도 지수들의 경우도 설정된 측정모형과 기저모형(lavaan 패키지 추정결과의 용어로는 Baseline Model)을 비교하여 계산됩니다. 베이지언 CFA나 구조방정식 모형의 경우 기저모형을 별도로 지정하여 모형적합도 지수들을 계산한다는 점에서 전통적 CFA나 구조방정식 모형과 차이가 있을 뿐입니다.

```
> # Null model
> cfa_null <- "
+ x1 ~~ x1
+ x2 ~~ x2
+ x3 ~~ x3
+ m1 ~~ m1
+ m2 ~~ m2
+ m3 ~~ m3
+ y1 ~~ y1
+ y2 ~~ y2
+ y3 ~~ y3
+ x1 ~ 1
+ x2 ~ 1
+ x3 ~ 1
+ m1 ~ 1
+ m2 ~ 1
+ m3 ~ 1
+ y1 ~ 1
+ y2 ~ 1
+ y3 ~ 1
+ "
> # Single-factor model
> cfa_single <- "
+ X =~ x1+x2+x3+m1+m2+m3+y1+y2+y3
+ "
```

위에서 정의한 두 가지 경쟁 CFA 모형에 대해 bsem() 함수를 이용해 베이지언 CFA 모형을 추정한 결과는 아래와 같습니다. sample, burnin, n.chains 옵션 등은 연구모형(fit_cfa)과 동일하게 설정하였습니다.

```
> fit_null <- bsem(cfa_null,
+              data=df,
+              n.chains=4,
+              burnin=1000,
+              sample=10000,
+              seed=1234)
```

```
SAMPLING FOR MODEL 'stanmarg' NOW (CHAIN 1).
                    [분량조절을 위해 Iteration 과정은 제시하지 않았음]
> fit_single <- bsem(cfa_single,
+              data=df,
+              n.chains=4,
+              burnin=1000,
+              sample=10000,
+              seed=1234)
SAMPLING FOR MODEL 'stanmarg' NOW (CHAIN 1).
                    [분량조절을 위해 Iteration 과정은 제시하지 않았음]
```

기저모형과 단일인자 모형에 대한 추정결과와 MCMC 수렴과정에 대한 평가는 분량 조절을 위해 넘어가고, `blavCompare()` 함수를 활용하여 가장 먼저 추정한 연구모형(3개인자 CFA 모형)과 모형비교를 실시해 보겠습니다. '기저모형–연구모형', '단일인자 모형–연구모형'에 대한 베이지언 CFA 모형비교는 아래와 같습니다.

```
> # Model comparison
> Comp_fit_null  <- blavCompare(fit_cfa,fit_null)
                      [분량조절을 위해 이하의 과정은 제시하지 않았음]
경고메시지(들):
1:
4 (1.6%) p_waic estimates greater than 0.4. We recommend trying loo instead.
2:
1 (0.4%) p_waic estimates greater than 0.4. We recommend trying loo instead.
> Comp_fit_single <- blavCompare(fit_cfa,fit_single)
                      [분량조절을 위해 이하의 과정은 제시하지 않았음]
경고메시지(들):
1:
4 (1.6%) p_waic estimates greater than 0.4. We recommend trying loo instead.
2:
6 (2.4%) p_waic estimates greater than 0.4. We recommend trying loo instead.
> Comp_fit_null$bf
       bf       mll1       mll2
 331.7114 -3492.2699 -3823.9813
> Comp_fit_single$bf
      bf      mll1      mll2
```

```
  122.8674 -3492.2699 -3615.1373
> loo_compare(Comp_fit_null$loo[[1]],
+              Comp_fit_null$loo[[2]],
+              Comp_fit_single$loo[[2]]) |>
+   data.frame() |> select(elpd_diff,se_diff,looic,se_looic)
        elpd_diff  se_diff    looic se_looic
model1     0.0000  0.00000 6899.759 67.02515
model3  -125.8883 19.61330 7151.536 82.01655
model2  -314.9029 31.07015 7529.565 89.89691
```

LOO 지수를 기준으로 모형비교를 진행하기 때문에 "경고메시지(들):"에 제시된 WAIC 추정 관련 결과는 신경쓰시지 않아도 무방합니다. 우선 베이즈지수에서 확인할 수 있듯, 연구모형은 기저모형보다($1.15^{144} \approx e^{331.711}$ 배) 그리고 단일인자 모형보다($2.29^{53} \approx e^{122.867}$ 배) 관측 데이터에 더 잘 부합합니다. 아울러 LOO 지수를 비교한 결과에서도 잘 나타나듯, 설명모형은 기저모형은 물론 단일인자 모형보다 더 적합한 모형인 것을 확인할 수 있습니다.

다음으로 `blavFitIndices()` 함수를 활용하여 베이지언 CFA, 베이지언 SEM의 모형적합도 지수들을 계산해 보겠습니다. 전통적 CFA, SEM과 개념적으로 비교가능한 모형적합도 지수를 원하신다면, 기저모형과 설명모형을 `blavFitIndices()` 함수에 투입하시면 됩니다. 이때, 비교의 기준이 되는 모형(여기서는 기저모형)을 `blavFitIndices()` 함수의 `baseline.model` 옵션에 지정하시면 됩니다.

```
> # CFA, SEM 관련 모형적합도 지수들(앞에 B가 붙을 뿐 해석방법은 동일)
> FI_cfa_null <- blavFitIndices(fit_cfa,baseline.model=fit_null,
+                              fit.measures='all')
> summary(FI_cfa_null)

Posterior summary statistics and highest posterior density (HPD)
 90% credible intervals for devm-based fit indices:

               EAP Median   MAP    SD lower upper
BRMSEA       0.013  0.000 0.000 0.016 0.000 0.038
BGammaHat    0.998  1.000 1.000 0.004 0.992 1.000
adjBGammaHat 0.996  1.000 1.000 0.007 0.985 1.000
BMc          0.995  1.000 1.000 0.009 0.982 1.000
```

```
BCFI            0.996  1.000 1.000 0.007 0.986 1.000
BTLI            1.000  1.001 1.003 0.012 0.981 1.019
BNFI            0.963  0.964 0.966 0.010 0.947 0.979
```

출력결과의 EAP, Median, MAP, SD, lower, upper는 순서대로 사후분포의 평균(expected a posterior mean), 중간값, 추정최대값(maximum a posterior estimate), 표준편차, 90% 신용구간의 하한과 상한을 의미합니다.

각각의 모형적합도 지수들 중 BRMSEA, BCFI, BTLI, BNFI는 앞에 B라는 표현이 붙었지만 통상적 CFA, SEM의 모형적합도 지수들인 RMSEA, CFI, TLI, NFI와 동일하게 해석할 수 있습니다. 다른 지수들, BGammaHat, adjBGammaHat, BMc 등은 각각 베이지언 감마햇(Bayesian Gamma Hat, $\hat{\Gamma}$), 조정된 베이지언 감마햇($\hat{\Gamma}_{adj}$), 베이지언 맥도널드 중심지수(Bayesian McDonald's Centrality Index)를 의미하며,[8] 이들은 CFI, TLI 등과 마찬가지로 1.00에 가까운 값을 보일수록 비교대상 모형(여기서는 baseline.model=fit_null)에 비해 지정된 모형이 데이터에 더 적합한 모형이라고 판단하시면 됩니다.

출력결과에서 확인할 수 있듯, 기저모형을 비교대상 모형으로 설정할 때, 설명모형은 매우 좋은 모형적합도를 보여주고 있습니다(BRMSEA는 0.00에 매우 근접하고, 다른 모형적합도 지수들은 모두 1.00에 매우 근접하기 때문).

베이지언 모형적합도 계산의 경우, 비교대상 모형을 꼭 기저모형으로 하지 않아도 됩니다. 예를 들어 연구자가 "단일인자 CFA모형을 비교대상으로 할 때, 3인자 CFA모형은 얼마나 관측데이터에 얼마나 더 적합한가?"와 같은 연구문제에 대한 실증적 결과를 얻을 수 있습니다. 앞에서 살펴본 베이스 지수와 LOO 지수를 활용할 수도 있지만, blavFitIndices() 함수를 이용하는 것도 아래와 같이 가능합니다.

```
> FI_single <- blavFitIndices(fit_cfa,baseline.model=fit_single,
+                                      fit.measures='all')
> summary(FI_single)

Posterior summary statistics and highest posterior density (HPD)
 90% credible intervals for devm-based fit indices:
```

8) 베이지언 CFA, SEM의 모형적합도 지수들에 대한 보다 자세한 설명으로는 관련 문헌들(Depaoli, 2021; Garnier-Villarreal et al., 2020)을 참고하시기 바랍니다.

```
                EAP Median  MAP  SD lower upper
BRMSEA          0.013 0.000  0.000 0.016 0.000 0.038
BGammaHat       0.998 1.000  1.000 0.004 0.992 1.000
adjBGammaHat    0.996 1.000  1.000 0.007 0.985 1.000
BMc             0.995 1.000  1.000 0.009 0.982 1.000
BCFI            0.989 1.000  1.000 0.017 0.964 1.000
BTLI            0.999 1.002  1.006 0.027 0.957 1.043
BNFI            0.911 0.914  0.919 0.024 0.873 0.950
```

출력결과에서 확인할 수 있듯, 3인자 CFA모형은 단일인자 CFA모형보다 주어진 관측데이터에 더 잘 부합하는 모형이라는 것을 확인할 수 있습니다.

베이지언 CFA 모형 추정결과 역시 앞에서 살펴본 베이지언 경로모형 추정결과와 마찬가지로 `blavInspect()` 함수를 활용하여, 사후분포를 얻을 수 있습니다. CFA 모형추정결과에서 중요한 인자적재치의 경우, 비표준화 계수보다 표준화 계수를 활용하는 것이 보통입니다. 만약 표준화 계수의 사후분포를 살펴보는 것이 목적일 경우 `blavInspect()` 함수보다 `standardizedPosterior()` 함수를 활용할 수 있습니다.

```
> # 아래도 가능하지만, 비표준화 인자적재치가 추출됨
> # blavInspect(fit_cfa,what='draws')
> # 표준화 인자적재치의 경우 아래와 같이
> post_parameter_std <- standardizedposterior(fit_cfa)
> dim(post_parameter_std)
[1] 40000    24
> colnames(post_parameter_std)
 [1] "X=~x1"  "X=~x2"  "X=~x3"  "M=~m1"  "M=~m2"  "M=~m3"  "Y=~y1"  "Y=~y2"  "Y=~y3"
[10] "X~~M"   "X~~Y"   "M~~Y"   "x1~~x1" "x2~~x2" "x3~~x3" "m1~~m1" "m2~~m2" "m3~~m3"
[19] "y1~~y1" "y2~~y2" "y3~~y3" "X~~X"   "M~~M"   "Y~~Y"
```

예를 들어 각 잠재변수별 인자적재치의 95% 신용구간을 시각화하면 <그림 2-12-7>과 같습니다.

```
> as_tibble(post_parameter_std) |>
+  select('X=~x1':'Y=~y3') |>
+  pivot_longer(cols=everything()) |>
```

```
+ mutate(
+   LV_name=str_sub(name,1,1), # latent variable
+   LV_name=fct_relevel(LV_name, 'X','M','Y'),
+   item_no=str_extract(name,'[[:digit:]]{1}') # observed item no
+ ) |>
+ ggplot(aes(x=value, fill=item_no))+
+ stat_histinterval(alpha=0.4,position=position_dodge(width=0.04))+
+ labs(x='Factor loading, standardized',y='Density',
+      fill='Item number for each factor')+
+ coord_cartesian(xlim=c(0.3,1),ylim=c(-0.02,0.32))+
+ theme_bw()+
+ theme(legend.position='top')+
+ facet_wrap(~LV_name,ncol=3)
```

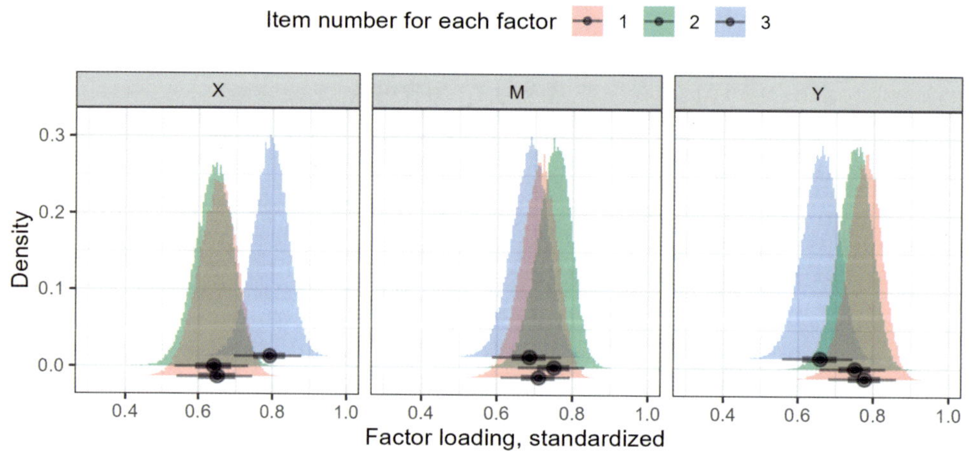

그림 2-12-7. 3인자 베이지언 CFA 모형의 인자적재치(표준화 계수) 사후분포 시각화

〈그림 2-12-7〉에서 확인할 수 있듯, 잠재변수 X의 경우 첫 번째와 두 번째 관측변수와의 인자적재치보다 세 번째 관측변수와의 인자적재치가 높게 나타났으며, 잠재변수 Y의 경우 세 번째 관측변수와의 인자적재치가 첫 번째와 두 번째 관측변수와의 인자적재치보다 낮게 나타났습니다. 반면 잠재변수 M의 경우, 세 관측변수와의 인자적재치가 엇비슷한 것을 확인할 수 있습니다. 그러나 9개 표준화 인자적재치들 모두 전반적으로 0.60을 넘는 모습을 보여 3인자 CFA 모형이 데이터에 잘 부합한다고 볼 수 있습니다.

3 베이지언 구조방정식 모형 (Bayesian SEM, structural equation model)

이제는 측정모형과 구조모형을 통합한 베이지언 구조방정식 모형(SEM)을 추정해 보겠습니다. 베이지언 경로모형과 베이지언 CFA 모형 추정과정을 잘 따라오셨다면, 베이지언 SEM을 이해하는데 큰 문제 없으실 것으로 생각합니다. 예시데이터로 추정할 베이지언 SEM은 〈그림 2-12-8〉과 같습니다.[9]

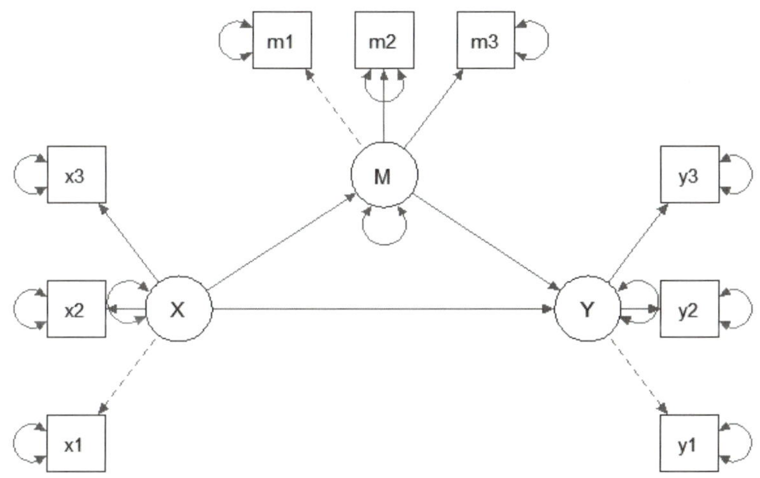

그림 2-12-8. 구조방정식 모형

```
> # 1. SEM 모형 정의
> model_sem <- "
+ X =~ x1+x2+x3
+ M =~ m1+m2+m3
+ Y =~ y1+y2+y3
+ M ~ X
```

9) 〈그림 2-12-8〉은 본문의 fit_Fcfa를 활용하여, 아래와 같이 시각화할 수 있습니다.

```
> semPlot::semPaths(fit_Fsem,
+                    layout=manual_layout,
+                    sizeMan=7)
```

```
+ Y ~ X+M
+ "
> # 2. 모형추정
> fit_Fsem <- sem(model_sem, df)
> # 3. 모형추정결과 확인
> summary(fit_Fsem,fit.measures=TRUE,
+        standardized=TRUE)
lavaan 0.6-19 ended normally after 30 iterations

  Estimator                                         ML
  Optimization method                           NLMINB
  Number of model parameters                        21

  Number of observations                           254

Model Test User Model:

  Test statistic                                23.701
  Degrees of freedom                                24
  P-value (Chi-square)                           0.479

Model Test Baseline Model:

  Test statistic                               660.541
  Degrees of freedom                                36
  P-value                                        0.000

User Model versus Baseline Model:

  Comparative Fit Index (CFI)                    1.000
  Tucker-Lewis Index (TLI)                       1.001

Loglikelihood and Information Criteria:

  Loglikelihood user model (H0)              -3428.623
  Loglikelihood unrestricted model (H1)      -3416.773
```

```
  Akaike (AIC)                        6899.247
  Bayesian (BIC)                       6973.531
  Sample-size adjusted Bayesian (SABIC)        6906.957

Root Mean Square Error of Approximation:

  RMSEA                                        0.000
  90 Percent confidence interval - lower       0.000
  90 Percent confidence interval - upper       0.050
  P-value H_0: RMSEA <= 0.050                  0.949
  P-value H_0: RMSEA >= 0.080                  0.000

Standardized Root Mean Square Residual:

  SRMR                                         0.038

Parameter Estimates:

  Standard errors                           Standard
  Information                               Expected
  Information saturated (h1) model        Structured

Latent Variables:
          Estimate  Std.Err  z-value  P(>|z|)   Std.lv  Std.all
  X =~
    x1       1.000                              0.814    0.663
    x2       1.013    0.128    7.922    0.000   0.824    0.644
    x3       1.210    0.145    8.328    0.000   0.985    0.790
  M =~
    m1       1.000                      0.881   0.719
    m2       1.123    0.124    9.047    0.000   0.989    0.751
    m3       0.896    0.102    8.753    0.000   0.789    0.687
  Y =~
    y1       1.000                      0.999   0.784
    y2       0.942    0.101    9.310    0.000   0.941    0.751
    y3       0.828    0.093    8.863    0.000   0.827    0.661
```

```
Regressions:
          Estimate Std.Err z-value P(>|z|) Std.lv Std.all
 M ~
  X          0.563   0.101   5.573   0.000  0.520   0.520
 Y ~
  X          0.238   0.123   1.939   0.052  0.194   0.194
  M          0.278   0.114   2.445   0.015  0.246   0.246

Variances:
          Estimate Std.Err z-value P(>|z|) Std.lv Std.all
  .x1        0.845   0.101   8.395   0.000  0.845   0.561
  .x2        0.959   0.110   8.706   0.000  0.959   0.585
  .x3        0.584   0.107   5.478   0.000  0.584   0.376
  .m1        0.724   0.095   7.622   0.000  0.724   0.482
  .m2        0.759   0.110   6.907   0.000  0.759   0.437
  .m3        0.696   0.084   8.260   0.000  0.696   0.528
  .y1        0.626   0.104   6.008   0.000  0.626   0.386
  .y2        0.685   0.099   6.887   0.000  0.685   0.436
  .y3        0.882   0.100   8.793   0.000  0.882   0.563
  X          0.662   0.130   5.114   0.000  1.000   1.000
  .M         0.566   0.108   5.253   0.000  0.729   0.729
  .Y         0.850   0.141   6.019   0.000  0.852   0.852
```

출력결과에서 확인할 수 있듯, 전통적 방식의 SEM 모형추정결과 연구모형의 모형적합도는 $\chi^2_{ML}(24, N=254)=23.70$, $p=.48$, $CF=1.00$, $TLI=1.00$, $RMSEA<.01$ (90% CI, [<0.01, 0.05]), $SRMR=.04$으로 통상적 기준을 충족시키는 것으로 나타났습니다.

다음으로 blavaan::sem() 함수를 이용해 베이지언 SEM을 추정해 보겠습니다. 앞서 살펴본 베이지언 경로모형이나 베이지언 CFA 모형과 마찬가지로 4개의 마르코프 체인, 1,000번의 웜업, 10,000번의 반복계산을 적용하여 베이지언 SEM을 추정하는 과정은 아래와 같습니다.

```
> fit_sem <- bsem(model_sem,
+                 data=df,
+                 n.chains=4,
+                 burnin=1000,
```

```
+                sample=10000,
+                seed=1234)
SAMPLING FOR MODEL 'stanmarg' NOW (CHAIN 1).
```

[분량조절을 위해 Iteration 과정은 제시하지 않았음]

추정결과를 summary() 함수를 통해 살펴보면 아래와 같습니다. 베이지언 CFA 모형을 설명하면서 말씀드렸듯, 베이지언 SEM의 경우 모형적합도 지수를 계산하기 위해서는 비교대상이 되는 모형이 있어야 하기에 summary() 함수에 standardized 옵션만 TRUE로 설정하였습니다.

```
> summary(fit_sem,standardized=TRUE)
blavaan 0.5.8 ended normally after 10000 iterations

  Estimator                                    BAYES
  Optimization method                          MCMC
  Number of model parameters                     21

  Number of observations                        254

  Statistic                             MargLogLik       PPP
  Value                                  -3500.228     0.503

Parameter Estimates:


Latent Variables:
           Estimate  Post.SD pi.lower pi.upper  Std.lv  Std.all   Rhat   Prior
  X =~
    x1        1.000                              0.788    0.643
    x2        1.062    0.145    0.808    1.375   0.836    0.646  1.000   normal(0,10)
    x3        1.284    0.174    0.990    1.670   1.011    0.799  1.000   normal(0,10)
  M =~
    m1        1.000                              0.875    0.712
    m2        1.152    0.136    0.911    1.440   1.008    0.755  1.000   normal(0,10)
    m3        0.916    0.111    0.716    1.150   0.802    0.690  1.000   normal(0,10)
  Y =~
```

```
    y1          1.000                                      1.005   0.783
    y2          0.948     0.108     0.751    1.177         0.953   0.752    1.000     normal(0,10)
    y3          0.831     0.099     0.646    1.038         0.835   0.661    1.000     normal(0,10)

Regressions:

             Estimate Post.SD pi.lower pi.upper  Std.lv  Std.all   Rhat    Prior
  M ~
    X           0.580    0.110    0.385    0.817   0.522   0.522    1.000  normal(0,10)
  Y ~
    X           0.245    0.132   -0.007    0.511   0.192   0.192    1.000  normal(0,10)
    M           0.283    0.121    0.051    0.527   0.247   0.247    1.000  normal(0,10)

Variances:
             Estimate Post.SD pi.lower pi.upper  Std.lv  Std.all   Rhat    Prior
   .x1          0.879    0.108    0.681    1.104   0.879   0.586   1.000 gamma(1,.5)[sd]
   .x2          0.977    0.113    0.772    1.212   0.977   0.583   1.000 gamma(1,.5)[sd]
   .x3          0.580    0.114    0.355    0.805   0.580   0.362   1.000 gamma(1,.5)[sd]
   .m1          0.746    0.099    0.561    0.951   0.746   0.493   1.000 gamma(1,.5)[sd]
   .m2          0.769    0.116    0.550    1.006   0.769   0.431   1.000 gamma(1,.5)[sd]
   .m3          0.707    0.088    0.546    0.890   0.707   0.524   1.000 gamma(1,.5)[sd]
   .y1          0.636    0.111    0.419    0.859   0.636   0.386   1.000 gamma(1,.5)[sd]
   .y2          0.697    0.104    0.500    0.911   0.697   0.435   1.000 gamma(1,.5)[sd]
   .y3          0.900    0.105    0.709    1.118   0.900   0.563   1.000 gamma(1,.5)[sd]
    X           0.620    0.131    0.385    0.898   1.000   1.000   1.000 gamma(1,.5)[sd]
   .M           0.558    0.109    0.366    0.792   0.728   0.728   1.000 gamma(1,.5)[sd]
   .Y           0.862    0.144    0.601    1.165   0.853   0.853   1.000 gamma(1,.5)[sd]
```

먼저 PPP의 값이 0.503으로 나타나 설정된 SEM 모형이 관측데이터에 잘 부합한다고 판단할 수 있습니다. 또한 `Parameter Estimates:` 부분에서 모든 모수들의 `Rhat` ($\hat{R}$) 진단치가 1.00으로 나타나 MCMC 추정과정에서 별 문제가 없다고 판단할 수 있습니다. 이는 아래와 같이 각 모수의 유효표본수(ESS)에서도 확인됩니다.

```
> summary(fit_sem@external$mcmcout)$summary[,c('Rhat','n_eff')]
                 Rhat   n_eff
```

```
ly_sign[1]      1.0000946 25627.17
ly_sign[2]      1.0000986 20439.04
ly_sign[3]      1.0000810 25538.20
ly_sign[4]      0.9999543 28493.80
ly_sign[5]      1.0000114 26513.88
ly_sign[6]      1.0000009 29092.36
bet_sign[1]     1.0000787 27907.43
bet_sign[2]     1.0000536 37051.97
bet_sign[3]     1.0000316 34507.01
Theta_var[1]    1.0000920 35723.30
Theta_var[2]    0.9999771 44855.82
Theta_var[3]    0.9999830 33336.95
Theta_var[4]    1.0000287 33813.56
Theta_var[5]    0.9999850 39417.74
Theta_var[6]    0.9999802 44305.01
Theta_var[7]    1.0000463 29749.18
Theta_var[8]    1.0000594 37962.20
Theta_var[9]    0.9999869 44049.15
Psi_var[1]      1.0000879 23997.77
Psi_var[2]      1.0000223 29703.54
Psi_var[3]      1.0000329 29603.17
log_lik[1]      1.0000730 16128.03
log_lik_sat[1]  1.0000730 16128.03
ppp             0.9999297 30573.24
lp__            1.0000770 16021.37
```

마르코프 체인별 MCMC 수렴과정 시각화 그래프는 분량상 제시하지 않겠습니다. 앞에서 베이지언 CFA 모형을 설명하면서 말씀드렸듯, 시각화 결과를 제시할 때는 SEM에서도 모수의 유형별로 시각화 작업을 시도하는 것이 효율적일 것 같습니다.

이제 모형비교와 모형적합도 계산을 해 봅시다. 여기서는 베이지언 SEM 모형의 모형적합도 지수계산을 위해 9개 관측변수들 사이의 어떠한 연관관계도 가정하지 않은 기저모형(null model)을 비교모형으로 설정하였습니다. 먼저 `blavCompare()` 함수를 이용하여 베이스지수와 LOO 지수를 계산하였습니다.

```
> # Model comparison
> Comp_sem_null <- blavCompare(fit_sem,fit_null)
                    [분량조절을 위해, 제시하지 않음. 제시된 결과는 아래를 참조]
> Comp_sem_null$bf
     bf      mll1      mll2
 323.753 -3500.228 -3823.981
> Comp_sem_null$diff_loo |>
+  data.frame() |>
+  select(elpd_diff,se_diff,looic,se_looic)
        elpd_diff  se_diff    looic se_looic
model1   0.0000    0.00000 6899.837 67.05640
model2 -314.8642  31.10782 7529.565 89.89691
```

먼저 베이즈지수는 3.94^{140} $(\approx e^{323.733})$으로 설명모형은 기저모형에 비해 주어진 관측데이터를 월등하게 더 잘 설명하는 것으로 나타났습니다. 또한 LOO 지수 비교에서도 명확하게 나타나듯, 설명모형은 기저모형보다 월등하게 나은 모형적합도를 보여주고 있습니다.

다음으로 blavFitIndices() 함수를 이용하여 설명모형의 모형적합도 지수를 계산한 결과는 아래와 같습니다. 출력결과에서 명확하게 확인할 수 있듯, 모형적합도 지수들은 설명모형이 주어진 데이터 구조에 부합하는 것을 잘 보여줍니다.

```
> # Model-fit indices
> FI_sem <- blavFitIndices(fit_sem,baseline.model=fit_null,
+                                 fit.measures='all')
> summary(FI_sem)

Posterior summary statistics and highest posterior density (HPD)
 90% credible intervals for devm-based fit indices:

               EAP Median   MAP    SD lower upper
BRMSEA       0.013  0.000 0.000 0.016 0.000 0.039
BGammaHat    0.998  1.000 1.000 0.004 0.992 1.000
adjBGammaHat 0.996  1.000 1.000 0.007 0.985 1.000
BMc          0.995  1.000 1.000 0.009 0.982 1.000
BCFI         0.996  1.000 1.000 0.007 0.985 1.000
BTLI         0.999  1.001 1.003 0.012 0.981 1.019
```

```
BNFI              0.963  0.964 0.965 0.010 0.947 0.979
```

아울러 베이지언 경로모형에서 살펴보았듯, 간접효과를 추정해 봅시다. `blavInspect()` 함수를 활용하여 사후표본을 추출한 후, 간접효과와 총효과의 95% 신용구간을 계산하면 아래와 같습니다.

```
> # Mediation effect test
> post_parameters <- blavInspect(fit_sem,what="draws")
> # 4개 연쇄 통합
> post_df <- rbind(post_parameters[[1]],
+                  post_parameters[[2]],
+                  post_parameters[[3]],
+                  post_parameters[[4]]) |> as_tibble()
> # 95% Credible interval
> post_df |>
+  mutate(
+   IE = `M~X` * `Y~M`,
+   TE = `Y~X` + IE
+  ) |>
+  pivot_longer(cols=IE:TE) |>
+  group_by(name) |>
+  summarise(
+   pe=mean(value),
+   lb=quantile(value,prob=0.025),
+   ub=quantile(value,prob=0.975)
+  )
# A tibble: 2 × 4
  name    pe     lb     ub
  <chr> <dbl>  <dbl> <dbl>
1 IE     0.164  0.0285 0.329
2 TE     0.408  0.198  0.641
```

출력결과에서 확인할 수 있듯, 잠재변수 X가 잠재변수 M을 경유하여 잠재변수 Y에 미치는 간접효과가 [0.03, 0.33] 범위에 놓일 확률은 95%입니다.

4 강한 사전분포 설정

지금까지는 bsem() 함수의 디폴트 사전분포인 '약한 사전분포(weak informative prior)'를 기반으로 베이지언 SEM을 추정하였습니다. 이번에는 베이지언 SEM을 추정할 때, 어떻게 강한 사전분포를 설정할 수 있는지 살펴보겠습니다. 〈그림 2-12-8〉의 잠재변수 간 경로(path)의 사전분포가 모두 $N(0.30, 0.10)$이라고 가정해 보겠습니다. blavaan 패키지의 경우 모형을 설정할 때, prior() 함수에 강한 사전지식에 근거한 사전분포를 문자형으로 입력하면 됩니다. 구체적으로 잠재변수간 경로들의 사전분포를 $N(0.30, 0.10)$이라고 설정하는 방법은 아래와 같습니다.

```
> # 강한 사전분포: 잠재변수간 경로, N(0.30, 0.10)
> sem_Sprior <- '
+ X =~ x1+x2+x3
+ M =~ m1+m2+m3
+ Y =~ y1+y2+y3
+ M ~ prior("normal(0.3,0.1)")*X
+ Y ~ prior("normal(0.3,0.1)")*X+prior("normal(0.3,0.1)")*M
+ '
```

강한 사전분포가 설정된 SEM 모형을 bsem() 함수를 이용하여 추정하면 아래와 같습니다. 약한 사전분포를 기반으로 추정했던 모형과 동일하게 4개의 마르코프 체인, 1,000번의 웜업, 10,000번의 반복계산을 적용하여 베이지언 CFA 모형을 추정하면 아래와 같습니다.

```
> fit_sem_Sprior <- bsem(sem_Sprior,
+                        data=df,
+                        n.chains=4,
+                        burnin=1000,
+                        sample=10000,
+                        seed=1234)
SAMPLING FOR MODEL 'stanmarg' NOW (CHAIN 1).
                    [분량조절을 위해 Iteration 과정은 제시하지 않았음]
```

강한 사전분포를 설정하여 추정한 베이지언 SEM 모형의 추정결과는 아래와 같습니다.

```
> summary(fit_sem_Sprior)
blavaan 0.5.8 ended normally after 10000 iterations

  Estimator                                          BAYES
  Optimization method                                 MCMC
  Number of model parameters                            21

  Number of observations                               254

  Statistic                                 MargLogLik     PPP
  Value                                      -3489.562   0.499

Parameter Estimates:


Latent Variables:
                   Estimate  Post.SD pi.lower pi.upper     Rhat    Prior
  X =~
    x1                1.000
    x2                1.003    0.128    0.772    1.272    1.000 normal(0,10)
    x3                1.211    0.153    0.944    1.543    1.000 normal(0,10)
  M =~
    m1                1.000
    m2                1.214    0.148    0.954    1.537    1.000 normal(0,10)
    m3                0.967    0.118    0.755    1.220    1.000 normal(0,10)
  Y =~
    y1                1.000
    y2                0.944    0.105    0.749    1.163    1.000 normal(0,10)
    y3                0.828    0.098    0.645    1.029    1.000 normal(0,10)

Regressions:
                   Estimate  Post.SD pi.lower pi.upper     Rhat    Prior
  M ~
    X                 0.439    0.066    0.313    0.570    1.000 normal(0.3,0.1)
  Y ~
    X                 0.270    0.073    0.129    0.415    1.000 normal(0.3,0.1)
    M                 0.286    0.074    0.143    0.432    1.000 normal(0.3,0.1)
```

```
Variances:
           Estimate  Post.SD pi.lower pi.upper    Rhat    Prior
   .x1        0.854    0.107    0.654    1.076    1.000 gamma(1,.5)[sd]
   .x2        0.977    0.113    0.771    1.212    1.000 gamma(1,.5)[sd]
   .x3        0.585    0.116    0.356    0.816    1.000 gamma(1,.5)[sd]
   .m1        0.771    0.100    0.585    0.979    1.000 gamma(1,.5)[sd]
   .m2        0.754    0.119    0.530    0.996    1.000 gamma(1,.5)[sd]
   .m3        0.696    0.087    0.532    0.876    1.000 gamma(1,.5)[sd]
   .y1        0.633    0.111    0.418    0.856    1.000 gamma(1,.5)[sd]
   .y2        0.699    0.104    0.505    0.916    1.000 gamma(1,.5)[sd]
   .y3        0.900    0.105    0.710    1.121    1.000 gamma(1,.5)[sd]
    X         0.690    0.131    0.456    0.967    1.000 gamma(1,.5)[sd]
   .M         0.539    0.111    0.343    0.777    1.000 gamma(1,.5)[sd]
   .Y         0.862    0.144    0.606    1.167    1.000 gamma(1,.5)[sd]
```

우선 PPP의 값이 0.499로 강한 사전분포를 반영한 베이지언 SEM 모형 역시 관측데이터에 잘 부합한다고 판단할 수 있습니다. 또한 `Parameter Estimates:` 부분의 결과에서 확인할 수 있듯, Rhat ($\hat{R}$) 진단치가 1.00으로 나타났으며, 아래와 같이 유효표본수(ESS) 진단치도 살펴보시면 통상적 기준치인 400 보다 월등하게 큰 값이 나타나 MCMC 추정과정에 별 문제가 없다는 것을 확인할 수 있습니다.

```
> summary(fit_sem_Sprior@external$mcmcout)$summary[,c('Rhat','n_eff')] |>
+   summary()
      Rhat            n_eff
 Min.   :0.9999   Min.   :15417
 1st Qu.:1.0000   1st Qu.:28042
 Median :1.0000   Median :31455
 Mean   :1.0000   Mean   :31859
 3rd Qu.:1.0001   3rd Qu.:38790
 Max.   :1.0002   Max.   :45513
```

다음으로 약한 사전분포를 가정한 베이지언 SEM 모형과 강한 사전분포를 가정한 베이지언 SEM 모형을 `blavCompare()` 함수를 이용해 비교해 봅시다.

```
> Comp_sem_Sprior <- blavCompare(fit_sem_Sprior,fit_sem)
```

[분량조절을 위해 이하의 과정은 제시하지 않았음]

```
> Comp_sem_Sprior$diff_loo |>
+  data.frame() |>
+  select(elpd_diff,se_diff,looic,se_looic)
        elpd_diff se_diff   looic se_looic
model1 0.0000000 0.000000  6898.576 66.62258
model2 -0.6306491 1.504442  6899.837 67.05640
```

두 베이지언 SEM 모형의 LOO 지수를 비교한 결과에서 확인할 수 있듯, 두 모형은 거의 비슷한 모형적합도를 보여주고 있습니다. 즉 사전분포를 어떻게 가정하든 큰 차이가 없다는 것을 확인할 수 있습니다.

다음으로 디폴트 사전분포에 비해 강한 사전분포를 가정할 경우 간접효과와 직접효과가 어떻게 달라지는지 비교해 보면 아래의 〈그림 2-12-9〉와 같습니다.

```
> # 약한 사전분포, 강한 사전분포 설정시 추정결과 비교
> post_df_weak <- post_df |>
+  mutate(
+   prior='Weak',
+   IE = `M~X` * `Y~M`,
+   TE = `Y~X` + IE
+  ) |> select(prior,IE,TE)
> post_df_strong <- blavInspect(fit_sem_Sprior, what="draws")
> post_df_strong <- rbind(post_df_strong[[1]],
+       post_df_strong[[2]],
+       post_df_strong[[3]],
+       post_df_strong[[4]]) |> as_tibble()
> post_df_strong <- post_df_strong |>
+  mutate(
+    IE = `M~X` * `Y~M`,
+    TE = `Y~X` + IE,
+    prior='Strong'
+  ) |> select(prior,IE,TE)
> bind_rows(post_df_weak,post_df_strong) |>
+  pivot_longer(cols=IE:TE) |>
```

```
+ mutate(name=ifelse(name=='IE','Indirect effect','Total effect')) |>
+ group_by(name,prior) |>
+ ggplot(aes(x=value,fill=prior))+
+ stat_histinterval(alpha=0.7,position=position_dodge(width=0.03))+
+ labs(x='',y='Density',color='Prior distribution',fill='Prior distribution')+
+ coord_cartesian(xlim=c(-0.1,0.8),ylim=c(-0.03,0.5))+
+ theme_bw()+
+ theme(legend.position='bottom')+
+ facet_grid(.~name)
```

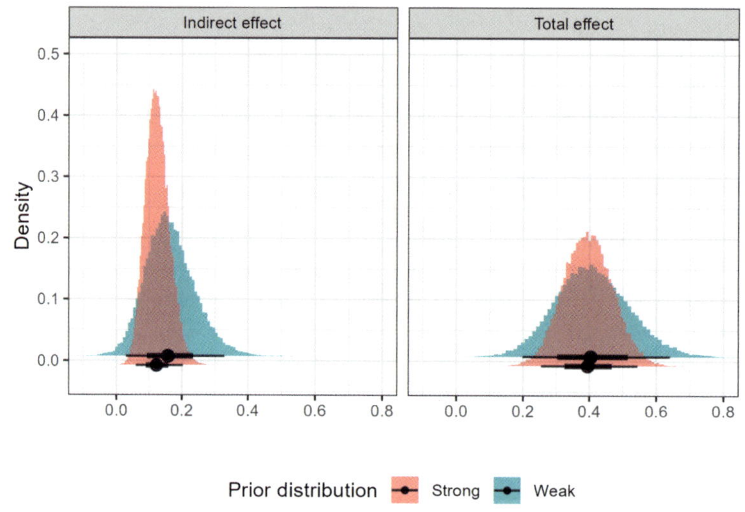

그림 2-12-9. 사전분포별 간접효과와 총효과 비교

〈그림 2-12-9〉에서 확인할 수 있듯, 강한 사전분포를 설정하여 추정한 베이지언 SEM 모형의 사후분포에서 불확실성이 감소한 것을 확인할 수 있습니다(분포의 첨도가 더 높고, 신용구간의 폭이 더 좁음).

지금까지 blavaan 패키지를 활용하여 베이지언 경로분석, 베이지언 CFA 모형, 베이지언 SEM 분석을 진행하는 방법을 살펴보았습니다. 전통적 구조방정식 모형을 추정해 본 경험이 있고 2부에서 진행했던 베이지언 데이터 분석과정에 익숙하신 분이라면, 어렵지 않게 이해하실 수 있었을 것으로 생각합니다.

PART 3 마무리

chapter 13 정리

CHAPTER 13

정리

1. 베이지언 데이터 분석 진행과정
2. 행동주의 실증연구 분야에서의 베이지언 데이터 분석의 미래

지금까지 행동주의 사회과학 분야에서 널리 활용되는 데이터 분석 기법들을 대상으로 R의 brms 패키지를 활용해 베이지언 데이터 분석을 어떻게 추정할 수 있는지 살펴보았습니다. 본서에서 살펴본 데이터 분석 기법들은 티테스트(3장), 상관계수(4장), 분산분석 및 OLS 회귀모형(5장과 6장), 범주형 결과변수 및 횟수형 대상 회귀모형(7장과 8장), 혼합모형(9장), 결측데이터 분석(10장), 측정오차 통제모형(11장), 구조방정식 모형(12장) 등입니다. 각각의 장별로 전통적인 빈도주의 데이터 분석과 베이지언 데이터 분석을 병행하여 같이 소개하는 방식을 취했다는 점에서, 전통적 데이터 분석과 기본적인 R 사용법에 익숙하신 독자께서는 어렵지 않게 기법별로 베이지언 데이터 분석을 어떻게 적용할 수 있는지 이해하실 수 있을 것으로 생각합니다.

이번 장에서는 베이지언 데이터 분석 진행과정을 정리하면서, 본서에서 다루지 못하였던 사항들을 간략하게 소개하도록 하겠습니다.

1 베이지언 데이터 분석 진행과정

본서에서는 3장부터 12장까지 각 기법별로 베이지언 데이터 분석을 모형확정(model specification), 모형추정(model estimation), 수렴진단(convergence check), 모형비교(model comparison), 결과해석의 단계로 진행하였습니다. 각 단계별로 중요사항들을 다시 살펴 본 후, 본서에서 다루지 않았던 부분들에 대해서도 간략하게 소개하도록 하겠습니다.

1) 모형확정

모형확정단계에서 가장 중요한 것은 연구자가 데이터 분석으로 얻고자 하는 문제가 무엇이며, 자신이 분석하는 데이터와 변수가 어떤 방식으로 설계되고 측정되었는지를 명확하게 이해하는 것입니다. 사실 이 부분은 베이지언 데이터 분석은 물론 전통적 빈도주의 데이터 분석에서도 언제나 강조되는 부분입니다. 예를 들어 결과변수가 0과 1로 구성된 이분변수인데, 정규분포를 가정하는 베이지언 OLS 회귀모형을 추정한다면 결코 적절한 분석이라고 할 수 없습니다. 분석대상 모형을 구성할 때는 현상을 제대로 파악하고 결과변수(들)과 이를 설명하는 예측변수(들)에 대해 적절하게 가정하고 선정해야 합니다.

연구문제, 데이터와 변수에 대해 정확하게 이해하고 이에 맞는 적절한 분석기법을 선택한 후, 베이지언 데이터 분석 모형에서 가장 중요하게 고려해야 할 점은 '사전분포(prior distribution)를 어떻게 설정할 것인가'입니다. 본서에서는 brms 패키지의 디폴트 분포인 약한 사전분포(weakly informative prior distribution)를 중심으로 분석과정을 기술하였고(사전지식의 불확실성 정도에 따른 사전분포 유형에 대해서는 '별첨-1'을 참조하시기 바랍니다), 가상적인 사전지식을 토대로 강한 사전분포(strongly informative prior distribution)를 어떻게 설정할 수 있는지도 살펴보았습니다.

베이지언 데이터 분석에서 가장 매력적이면서, 동시에 가장 논란이 많은 부분은 사전분포 지정입니다. 만약 독자께서 베이지언 데이터 분석을 활용한 선행연구를 비판적으로 읽는 입장이라면, 설정된 사전분포가 얼마나 이론적으로 타당하며 현실적으로 수용 가능한지를 꼭 살펴보시기 바랍니다. 또한 독자께서 자신의 연구에서 베이지언 데이터 분석을 활용하는 입장이라면, 자신이 설정한 사전분포가 왜 타당한지(특히 강한 사전분포를 설정하는 경우라면) 이론적인 정당화 근거를 제시하시기 바랍니다. 1부와 2부에서 여러 차례 말씀드렸듯, 사전분포, 즉 불확실한 주관적 믿음을 명확한 수치로 옮기는 작업은 쉽지 않은 일입니다.

2) 모형추정

brms 패키지의 장점은 R을 통해 일반화선형모형(GLM, generalized linear model)을 추정한 경험이 있다면, 매우 쉽고 간편하게 베이지언 데이터 분석을 실시할 수 있다는 점입니다. 그러나 이와 같은 brms 패키지의 편리한 점으로 인해, 연구자가 모수추정과정에 활용되는 알고리즘이 무엇인지에 대해 무관심해지는 문제점을 야기할 수도 있습니다. 만약 독자께서 본서가 아닌 다른 베이지언 데이터 분석 교재들을 들추어 보시게 된다면, 모형추정을 위한 알고리즘들의 개발 역사, 장단점 등이 매우 자세하게 소개되어 있음을 발견하실 것입니다.

brms 패키지는 Stan을 기반으로 작성되어 있으며, 현재 해밀토니언 몬테카를로 표집기(HMCS, Hamiltonian Monte-Carlo Sampler)와 HMC를 확장시킨 노유턴 표집기(NUTS, No-U-Turn Sampler)를 활용하고 있습니다. brms 패키지 개발자(Bürkner, 2018, pp. 4-5)는 Stan에서 채택하고 있는 HMCS와 NUTS의 문제점으로 2가지를 지적하고 있습니다. 첫째, 다른 알고리즘에 비해 속도가 느립니다. 둘째, 모형에 대한 연구자의 수동 미세조정(hand-tuning)이 불가능합니다. 다시 말해 통상적 이용자 수준에서 베이지언 데이터 분석을 수행한다면 별 문제가 없지만, 전문적으로 베이지언 데이터 분석을 수행하고자 하는 분이라면 본서를 넘어 보다 전문적인 내용을 다루는 교재를 살펴보실 필요가 있습니다.

본서에서는 베이지언 모형을 추정할 때, 4개의 마르코프 체인을 설정하였고, 웜업(warmup; 번인, burnin)으로 각 체인별 1,000번을, 그리고 사후표본으로 각 체인별 10,000개를 설정하였습니다. 아마도 이 정도면 대부분의 상황에서 큰 문제는 없을 것으로 생각합니다. 그러나 체인의 개수, 워밍업과 사후표본의 규모는 연구자의 연구 상황, 그리고 무엇보다 연구자가 활동하는 분과의 관례를 참고하시는 것이 가장 적절할 것입니다. 2부의 내용을 충실하게 밟아오셨다면, 어렵지 않게 모형추정의 옵션들을 수정하실 수 있을 것입니다.

3) 수렴진단

베이지언 모형 추정이 완료된 후에는 반드시 수렴(convergence)에 문제가 없는지 꼭 확인해 보시기 바랍니다. 수렴을 살펴보는 방법은 '시각화를 통한 점검'과 '지표를 통한 점검' 두 가지로 나눌 수 있습니다.

먼저 시각화를 통한 수렴진단은 `brms` 패키지의 `plot()` 함수를 활용하시면 됩니다. 본서에서는 분량 문제로 `brms::plot()` 함수의 출력결과를 일부만 제공하였습니다. 독자께서는 베이지언 모형을 추정한 후, 꼭 `brms::plot()` 함수로 마르코프 체인 내부의 변화가 안정적인지, 그리고 체인들 사이에 체계적인 차이가 발생하지는 않았는지 꼭 살펴보시는 습관을 갖기 바랍니다.

지표를 통한 점검의 경우 $\hat{R}$과 유효표본수(ESS, Effective Sample Size) 두 가지를 소개하였습니다. 통상적으로 $\hat{R}$의 경우는 1.01 보다 큰 값인 경우, ESS가 400 미만인 경우 모형추정에 문제가 있다고 해석한다는 것도 설명드린 바 있습니다(3장 참조). 그러나 분과에 따라서는 분기(divergence), 트리뎁스(tree-depth) 등을 추가로 요구할 수도 있습니다. 본서의 경우 `brm()` 함수 내부의 `control` 옵션을 `adapt_delta = 0.99`로 설정하였고, 이 경우 분기 문제는 대개 발생하지 않습니다. 그러나 분과에 따라서는 추정된 모형 모수들에 대한 $\hat{R}$, ESS 외에도 분기와 트리뎁스의 상태가 어떠했는지에 대한 정보를 밝히라고 할 수도 있습니다. 만약 분기와 트리뎁스 관련 수치를 보고해야 한다면, `brms::nuts_params()` 함수를 활용하시면 됩니다.

4) 모형비교

두 개 혹은 그보다 많은 개수의 베이지언 모형을 추정한 경우, 모형비교를 실시합니다. 본서에서는 베이지언 모형비교 지수로 '베이스 지수(Bayes factor)'와 PSIS-LOO 지수 두 가지를 소개하였습니다.

우선 베이스 지수 그 자체에 대한 해석은 어렵지 않지만, 베이스 지수를 어떻게 해석해야 하는지는 쉽지 않은 일입니다. 예를 들어 A모형 대비 B 모형의 베이즈 지수가 3.00라고 한다면,

A모형보다 B모형이 3배가량 주어진 데이터를 더 잘 설명한다고 해석할 수 있습니다. 그러나 이 수치를 마치 귀무가설 테스트와 같은 방식으로 해석하는 것이 과연 적절한지(이를테면, "베이스 지수가 3이기 때문에 A모형 보다 B모형이 더 낫다"라고 판정할 수 있는지)에 대해서는 논란이 많습니다. 일반적으로 제프리스의 증거척도(Jeffreys' scale of evidence) 가이드라인을 많이 활용하는데(관련하여, 별첨-2를 참조), 이에 대한 분과의 관례를 꼭 찾아보시기 바랍니다.

현 시점에서 베이지언 모형비교에서 가장 널리 그리고 가장 인정받는 지수는 (PSIS-)LOO 지수일 것입니다. 분과에 따라서는 DIC, WAIC, k-fold 지수 등을 사용할 수도 있습니다만, LOO 지수는 DIC나 WAIC 지수에 비해 통계적으로 더 나으며, k-fold 지수는 LOO 지수에 비해 추정시간이 월등하게 더 많이 소요된다는 단점이 있습니다. 다만 LOO 지수의 해석과정에서도 아직 논란은 적지 않습니다. 예를 들어 LOO 지수의 표준오차(SE)를 어떻게 해석할 것인지, 그리고 모형비교 과정에서 LOO-IC(LOO 지수 기반 정보지수)를 활용하는 것이 적절한지에 대해서는 아직 뚜렷하게 합의된 바가 없는 것으로 저는 알고 있습니다.

끝으로 본서 2부에서 저는 경쟁모형들 중 가장 적합한 모형을 선택하는 방법으로 모형비교를 사용하였습니다. 그러나 연구목적에 따라 가장 적합한 모형을 선택하는 것이 아니라, 현상을 설명하는 여러 모형들을 최종선택한 후, 이들 모형들을 통합(이를테면 모형들을 평균처리)하는 경우도 있습니다. 만약 베이지언 데이터 분석의 목적이 현상에 대한 설명(explanation)이 아니라, 예측(prediction 혹은 forecasting)이 목적이라면, 모형평균(model-averaging)과 관련된 문헌들을 별도 참고하시기 바랍니다.

5) 결과 해석

베이지언 모형추정과정에서 수렴에 문제가 없었고, 모형비교를 통해 가장 최적의 모형을 선택했다면, 모형추정 결과를 해석하시면 됩니다. GLM 등에 대한 통상적 데이터 분석결과를 해석하실 수 있는 분이라면 베이지언 모형추정결과를 해석하는 데 큰 어려움은 없을 것입니다. 다만 전통적 빈도주의 분석결과와 베이지언 분석결과에 대한 해석은 질적으로 서로 다르며, 일반적인 확률로 해석할 수 있다는 점에서 베이지언 분석으로 얻은 수치가 더 쉽게 해석될 수 있습니다.

본서에서는 베이지언 데이터 분석과 통상적 데이터 분석을 비교한다는 점에서 점추정치(평균활용, 혹은 중간값활용)와 95% 신용구간(credible interval)을 중심으로 결과를 해석하였습니다. 점추정치와 95% 신용구간을 활용하는 방법은 적어도 제가 접한 행동주의적 실증연구에서 표준적으로 활용되고 있습니다. 그러나 3장(티테스트)에서 소개드렸듯, 베이지언 데이터 분석결과의 경우 모수가 특정 기준 범위에 포함될 확률을 수치로 제시할 수 있으며, 저 개인적으로는 이 방법이 훨씬 더 베이지언 분석의 강점을 잘 반영하고 있다고 생각합니다. 즉 주어진 데이터에서 추정된 모수의 95% 신용구간이 [0.30, 0.60]이라는 결과보다는, 주어진 데이터에서 모수가 0.30보다 클 확률이 97.5%라고 말하는 것이 일반인에게 훨씬 더 쉽게 이해되는 표현이라고 생각합니다. 아무튼 `brms::as_draws_df()` 함수의 작동방식과 기본적인 R 프로래밍 지식이 있다면, 베이지언 모형 추정결과를 매우 유연하고 알기 쉽게 제시할 수 있습니다.

아울러 베이지언 모형추정결과에 대한 효과적인 시각화를 위해 `brms::conditional_effects()` 함수, `brms::posterior_epred()` 함수, `posterior_predict()` 함수를 활용하는 방법에 대해서도 예시를 통해 설명 드렸습니다. 연구결과를 효과적으로 시각화하고자 하는 연구자라면 `brms::conditional_effects()` 함수가 매우 유용한 함수라는 데 이의를 제기하지 못할 것입니다.

6) 베이지언 민감도 분석(Bayesian sensitivity analysis)

2부에 포함해야 할지 고민하다가 포함하지 않은 분석방법은 베이지언 민감도 분석입니다. 우선 베이지언 민감도 분석은 성향점수분석(PSA, propensity score analysis) 혹은 누락변수편향(omitted variable bias) 등과 관련하여 언급되는 민감도 분석(sensitivity analysis)[1]와는 의미와 목적이 다릅니다(물론 관점에 따라 평가는 다를 수 있습니다. 비슷한 부분이 아주 없는 것은 아닙니다).

베이지언 민감도 분석은 사전분포(prior distribution) 설정 방식, 모형 설정 방식에 따라 모형추정 결과가 얼마나 민감하게 달라지는지를 살펴보는 기법입니다. 예를 들어 어떤 연구자가 동일한 데이터에 대해 디폴트 사전분포(약한 사전분포)와 강한 사전분포 두 가지를 가정한 후 베이지언 데이터 분석을 실시했다고 가정해 봅시다. 만약 연구자가 수집한 데이터와 모형이 강건하다면(robust), 사전분포를 어떻게 설정했다고 하더라도 사후분포를 통해 얻은 모수추정 결과는 크게 달라지지 않을 가능성이 높습니다. 반면 연구자의 모형추정 결과가 사전분포 변화에 민감하게(sensitive) 달라진다면, 다음의 2가지 중 하나에 해당될 가능성이 높습니다. 첫째, 연구자가 수집한 데이터가 충분하지 않을 가능성입니다. 둘째, 연구자가 설정한 강한 사전분포가 현상을 왜곡해서 반영했을 가능성입니다. 만약 첫 번째 문제라면, 양질의 데이터를 더

1) 성향점수분석 맥락에서의 민감도 분석에 대해서는 백영민·박인서(2021a)을 참고하시기 바랍니다. 아울러 통상적 데이터 분석에서 누락변수편향 문제를 탐지하기 위한 R 패키지로는 konfound (version 1.0.3)을 참조하시기 바랍니다.

많이 수집하면 사전분포가 어떠하든 강건한 모수추정 결과를 얻을 수 있을 것입니다(1장의 〈그림 1-1-1〉을 참조). 만약 두 번째 문제라면, 사전지식을 다시 꼼꼼히 비판적으로 살펴보거나, 혹은 사전지식에 문제가 없다면 이론적으로 보다 강력한 정당화 근거를 갖추는 것이 필요합니다. 모형설정방식에 따른 베이지언 민감도 분석도 비슷한 방식으로 이해할 수 있습니다.

베이지언 민감도 분석은 베이지언 통계학자들이 매우 중요하게 생각하고 있습니다. 베이지언 민감도 분석에 대한 보다 구체적인 사례를 원하시는 분들은 크루쉬케(Kruschke, 2021, 2023)를 참고하시기 바랍니다(특히 2023년도 업데이트된 베이지언 분석 보고방식 가이드라인).

2 행동주의 실증연구 분야에서의 베이지언 데이터 분석의 미래

본서의 목적은 전통적인 빈도주의 데이터 분석에 어느 정도 익숙하신 분들께 베이지언 데이터 분석을 간단히 소개하는 데 있습니다. 1장에서 말씀드린 것처럼, 아직까지 행동주의 사회과학 실증연구에서 가장 널리 쓰이는 방법은 귀무가설 검정을 중심으로 한 빈도주의 통계입니다. 최근 들어 베이지언 접근을 활용한 연구도 조금씩 늘고는 있지만, 솔직히 말씀드려 적어도 행동주의 사회과학 분과에서는 활발히 진행된다고 보긴 어렵습니다.

그렇다면 앞으로는 어떻게 될까요? 저도 궁금합니다. 제 생각에는 크게 두 가지 가능성이 있습니다.

첫 번째는 베이지언 데이터 분석이 여전히 비주류로 남는 경우입니다. 지금까지 행동주의 연구 분야에서는 연구가설을 세운 뒤 귀무가설을 검정하는 방식이 확고하게 자리 잡아 있습니다. 만약 이런 전통적인 커리큘럼이 앞으로도 바뀌지 않는다면, 베이지언 데이터 분석이 여전히 주변적인 방법으로 남을 가능성이 큽니다.

두 번째는 베이지언 데이터 분석이 빈도주의 분석과 나란히 주류 방법으로 자리 잡는 경우입니다. 베이지언 분석은 과정이 복잡하고 시간이 더 걸린다는 단점이 있습니다. 하지만 결과를 해석하는 방식은 오히려 더 직관적이고, 상황에 맞게 유연하게 해석할 수 있다는 장점이 있습니다. 만약 이 방식이 더 널리 자리 잡는다면, 연구자와 일반 대중 사이의 소통도 훨씬 수월해질 것입니다.

예를 들어, "X 프로그램을 했을 때 Y 지표가 0.50점 이상 오를 확률은 97.5%입니다"라는 설명은 "X 프로그램을 했을 때 Y 지표의 증가점수에 대한 95% 신뢰구간은 [0.50, 0.90]입니다" 라는 표현보다 훨씬 이해하기 쉽습니다. 저 역시 연구를 하면서 빈도주의 결과를 무심코 (혹은 편의를 위해 의도적으로) 베이지언 방식으로 해석한 적이 여러 번 있었습니다. 사실 지금으로서는 베이지언 분석이 연구자에게 더 많은 지식과 노력을 요구합니다. 하지만 연구자가 단순히 '유의하다/유의하지 않다' 식의 단순 해석에만 의존하지 않고, 조금 더 고생을 감수하더라도 결과를 더 잘 설명할 수 있다면 그게 더 가치 있는 선택이 아닐까 생각합니다.

물론 미래가 어떤 방향으로 흘러갈지는 알 수 없습니다. 다만 한 가지 분명한 건, 베이지언 데이터 분석이 이미 컴퓨터 공학과 데이터 과학 분야에서는 빠르게 확산되고 있고, 그 영향이 행동과학 연구에도 점점 미치고 있다는 사실입니다. 전통적인 분석 방식에 한계를 느끼거나 베이지언 접근이 궁금했지만 어려운 책 때문에 쉽게 시작하지 못하셨던 분들께, 이 책이 조금이나마 도움이 되었길 바랍니다.

별첨

별첨 1 사전분포 구분과 설정방법

별첨 2 제프리스의 증거척도 가이드라인

별첨 3 모형의 예측타당도 평가 지표: WAIC, LOO, k-fold 지수

별첨 1

사전분포 구분과 설정방법

1. 사전분포 구분
2. 사전분포 설정 가이드라인

베이지언 데이터 분석의 가장 큰 매력이자 논란지점은 사전지식의 불확실성(uncertainty)을 반영하여 '사전분포'를 설정하는 것입니다. 여기서는 ① 사전지식의 불확실성 수준에 따라 사전분포를 어떻게 구분할 수 있는지 살펴보고, ② 사전분포를 어떻게 설정해야 하는지에 대해 살펴보겠습니다. 결론부터 말씀을 드리자면, ①번과 관련된 내용은 문헌들에 따라 거의 차이가 없지만, ②번 관련 내용의 경우 정답 혹은 합의된 방법이 존재하지 않습니다. 즉 ②번과 관련하여 제시된 사전분포 설정방법의 경우 참고하시되, 활동하시는 분과에서 추천되는 방식이 무엇인지 살펴보시기 바랍니다.

1 사전분포 구분

연구자에 따라 다르지만, 사전분포는 그 성격에 따라 3가지 혹은 5가지로 구분됩니다. 본서의 본문에서 저는 '무지를 가정한 사전분포(uninformative prior distribution)', '약한 사전분포(weakly informative prior distribution)', '강한 사전분포(strongly informative prior distribution)'의 3가지로 구분하였습니다. 이때 무지를 가정한 사전분포일 때 불확실성이 최댓값을 가지지만, 강한 사전분포일수록 사전지식의 불확실성이 작습니다. 본문에서는 사용이 권장되지 않는 무지를 가정한 사전분포는 아예 소개하지 않았으며, `brms` 패키지의 디폴트 사전분포인 약한 사전분포를 주로 활용하였고, 임의의 사전지식을 토대로 설정한 강한 사전분포를 종종 활용하기도 하였습니다.

`brms` 패키지의 기반이 되는 Stan 프로그램 개발팀에서는 사전분포를 다음과 같이 5가지로 구분합니다.[1] 사전지식의 불확실성이 큰 순서로 사전분포를 구분하여 제시하면 아래와 같습니다.

첫째, 어떠한 사전지식도 반영하지 않는 '균등 사전분포(flat prior distribution)'는 무지를 가정한 사전분포와 동일합니다. Stan 개발팀 역시도 균등 사전분포 사용을 전혀 권장하지 않습니다. 예를 들어 [0.00, 1.00]의 범위를 갖는 어떤 연속형 모수에 대해서 균등 사전분포를 가정하는 것은 현실적으로 매우 어렵기 때문입니다(이를테면, 0–1의 범위를 10^1개의 범위로 나

1) Stan 개발팀이 구분한 사전분포 구분은 https://github.com/stan-dev/stan/wiki/prior-choice-recommendations을 참조하시기 바랍니다. 내용이 어렵더라도 한번 꼭 살펴보시면 베이지언 데이터 분석의 사전분포가 왜 중요한지, 그리고 연구자가 처한 상황에서 어떤 사전분포를 설정하는 것이 적어도 통계학적 관점에서 가장 적절한지 감을 잡을 수 있을 것으로 확신합니다.

눈다면 균등 사전분포를 고려하기 쉽겠지만, 0−1의 범위를 소수점 10^{∞} 개의 범위로 나누는 것은 상식적으로 불가능합니다).

둘째, '극히 모호하지만 적절한 사전분포(super−vague but proper prior)'는 균등사전분포보다는 낫지만(왜냐하면 특정한 확률 분포 형태를 가정한다는 점에서), 불확실성 측면에서 볼 때 균등 사전분포와 거의 동일한 수준입니다. 예를 들어 $NID(0, 10^6)$과 같은 정규분포로 사전분포를 설정할 경우, 균등 사전분포와 거의 다르지 않은 분포를 보일 것으로 짐작할 수 있습니다. Stan 개발팀의 경우, 극히 모호하지만 적절한 사전분포는 사용하지 말 것을 권합니다.

셋째, '매우 약한 사전분포(very weakly informative prior)'는 Stan의 디폴트 사전분포이며, 즉 Stan을 기반으로 한 brms 패키지의 디폴트 사전분포입니다. 매우 약한 사전분포는 데이터의 정보량이 충분할 경우 모형추정결과에 거의 영향을 주지 않는 분포입니다. 본문에서 제가 '약한 사전분포'라고 지칭한 것은 Stan 개발자가 말하는 '매우 약한 사전분포'와 동일합니다. 본문의 분석 사례들을 보시면 매우 약한 사전분포를 기반으로 추정한 베이지언 데이터 분석결과는 전통적 데이터 분석 결과와 수치 측면에서 상당히 유사합니다. 예를 들어 $NID(0, 10^1)$이 매우 약한 사전분포로 분류됩니다.

넷째, '전반적으로 약한 사전분포(generic weakly informative prior)'는 사전지식의 불확실성을 상당히 줄인 형태의 약한 사전분포입니다. 예를 들어 $NID(0, 10^0)$, 즉 $NID(0, 1)$은 전반적으로 약한 사전분포로 분류됩니다.

끝으로 '구체적으로 지정된 사전분포(specific informative prior)'는 구체적인 사전지식을 토대로 불확실성이 상당부분 제거된 사전분포를 의미하며, 흔히 '강한 사전분포'라고 불립니다. 예를 들어 $NID(0.40, 0.20)$, 혹은 모수 θ에 대한 생성형 사전분포를 "$\theta \sim 0.40 + 0.20z$, where $z \sim NID(0, 1)$"와 같이 규정하는 방법이 구체적으로 지정된 사전분포에 해당됩니다.

2 사전분포 설정 가이드라인

어떤 사전분포를 설정해야 하는가는 정말 쉽지 않은 일입니다. 일단 2가지에 대해서는 베이지언 데이터 분석 문헌들에서 큰 이견이 없는 듯 합니다. 첫째 가이드라인은 "수집된 데이터 정보를 충실하게 반영한 모형추정결과를 얻고자 한다면 디폴트 사전분포인 약한 사전분포(혹은 매우 약한 사전분포)를 사용하라"입니다. 디폴트 사전분포인 약한 사전분포를 사용할 경우 계산과정에서의 안정성이 확보되며, 무엇보다 데이터가 통상적인 규모[2] 이상일 경우 약한 사전분포는 모형추정과정에 별다른 영향을 주지 않기 때문입니다.

둘째 가이드라인은 "무지를 가정한 사전분포(균등 사전분포, 혹은 극히 모호하지만 적절한 사전분포)는 사용하지 말아야 한다"입니다. 다른 이유보다 분석결과에 불필요하게 큰 불확실성을 부여함으로써 안정성이 크게 저해되기 때문입니다.

그러나 '강한 사전분포'와 관련된 가이드라인은 확정된 것이 없는 것으로 저는 알고 있습니다. 본서에서는 가상의 선행연구 결과를 기반으로 강한 사전분포를 설정하는 것을 보여드렸습니다. 선행연구 결과를 토대로 강한 사전분포를 설정하는 방법은 "오늘의 사후분포는 내일의 사전분포다(Today's posterior is tomorrow's prior)"(Lindley, 2000, p. 301)라는 베이지언 데이터 분석의 기본철학에도 잘 부합합니다. 그러나 이 방법에도 내재적인 문제점이 적지 않습니다. 우선 선행연구와 현재 연구자가 진행하는 연구가 정말 동일하게 진행되었는지 확신할 수 없습니다(예를 들어 선행연구가 독일인을 대상으로 진행된 반면, 현재의 연구가 한국인을 대상으로 진행된 상황). 또한 선행연구 모형과 현재 연구자의 연구모형이 서로 다를 수도 있습니다(이를테면, 선행연구에서는 결과변수 Y에 대한 X의 계수를 추정한 반면, 현재의 연구모형에서는 Z를 통제한 후 Y에 대한 X의 계수를 추정하는 경우). 또한 출간편향(publication bias), 즉 출간된 대부분의 선행연구는 모수가 0이 아닐 확률이 높은 것을 감안할 때, 선행연구를 활용하여 강한 사전분포를 설정하는 것이 꼭 합당한 방법이라고 보기 어려울 수도 있습니다.

본서에서는 소개하지 않았지만, 다음과 같은 방식의 사전분포 설정방법들도 존재합니다.

첫째, 모형에 포함된 변수들을 모두 표준화시킨(standardization) 후, '전반적으로 약한 사전분포'를 활용하는 방법입니다. 변수들을 표준화시키면 평균이 0, 표준편차(분산)가 1이 됩니다($NID(0, 1)$). 즉 데이터의 변수들을 표준화 변환할 경우, 사전분포의 불확실성 역시 표준화분포의 범위로 설정할 수 있습니다. Stan 개발팀에서 말하는 전반적으로 약한 사전분포가 바로 여기에 해당됩니다(다시 말해 특수한 형태의 '강한 사전분포'라고 볼 수 있습니다). 표준화 변환이 가능하고 권장되는 활동분과(이를테면, 교육학)에서는 이 방법이 자주 사용됩니다.

둘째, 복잡성 패널티 사전분포(PC priors; Penalising complexity priors)를 활용하는 방법입니다(Simpson et al., 2017). 여기서는 기본모형(base model)에서 연구모형이 얼마나 떨어져(divergence) 있는지를 계산한 후(다시 말해 연구모형이 얼마나 복잡한지를 계산한 후),

2) 사실 통상적인 규모라는 표현은 꽤나 모호한 표현입니다. 모형에 포함된 모수의 개수나 수집된 데이터의 성격에 따라 상황은 달라질 수 있습니다.

기본모형에서 더 떨어져 있는(더 복잡한 모습을 보이는) 모수의 확률(신용도)에 대해 패널티를 부여하는 방식으로 사전분포를 설정합니다. 이 방법은 '기본모형'이라는 직관적 개념을 활용한다는 점에서 사전분포 설정의 기준점이 명확하며, 또한 복잡성 증가에 따라 패널티를 부여한다는 점에서 모형이 불필요하게 과대적합(over–fitting)되는 것을 막아줍니다. 흥미로운 방법일 수 있지만, 아직 2025년 8월을 기준으로 `brms` 패키지에는 관련 기능이 제공되지 않은 상태이고, 무엇보다 일반 이용자가 활용할 수 있는 방식은 아니지 않나 싶습니다.

셋째, 반 즈웻과 겔먼(Van Zwet & Gelman, 2022)이 제안한 방법으로 데이터의 표준오차(SE, standard error)를 이용하여 사전분포의 폭(불확실성)을 자동으로 조정해 주는 방법입니다. 데이터를 기반으로 SE가 클 경우(다시 말해 불확실성이 클 경우), 사전분포의 폭을 넓게 설정하고, SE가 작을 경우(즉 불확실성이 작을 경우), 사전분포의 폭을 좁게 설정하는 것입니다. 즉 데이터의 규모와 무관하게 디폴트 사전분포인 '약한 사전분포'를 사용하지 않고, 데이터의 규모, 측정치의 정교함, 측정의 신뢰도 등의 정보를 포함하는 SE를 활용하여 데이터 상황에 맞는 사전분포를 설정하자는 제안입니다. 개인적으로 매우 흥미롭고 설득력있는 방법이라고 생각합니다. 그러나 아직까지 널리 받아들여지지는 않는 듯 합니다. 관심있는 분들은 반 즈웻과 겔먼(Van Zwet & Gelman, 2022)을 읽어보신 후, 분석대상 데이터를 대상으로 제안된 공식을 수계산으로 계산한 후, 본서에서 소개한 '강한 사전분포' 설정방법에 맞는 사전분포를 설정하시면 됩니다. 일단 2025년 8월을 기준으로 `brms` 패키지에는 관련 기능이 제공되지 않은 상태입니다.

정리하자면, 사전분포에 대한 3가지 구분과 5가지 구분, 그리고 각 사전분포에 대한 일반적 권장사항을 정리하면 아래의 표와 같습니다.

3가지 사전분포 구분 (본서에서 채택한 기준)	5가지 사전분포 구분 (Stan 개발자 분류기준)	일반적 활용방안
무지를 가정한 사전분포 (uninformative prior distribution)	균등 사전분포 (flat prior distribution)	권장되지 않음
	극히 모호하지만 적절한 사전분포 (super-vague but proper prior)	권장되지 않음
약한 사전분포(weakly informative prior distribution)	매우 약한 사전분포(very weakly informative prior)	수집된 데이터 정보에 충실하는 것이 목표일 경우 사용
	전반적으로 약한 사전분포 (generic weakly informative prior)	분석대상 데이터를 표준화 (standardization)시켰을 경우
강한 사전분포(strongly informative prior distribution)	구체적으로 지정된 사전분포 (specific informative prior)	매우 강력한 이론적·실증적 사전 증거가 존재할 경우 사용

별첨 2

제프리스의 증거척도 가이드라인

제프리스의 증거척도(Jeffreys' scale of evidence) 가이드라인은 베이스지수(BF, Bayes factor) 해석에 대한 보조적 지침으로 베이지언 데이터 분석에서 매우 널리 활용됩니다. 베이스지수란 경쟁하는 두 가설(H_0, H_1)이 주어졌을 때 데이터의 한계가능도(marginal likelihood)의 비율값을 의미하며, 아래와 같이 표현됩니다.[1)]

$$BF_{01} = \frac{p(D \mid H_0)}{p(D \mid H_1)}$$

즉 베이지지수인 BF_{01}의 값이 1.00일 경우라면 경쟁하는 두 가설이 주어졌을 때 데이터가 동등하게 설명된다는 것을 의미합니다. 반면 $BF_{01} < 1.00$인 경우에는 H_1이 H_0에 비해 주어진 데이터를 더 잘 설명하며, $BF_{01} > 1.00$일 경우 H_0이 H_1에 비해 주어진 데이터를 더 잘 설명한다고 해석할 수 있습니다.

제프리스의 증거척도 가이드라인은 연속형 측정치인 BF_{01}에 대한 정성적 해석을 돕기 위한 어림치(heuristic) 혹은 제안(suggestion)이라고 볼 수 있습니다. 제프리스는 연속형 측정치인 로그변환된 BF_{01}을 다음과 같이 총 6개의 등급을 구분하였습니다(Jeffreys, 1961, p. 432).

등급	범위	의미
Grade 0	$\log BF_{01} > 1$	귀무가설(H_0) 지지 (Null hypothesis supported)
Grade 1	$1 > \log BF_{01} > 10^{-\frac{1}{2}}$	귀무가설에 반하는 결과이지만, 주요하게 언급할 가치없음 (Evidence against q, but not worth more than a bare mention)
Grade 2	$10^{-\frac{1}{2}} > \log BF_{01} > 10^{-1}$	귀무가설에 상당히 반하는 증거 (Evidence against q substantial)
Grade 3	$10^{-1} > \log BF_{01} > 10^{-\frac{3}{2}}$	귀무가설에 강하게 반하는 증거 (Evidence against q strong)
Grade 4	$10^{-\frac{3}{2}} > \log BF_{01} > 10^{-2}$	귀무가설에 매우 강하게 반하는 증거 (Evidence against q very strong)

1) 제프리스(Jeffreys, ,1961 Appendix B)에서는 베이스지수를 아래와 같이 표시하고 있습니다.

$$K = \frac{P(q \mid \theta H)}{P(q' \mid \theta H)}$$

등급	범위	의미
Grade 5	$10^{-2} > \log BF_{01}$	귀무가설에 결정적으로 반하는 증거 (Evidence against q decisive)

주. 제프리스(Jeffreys, 1961, p. 432) 원문에서는 위와 같은 표가 아닌 문장의 형태로 제시되었음. 아울러 제프리스(Jeffreys, 1961, p. 432) 원문에서는 $\log BF_{01}$를 K로 표기하였으며, q는 귀무가설을 진술한 문장을 의미함.

등급이 'Grade 5'에 가까울수록 데이터가 귀무가설에 반한다는 의미인 것을 쉽게 이해하실 수 있습니다. 여기서 범위에 주목해 봅시다. 베이스지수 1.00의 의미에 대해서는 앞에서 이미 설명한 바 있습니다. 여기서 주목할 부분은 각 등급을 구분짓는 승수(power)입니다. 각 등급을 구분짓는 승수는 −0.50, −1.00, −1.50, −2.00으로 0.50단위로 규칙적으로 구분되어 있는 것을 알 수 있습니다.

그러나 제프리스의 증거척도 가이드라인의 경우 ① 로그변환된 베이스지수를 사용하고 있다는 점, ② 연구가설이 아닌 귀무가설에 초점을 맞춘다는 점으로 인해, 응용 연구자 입장에서 쉽게 해석되지 않는 아쉬움이 존재합니다. 따라서 베이지언 데이터 분석 소개 문헌에서는 다음과 같은 방식으로 제시되는 것이 보통입니다. BF_{01}이 아니라 BF_{10}이며, 로그전환값이 아니라는 것에 주목하시기 바랍니다.

BF_{10} 범위	해석
1이하	H_0보다 H_1이 낫다고 볼 수 없음
1~3	H_0보다 H_1이 다소 낫지만 약한(anecdotal) 증거에 불과함
3~10	H_0보다 H_1이 낫다고 볼 수 있는 상당한(substantial) 증거가 존재함.
10~30	H_0보다 H_1이 낫다고 볼 수 있는 강한(strong) 증거가 존재함.
30~100	H_0보다 H_1이 낫다고 볼 수 있는 매우 강한(very strong) 증거가 존재함.
100 초과	H_0보다 H_1이 낫다고 볼 수 있는 결정적(decisive) 증거가 존재함.

제프리스의 증거척도 가이드라인외에 베이지언정보지수(BIC, Bayesian Information Criteria)의 관점에서 제안된 카스와 라프터리(Kass & Raftery, 1995)의 증거등급(Grades of Evidence)도 종종 사용됩니다. 카스와 라프터리의 증거등급 역시 로그변환 베이스지수를 기준으로 하고 있습니다. 구체적으로 0−6일 경우 H_0 대비 H_1이 더 낫다는 '긍정적(positive)' 증거를, 6−10일 경우 '강한(strong)' 증거를, 10초과일 경우 '결정적(decisive)' 증거를 의미한다고 제안하고 있습니다(Kass & Raftery, 1995, p. 789).

제프리스의 증거척도 가이드라인은 베이지언 데이터 분석을 활용한 연구들에서 매우 빈번하게 등장합니다. 그러나 제프리스의 증거척도 가이드라인은 전통적 데이터 분석에서의 통계적 유의도 테스트와 마찬가지로 '자의성'이라는 비판에서 자유롭지 못합니다. 다시 말해 왜 $10^{-\frac{1}{2}}$이라는 숫자가 '약한 증거'와 '상당한 증거'의 기준이 되어야 할까요? $\alpha = .05$와 마찬가지로 뚜렷한 근거를 찾기 어렵습니다. 따라서 베이스지수의 의미에 집중하는 것이 나으며, 베이스지수를 자의적으로 구분한 제프리스의 증거척도 가이드라인에 너무 강박적으로 집착하지 않는 것이 좋습니다.

별첨 3

모형의 예측타당도 평가 지표: WAIC, LOO, k-fold 지수

1. WAIC 지수
2. LOO 지수
3. k-fold 지수

OLS 회귀모형의 R^2, GLM이나 다층모형의 AIC, BIC와 같은 정보지수 등을 활용하여 모형을 비교하고, 여러 모형들 중 가장 데이터를 잘 설명하는 모형을 선택하는 방법을 배우셨을 것입니다. 예를 들어 같은 데이터를 설명하는 '모형 1'과 '모형 2'가 존재하고, 두 모형이 서로 배속관계(nested relationship)를 갖는 경우, 두 경쟁모형 중 R^2값이 클수록, 그리고 AIC나 BIC와 같은 정보지수의 값이 더 작을수록 설명력과 예측타당도가 높은 모형이라고 평가합니다.

전통적 데이터 분석방법과 마찬가지로 베이지언 분석방법에서도 모형의 예측정확도(predictive accuracy), 설명력, 정보지수 등을 이용하여 동일 데이터를 대상으로 추정된 모형들을 비교하고 어떤 모형이 가장 적절한지 선택할 수 있습니다. 베이지언 분석방법에서 모형비교·모형선택을 위해 고려하는 지수로는 WAIC 지수, LOO 지수, k-fold 지수 등이 있습니다.

1 WAIC 지수

전통적인 모형추정방법에서 많이 등장하는 AIC, BIC와 비교할 수 있는 정보지수로는 DIC (deviance information criterion)와 WAIC(Watanabe-Akaike information criterion)가 존재합니다. DIC의 경우 BUGS(WinBUGS, OpenBUGS 등)에서 계산이 가능합니다. 그러나 점추정치(point estimate)를 기반으로 계산을 한다는 점에서 베이지언 접근방법과 철학적으로 맞지 않는 부분이 있으며, 상황에 따라 계산이 불가능한 경우도 적지 않습니다. 이러한 DIC의 특성으로 인해, DIC의 문제점들을 개선한 WAIC가 더 많이 사용됩니다.

WAIC의 경우 DIC와 달리 사후분포의 전체 정보를 활용하여 계산된다는 점에서 베이지언 접근방법의 철학을 충실하게 따르고 있으며, 아울러 DIC 적용이 어려운 상황에서도 계산 가능하다는 점에서 베이지언 모형비교 혹은 모형선택을 위한 정보지수라는 점에서 DIC보다 더 낫습니다(Vehtari et al., 2017, pp. 1413-1414).

전통적 분석방법에서 자주 활용되는 AIC, BIC와 마찬가지로 WAIC 역시 작은 값을 갖는 모형일수록 데이터를 더 잘 설명하는 모형입니다. 본서에서 집중적으로 살펴보고 있는 `brms` 패키지의 경우 두 가지 베이지언 모형들을 비교할 때 WAIC 지수의 근사적 표준오차(approximate standard errors)를 같이 계산해 줍니다. 정해진 기준은 없습니다만, 통상적으로 두 모형의 WAIC 지수의 차이가 근사적 표준오차의 2배보다 작다면 두 모형들 중 보다 간단한 모형

이 더 낫다고 판단할 수 있습니다.[1)]

그러나 WAIC 역시도 상황에 따라 계산이 불가능하거나 부적절한 경우가 적지 않습니다. 통상적으로 사전분포를 약하게 설정하거나, 이상치(influential observations)가 많을 경우에는 WAIC가 계산되지 않는 경우가 종종 발생합니다(구체적 상황은 예시데이터 분석과정에서 몇 차례 제시된 바 있습니다). DIC 그리고 WAIC 계산에서 나타나는 현실적 문제에 대처하기 위한 베이지언 모형비교·모형선택 지수로 현재 가장 많이 활용되는 지수가 바로 다음에 소개드릴 LOO 교차타당도 지수입니다.

2 LOO 지수

LOO 교차타당도(leave-one-out cross-validation) 지수, 보다 구체적으로 PSIS-LOO 지수는 WAIC 계산과정에서 발생하는 현실적 문제점에 대처함과 동시에, 다음에 소개드릴 k-fold 교차타당도 계산과정의 비효율성을 완화시킨 지수입니다.

우선 LOO 교차타당도 기법에 대해 간략하게 살펴봅시다. LOO 교차타당도 기법은 연구자의 모형이 확보된 데이터에서 얼마나 잘 작동하는지 살펴보는 기법입니다. LOO의 의미를 단어 그대로 풀어보면, '하나의 사례를 남겨둔다(leave-one-out)'는 뜻입니다. 다시 말해 n개의 사례가 있다고 할 때, 연구자의 모형을 $n-1$개의 사례들을 통해 추정합니다. 이렇게 추정한 모형으로 남겨둔 하나의 사례를 예측하면, 총 n개의 오차를 얻을 수 있습니다.

만약 동일한 데이터를 대상으로 경쟁하는 두 모형('모형 1'과 '모형 2')이 있다고 가정합시다. 이때 LOO 교차타당도 기법으로 얻은 '모형 1'의 오차가 '모형 2'의 오차보다 작다면, '모형1'이 '모형2' 보다 더 좋은 예측정확성을 갖는다고 간주할 수 있습니다.

베이지언 모형비교·모형선택을 위한 LOO 지수 역시 비슷합니다. 다른 점이 있다면 베이지언 접근방법의 철학에 맞도록 계산되었다는 점이 다를 뿐입니다. 현재 본서에서 소개하고 있는 LOO 지수는 베타리 등(Vehtari et al., 2017)이 제안한 '파레토 평활 중요도 표집(Pareto smoothed importance sampling; PSIS)'을 기반으로 계산된 LOO[2)] 지수이기 때문에,

1) 철학적으로 적절하다고 보기는 어렵습니다. 왜냐하면 이러한 판단방식 자체가 일종의 통계적 유의도 테스트와 매우 유사하기 때문입니다. 무리하게 단정적 기준으로 활용하지 않기 바랍니다.

2) PSIS-LOO 지수 개발 이전 방식의 LOO 지수계산과 기존의 LOO 지수가 어떤 상황에서 어떤 문제를 일으킬 수 있는지에 대한 자세한 설명이 궁금하신 분들은 베타리 등(Vehtari et al., 2017)을 참조하세요. 중요도 표집(IS, importance sam-

PSIS-LOO 지수라고 불리기도 합니다.

PSIS-LOO 지수 해석방법은 WAIC 지수 해석방법과 동일합니다. 즉 PSIS-LOO 지수값이 작게 나타난 베이지언 모형일수록 더 나은 모형이라고 해석할 수 있습니다. 또한 WAIC 지수와 마찬가지로 `brms` 패키지에서는 PSIS-LOO 지수의 차이의 근사적 표준오차를 보고하며, 두 모형의 PSIS-LOO 지수의 차이가 근사적 표준오차의 2배보다 작다면 두 모형들 중 보다 간단한 모형이 더 낫다고 보는 것이 보통인 듯합니다.

PSIS-LOO 지수는 효율성(빠른 속도)과 안정성 측면에서 매우 유용합니다. 그러나 PSIS-LOO 지수에도 약점이 존재합니다. 만약 파레토 평활 중요도 표집을 적용하여 얻은 추정치의 신뢰도가 낮을 경우, 다음에 소개드릴 k-fold 교차타당도 지수를 고려하는 것이 좋습니다. 나중에 구체적인 추정결과와 함께 다시 살펴보겠지만, PSIS-LOO 지수 추정결과에는 파레토 분포의 형태모수(shape parameter)인 k값이 같이 보고됩니다. PSIS-LOO 지수를 제안한 베타리 등(Vehtari et al., 2017; Vehtari et al., 2024)에 따르면 k값이 0.70을 넘는 경우의 PSIS-LOO 지수값은 신뢰도가 매우 낮으며, 만약 k값이 1.00을 넘을 경우 PSIS-LOO 지수는 전혀 신뢰할 수 없다고 합니다.

다시 말해 만약 PSIS-LOO 지수의 파레토 k값이 0.70을 넘거나 심지어 1.00을 넘는다면, 이 경우 k-fold 교차타당도 지수 활용을 고려해야 합니다(Vehtari et al., 2017; Vehtari et al., 2024).

3 k-fold 지수

WAIC 지수나 PSIS-LOO 지수에 비해 k-fold 교차타당도 지수 계산에는 긴 시간이 필요합니다. k-fold 교차타당도는 LOO 교차타당도와 개념적으로 비슷합니다. 즉 데이터를 k개의 하위표본으로 분할한 후, 추정된 모형을 적용한 후 얻은 사후분포를 통해 모형의 예측정확도를 평가하는 방법입니다. 교차타당도를 평가하는 방법으로는 가장 좋은 방법이지만, 계산시간이 매우 길다는 약점이 존재합니다. 이러한 이유로 베타리 등(Vehtari et al., 2017; Vehtari

pling) LOO 지수는 2.1.1 섹션에, 완전절단 중요도 표집(truncated IS) LOO 지수는 2.1.2 섹션을 읽어보시기 바랍니다. PSIS-LOO의 경우 이름에서 짐작할 수 있듯, 파레토 분포(Pareto distribution)을 활용하여, 중요도 표집에서 종종 나타나는 긴 꼬리(long right tail) 분포에 대처합니다. 즉 긴꼬리 분포에서 종종 나타나는 계산결과의 불안정성 문제를 '파레토 평활(Pareto smoothing)'을 통해 대처하는 것입니다.

et al., 2024)은 PSIS−LOO 지수의 파레토 k값 신뢰도가 낮은 경우에 k−fold 지수를 계산할 것을 권하고 있습니다. 일반적으로 k−fold 교차타당도 지수를 계산할 때 k값을 10으로 설정하는 것이 보통입니다.

k−fold 지수에 대한 해석방법은 WAIC 지수나 PSIS−LOO 지수 해석방법과 동일합니다.

정리하자면 다음과 같습니다.

첫째, 베이지언 접근방식으로 얻은 여러 모형을 비교하고 선택할 때, WAIC, (PSIS−)LOO, k−fold 지수 등을 고려할 수 있다.

둘째, 모형의 예측정확도라는 측면에서 k−fold 지수가 가장 좋지만, 지수의 예측정확도와 효율성 측면에서는 LOO 지수가 가장 균형 잡힌 지수다. k−fold 지수 계산은 상당한 계산시간이 소요된다. 베타리 등(Vehtari et al., 2017; Vehtari et al., 2024)에 따르면 LOO 지수를 활용하는 것이 정확도와 효율성 측면에서 가장 바람직하다.

셋째, 특정 사전분포를 가정한 상황이거나 이상치가 많을 경우, WAIC 지수는 피하는 것이 좋으며, 만약 LOO 지수 계산결과 파레토 k값이 0.70을 넘을 경우 LOO 지수 대신 k−fold 지수를 활용하는 것이 좋다.

넷째, 경쟁모형들 중 WAIC, LOO, k−fold 지수의 값이 작게 나타난 모형이 데이터를 더 잘 예측하는 모형이다. 각 지수의 차이값을 기계적으로 적용하는 대신 근사적 표준오차 값을 고려하여, 경쟁모형의 지수값 차이가 미미하다고 판단할 수 있는 경우, 보다 간명한 모형을 선택할 수 있다.

참고문헌

백영민 (2017). 『R를 이용한 사회과학데이터 분석: 구조방정식모형 분석』. 커뮤니케이션 북스.

백영민 (2018). 『R을 이용한 다층모형』. 한나래.

백영민 (2019). 『R기반 제한적 종속변수 대상 회귀모형』. 한나래.

백영민·박인서 (2021a). 《R기반 성향점수분석: 루빈 인과모형 기반 인과추론》. 한나래.

백영민·박인서 (2021b). 『R을 이용한 결측데이터 분석: 최대우도(maximum likelihood) 및 다중투입(multiple imputation) 기법을 중심으로』. 한나래.

백영민 (2023). 『R기반 데이터과학: tidyverse 접근』. 한나래.

백영민 (2024). 『R을 이용한 실험데이터분석』. 서울: 한나래.

이영의 (2020). 『베이즈주의: 합리성으로부터 객관성으로의 여정』. 한국문화사.

Bartoš, F., Maier, M., Quintana, D. S., & Wagenmakers, E. J. (2022). Adjusting for publication bias in JASP and R: Selection models, PET-PEESE, and robust Bayesian meta-analysis. *Advances in Methods and Practices in Psychological Science, 5*(3), 25152459221109259.

Bartoš, F., Maier, M., Wagenmakers, E. J., Doucouliagos, H., & Stanley, T. D. (2023). Robust Bayesian meta-analysis: Model-averaging across complementary publication bias adjustment methods. *Research Synthesis Methods, 14*(1), 99-116.

Bates, D., Mächler, M., Bolker, B., & Walker, S. (2015). Fitting linear mixed-effects models using lme4. *Journal of Statistical Software, 67*(1), 1-48.

Bayes, T. (1763). An essay towards solving a problem in the doctrine of chances. *Philosophical Transactions of the Royal Society of London, 53*, 370-418.

Bürkner, P. C. (2017). brms: An R package for Bayesian multilevel models using Stan. *Journal of Statistical Software, 80*, 1-28.

Bürkner, P.-C. (2018). Advanced Bayesian multilevel modeling with the R package brms. *The R Journal, 10*(1), 395-411.

Carpenter, B., Gelman, A., Hoffman, M. D., Lee, D., Goodrich, B., Betancourt, M., ... & Riddell, A. (2017). Stan: A probabilistic programming language. *Journal of Statistical Software, 76*, 1-32.

Depaoli, S. (2021). *Bayesian structural equation modeling*. The Gulford Press.

Efron, B. (1986). Why isn't everyone a Bayesian?. *The American Statistician, 40*(1), 1-5.

Enders, C. K. (2010). *Applied missing data analysis*. Guilford press.

Gajewski, B., Boyle, D. K., & Thompson, S. (2010). How a Bayesian might estimate the distribution of Cronbach's Alpha from ordinal-dynamic scaled data: A case study measuring nursing home resident quality of life. *Methodology, 6*(2), 71-82

Garnier-Villarreal, M., & Jorgensen, T. D. (2020). Adapting fit indices for Bayesian structural equation modeling: Comparison to maximum likelihood. *Psychological Methods, 25*(1), 46-70.

Gelman, A. (2003). A Bayesian formulation of exploratory data analysis and goodness-of-fit testing. *International Statistical Review, 71*(2), 369-382.

Gelman, A., Carlin, J. B., Stern, H. S., Dunson, D. B., Vehtari, A., & Rubin, D. (2013). *Bayesian data analysis (3rd Ed.)*. Chapman and Hall/CRC. Available at: https://sites.stat.columbia.edu/gelman/book/BDA3.pdf

Gelman, A., Goodrich, B., Gabry, J., & Vehtari, A. (2019). R-squared for Bayesian regression models, *The American Statistician, 73*(3), 307-309.

Graham, J. W., Olchowski, A. E., & Gilreath, T. D. (2007). How many imputations are really needed? Some practical clarifications of multiple imputation theory. *Prevention Science, 8*(3), 206-213.

Hayes, A. F. & Coutt, J. J. (2020). Use Omega rather than Cronbach's Alpha for estimating reliability, but... *Communication Methods and Measures, 14*(1), 1-24.

Jeffreys, H. (1961/2003). *Theory of probability (3rd ed.)*. Oxford University Press.

Kass, R. E., & Raftery, A. E. (1995). Bayes factors. *Journal of the American Statistical Association, 90*(430), 773-795.

Kruschke, J. K. (2015). *Doing Bayesian data analysis*. Elsevier.

Kruschke, J. K. (2021). Bayesian analysis reporting guidelines. *Nature Human Behaviour, 5*, 1282-1291.

Kruschke, J. K. (2023). Bayesian analysis reporting guidelines: Supplementary Information. Available at: https://static-content.springer.com/esm/art%3A10.1038%2Fs41562-021-01177-7/MediaObjects/41562_2021_1177_MOESM1_ESM.pdf

Lee, S. Y. (2007). *Structural equation modeling: A Bayesian approach*. John Wiley & Sons.

Lee, M. D., & Wagenmakers, E-J. (2014). *Bayesian cognitive modeling: A practical course*. Cambridge University Press.

Lindley, D. V. (1986). Comment on "Why Isn't Everyone a Bayesian?" by Bradley Efron. *The American Statistician, 40*, 6-7.

Lindley, D. V. (2000). The philosophy of statistics. *The Statistician, 49*, 293-337.

Little, R. J., & Rubin, D. B. (2020). *Statistical analysis with missing data*. John Wiley & Sons.

McElreath, R. (2016). *Statistical rethinking: A Bayesian course with examples in R and Stan*. Chapman and Hall/CRC

McGrayne, S. B. (2011). *The theory that would not die: How Bayes' rule cracked the enigma code, hunted down Russian submarines, & emerged triumphant from two centuries of controversy*. Yale University Press.

Najafabadi, A. T., & Najafabadi, M. O. (2016). On the Bayesian estimation for Cronbach's alpha. *Journal of Applied Statistics, 43*(13), 2416-2441.

Raykov, T., & Marcoulides, G. A. (2019). Thanks coefficient alpha, we still need you! *Educational and Psychological Measurement, 79*, 200–210.

Simpson, D., Rue, H. Riebler, A., Martins, T. G., & Sørbye, S. H. (2017). Penalising model component complexity: A principled, practical approach to constructing priors. *Statistical Science, 32*(1), 1–28

Štrumbelj, E., Bouchard–Côté, A., Corander, J., Gelman, A., Rue, H., Murray, L., Pesonen, H., Lummer, M., & Vehtari, A. (2024). Past, present and future of software for Bayesian inference. *Statistical Science, 39*(1), 46–61.

Tavakol, M. (2017). The reliability of assessments: The Bayesian Cronbach's alpha. *Medical Teacher, 39*(5), 561–563.

Van Buuren, S. (2018). *Flexible imputation of missing data* (2nd Ed.). CRC Press.

Van Zwet, E. & Gelman, A. (2022). A proposal for informative default priors scaled by the standard error of estimates. *The American Statistician, 76*(1), 1–9.

Vehtari, A., Gelman, A., & Gabry, J. (2017). Practical Bayesian model evaluation using leave–one–out cross–validation and WAIC. *Statistics and Computing, 27*, 1413–1432.

Vehtari, A., Gelman, A., Simpson, D., Carpenter, B., & Bürkner, P. C. (2021). Rank–normalization, folding, and localization: An improved $\hat{R}$ for assessing convergence of MCMC. *Bayesian Analysis, 16*(2), 667–718.

Vehtari, A., Simpson, D., Gelman, A., Yao, Yuling, & Gabry, J. (2024). Pareto smoothed importance sampling. *Journal of Machine Learning Research, 25*, 1–58.

Wickham, H., Cetinkaya–Rundel, M., & Grolemund, G. (2023). *R for data science (2nd Ed.)*. O'Reilly. Freely available at: https://r4ds.hadley.nz/

R 함수 찾아보기

※ 알림: 본서의 주제인 베이지언 데이터 분석과 관련된 R패키지와 함수들만 제시하였으며, 기초적인 데이터 관리 및 기술통계분석, 전통적 빈도주의 데이터 분석 목적의 함수들은 제시하지 않았습니다.

blavaan 패키지 (version 0.5-8)

blavCompare() 427, 428, 444, 455, 456, 460

blavFitIndices() 438, 445, 446, 456

blavInspect() 429, 447, 457, 461

bsem() 421, 422, 426, 429, 432, 436, 443, 444, 452, 458

fitMeasures() 426

gamma() 438, 454, 460

normal() 423, 437, 453, 454, 458, 459

plot() 424, 425, 439, 440, 441, 442, 468

prior() 458

standardizedPosterior() 447

brms 패키지 (version 2.22.0)

add_criterion() 91, 112, 114, 130, 160, 167, 168, 211, 220, 236, 250, 256, 276, 277, 278, 299, 325, 326, 346, 347, 361, 366

as_draws_df() 51, 53, 59, 64, 67, 68, 71, 77, 80, 84, 86, 107, 115, 117, 131, 144, 176, 198, 199, 215, 227, 262, 296, 300, 304, 312, 327, 329, 336, 347, 352, 393, 406, 408, 409, 414, 431, 470

bayes_factor() 90, 112, 130, 159, 166, 210, 219, 235, 250, 255, 276, 294, 298, 324, 326, 345, 346, 366, 397, 398, 410

bayes_R2() 96, 131, 161, 278

bernoulli() 209, 210, 219, 227, 229

bf() 39, 46, 47, 49, 58, 62, 63, 65, 66, 70, 75, 78, 79, 82, 83, 86, 89, 102, 105, 114, 126, 127, 129, 142, 148, 158, 196, 198, 209, 227, 229, 243, 261, 285, 292, 297, 311, 324, 325, 335, 345, 346, 361, 365, 383, 384, 391, 398, 401, 413, 431

brm() 39, 46, 48, 49, 50, 51, 52, 57, 58, 61, 62, 63, 65, 66, 67, 70, 75, 78, 79, 82, 83, 86, 89, 102, 103, 105, 107, 111, 112, 114, 117, 127, 129, 132, 142, 146, 148, 150, 158, 165, 170, 175, 179, 196, 198, 201, 204, 209, 219, 220, 226, 227, 229, 242, 243, 250, 255, 260, 261, 263, 266, 270, 274, 279, 285, 292, 293, 295, 300, 310, 311, 314, 316, 319, 323, 324, 335, 345, 351, 356, 365, 373, 376, 384, 387, 391, 400, 405, 406, 407, 413, 421, 431, 432, 468 brm_multiple() 377, 391, 393 398 399 400

categorical() 250, 255, 261

conditional_effects() 132, 133, 134, 135, 136, 149, 170, 172, 177, 180, 187, 212, 213, 221, 223, 230, 239, 240, 244, 252, 257, 258, 279, 280, 304, 305, 306, 331, 332, 333, 350, 354, 368, 411, 470

cumulative() 235, 243

default_prior() 46, 47, 62, 65, 75, 78, 82, 102, 126, 142, 196, 242, 244, 260, 283, 310, 334, 356, 399, 412

gaussian() 39, 47, 49, 58, 62, 63, 65, 66, 70, 75, 78, 79, 82, 83, 86, 89, 102, 105, 111, 114, 127, 129, 142, 148, 158, 196, 198, 324, 325, 335, 345, 346, 384, 387, 391, 398, 405, 407, 413, 431

hurdle_negbinomial() 297, 298, 311, 365

hypothesis() 67, 68, 69, 80, 109, 110, 111, 143, 145, 146, 175, 176, 179, 184, 185, 186, 192, 194, 220, 221, 222, 237, 238, 251, 252, 257, 281, 282, 310, 330, 331, 349, 367

inv_gamma() 283, 284, 413

lkj() 65, 66, 103, 104, 114

lkj_corr_cholesky() 412

loo_compare() 95, 96, 113, 130, 160, 168, 211, 220, 236, 250, 256, 278, 299, 325, 326, 346, 347, 361, 366, 427, 429, 445

loo_R2() 96, 131, 278

make_conditions() 133, 179, 180, 187

me() 407, 413

mi() 377, 383, 384, 385, 386, 387, 388, 397, 399

negbinomial() 275, 285, 361

normal() 70, 148, 198, 227, 229, 243, 261, 262, 285, 311, 335

plot() 52, 53, 59, 64, 67, 71, 76, 80, 83, 86, 90, 106, 107, 108, 112, 114, 128, 129, 130, 132, 134, 143, 148, 159, 166, 196, 198, 210, 219, 227, 230, 235, 244, 250, 255, 262, 275, 285, 293, 298, 312, 324, 325, 335, 345, 346, 366, 386, 389, 393, 406, 408, 413

poisson() 275, 361

posterior_epred() 132, 134, 136, 137, 304, 305, 306, 307, 354, 369, 370, 470

posterior_predict() 132, 134, 138, 214, 354, 470

prior() 48, 49, 58, 70, 86, 114, 148, 198, 227, 229, 242, 243, 261, 262, 285, 311, 335, 413

set_rescor() 65, 66, 70, 102, 104, 105, 111, 114, 120, 376, 384, 387, 390, 391

student_t() 47, 48, 49, 58, 63, 65, 75, 78, 86, 103, 127, 197, 243, 244, 261, 283, 310, 334, 412

zero_inflated_negbinomial() 293, 361, 365, 366

tidybayes 패키지 (version 3.0.7)

stat_histinterval() 54, 55, 57, 60, 68, 72, 77, 81, 108, 115, 119, 199, 263, 302, 313, 409, 414, 448, 462

theme_tidybayes() 72, 77, 81

저자정의함수

wrapper_Bayes_Loo_R2() 161, 168, 211

wrapper_brm_model() 209, 210, 219, 234, 235, 249, 250, 255, 275, 293, 297, 298, 324, 325, 345, 346, 361, 365

wrapper_brm_OLS() 58, 159, 165, 166

wrapper_pattern_by_group() 355, 371

wrapper_post_reduce() 352

wrapper_temp_slope_analysis() 185, 192